国家社会科学基金资助项目

JINGJI GONGZHENG LUN

经济公正论 ////

——社会主义市场经济条件下经济公正研究

汪荣有 著

人民出版社

策划编辑:吴焰东
责任编辑:吴焰东 王晓梵
封面设计:肖 辉

图书在版编目(CIP)数据

经济公正论——社会主义市场经济条件下经济公正研究/汪荣有 著.
—北京:人民出版社,2010.4
ISBN 978-7-01-008784-9

Ⅰ.经… Ⅱ.汪… Ⅲ.社会主义经济:市场经济-研究 Ⅳ.F045.5

中国版本图书馆 CIP 数据核字(2010)第 047947 号

经济公正论

JINGJI GONGZHENG LUN

——社会主义市场经济条件下经济公正研究

汪荣有 著

人民出版社 出版发行
(100706 北京朝阳门内大街 166 号)

北京瑞古冠中印刷厂印刷 新华书店经销

2010 年 4 月第 1 版 2010 年 4 月北京第 1 次印刷
开本:710 毫米×1000 毫米 1/16 印张:22.75
字数:340 千字 印数:0,001-3,000 册

ISBN 978-7-01-008784-9 定价:49.00 元

邮购地址 100706 北京朝阳门内大街 166 号
人民东方图书销售中心 电话 (010)65250042 65289539

目　录

第一章 经济公正导论

"和谐"是中国共产党执政理念的新发展,构建社会主义和谐社会是我国社会建设理论思考的新突破。为了构建社会主义和谐社会,为了社会成员和谐的生存和更好的发展,为了满足每一个社会成员不断增长的物质文化的需要,为了社会的安全运行和健康发展,我们必须有一个共同的准则,这个共同的准则就是公正。[①] 公正是人类社会具有永恒价值的基本理念和基本行为准则。正如罗尔斯所说:"正义是社会制度的首要价值,正像真理是思想体系的首要价值一样。"[②]

公正,作为人类社会关系的合理性和合目的性的最高概念表达,作为人类的价值理想和现实生活的规范要求,它往往是对现实的社会关系和对当前生存状况的不满、忧虑,从而要求超越的理论表达和行动努力。公正常常以"超越现实"的价值理想和意义维度作为现实社会生活和人们行为的根据和标准,并对之加以评判和规范,为人们的社会关系和社会行为提供一个合理合法合目的性的尺度,追求一个和谐而富有意义的社会生活。因此,公正是一个批判性的哲学范畴,批判性、反思性、超越性是公正所具有的本质要求。公正的实质在于把人的价值、人的尊严和人的发展作为人的根本。人类的公正追求就是追求人的价值、人的尊严和人的全面发展,它的根本价值在于为人类营造一个真、善、美的存在家园。

经济活动作为人类的始源性的存在方式,是人类的生命得以延续和社会历

---

① 笔者同意吴忠民教授的观点,认为公正与正义同义,公正即正义,英文写法均为 justice。详见吴忠民:《社会公正论》,山东人民出版社 2004 年版,第 1 页。

② [美]罗尔斯:《正义论》,何怀宏等译,中国社会科学出版社 1988 年版,第 1 页。

史得以展开的坚实的基础和重要的前提,它构成了整个社会生活最深厚的基础。因此,唯物史观认为,要探索社会的奥秘就必须回到顽强的经济事实中。这就意味着,经济作为人的基础存在方式,它在人类的社会生活中具有无以替代的地位和作用。它不仅关联到人们的个体生命的生存和发展,而且影响到整个社会的进步和繁荣,所以经济方式与人类的生命存在、社会发展、人的存在意义和价值的实现具有密切关系。经济活动的展开,必然牵涉到人与人之间的经济交往和人与自然之间的物质能量交换,而如何合规律性和合目的性地展开经济活动,从而有效地协调人与人之间的经济关系,做到人与自然之间的生态平衡,这是人类不得不思考的现实难题。对经济生活的公正思考,实际上是人类对自身经济方式和经济关系的哲学思考,因而也是人类对自身存在的哲学反思。

第一节　经济公正的内涵与特征

经济公正问题是典型的经济学和伦理学交叉的命题,它不只是讨论人们在经济生活中的一般道德行为规范,因为这仅靠一般伦理学对若干经济案例或经济现象加以分析就够了;也不只是讨论社会发展中的一般经济规律,因为这仅靠一般经济学方法对人的交往和行为偏好加以审视就行了。经济领域并非纯粹的事实世界,它充满着多样的价值维度和丰富的意义因素。经济不可以脱离人而自存,人也不可以离开经济而存在,经济就是人的经济,人是经济着的人,经济与人是本质的连接在一起的。这就是说,经济是人的基础存在方式,经济生活是社会生活的坚实基础,所以不能离开人谈经济:经济的发生、经济的运行和经济的目的都与人息息相关,经济的真理系于人的存在。而人不简单的是自然生命的存在,毋宁说是超自然生命的意义存在,意义和价值是做人所固有的真理。无论哪一个经济学家,无论哪一个经济学流派,无论研究的切入点是多么的林林总总、千差万别,最终都不可能回避这样一个问题,即任何经济制度安排都内涵着经济公正要求,任何经济学研究都离不开道德责任,离不开对某一经济制度和经济活动中人的终极命运的关怀。

一　经济公正的内涵

关于经济公正的内涵，国内学者进行了可贵的探索，取得了一定的成果。[①]

郑永奎是国内对经济公正问题研究较早，且对此做了较为广泛研究的国内学者。他对经济公正虽然没有明确的定义，但是采取了描述的形式表达了自己对经济公正的理解：公平与发展，体制及规则公正，经济人与伦理人的结合，是经济公正的内涵；生产公正是经济行为的关键，分配公正是经济公正的基本形式，交换公正是道德经济的保障，消费公正是提高人的生存与发展质量的重要环节。[②]

刘可风认为，经济公正是一个侧重于从制度、权力、整体而非个人德性、义务的角度，把握人的经济行为的合理性和正当性的经济伦理范畴，认为经济公正是社会公正的基本要求，经济公正突出反映了公正的实践理性精神或现实性规定，即人的经济行为需要选择理想的体制性目标和规范，社会经济关系及其矛盾冲突需要平衡和解决。并指出，马克思主义经济公正思想的主线是积极扬弃私有财产即人的自我异化，使人成为全面占有自己本质的完整的人。经济公正可以从四个角度把握：一是从自主权利角度，即经济公正首先是指经济人享有并自主行使自己的财产权利，和由此形成的经济自由且履行契约的一系列权利和义务，及相应的制度安排；二是合理分配的角度，即经济公正最终实现于分配公正，分配公正既包含由机会公平、程序公正和公平竞争带来的收入分配的合理差距，又包含使最大多数人福利增长的人道主义关怀；三是主体心态角度，即经济公正的实现程度在很大程度上取决于人们心理预期的满足程度，有赖于人们在经济活动中萌生的公正感和认同感；四是人的本质角度，即经济公正最根本的是指人在一定经济关系中获得自由和解放，实现自己的本质，求得全面发展。他认为，经济公正就是一定经济制度的意义元素或经济的精神。[③]

汪行福认为，经济公正是有关人们经济上应得的观念和按照每个人应得的

---

①　参见毛勒堂：《经济正义：经济生活世界的意义追问》，博士论文，第3页。

②　郑永奎：《经济正义论》，吉林教育出版社2002年版。

③　刘可风：《略论经济正义》，载《马克思主义与现实》2002年第4期。

分配经济权利、义务和具体财货的制度和活动。① 他之所以得出这个结论,是基于瑞士的一位当代神学家埃米尔·布伦纳对公正的如下理解:无论他还是它只要给每个人以其应得的东西,那么该人或该物就是公正的;一种态度、一种法律、一种关系,只要能使每一个人获得其应得的东西,那么它就是公正的。他认为经济公正从起源、价值取向和作用来说是为了限制、规范和调节市场经济运行及其结果,因此可以把经济公正看做与商品化相对立的反商品化努力,它是从道德和政治规范出发规范和约束市场经济活动的观念。应该说,从反商品化角度理解经济公正具有一定的合理性,也是一个很好的视角。

何建华认为,经济公正是指社会经济生活领域或社会经济活动中的公正,是社会公正的一个重要内容和形式。经济公正的本质规定性存在于经济的内容之中。作为一个复杂的社会系统,经济的基本内容由"实体"、"观念"和"活动"三方面构成,即作为实体的经济制度和体制,作为观念的经济思想,和经济行为主体的经济活动三位一体。在现代经济生活中,由于经济行为主体包括政府、企业和个人三个层次,相应于这三类经济行为主体,经济公正主要体现在经济制度和体制、国家和社会经济职能的伦理本质上,体现在包括生产、分配、交换和消费的经济活动中,体现在经济行为主体的经济行为选择中。②

毛勒堂认为,经济公正对经济生活的哲学反思和公正价值关怀,实质上是对人的存在方式和存在意义的哲学追思和价值关照。其依据是:人类追求真理、诉求公正乃是人的"天命",人类追求公正实际上是追求人类自身的自由和解放,从而获得人的自由本质。因此,经济公正通过对经济生活的公正价值追问,旨在达到人与人、人与社会、人与自然良序互动,力求事实世界和价值世界的统一,全面促进经济社会和人的全面发展,充分实现人的自由存在本质。③

张雄认为,在日常的经济活动中,如果一种状态既是平等的,而又具有帕累托效率,那它就被描述为"经济公正"。④ 应该说,这种描述基本上把握了经济

---

① 汪行福:《经济正义概念及其演变》,载《江苏社会科学》2000 年第 6 期。

② 何建华:《论经济正义》,载《中共浙江省委党校学报》2002 年第 4 期。

③、毛勒堂:《试论经济正义及其存在论基础》,载《云南大学学报》(社会科学版)2004 年第 1 期。

④ 张雄:《经济正义——被定义了的话语》,载《河北学刊》2002 年第 5 期。

公正的内涵和实质,但是所说平等状态和帕累托效率是否可能,如何可能? 且何种状态是平等的? 这些问题还需要我们进一步深入探讨。

孟宪忠、包霄林认为,经济公正是指建立在理性基础上的经济活动起点公平、竞争规则合理、收入分配适当,要求经济活动在追求利润最大化的同时必须兼顾经济活动的社会效益、环境效益与维护人的权益的统一。[①]

刘敬鲁认为,经济活动是人类生活的根本维度,其中存在着公正与非公正问题,经济活动的公正就是人类对经济活动所相关的各种道(必然或规律)的理性把握和选择。[②]

综上所述,我们可以发现,国内对于经济公正问题的研究还是初步的,学界对"经济公正"可谓是众说纷纭,远未达成共识。

对经济公正的理解和把握,需要对公正、经济、人的存在进行哲学的审视,把经济生活置于人的存在意义和价值层面加以哲学的反思,由此展开对经济活动和经济方式的合理性和合目的性的追问,从而对人类基础性的存在方式的经济活动,和社会生活之深刻基础的经济生活,加以牵引和予以规导,避免把经济公正、经济价值的内涵做狭隘化理解:或者把经济利益作为经济公正的唯一标准,或者把经济效率作为经济价值的唯一尺度,或者把某一经济制度作为经济公正的根本。在经济哲学的视野中,经济公正的本质内涵是把实现人的自由全面发展,充分展露人的自由存在本质作为经济的根本目的和终极价值,从而在具体的经济生活中,自觉贯穿人是有目的的价值要求,从而注重经济制度的公正性、经济活动的合理性和合目的性的统一,注重经济效率和社会公平的统一,把发展经济与生态保护结合起来,实现人与人、人与社会、人与自然的协调发展,促进经济社会和人的全面发展。经济公正通过对经济生活世界的公正价值追问和哲学反思,实质上是对人的生命本质和对人类生活的哲学思考、意义关怀。

如果非要对经济公正下一定义的话,那么这样界定也许是合适的:所谓经济公正,是对人的生存方式及相互间经济关系是否具有合理性的追问,它反映

---

① 孟宪忠、包霄林:《市场经济是正义经济》,载《新长征》1994 年第 7 期。
② 刘敬鲁:《经济哲学导论》,中国人民大学出版社 2003 年版,第八章"经济活动的正义"。

了经济行为主体在从事经济行为活动时,从道德原则和政治规范出发,规导和约束经济活动的观念,以达到全面促进经济社会和人的全面发展,及充分实现人的自由存在本质的目的。这个定义可以从下列三个方面来理解:

第一,经济公正是指人在经济活动中和谐合理关系的理想追求。

公正是人们世代相传的美德。在经济活动中,提倡恪守公正原则,就其行为方式来讲,似乎是囿于物与物之间的联系,但从主体间的终极需要出发,却无不反映出人与人之间的关系。物的关系仅仅是一种表面的联系,经济关系的本质乃是人与人之间的关系。因此,经济公正就是经济行为主体为自身经济行为承担责任,它包含着一种价值承诺。经济行为是人格的表征,对经济行为的公正追求,乃是对人的关怀,是相互间履行应有义务。仅从一个孤立的经济行为来看,还不能很深刻地看出经济行为公正性的社会意义,但若从横纵多视角地去审视,则可看到经济公正所蕴涵的深刻而重要的社会意义。从哲学的层面上讲,人之所以追求经济公正,不仅仅是为了对人的经济行为和经济制度进行评价,也不仅仅是为了规范或控制人的经济行为,而是为了使每个人都能获得发挥创造性的机会,拥有生活的意义。经济公正的主题既关照每个个人的生活状态与意义,又面向人类整体的生活世界的状态与意义。其终极关怀之一是人际经济关系的和谐,使经济社会有序发展。人类追求经济公正,目的是为了实现经济公正的理想,创造经济公正的现实。只有把人的经济关系的和谐、完善作为经济公正理论的真正根据和基本出发点,来对待、理解与追求经济公正,才能形成符合时代要求的经济公正观念,并发展、转化为经济公正的实践。

第二,经济公正是对经济活动的道德规范。

经济公正伴随着经济活动全过程,不同的经济环节都应蕴涵着公正,生产、分配、交换、消费,都要符合公正精神,都须渗透着行为主体的公正追求。生产公正,就要体现生产力标准与公正尺度的统一,强化生产目的与发展的人民性,凸显可持续发展与终极关怀;分配公正,就要使分配尺度与人的发展尺度统一,公平与效率统一,就要完善社会保障制度,加大对不公正分配的矫治;交换公正,就要弘扬等价交换的公正性,强化交易原则的公正表征,注重权利意识与法律保障;消费公正,就要认清畸形需要与不公正消费的现实,抛弃"挥霍型消费"、"炫耀性消费"和"肤浅化精神消费",确立正确的生活质量观。总之,不同的经济层次都要受公正的支配,各个不同领域都应在公正原则的指导下,体现社会主义基本经济规律的要求,符合人的全面发展的需要,在经营理性经济的过程中体现人性。

第三,经济公正是实现人的本质的价值牵引。

经济公正是经济生活的首要美德,它旨在超越冰冷的利己主义和狭隘的经济观,将经济生活置放到"类生命"的视阈中加以度量和审视,关心人类的疾苦,关怀人类绝大多数人的生存状况,注重人的全面发展和人性自由,诉求一个充满价值约束和意义关怀的经济生活世界。经济的终极目的不在于为了经济而经济,而在于完善和丰富人性内涵,充分展现人的自由自觉的类本质,使人拥有人的世界、人的社会关系和人自己。这正是经济的公正之思,正是经济公正的核心所在。经济公正获得了自己在经济活动或经济生活中存在的合法性和不可或缺的根据。换句话说,经济公正在人的存在本性中获得了自己存在的人性根据,它旨在强调经济生活中的人性根基和人文向度,确保经济的伦理内蕴和公正向度。经济活动或经济生活一旦缺少公正维度的牵引,那么经济将远离人的本质而成为"非人"的异化经济。在异化经济笼罩的生活中,人之为人的本质必将脱落和消失,人必将沦落为经济的奴隶,这一切正如马克思所指出的那样,在经济活动中人"不是肯定自己,而是否定自己,不是感到幸福,而是感到不幸,不是自由地发挥自己的体力和智力,而是使自己的肉体受折磨、精神遭摧残",所以在异化经济的统治中,"活动是受动;力量是无力;生殖是去势"。①正如公正的追求表达的是人对当下生活世界的不满,经济公正探求的是对经济活动和经济生活如何更好地趋于人性完善和人格完美,使得人们在追求社会财富的过程中,既获得较高的经济效率,又在追求经济效益中求得自由自觉的人性之完满。

二　经济公正的特征

经济公正的特征,可以从不同的维度进行分析。作为与社会生产力的发展

---

① 《马克思恩格斯选集》第 1 卷,人民出版社 1995 年版,第 44 页。

水平相适应的人与人之间的利益关系的反映,经济公正是绝对性与相对性的统一;作为以经济利益为主的一切利益关系的概括,以及道德意识和行为方式,经济公正是客观性与主观性的统一;作为社会的观念表现,必然会受到社会历史条件的制约,经济公正是历史性与时代性的统一;作为一种社会意识形态,它必定要反映一定社会和一定阶级的意志,经济公正是全民性与阶级性的统一。

1. 绝对性与相对性的统一

经济公正是与社会生产力的发展水平相适应的人与人之间的利益关系,具有绝对性与相对性统一的特征。马克思、恩格斯认为,生产力决定生产关系,生产关系要适应生产力发展的水平与要求,这是人类社会发展的规律,是绝对的;而适应社会生产力发展水平的生产关系、经济关系,在不同的社会发展阶段,或者讲对社会生产力的不同发展水平来说,具体内容是不同的,即是相对的。经济公正实际上是适应社会生产力发展水平的生产关系、利益关系,因此,它既含有人与人之间的利益关系必须符合社会生产力发展水平要求的绝对性,又有在不同的社会、不同社会生产力发展阶段的不同具体内容的相对性。"如果群众的道德意识宣布某一经济事实,如当年的奴隶制度或徭役制,是不公正的,这就证明这一经济事实本身已经过时,其他经济事实已经出现,因而原来的事实已经变得不能容忍和不能维持了。"[①]就市场经济而言,经济公正则更明显地体现其相对性,市场机制并不能保证达到充分的机会均等和充分的公正。比如说,各人的天赋能力是不一样的,所以真正的竞争,事实上常是对手们站在起点以前就开始了。又比如说,竞争双方原先所占有的生产要素不同,一方先进,一方落后;一方资本雄厚,一方资本薄弱,这样,双方的竞争事实上也不可能完全是站在同一起跑线开始的。由此可见,完全和绝对的机会均等是不存在的,因而经济公正是相对的,而不是绝对的。就分配公正而言,在社会主义市场经济中,由于人们的能力不同,努力程度不同,技术水平高低存在差别,人们的收入也就必然会拉开差距。一定的合理的差距,有利于激发劳动者投入劳动的热情和努力学习,钻研技术,提高自身素质的积极性,从而有利于提高经济效率。分配公

正不是完全否认差距,抹平差别,而是对过分悬殊的差距做一定程度的调节。这种调节是相对的,而事实上,付出劳动较少,得到较少的收入这本身就具有一定的合理性。

2. 客观性与主观性的统一

经济公正作为道德意识和行为方式,其表现形式是主观的,但其反映的内容是客观的、现实的,是以经济利益为主的一切利益关系的概括反映。人们从客观的社会经济关系出发,从经济利益关系上、政治利益关系上提出自己的主观评价,从而得出不同的经济公正观。所以经济公正是一定主体从客观利益关系出发做出的判断,它的性质、内容、层次都是一定社会要求的反映,因而它又是主观的。经济公正归根到底是客观存在的经济关系的观念表现。经济公正观是人们关于社会经济利益分配如何才是合理的认识,是人们关于人与人之间利益关系的理想观念。马克思、恩格斯认为,人们的经济公正观念之所以随着社会的发展而变化,因人因地不同,就其根本原因而言,是因为它"始终只是现存经济关系在其保守方面或在其革命方面的观念化、神圣化的表现"①。资产阶级以在财产私有基础上的"自由、平等、博爱"为主要内容的社会公正观,正是商品生产和商品交换的产物。马克思、恩格斯还指出,作为人们经济公正观念的客观原型的社会经济关系,是由社会生产力发展水平决定的,它必然随着社会生产力的发展而变化。

3. 历史性与时代性的统一

经济公正作为社会的观念表现,必然会受到社会历史条件的制约,体现了一定的历史性。它的内容取决于当时的社会物质生活条件,并随着社会生活状况的变化而发展。因而,它在不同的历史时期有着不同的内容,在同一社会条件下的不同发展阶段有着不同层次的发展要求。经济公正是与人类文明史相伴随的,每一个时代都有一种与之相适应的经济公正体系。就总体而言,没有适用于一切时代条件的经济公正观。经济公正总是表达了一定社会和阶级的利益和要求,那种适用于一切时代、一切阶级的抽象的、超阶级的"永恒的公

① 《马克思恩格斯全集》第18卷,人民出版社1964年版,第310页。

正"是不存在的。美国学者罗尔斯设想在"无知之幕"的条件下可以形成一种超越任何时代的公正体系,显然过于理想化。实际上,罗尔斯最终所确定的公正的基本原则与具体内容,明显带有现代社会的印记。恩格斯在谈论法律时,指出了公正具有历史性的原因:"在法学家和盲目相信他们的人们眼中,法的发展就只不过是使得法的表现的人类生活状态一再接近于公平理想,即接近于永恒公平。而这个公平则始终只是现存经济关系的或者反映其保守方面、或者反映其革命方面的观念化的神圣化的表现。"①他在分析批判拉萨尔、蒲鲁东在法权问题上表现出来的历史唯心主义时,考察了社会公正观,他说:"希腊人和罗马人的公平观认为奴隶制度是公平的;1789 年资产者阶级的公平观则要求废除被宣布为不公平的封建制度。在普鲁士的容克看来,甚至可怜的专区法也是破坏永恒公平的。所以,关于永恒公平的观念不仅是因时因地而变,甚至也因人而异,它如米尔柏格正确说过的那样'一个人有一个人的理解'。"②因而经济公正具有历史性与时代性统一的特征。

4. 全民性与阶级性的统一

经济公正的全民性是指不同历史时代、不同国家或地区的人们,具有某些共同的追求经济公正的精神和某些确定经济公正内容的方法。经济公正的这种共同性特征,源于人类社会存在的某些超越时代的共同倾向。其一,尽管人类社会要经历许多个发展阶段,尽管各个民族群体的生活模式差异很大,但是,同为人类社会,肯定会面临许多共同的而且是相对稳定的主题,对于这些相同主题的努力,就会使不同时代、不同国家和地区的人们形成某些共同的追求和倾向。其二,人类社会结构具有一套固定的法则及演变逻辑,有着一定的相对独立性。新的社会结构往往是在汲取过去社会结构精华的基础上产生的,这些精华作为新社会结构的有机组成部分而得以传承。于是,社会结构便得以保存一些相对恒常的成分。作为社会观念结构的经济公正,自然也不例外地具有某些超越时代的共同倾向的传承性。由于不同阶级具有不同的阶级利益和阶级

---

① 《马克思恩格斯选集》第 3 卷,人民出版社 1995 年版,第 211～212 页。
② 《马克思恩格斯全集》第 18 卷,人民出版社 1964 年版,第 310 页。

立场,对于公正自然有着不同的甚至截然相反的观点。奴隶主阶级认为奴隶制是公正的。封建地主阶级认为封建制度是公正的。资产阶级在处于被统治地位时,认为废除封建制度是公正的;一旦取得统治地位后,他们又把资本主义制度视为世界上最公正的制度。而无产阶级的公正就是要推翻资产阶级的统治,彻底消灭阶级压迫和阶级剥削,消灭私有制从而消灭一切由阶级差别所产生的不平等现象,建设社会主义,实现共产主义。此外,作为分配权利和义务标准的经济公正,在私有制社会中还体现一定的阶级性,即统治阶级总是从各自的阶级地位和阶级利益产生公正意识和确立公正标准。因此,经济公正是全民性与阶级性的统一。

第二节　经济公正的原则与要求

21 世纪的中国,正处在完成社会经济体制变革的重要时期。经济体制的全面变革,带来了包括经济公正观在内的社会道德的深刻变化。社会主义经济伦理建设从而成为我们面临的历史性课题。在当前,加强经济公正建设,确立与社会发展相适应的经济公正的原则,既是社会变革顺利进行的重要保证,也是社会发展的客观要求和应有之义。

一　经济公正的原则及其依据

经济公正的原则,也就是经济公正的灵魂,它决定着一个社会经济公正的根本性质和发展方向。一般来说,我们可以把经济公正看做一个由许多经济公正规范构成的,一系列经济公正要求的总和。而在这许许多多的要求和规范之中,必然要有一个贯穿在其中的基本原则。在经济活动中,自始至终,都必然要有一个统帅一切经济公正的关乎要求、规范和范畴的东西。经济领域中所有的经济道德现象、价值判断,包括经济道德意识现象和经济道德活动现象,都要受经济公正原则的制约和规定,并以这一原则作为其出发点和最终目的。在阶级社会中,一个阶级的经济公正原则,可以说是这一阶级的经济公正精神的体现,是这一阶级的经济公正观区别于其他阶级经济公正观的本质特征。一个社会的统治阶级,当它代表着先进的生产关系,体现着历史的进步要求,反映着广大人民群众的利益时,这一阶级的经济公正的核心,就一定能成为这一时代的伦理精神的精华,发挥着推动时代进步的精神动力的重要作用。

那么,在当前我国社会主义初级阶段,经济公正的原则是什么呢? 在当代中国,经济公正原则就是"以人为本"。为什么说"以人为本"是经济公正的原则?

第一,"以人为本"确立了人的全面发展的经济发展价值终鹄①。

坚持以人为本,就是要关心每个人的利益要求,体现社会主义的人道主义和人文关怀,满足人们的发展愿望和多样性需求,尊重和保障人权;就是要关注人的价值、权益和自由,关注人的生活质量、发展潜能和幸福指数,最终实现人的全面发展。由此而论,"以人为本"为我们确立了经济发展的价值终鹄,即终极价值目标:人的全面发展。

弘扬人的全面发展的价值终鹄,是对马克思主义人的本质论在理解上的进一步深化。以人为本,是马克思主义的基本观点之一,它包含着两个层次的问题:第一层次是真理问题,第二层次是价值问题。② 关于以人为本的第一层次问题(真理问题),即人是什么的问题,或说是人的本质问题。在马克思看来,"人的根本就是人本身","人是人的最高本质"。③ 人是人的最高目的,人是人的目的的实现者。马克思主义哲学所理解的人是现实的人,是从事社会实践、进行物质生产、开展经济活动的人。"人的本质不是单个人所固有的抽象物,在其现实性上,它是一切社会关系的总和。"④社会有机体是人的社会与社会的人的辩证统一,以经济发展为核心的社会发展与人的发展是统一的,坚持以人为本与促进经济社会和人的全面发展这一重要思想,正是建立在这一历史唯物主义的理论基础之上。⑤ 人的正常生存条件,人的世界、社会乃至"正常状态"的人本身,都是通过人的自主、自觉、自为的活动(劳动)实现的"人同自然界的

---

① 鹄,箭靶的中心;价值终鹄,即终极价值目标。

② 姜保志:《以人为本的哲学内涵和意义》,载《长春工业大学学报》(社会科学版)2004 年第 1 期。

③ 《马克思恩格斯选集》第 1 卷,人民出版社 1995 年版,第 9 页。

④ 《马克思恩格斯选集》第 1 卷,人民出版社 1995 年版,第 56 页。

⑤ 王孔雀:《以人为本理论和实践问题述介》,载《中共银川市委党校学报》2005 年第 3 期。

完成了的本质的统一"①,即由人的活动(劳动)按人的方式和在为人的意义上所实现的人同自然界的统一。这就意味着体现这种统一的人的世界、人的社会是以人为本的。

弘扬人的全面发展的价值终鹄,是对马克思主义人的价值论认识的进一步升华。关于以人为本的第二层次问题(价值问题),即人为什么问题,或者说人以何为本位的问题。这其中又内在包含着"人要实现什么? 怎样去实现?"两方面内容。关于前者(人要实现什么),马克思主义认为,以人为本的主体是人本身,是人以人为本位。"以人为价值的核心和社会的本位,把人的生存与发展作为最高的价值目标,一切为了人,一切服务于人"②。这就回答了"人要实现什么"的问题:人要实现的是人的全面发展。关于后者(怎样去实现),马克思主义认为,实现人的全面发展的根本途径,是人类特有的存在方式:实践。实践创造了人,创造了属人的世界。正是通过人的实践活动,实现了人与自然和社会的统一,思维和存在的统一。唯有人在人的实践中,才能意识到自己的需要,并自觉地通过实践满足自己的需要;唯有人在人的实践中,才能认识世界的本质和规律,并利用这种规律创造和使用工具,创造和利用信息资源;唯有人能根据人的实践经验,为未来做出科学预言,并对未来进行设计;唯有人能通过人的实践,创造自然界没有的物质形态和物质状态,并对外部世界进行控制和改造;唯有人能以人的实践活动,作为人自身的生存方式,并通过实践来检验自己的认识;唯有人能根据人的实践需要,用道德观念约束自己,并为崇高的理想而献身;唯有人能在人的实践中,不断超越自我,并掌握自己的命运。人通过自己的实践活动,实现经济社会的全面进步和人的自由全面发展。马克思主义关注的是属人的世界,它的出发点是人,它所阐明的是人的实践过程,它的落脚点是人的自我完善。

弘扬人的全面发展的价值终鹄,是对"以物为本"思想的进一步反思。马克思认为,人是社会的基础,人的发展和变化,引起新旧社会形态的更替。他根

---

① 马克思:《1884 年经济学哲学手稿》,人民出版社 2000 年版,第 83 页。
② 冯契:《哲学大辞典》,上海辞书出版社 2001 年版,第 1794 页。

据人的本性的发展,把人类社会形态分为三个历史阶段:"人的依赖关系"阶段,"以物的依赖性为基础的人的独立性"阶段,和"人的全面发展和自由个性"阶段。目前人类社会正处在第二阶段,即"以物的依赖性为基础的人的独立性"阶段。在这一阶段,人处于异化状态,即人创造了物,物反过来支配人的活动,比如货币、商品、资本的产生对人的奴役;在这一阶段,人还无法完全摆脱对物的依赖和饥渴,"见物不见人"、"见事不见人"的现象普遍存在。这一阶段,也是人类社会发展必经的历史阶段。在实际生活中,我们常常看到,人们更多的是"以物为本",人把物(金钱、商品、名利等)作为追逐的根本目标,人们总是千方百计地最大限度满足各种物欲。另有一些生态伦理学者提倡"自然中心主义",认为物有物权,物有自己的价值目标和价值尺度。其实我们尊重所谓物的价值,并不是在最终意义上把物的价值与人的价值平等看待,更不是认为物的价值超过人的价值。我们讲人与物共生共荣,归根到底还是为了人的利益,最终还是为了人的价值目标。[①]"以人为本"正是人已经开始觉悟到人自身的主体地位,觉悟到人是世界的主人,是世界发展的动力、手段,也是世界发展的目的,物只能是人为了自身而不断认识并加以运用和改造的对象世界的表现。因此,以人为本是对"以物为本"深刻反思的结果,是对"以物为本"的超越,是人类认识论上的巨大飞跃。

总之,人的全面发展是经济发展的根本目的,离开了人的全面发展,经济发展就失去了目标和动力。人的全面发展和经济发展是相互协调、相互促进的。人越全面发展,社会的物质文化财富就会创造得越多,人民的生活就越能得到改善;而物质文化条件越充分,又越能促进人的全面发展。

第二,"以人为本"确立了公正的经济活动和经济运行价值导向。

公正是人类社会追求的具有永恒价值的基本理念和基本行为准则。对公正的追求一直是人类社会的崇高目标。人们追求公正,并不仅仅是获取权利、功利、利益,而且是要解决人性、人的本质以及人的生活、人的世界、人的尊严、人的价值、人的意义、人的发展等问题。人性是公正的根据,公正是人性需要的

---

① 孙雪梅:《论"以人为本"的哲学意义》,载《湖南行政学院学报》2006 年第 3 期。

反映。公正的核心,始终是人;公正的主题,是人的发展与人性的完善;公正的目标,是人的自由全面发展。因此,公正是以人为本的价值诉求。公正的人性追求,根植于人的包括经济生活在内的现实生活中。公正理论关照的,是人及人的行为、关系乃至生活是否符合人性,是否促进人的发展。

经济发展不是一个自然而然的过程,而是人们有意识加以推进的社会历史过程。人们所以推进经济发展,是因为经济发展包含的基本内容是人们所追求和向往的重要价值目标,这些目标包括财富增长、利益满足、收入平等、个人自由等,这其中蕴涵了对公正,尤其是对经济公正的诉求。经济公正,是指人们在经济制度安排、经济活动中产生的公正观念、原则,以及对经济活动,对经济发展目的、过程、手段、结果所体现的复杂关系,所做的合理性评价。[①] 经济公正可以为经济发展提供前进的目标、强大的动力和正确的导向。经济活动包括生产、分配、交换、消费四个环节。我们要用以人为本理念,为经济公正提供科学的指导思想和方法论;从人性的发展和人的全面发展需要出发,构筑经济公正理论体系,确保经济活动沿着全面、可持续的轨道,健康、有序地运行和发展。

在生产领域,是指生产活动的正当合理性。生产公正的实质,是按以人为本的要求,实现生产力的标准与人的全面发展的尺度的有机统一。生产公正以促进和发展生产力、实现稀缺资源的最佳配置、提高生产效率为基本目标。生产公正更要以人为本,关注在生产关系中人的自由、机会均等和全面发展,使经济运行充满着对人的终极关怀。要以人的全面发展这一终极性价值判断为导向,重视人与自然、人与人之间的协调发展,重视伦理文化在生产发展中的作用。生产公正的核心,是人的全面发展,它以提高人类生活质量和与之相伴的社会不断进步为目的,把满足当代人以及各代际人的均衡、持久的需求,作为生产发展的中心任务。强调人的全面发展和人的素质提高,反对以物与物之间的关系遮蔽人的做法。强调以人为中心,人不仅是经济增长、生产发展的目的,而且也是生产发展的主体。必须把人的价值贯穿在生产活动中,离开人的需要和发展,离开人的主体性的发挥,生产发展就毫无意义。

---

① 何建华:《经济正义论》,上海人民出版社 2004 年版,第 46 页。

分配领域,是使每个人得到其应得的东西。分配公正,即以经济资源为主体的各种资源在社会成员之间进行合理分配。为了实现分配公正,罗尔斯提出了两个原则:第一个原则:每个人对与其他人所拥有的最广泛的基本自由体系相容的类似自由体系都应有一种平等的权利。第二个原则:社会的和经济的不平等应这样安排,使它们被合理地期望适合于每一个人的利益,并且依系于地位和职务向所有人开放。① 实现分配公正,一要保证机会均等,实现所有的职业、职务和其他各种机会向全社会所有符合条件的人开放,按同样的标准来衡量所有的竞争者;二要使收入与投入相适应,在大范围或在长时期中,使收入与投入应该基本相适应;三要避免两极分化。通过多种途径来调节收入差异,避免两极分化,坚持鼓励"先富"与保障"后富"的统一,最终实现共同富裕。

交换领域,是指经济主体之间进行交换时所应遵循的合理原则。亚里士多德、霍布斯等人把分配公正称为"几何的公正",而把交换公正称为"算术的公正"。就是说,分配应该根据个人的不同情况区别对待,而交换则应该对所有人一视同仁。这是交换公正的总的要求。具体来说,交换的公正应该包括以下要求:①交换主体的正当性,交换的主体必须是各自用于交换的东西的所有者;②交换内容的合理性,交换的内容包括以获取经济利益为目的的交换和不以获取经济利益作为目的的交换;③交换比例的等价性,在市场经济条件下要按照市场价格进行等价交换;④交换程序的规范性,在法律规范和规章制度规定范围内进行合理合法的交换。② 人与人的关系是一个复杂体系,包括经济关系、文化关系、宗法关系、政治关系、社会关系(狭义的)等,其中经济关系在社会生活中最为基础。实现交换公正,必须调整好人在这几者之间的关系,实现人与人、人与社会的和谐。

消费领域,是用人类整体理性来反思人类的消费行为。消费公正以人与自然、人与人、人与自身的协调和可持续发展为价值目标,主张合理消费、正当消费、适度消费和可持续消费,实现消费的正当合理。消费不仅是经济运行的基

---

① [美]罗尔斯:《正义论》,何怀宏等译,中国社会科学出版社1988年版,第60页。
② 陈春萍:《以人为本的发展观与社会公正》,载《道德与文明》2005年第4期。

本环节,而且是促进经济社会生态可持续发展,促进人的全面发展的基本环节。从经济角度看,消费既是经济运行的目的和结果,又是经济运行的动力和前提。消费公正所内涵的正当合理消费:①要求消费不能滞后,否则会削弱经济运行的动力,造成市场疲软、经济萧条;②要求消费不能超前,否则缺乏收入条件和物质条件的保证,导致经济过热、通货膨胀;③要求消费必须适度,与一定时期的经济发展水平相适应,确保经济的有序发展。从伦理角度看,消费公正所要求的正当合理消费,是指消费活动是一种权利与义务对等的活动。人类为了生存和发展,必须拥有一定的生活资料,以满足人的需要,维护人的尊严,这是人类不可剥夺的基本权利。同时,为了享受这一权利,人类在消费活动中必须承担相应的责任,这种责任包括对自己负责、对他人负责、对社会负责和对自然负责四个方面。

第三,"以人为本"确立了为人民服务的经济行为道德评价依据。

坚持以人为本,就是要坚持发展为了人民、发展依靠人民、发展成果由人民共享,不断实现好、维护好、发展好最广大人民的根本利益。① 这就以是否为人民服务为标准,为我们确立了对经济行为进行道德评价的价值依据;这就以思想上的是非为基础,为我们划清了道德上的善恶的界限。从社会主义道德观点看,对经济行为进行道德评价时,就是要看经济主体的经济行为是否为人民服务,是否实现了、维护了、发展了最广大人民的根本利益。如果是为人民服务的,是实现了、维护了、发展了最广大人民根本利益的,这种经济行为就是善的;反之,就不是善的,或者是恶的。

确立为人民服务的评价依据,是历史唯物主义原理的基本要求。经济发展规律,实质上是人的活动的规律。在马克思看来,人的第一个也是最基本的历史活动,就是生产满足自身吃喝住穿等基本需要的资料的经济活动。在推动人类社会前进的生产力与生产关系、经济基础与上层建筑两对基本矛盾中,最终起决定作用的是生产力,而生产力中居于主导地位、起决定作用的是人。人民群众是历史的创造者,是推动社会发展的决定性力量;人民群众是生产力中最

---

① 中共中央宣传部理论局组编:《科学发展观学习读本》,学习出版社 2006 年版,第 19 页。

活跃、最革命的因素,是社会物质财富和精神财富创造者。劳动者是"最强大的一种生产力"①,"全人类的首要的生产力"②。人类社会的历史首先是生产发展的历史,同时也是生产者本身的历史。"人民,只有人民,才是创造世界历史的动力。"③人民群众是实践的主体,社会的主体,历史的主体。胡锦涛同志指出,"相信谁、为了谁、依靠谁,是否站在最广大人民的立场上,是区分唯物史观和唯心史观的分水岭,也是判断马克思主义政党的试金石"。④ 因此,对经济行为进行道德评价,只能是以人为依据,看这种经济行为是否为人民服务。我们党只有代表最广大人民的根本利益,一切为了人民,一切依靠人民,只有从群众中来,到群众中去,才能具有永恒的生命力,才能永远立于不败之地。

确立为人民服务的评价依据,是对中国传统文化中民本思想的辩证否定。民本思想在中国的传统文化中源远流长。《尚书》上说:"民为邦本,本固邦宁。"《孔子家语》上说:"夫君者舟也,民者水也,水可载舟,亦可覆舟。"孟子也说过:"民为贵,社稷次之,君为轻。"古代许多思想家虽然他们的出发点不同,但都把人民看成是国家的基石,君王是人民的代表或象征。中国共产党对民本思想进行了辩证否定,汲取其精华,提出了人民服务的思想,为我们提供了对包括经济行为在内的一切事物进行道德评价的价值标准和价值依据;为中国的革命和建设事业,提供了巨大的思想激励和精神动力;为我们党培育了一代又一代优秀共产党人和英雄模范人物,极大推动了中国特色社会主义事业的发展。为人民服务思想,是毛泽东思想、邓小平理论、"三个代表"重要思想和科学发展观的本质特征之一,是贯穿中国化的马克思主义科学体系的主线,是当代科学社会主义在中国的支点和根基。

确立为人民服务的评价依据,是中国共产党根本宗旨的本质规定。中国共产党把全心全意为人民服务作为根本宗旨,始终坚持人民的利益高于一切。党除了最广大人民的根本利益,没有自己的特殊利益;党的全部任务和责任,就是

① 《马克思恩格斯选集》第 1 卷,人民出版社 1995 年版,第 194 页。
② 《列宁选集》第 3 卷,人民出版社 1995 年版,第 821 页。
③ 《毛泽东选集》第 3 卷,人民出版社 1991 年版,第 1031 页。
④ 中共中央宣传部理论局组编:《科学发展观学习读本》,学习出版社 2006 年版,第 21 页。

带领广大人民实现自己的利益。毛泽东把全心全意为人民服务作为中国共产党的宗旨，他认为，共产党人的一切言论行动，必须以"合乎最广大人民群众的最大利益，为最广大人民群众所拥护"为最高标准；邓小平把"人民答应不答应"、"人民高兴不高兴"、"人民满意不满意"作为评价事物的根本标准；江泽民在创立"三个代表"重要思想时，强调要"始终代表最广大人民的根本利益"；胡锦涛要求共产党人必须"权为民所用、情为民所系、利为民所谋"。所有这些，都是为人民服务思想的不同表述，彰显了以人为本的价值取向。以人为本，就是强调在社会价值体系中，要以人民为价值主体，一切相信人民，一切依靠人民，一切为了人民，始终把为人民服务作为全部工作的出发点和落脚点。要为群众"诚心诚意办实事，尽心竭力解难事，坚持不懈做好事"①。以人为本，内在地要求为人民服务；以人为本，主要地体现为为人民服务。只有坚持为人民服务，才能真正贯彻以人为本。离开为人民服务，以人为本只能是空洞的说辞，无法付诸实施而无任何实际意义。

第四，"以人为本"确立了更加注重公平的处理效率与公平关系的价值尺度。

建立和完善社会主义市场经济体制，是我国历史上的一次深刻的革命，是一个史无前例的创举。为了完成这一宏伟大业，需要解决两大基本问题：一是效率问题，要以经济建设为中心，解放生产力、发展生产力，增强以社会生产力为核心的综合国力；一是公平问题，在提高效率的基础上，逐步消灭剥削，消除两极分化，最终达到共同富裕，从而更充分地论证并揭示社会主义市场经济的伦理基础和社会主义制度的道德正当性。如何具体处理效率与公平的关系，在理论上和实践上历来被认为是"两难抉择"的问题。我们党根据不同时期经济社会发展的实际，提出了不同的要求。改革开放之初，邓小平提出允许一部分人先富起来，先富带后富，最终实现共同富裕。党的十四届三中全会提出了"效率优先，兼顾公平"的原则。党的十六大提出了"初次分配注重效率，再次分配注重公平"的方针。2001 年，中共中央发布的《公民道德建设实施纲要》要

---

① 胡锦涛：《在"三个代表"重要思想理论研讨会上的讲话》，载《求是》2003 年第 9 期。

求"坚持注重效率与维护社会公平相协调"。党的十六届三中全会提出了以人为本为核心的科学发展观,要"统筹城乡发展、统筹区域发展、统筹经济社会发展、统筹人与自然和谐发展、统筹国内发展和对外开放"。从"先富带后富"到"效率优先,兼顾公平",从"效率与公平相协调"到"以人为本"、"五个统筹",其基本价值取向,就是在动态的经济社会发展过程中,不断加强对社会公平问题的关注,逐步实现经济效率与社会公平的最佳博弈结果,在不断的改革发展中追求社会公平。从这个意义上说,以人为本要求我们处理效率与公平关系时,要遵循注重公平的价值尺度。

其一是坚持在实现效率的前提下更多地关注公平。效率与公平的关系,在一定程度上是实现财富增长最大化和分配公平化的关系。从长远看,一要坚持追求财富增长的最大化原则,把蛋糕做大;二要坚持追求分配的公平化原则,把蛋糕分好。两个原则的有机结合,才标志着社会进步与和谐。在当前,要保持政策的连续性,继续坚持效率优先原则,继续鼓励人们为社会创造财富。同时,要更多地注重公平,应当通过政策倾斜和制度完善,大力帮助穷人脱贫,使庞大的穷人群体尽可能快地逐步变小。只有将鼓励富人与帮助穷人有机地结合起来,才能够在不影响效率的前提下达到缩小贫富差距,构建和谐社会的目标。目前我国部分社会成员收入差距日益拉大,拉大的结果,一是社会贫困问题出现:城镇有 1200 万人处于相对贫困状态,农村低收入人口达 4977 万人[①];二是社会公平问题凸显,人们对劳动致富、合法经营造成的收入差距,有一定承受力,但对不正当收入、不公正分配造成的收入差距,对违法、贪污、犯罪引致贫富悬殊,十分不满,反响强烈。在此背景下,尤其要更多地关注公平问题。为此,一要努力在教育、就业等多方面为公民创造一个起点公平、机会均等、信息相对对称的社会环境;二要把农民纳入社会保障体系,使大多数在温饱线上度日的农民能够在教育、医疗、养老等方面享受社会福利,得到最基本的生活保障;三要鼓励民间投资,压缩政府主导型投资,通过财政转移支付的倾斜帮助穷人脱贫。

---

① 王伟光:《在效率优先兼顾公平前提下构建和谐社会》,载南方网(www. southen. com)。

其二是坚持以公平促进效率。一个公平公正的社会，才能产生巨大的凝聚力、向心力，创造高效率。社会是一个有机的整体，公平所反映的秩序的合理性，会促进社会整体效率的提高。效率和公平并不必然构成矛盾。如果能够进行适当的制度安排，通过实现机会平等前提下的分配结果公正，公平就能促进效率。或者反过来说，如果不能很好地实现公平，效率必然遭受损失。任何社会都追求效率，并且在许多社会的特定历史阶段，公平问题往往被忽视。然而，最终公平问题总是要重新回到人们的视野中。经济学家总结的收入分配不平等的库兹涅茨倒 U 字形曲线理论[1]，就是这种现象的一个规律性描述。之所以公平问题不能长期被忽视，是因为它是效率实现的一个重要条件。效率的实现靠的是健康的经济活动，而后者又是以社会公正、稳定为前提的。如果一个社会长期分配不公、政治不稳、经济无序，人们就没有稳定的预期，储蓄、投资和消费，经济活动都会陷入异常，经济增长也就不能持续，效率也就不能实现。

其三是坚持效率与公平的辩证统一。以往我们在论述效率与公平二者统一关系的时候，多从若割裂二者关系则会导致二者的相互损害这个角度出发。以人为本为我们提供了认识二者统一关系的全新视角。[2] 无论是效率还是公平，都具有人性内涵。效率是促进人的积极性、主动性和人的全面发展的效率，是人性的实现基础；公平是促进人格完善、人性丰富和社会和谐发展的公平，是人性的应有之义。只有在以人为本这个共同的前提和基础上，效率和公平才能摆脱过去二元割裂的局面，达到真正的统一。我们坚持效率优先，并不否认公平，更不能牺牲公平只顾效率。国家在推进经济社会发展时要以效率为先，以发展生产力，提高人民生活水平为最终目标。同时要更多注重公平，通过法律规范、政策调节等措施，对弱势群体给予倾斜政策，保证他们平等参与的竞争机会。公平

① 1954 年，库兹涅茨在美国经济学会年会上所作的演说中，首次论述了如下一种观点：在经济未充分发展的阶段，收入分配将随同经济发展而趋于不平等，其后，经历收入分配暂时无多大变化的时期，到达经济充分发展阶段后，收入分配将趋于平等。如果用横轴表示经济发展的指标（通常为人均产值），纵轴表示收入分配不平等程度的指标，则库兹涅茨所揭示的关系呈倒 U 字形，因此称为库兹涅茨倒 U 形曲线。

② 刘琳：《科学发展观的经济伦理解读》，载《徐州师范大学学报》（哲学社会科学版）2006 年第 1 期。

与效率是一致的,效率保障公平,无效率的公平是假公平;公平促进效率,不公平的效率是低效率。要通过效率,创造更多的社会财富,为在更高层次上实现公平奠定物质基础和条件保障;要通过公平,提高主体参与创造的积极性和主动性,为在更高水平上实现效率提供精神保证和思想动力。总之,在效率与公平之间,应该寻求一个效率与公平的最佳契合点,实现效率与公平的统一。

二 经济公正原则的具体要求

社会主义市场经济内在地要求经济公正,在理解和贯彻经济公正以人为本的原则时,必须贯彻自由、平等、效率和秩序的要求。[①] 具体来说必须做到四方面。

1. 贯彻自由

在市场经济条件下,市场主体之间的关系是自由主体之间的一种平等互利的关系,市场主体是独立的、自由的主体,他自由地进出市场,并根据自己的利益做出各种选择。在市场中,人们之间是否发生交易,是否进行合作,以及采取什么样的交易和合作方式,完全是个人的自由和权利,任何他人和组织都无权干预。因而,市场经济运行要求人们获得普遍的自由,自由和权利原则是市场经济的第一原则或最高原则。随着我国市场经济的发展和改革开放的深入,人们在经济、政治、文化生活等方面的自由度越来越大,市场主体的平等地位和自由权利正逐渐得到确立。但是,由于中国传统社会长期忽视人的权利与自由,以致在当前中国社会还没有普遍确立起真正的法权人格和自由平等的市场主体。在这种历史背景下,我们必须高扬人的自由,切实地保障人的权利。而为了做到这一点,必须健全法制,明确一个人的基本自由空间,这个空间以不得损害他人或社会的利益为边界,其衡量的标准就是一个人的自由能够与其他人的相同自由共存。自由是人作为社会主体在社会中从事各种活动以及发展自己的基础,法律对它的确认对于保证人们的主体性,对于促进社会的发展,都有着重要的意义。

---

① 参见何健华:《论经济正义》,载《中共浙江省委党校学报》2004 年第 4 期。

2. 坚持平等

经济公正就实质内容来看,它所反映的是人们在经济生活中的社会地位和利益关系,这种关系大致表现为人身关系和个人与社会的关系。①表现在人身关系上,经济公正是人们在经济活动中权利与义务的统一,是人们对权利的正当占有和维护,以及对自我和他人基本权利的承诺。没有无义务的权利,也没有无权利的义务。经济公正要求每个人在经济活动中都具有独立平等的人格尊严,既享有正当权利的自由,同时也承担平等待人、尊重他人正当权利的义务。②表现在个人与社会(包括各种群体、集团、民族、组织机构等等)的关系上,经济公正既代表各社会成员对其所在的社会之合理利益分配,及正当秩序安排的合理期待或要求,也反映着社会对其成员实施的公平的利益分配尺度,包括基本权利和义务的分配尺度。经济公正这两个方面的关系,充分体现了市场经济活动中的平等原则,它要求我们在市场经济活动中,首先必须坚持人身权利与义务的统一,坚持个人对自己、对他人对社会的职责、使命和任务。其次必须坚持反映人民群众要求的合理正当公平的利益分配尺度,坚持共同富裕,防止两极分化,"惠顾最少数最不利者"的"最起码"利益。在市场经济条件下,由于经济的、自然的、生理的条件差别,必然会出现人们之间收入差距的扩大,形成对于弱者来说的"不公正"现实。在社会主义条件下,既要鼓励一部分人先富起来,由"先富"带动"后富",同时又要采取各种形式维护和保障社会弱势人群(由先天缺乏、伤残孤寡、灾祸损失、制度变迁等造成)的利益和权利。

3. 注重效率

如果从社会的宏观价值角度来考察的话,效率与公正实质上是社会价值(利益)的生产与分配之间的关系,即效率代表社会价值或利益的生产创造,公正代表社会价值或利益的合理分配。它们都是衡量和促进社会发展的两个不可或缺的尺度和动力。作为社会利益和价值分配尺度的公正,对社会利益和价值的生产起着制约的作用。因为利益分配的问题,直接关系到利益生产者的积极性和创造性。公正合理的利益分配,能够调动利益生产者的积极性和创新性,从而有利于利益生产总量的增加;同时能够维护社会秩序的确定,从而有利于人们长远和根本利益的实现。从某种意义上讲,效率实质上也是一种公正。因为效率本身便内涵着合理地处理好利我与利他利社会,以及眼前之利与长远之利的价值关系的道德要求,这种合理的道德要求的实质,也就是公正原则所要表达的基本要求。因而,在社会主义市场经济条件下,必须以效率为动力来引导人们合理地追求道德行为的实际功效,调动人民群众建设社会主义现代化的积极性和创造性,同时又要公正合理地调节个人与他人、社会之间的各种利益关系,使广大人民群众在建设社会主义现代化的过程中,既能实现个体自我的正当利益,同时也为社会整体利益的增长做贡献,从而实现社会的整体进步和协调发展。

4. 维护秩序

良好的秩序,是市场经济运行的必要条件。人们在经济活动中总是希望有一个可以预见的结果,有一套可以遵循的程序,有一种可以依赖的力量。这就是人们对经济秩序的需要。社会经济的运作只有在秩序良好的状态下,才能得到理想的效益,人与人之间只有信守诺言、不尔虞我诈,才能在经济活动中建立有序竞争与互助合作关系,个人和社会才能共同得到发展。这表明,市场经济内在地要求建立道德秩序,以道义良知证明其存在的公正性和运作的合理性。中国的改革正在进入一个全面构建市场经济体制,并为此而全面构建适应市场经济的伦理基础的新时期。随着我国经济活动对市场的依赖程度的大大提高,关于市场经济的道德话语正在发生变化,对市场经济的整体道德评价正在被对市场中的道德秩序与行为规范的关心所替代。在现实经济生活中,"信用危机"一词经常见诸报刊,"道德风险"正成为人们关注的主要话题。从某种意义上讲,"秩序"也是一种价值;经济秩序如何为新事物的发展创造条件,推进经济体制改革,从根本上解放和发展生产力,这不仅是一个观念问题,更涉及到经济秩序是否符合公正要求的实际问题。因而,社会主义市场经济的顺利运作,必须体现经济公正,即必须在经济活动中坚持社会权利与义务的公平分配,必须以充分有效而又公平合理的方式,确保每一个社会成员的基本权利及其实现;保证社会公民的平等和自由;在公共理性的基础上,达到整个社会运行的合理有序。

第三节　国内经济公正研究的进展与问题

20世纪70年代,西方兴起了一股经济公正问题研究热潮。中国随着1978年党的十一届三中全会的召开,实行了改革开放政策,西方的一些价值观念逐步进入我们的视野,成为我们的研究对象。这显然是与中国改革开放和现代化建设的大环境相适应的,也是时代的需要。目前,中国仍处在社会转型的时期,遇到了一些社会问题,诸如社会控制力的疲弱、价值体系的紊乱以及社会焦虑等社会现象,进而对社会发展的基本目标和基本秩序产生十分不利的影响。社会的正常运转,有赖于基本的社会制度和系统的社会规范的存在,而这是由一个社会所认同的公正理念所直接规定的。通过公正理念及经济公正基本规则的确立与实施,可以减轻或缓解负面影响,尽可能地抑制社会动荡因素的生长,保证社会的正常运转和健康发展。因此,经济公正问题对于中国顺利而平稳地度过社会转型期至关重要,是中国社会发展之亟须。中国学术界不失时机地从多角度开展了对经济公正问题的研究。

从哲学角度看,人的公正追求源于人是自我创造的历史存在,公正在实质上是人理想性存在的真正标准与最高原则,其真正主题是人自身的发展与人性的完善。人类的经济公正观分为三种基本形态,即人的群体依赖性时代的群体本位经济公正观、人的个体独立性时代的个人本位经济公正观、人的自由个性时代的人类本位经济公正观。可以从马克思关于人的发展的“类生活”、“类意识”、“类存在”等思想中挖掘“类经济公正”的内涵:建立经济公正理论的目的,在于表达经济公正的追求,实现经济公正的理想,创造经济公正的现实。当今世界,由于社会经济政治发展的不平衡性和文化传统的多样性,产生了现实复杂的矛盾与冲突。要正视和解决这些冲突,就应该从类经济公正入手。经济公正是对人的生存方式以及社会经济关系是否真、善、美的追问。人在改造社会的实践过程中,站在主体的立场上,运用主体性的尺度认识、评价、取舍、变革自己的社会经济关系,提出了经济公正与否的问题。“经济公正”作为人的存在的规定,就必然同人的本质力量的多维内涵内在相关。同时,真、善、美只是一种合理的抽象,在人的现实生活中,它们是完全被整合为一体的;经济公正也是社会实践的规律性、目的性、和谐性的概括和总结,经济公正也是经济活动真、善、美的集中统一。

从经济角度看,经济公正是指社会经济生活领域或社会经济活动中的公正,属于社会公正的子概念。由于经济活动的各个环节(如生产、分配、交换、消费)中都存在公正问题,故生产公正、交换公正、分配公正和消费公正等都属于经济公正的范畴。不过,经济公正常常被狭义地理解为分配公正,也就是在社会成员中公平合理地分配财富和物资、分配公共利益和负担。

从政治角度看,我国的社会转型是市场化、现代化的双重转型。关注这个转型过程的公正性,就是关注变革的手段的性质、制度的方向定位问题,这就需要一个指导转型的经济公正观。在改革的过程中出现的政治腐败、收入分配不公、不合理的不平等状况加剧、公民的权利得不到保障、社会稳定受到冲击等这些负面因素,固然有转型过程中不可避免的一部分,但很大方面是各项制度功能缺乏公正所致。消除这些消极因素,必须用基本经济公正原则,衡量各项制度安排的结构和功能,对转型时期可能产生的社会差别进行合理论证,在经济公正的基础上实现社会变革。其中,产权的界定和公有制的保护是转型时期最基本的经济公正问题。

从法律角度看,马克思主义认为,法律制度是否公正,要看法所保护的社会经济制度是否公正;经济公正受到一定经济基础的制约,并最终由物质生活条件决定;经济公正思想作为人类文化的精华,具有客观的历史延续性。就本质而言,社会主义法是符合社会发展客观规律的最高类型的法,它吸收了以往法律文化的一切合理因素,包括经济公正思想的法。社会主义公正对法的基本要求是:权利和义务相一致,法律面前人人平等,各尽所能,按劳分配。社会主义经济公正与现实法既有联系又有区别,现实中的法是评价人们行为合法与不合法的标准,但不是评价人们经济行为公正与否的全部标准。社会主义经济公正要求在法的创造和执行过程中,充分遵循反映社会主义经济公正的各种法律原则。

从伦理学角度看,经济公正是一种伦理取向。它包含两个方面内容:其一是"不作恶",即限制自己的行为,以便使这些行为不至于妨害他人的利益。中国古代孔子所说"己所不欲,勿施于人"的恕道,表达的就是这个意思。其二是自觉维护,即维护人人平等的经济公正原则,以一种尺度对待一切人。经济公正的这种伦理取向,是经济公正在个人道德中的落实和体现,但对当今中国而言,首先不是个人的问题,而是社会的经济公正,是体现和保证社会公正的"制度伦理"问题。因为制度伦理比个人道德对社会的作用更为根本、更有力量。即使个人道德本身,也直接受到社会经济、政治制度的影响的塑造。因而,当代中国的道德建设,不单是个体道德的重建,更是体现和保证经济公正的制度的重建。

一　经济公正研究的主要内容

国内关于经济公正的研究主要集中在下列几个方面:

1. 关于公正概念的界定

一般认为,公正、公平、平等是同一序列的范畴。学术界从不同角度探讨公正。

伦理学意义。胡万钟认为,公平是人们不偏不倚地处理人与人以及人与自然关系的一种态度和方式,其核心意义是均衡和合理。[①] 程立显认为,在现代伦理学中,公正专指社会公正,即作为"社会制度的首要美德"的公正。它是被一定道德体系认可的对社会成员之权利和义务的恰当分配。[②] 谢洪恩认为,公正因主体的不同,可分为个人公正和社会公正。社会公正是指对一定社会结构、社会关系和社会现象的伦理认定和道德评价;个人公正则是指个人行为的根本原则和优良品德。[③] 万俊人认为,公正最一般的意义是对社会权利和社会义务的公平分配以及与此相宜的道义品质,它一方面包括社会基本制度和秩序的公平合理以及由此形成的对社会成员的普遍公正要求和行为规范,另一方面

---

① 胡万钟:《也谈公平》,载《学术论坛》2000 年第 2 期。
② 程立显:《论社会公正、平等与效率》,载《北京大学学报》1999 年第 3 期。
③ 谢洪恩:《论公正及其实现》,载《道德与文明》1999 年第 6 期。

包括个人的正直美德以及作为其表现的个人的社会公正感和公道心。① 在经济伦理的范畴内,公正是社会经济权益和责任的合理分配;就公正本身而言,它是一个价值关系范畴,所反映的是利益与责任的均衡安排和合理调节;作为一种美德,公正既具有社会性,又是一种个人品格。

经济学意义。王学先认为,公平包括生产领域的公平和分配领域的公平。② 生产领域的公平指人们在生产要素的占有和投入上具有平等的地位,人人都有平等竞争的机会;分配领域的公平指人们投入同等的生产要素,能够获得相应同等的报酬。李凡指出社会财富分配过程中的公平包括:劳动者之间的公平分配,体现为个人收入存在合理差距的公平社会各阶层之间的公平分配,体现为劳动、资本、权利之间的无差距公平。③

哲学意义。胡海波认为,公正的本质就是人对人自身本质的确认,是对人的生存方式以及社会关系是非、善恶、美丑的追问。从客体方面看,它以人际交往与互动关系为对象;从主体方面看,它是人在变革社会关系时,追求真善美,祛除假恶丑而把握世界的一种方式。④ 徐祥生认为公平是一个价值哲学概念,它反映的是以社会利益关系为客体的价值关系,社会利益关系的合理性是其实质内容。⑤ 公正既是评价主体把握评价客体对人的价值和意义的观念性活动(即"公不公平"的问题),又指这种评价活动的结果(即"什么是公平"的问题)。杜承铭、苏敏都认为公正是一个评价范畴,是对人与人之间社会关系的一种认识和评价。客观存在的各种社会关系本身无所谓公正不公正,只当人们运用一定的标准,对这些关系进行比较、分析和评判时,才会产生公正问题。⑥

也有学者对公正与公平,及平等与公正等概念之间的区别进行了分析。吴忠民认为,公平是现实社会生活中某些失当的"公正"行为的矫正和基于公正

① 万俊人:《道德之维:现代经济伦理导论》,广东人民出版社 2000 年版。
② 王学先:《论社会主义市场经济条件下的公正与效率的关系》,载《求索》2000 年第 1 期。
③ 李凡:《二元公平决定社会生产效率》,载《新华文摘》1999 年第 1 期。
④ 胡海波、宋禾:《公正、公正观与公正理论》,载《求是学刊》1998 年第 3 期。
⑤ 徐祥生:《社会公平问题的理论定位》,载《人文杂志》2000 年第 1 期。
⑥ 杜承铭:《论公正的评价本质》,载《江汉论坛》1998 年第 11 期;苏敏《关于公平与效率关系的哲学思考》,载《中国人民大学学报》1997 年第 5 期。

本性对某些具体事情的"变通"处理，因此，公正是理念化、理想化的公平，公平是现实化、具体化的公正。平等从属于公正，平等所需的限制、制衡尺度来自于公正；在范围上，公正比平等宽泛，它是一个涉及社会主要制度的体系化集合，而平等只是这个集合中的一项属性、一个层面。[①] 张正霖认为，公正指称一种为人处事的态度和精神，是关于人格修养的道德范畴或执法评价的价值范畴，是一种泛指各类社会行为关系正当性的"客观精神"或伦理规范。平等是表征人与人的地位和关系的范畴，侧重于事实描述。而公平则既包含对人们主观态度和人格精神的道德评价，也包含对当事人行为的陈述和对其结果的评价。[②] 在这几个概念中，公平兼具公正、平等多种意蕴，是包容公正精神、合乎公正原则、体现公民权利、维系公众心理平衡的经济行为的道德准则和伦理规范。

2. 关于公平与效率的关系

公平与效率是人类不懈追求的两大价值目标。但是，在对这两大价值目标追求的同时，如何合理处理二者之间的关系，却成了困扰人类社会生活的重大难题，以至有人将其称为社会科学领域中的"哥德巴赫猜想"。总的来说，关于公正与效率关系的论点主要有三种："公平优先论"、"效率优先论"和"公平效率兼顾论"。

秦晖认为，公正至上，效率与公平皆在其中。效率源于竞争，竞争要有规则，规则必须公正，因此，公正乃是超越"公平与效率"之争的更为基本的价值。[③] 公正不仅与效率无矛盾，而且是效率之母。程立显首先区别了"（经济）效率与（经济）平等的关系"和"效率与公平的关系"这两个不同的问题。认为前者只限于经济领域内的两种价值的关系，因而存在何者优先的问题；而后者追究的是整个社会生活层次上的经济价值（经济效率）和道德价值（社会公正）的关系，实质上是经济和道德的关系。因此"效率和公平何者优先"的提法是不适当的。实际上，公平与效率之间是正相关关系；社会越公平越有效率，越不

---

①　吴忠民：《公正新论》，载《中国社会科学》2000 年第 4 期。
②　张正霖：《公平与分配的三个领域》，载《中南财经大学学报》1997 年第 4 期。
③　秦晖：《公正论》，载《天平集》，新华出版社 1998 年版。

公平越没有效率。如果一定要说哪一个优先,只能是社会公平优先。① 吴忠民则认为,"效率优先,兼顾公平"严格说来只是一个有效的策略性的提法,它在改革开放初期,在计划经济体制向市场经济体制过渡的初始阶段具有积极的意义,但这种提法自身包含着一些明显的局限性,它只适用于中国社会经济发展的初始阶段,其对中国社会产生的负面效应逐渐显示出来,因此,有必要重新认识这一提法的得失,并做出必要的矫正。② 吴忠民在这里所指的公平显然是指包括机会均等的公正。

刘国光认为,"效率优先,兼顾公平"是我国一定时期收入分配的指导方针,而不是整个市场经济历史时期不变的法则。随着总量发展、经济效率问题逐步得到相对的解决,社会公平的问题会逐步上升为突出的问题,"效率优先,兼顾公平"的口号现在就可以开始淡出,逐渐向"公平与效率并重"过渡。③ 相当一部分学者对"效率优先,兼顾公平"持肯定态度,认为这种提法既符合市场经济强调经济效益的内在规律,又符合社会主义本质的内在要求,是社会主义初级阶段必须长期坚持的一项基本原则。持肯定态度者多对"效率优先,兼顾公平"的适用范围进行明确的界定,认为此提法仅限于收入分配领域,其公平多指分配结果的公平,即平等。

对以上三种论点进行总结和分析可以看出,对于包含机会平等、规则平等的公正(或公平),几乎所有的论者都认为是效率的前提或效率的应有之义。因此,目前理论界关于公正(公平)与效率的争论,虽然看起来双方针锋相对,但基本还停留在问题的表面层次,即停留在对公平或公正的含义的理解和使用的分歧上,对于参与这场讨论的不少论者来说,还没有接触到公正理论的本质。

3. 关于经济公正的原则

经济公正理论的核心问题是确立经济公正原则。所以,对经济公正原则的规定是经济公正理论研究的重点。倪勇认为,作为一个哲学范畴,经济公正直

① 程立显:《社会公平论》,北京大学出版社 1998 年版;程立显:《伦理学与社会公正》,北京大学出版社 2002 年版。

② 吴忠民:《社会公正论》,山东人民出版社 2004 年版。

③ 刘国光:《论"效率优先,兼顾公平"》,载《北京日报》2005 年 4 月 25 日。

接体现为某种逻辑严整的行为规范体系,在本质上,它是一种既反映现实生活,又协调、引导人们的行为与社会相结合的实践理性。[①] 具体来说,它包括主观原则和客观原则。主观原则包括:给予每人以应得的东西;公平原则和权利;社会秩序;习俗、道德以及法律等四个相互关联的方面。客观原则则是直接生活的生产和再生产。因生产受制于生产力的发展,所以,生产力是公正的最终根据和最高标准。吴忠民认为,经济公正的基本原则由两部分组成:一部分是有关经济公正的基本精神、艺术倾向的"形式上的经济公正原则";另一部分是前者的实际运用,即有关公正的具体内容与规则,可称为"事实上的公正原则"。具体来说,公正包括四个基本原则:①基本经济权利的保证(保证的原则),保证社会成员的基本权利,从底线意义上体现对个体缔结社会的基本贡献,和对人的种属尊严的肯定;②机会平等(事前的原则),从总体上保证每个社会成员的大致相同的发展机会,同时,允许社会成员之间发展机会存在着程度不同的差别;③按照贡献进行分配(事后的原则);④调剂原则,立足于社会整体利益,对一次分配后的利益格局进行必要的调整,保证社会成员普遍享受由发展所带来好处,提高社会发展整体质量。[②] 蒋正明、冯继康通过对社会主义市场经济条件下经济公正的深层结构、社会基础和运行规律的研究,认为除平等原则外,经济公正还应包括利益协调原则、诚实守信原则、社会惩罚原则。利益协调原则指当个人为维护社会整体利益,自觉牺牲个人利益时,社会应给个人以补偿,以体现对牺牲者的公正。[③] 诚实守信原则指实施社会公正的主客体双方要以诚相待,讲求信用,国家要根据需要,制定正确的"游戏规则",并保持规则的稳定性、连续性、普适性;个人要以国家和人民的利益为重,遵纪守法。社会惩罚原则是指对不公正行为的制止,除社会成员的自发表达外,必须由专门机构通过特定的程序来实施。

　　比较而言,王海明、孙英对经济公正原则的分析更为全面、详细。他们认为

　　① 倪勇:《公正观概说》,载《淄博师专学报》1996年第4期;倪勇:《论公正标准》,载《文史哲》2000年第1期。

　　② 吴忠民:《社会发展呼唤着公正研究》,载《山东大学学报》(哲社版)1999年第3期。

　　③ 蒋正明、冯继康:《论社会主义市场经济条件下的社会经济公正》,载《文史哲》1998年第5期。

经济公正原则包括贡献原则、品德原则、才能原则、需要原则和平等原则。但归结起来,根本意义上的经济公正原则只有贡献原则(按照贡献分配权利)和平等原则(基本权利完全平等,非基本权利比例平等),因为从贡献的呈现状态来看,有潜在的与显在的之分:品德和才能只是人们为社会做贡献的潜在条件,因此品德原则、才能原则是潜在的贡献原则,它们是包含于贡献原则之内的从属性原则,是贡献原则的推演和引申;就需要的层次与权利的关系而言,权利可分为基本人权和非人权权利,因此需要原则可分为按需分配人权和按需分配非人权权利或全部权利,按需分配人权是任何社会都应该实行的人权的按贡献分配的公正分配的公正原则,而按需分配非人权权利或全部权利则不是公正的原则,它或者是仁爱原则,或者是不公正原则。①

4. 关于代际经济公正

代际经济公正指资源在代与代之间应合理地分配与利用,以使子孙后代能同我们一样维持和享用在全球格局中的地位。代际经济公正问题集中体现为资源的合理储存与利用问题,及由此而产生的可持续发展问题,即当代人消费资源,不应影响到子孙后代生存和发展所必需的基本资源与环境,这就要求制度做出"适度开发"和"适度消费"的安排,以保障人类社会的可持续发展。②

5. 关于当前我国经济不公正的现状及原因

对当前社会经济不公正问题的探讨可分为从总体层面上对不公正现象的分析和对某些不公正现象的单独分析。吴忠民认为,当前社会经济公正的具体状况就总体而言不容乐观,主要体现在贫富差距的拉升幅度过大,社会再分配的力度较弱,社会成员基本权利保障的总体状况偏弱;如果不对之进行强力度的调整、改观,在未来的一段时间里,中国社会的经济公正方面存在的问题将会出现一种不断加重、持续恶化的情形,从而严重妨碍中国社会的安全运行和健康发展。叶志华认为,我国现阶段现实存在着的经济不公主要表现在两个大的方面:在形式平等地分配社会价值的领域尚未完全做到真正形式平等的分配;

　　① 王海明:《公正论》,载《中国人民大学学报》1999 年第 5 期;王海明、孙英:《社会公正论》,载《中国人民大学学报》2000 年第 1 期。
　　② 周墩耀:《试论代际公正》,载《广西大学学报》(哲社版)1997 年第 3 期。

社会价值的分配结构尚未完全适应具有"复合结构"的社会实践的要求。这种社会不公对我国生产力的发展、社会的稳定和人的发展造成严重的负面影响。

对单个经济不公正现象的分析多集中于最突出的收入分配差距的问题上。郑杭生、李强、胡鞍钢等从社会学方面对当前过大的收入分配差距进行了实证分析。① 郑杭生认为,中国社会的城乡差别、东西部差别、群体间差别、部门差别,都在程度不同地扩大。这些差别的扩大,归结起来,都贯串着贫富差距这一中心差别的扩大。李强认为,我国无论是城市还是农村,贫富差距都有了大幅度的上升。特别是20世纪90年代以来,全国城乡居民家庭人均收入的基尼系数达到0.4577,已经超过了国际上通常认为的中等贫富差距程度。在短短的十几年间,我国已经从一个平均主义盛行的国家,转变为超过了国际中等不平等程度的国家,这么快的变化是值得忧虑的。王绍光等人认为,中国社会的贫富差距在迅速扩大:一是城乡居民收入差距在不断扩大;二是地区发展差距进一步扩大;三是中国基尼系数明显上升,目前我国居民收入实际基尼系数已经超过0.5,属于世界上收入分配不平等比较严重的国家。② 在大多数人收入水平大幅度增长,生活质量明显改善的同时,相当规模的城乡群众特别是农民收入水平增长缓慢,许多弱势人群愈来愈被边缘化,他们的基本生活愈来愈困难。

关于经济不公正的原因,秦晖指出,当前的社会不公正可以分为两种。第一种不公正是指我国旧体制下的结果不平等。它主要是身份壁垒与权力等级壁垒造成的"非竞争性结果不平等",在性质上它比按资分配具有更大的不公正性;第二种不公正是指竞争的不公正。这种不平等是由公民基本权利的不公即参与竞争的形式权利不公引起的,以不公正竞争为特征。第一种不公正可以称之为旧体制的不公正,第二种不公正则是一种走出旧体制的不公正方式,或者说是转轨中的不公正。秦晖认为,我国在进入市场经济的时候,经济公正面临的主要问题不是结果平等的问题,而是起点公平和规则公平的问题,其主要

---

① 郑杭生:《警惕"类发展困境"——社会学视野下我国社会稳定面临的新形势》,载《中国特色社会主义研究》2002年第3期;李强:《社会分层与贫富差别》,鹭江出版社2000年版。

② 王绍光、胡鞍钢、丁元竹:《经济繁荣背后的社会不稳定》,载《战略与管理》2002年第3期。

表现是:有的人摆脱了旧体制的束缚却仍享受着保护,有的人失去了保护却仍受到束缚;前者垄断着机会,后者承担着风险;前者享受成果,而后者付出代价。①

叶志华把我国现阶段社会不公产生的原因归纳为四个方面:经济程度较低特别是商品经济不发达、观念的错误、政策的失误和制度体制的不完善。②

6. 关于解决当前社会经济不公正的对策

关于对策研究,有的学者进行了一定的研究。吴忠民认为,解决当前社会经济不公问题大致可分为"治本"和"治标"两类。所谓"治本"包括培育一个庞大的中等收入人群,形成一个橄榄形的社会结构,积极有效地维护社会成员的基本权利,所谓"治标"则指对已经出现或者是即将出现的有碍于社会安全运行和健康发展的社会不公现象进行干预和防范;两者相比较,"治本"的事情至关重要,它可以有效地"防患于未然",从源头上减少社会不公现象的数量以及减弱社会不公现象的强度。③

郝耀武提出,从三次分配、加强社会主义法制、加强党的思想政治工作三个方面解决社会不公的问题,保证经济公正。其三次分配论是一种较新的提法,其含义是指:第一次按经济上的分配原则进行,坚决执行按劳分配与按资分配的原则;第二次按政治上的公平原则进行,即国家作为调节者对社会财富进行的再分配,这是一种强制执行的规则;第三次按伦理道德原则进行,主要依靠社会成员的道德觉悟、同情心、自动捐助,或有组织地发起赞助活动,扶持社会教育或社会福利等公益事业,帮助老、弱、病、残者。④

7. 关于建构当代中国经济公正理论

综合国内学者的主要观点,建构当代中国经济公正理论应从下列几方面着手:①确定一个正确的理论前提。基于当今全球性面临的诸如贫穷、失业、战争和环境危机等问题,改造人类活动状况,真正实现人的尊严、人权、平等、民主、

---

① 秦晖:《公正论》,载《天平集》,新华出版社1998年版。
② 叶志华:《社会公正论》,广东经济出版社2000年版。
③ 吴忠民:《社会公正论》,山东人民出版社2004年版。
④ 郝耀武:《论司法公正与德治》,载《大连大学学报》2003年第5期。

合作、和平,追求有政治、经济和道德远景的可持续发展,应该是当代经济公正问题关注的焦点。这些问题说到底是人的问题,人的问题就应以人的尺度、标准来解决;今天的现实问题应该在未来、理想和发展的意义上加以解决。因此,人的问题应是建构当代中国经济公正理论的逻辑前提。②突出当代中国经济公正问题的特殊内容。中国正处于社会发展的转折时期,既面临全球普遍性的社会问题与矛盾,又有自身发展的特殊问题。这种双重性就决定了当代中国的经济公正理论应该以现实性问题为基础,以理想性问题为方向,把两者有机结合起来。在今天与未来的联系中处理和解决人与社会发展的关系问题。③以马克思主义经济公正思想为指导,借鉴现代西方的经济公正理论,着重探讨中国社会主义市场经济条件下的经济公正问题。

二　经济公正研究的基本特点

总的来看,目前国内学术界对于经济公正理论的研究有以下几个特点:

1. 开放性

国外学术界对公正理论研究的时间比较长,规范化程度也比较高,近年来国内学界比较重视吸收国外的研究经验,借鉴国外研究成果,一大批国外有代表性的论著被翻译出版,系统地翻译和介绍了国外有关经济公正问题的经典论著,20 世纪 80～90 年代,中国社会科学界先后出版了罗尔斯的《正义论》与《政治自由主义》、麦金泰尔的《德性之后》、诺齐克的《无政府、国家与乌托邦》等,国内期刊也登译了关于经济公正问题方面的文章等。这些为国内经济公正问题的研究提供了一个必要的铺垫。

2. 现实性

中国社会的发展直接启动了当今中国学术界对于经济公正理论的研究。国内经济公正理论研究形成热点,可以说是与社会转型时期出现的一系列社会问题分不开的。随着改革进程的向前推进,在社会诸领域出现了一些社会问题。如何在转型时期确保经济公正,保持社会的稳定及健康发展,便成了学术界所关注的重要课题。回答这些问题成为人们对公正进行思考的基本动因。学界以现实问题引导理论研究,对社会发展中出现的新情况、新问题,从学理上进行了分析、回答，既为改革提供了理论借鉴，又增强了研究的现实感，推动了理论研究的深化。

3. 交叉性

经济公正是一个涉及哲学、伦理学、法学、经济学、社会学、政治学等多个学科的概念，要完整准确地理解它的内涵，必须坚持不同学科的交叉融合和不同视角的多维透视。可喜的是，目前不少学者开始自觉地跳出传统经济学、法学、伦理学的单一视角，从多学科、多层面突现经济公正的丰富内涵，使经济公正研究的层次和水平有了很大提高。

4. 深入性

学界注重开辟新的研究领域。经济公正理论是一个庞大的理论体系，如果笼而统之地进行研究，往往难以深入，许多具体问题也不易搞清楚。因此，有的学者采取"解剖麻雀"的方法，在经济公正理论体系内挖掘有价值的问题，形成新的理论兴奋点，进行条分缕析式的考察，使经济公正研究更加细致、深入。

三　经济公正研究存在的问题

应当看到，目前中国学术界对于社会公正的研究毕竟时间较短，离规范化、系统化尚有一段距离，存在着许多不足之处。

一是从近年来探讨经济公正问题的文章来看，相当一些以当代西方经济公正理论的立场、观点和方法，来分析我国现阶段的社会主义经济公正问题的现象，或多或少既未意识到西方当代经济公正理论是以西方发达国家的经济发展为依据的，也未意识到中国社会转型的特殊性及其背景下的经济公正问题的特殊性，因此难以准确地阐明中国社会公正问题。具体说，西方的经济公正理论所反射出来的经济公正观念，与我们本土社会的文化解释体系对经济公正的理解，这中间是有些出入的，这出入便是我们作为本土文化的研究者从事本土社会的研究时所要寻找的分离点。中国社会科学不应当是只去寻找所谓的东西方的文化上的差异，而应当是在认识论、方法论和本体论上看出东西方基本思路和基本预设的差异之处，以此差异来反思西方主流的社会科学的理论和思潮。

二是对一些核心的概念缺乏科学的界定。多数学者把公正、公平、平等、平均等公正理论的核心范畴作为同一概念,没有注意它们之间的细微差别,因此在学术探讨中经常出现一些假问题和无谓的争论。

三是研究的系统性和规范化还不够。目前国内的许多学者常常是从某一角度去立证,因而难免缺乏对于经济公正的基本理念根据和现实依据的分析。因此,就理论而言,对经济公正的基本假设、基本范畴、基本目标、基本功能、基本含义、基本规则等,人们缺乏系统的研究。虽然出现了一些研究成果,但目前学术界对经济公正的学理研究还处在较浅薄的状态。另一方面,在经济公正的分支研究和应用研究方面,国内学术界同样显得薄弱。因此,无论学理层面还是应用层面,目前国内的研究都只能说处于起步阶段,还缺乏系统、规范、深入的研究。

四是真正的理论创新成果还比较少。对国外成果原版引进多,结合中国实际进行创造性转换的比较少;对传统、本土的东西强调坚持的多,结合时代特点进行创新的比较少。人们一般比较重视提出新观点、建构新体系,但相互之间的辩难争论、理论交锋还比较少,没有真正形成一个围绕重点问题学界共同攻关的机制。

五是经济学界对经济公正的研究不多。目前国内对经济公正进行研究的多是哲学、伦理学、社会学等学科的学者,经济学界对经济公正的研究仅涉及分配、贫富差距、公平与效率关系等几个问题,用经济学的理论来研究经济公正问题的成果不多。

第二章　经济公正价值论

　　市场经济是建立在特定伦理基础之上的经济体制,它内在地具有伦理价值,这是一个普遍性命题。[①] 在经济运行中,任何市场活动和市场行为,都不能只进行冷冰冰的成本分析,而需要进行伦理的评价。美国学者贝尔认为:"任何社会都是一种道德秩序,它必须证明它的分配原则是合理的;它必须证明自由和强制的兼而并用,对于推行和实施它的分配原则来说是必要的,是天经地义的。"[②]这表明,市场经济内在地要求建立道德秩序,以道义良知证明其存在的公正性和运作的合理性。

　　以伦理道德为取向的经济公正,在市场运行中的巨大作用,集中到一点,就是为经济活动提供精神动力和价值规范,为经济活动的方向定位,推动市场经济朝向健康和文明进步的方向发展。如果没有经济公正为经济发展发挥推动与定位作用,就难以有现代物质文明的涌现。马克斯·韦伯认为,支撑西欧近代资本主义经济成功的精神动力,乃是一种切合经济内在要求的、以"天职"思想为基础的新教伦理精神。在他看来,经济若不由特定的新教伦理精神哺育,必无任何成效。正是由加尔文教教义所倡导的伦理精神,有力地推动了西欧资本主义的蓬勃发展。韦伯关于任何经济活动都内含经济正义的合法内容,主要包括:①人们用自己的劳动创造财富,是为了实现精神性的光荣;②人们在创造财富过程中,应当兢兢业业地从事劳动,要有敬业精神;③人们通过正当手段获取财富不仅是正当的,而且是必要的,从事任何经济活动都不能损害道德;④人

---

① 赖传祥:《经济正义与法律效益》,载《中南财经大学学报》1997 年第 3 期。
② [美]贝尔:《资本主义文化矛盾》,三联书店 1989 年版,第 23 页。

们积累财富并非坏事,但要节约与节制,只为了享乐而挥霍财富才是罪恶的。[1]
这说明,一切创造财富的经济活动应有道德的精神自律,否则,必将导致由投机
掠夺到暴发挥霍再到衰亡崩毁的结局。贝尔曾指出:"一旦新教伦理离开了资
本主义社会,剩下的就只有享乐主义,而资本主义制度也就失去了它那卓越的
精神。"[2]因而他认为,为了节制资本主义经济活动中获取超额利润损害道德的
投机掠夺和挥霍纵欲,就需要以新教伦理为精神规范,使经济活动获得道德的
精神自律。然而,建立在私有制基础之上的资本主义市场经济体制,始终无力
解决物化心灵与道德心灵这一具有普遍性矛盾的社会难题,因而也就不能在经
济活动中实现道德的精神自律。这就注定了资本主义市场经济是不健全的。
尽管如此,韦伯关于市场经济应以伦理道德为取向的合理论断,对于我们今天
建设社会主义市场经济仍有一定的启迪意义。它启示我们更自觉地把体现社
会主义市场经济与社会主义思想道德内在结合的经济公正,作为社会主义市场
经济健全发展的精神动力与精神规范。

第一节　经济公正的经济价值

经济公正属于上层建筑的范畴。它不仅由经济关系所决定,受到生产力的
影响和制约,同时还会对经济的发展产生巨大的反作用。这种反作用,具体表
现为作为经济主体的人,其经济活动的公正意识、价值观念、伦理原则、道德人
格等,是经济发展的重要人文因素,能够直接地推动生产力的发展、创造经济效
益,因而经济公正是经济发展的内驱力。[3]

一　资源配置的调节力

在发展市场经济中如何优化资源配置,提高资源利用效率,实现资源配置
效益的最大化,是经济理论与实践中的一个"永恒的主题"。在经济学研究中,

---

①　孟宪忠:《论社会主义市场经济的文化精神》,载《中国社会科学》1994 年第 6 期。
②　[美]波斯纳:《法律之经济分析》(中译本),台湾商务印书馆 1987 年版,第 7 页。
③　汪荣有:《道德:经济发展的内驱力》,载《道德与文明》2005 年第 1 期。

历来有关资源配置机制的研究有两种趋向。一种趋向是:认为市场机制能够合理地、有效地配置资源,资源配置学说无非是一种通过市场对经济自发进行调节的学说。另一种趋向是:认为市场机制在资源配置方面具有相当大的局限性,如资源利用率低、资源配置不合理、收入分配失调等,因此要以政府调节来取代市场机制,至少应用政府调节来纠正市场机制的局限性。介于二者之间的是这样一些观点,或者认为市场调节与政府调节应当并重,或者认为市场调节应当为主、政府调节应当为辅,或者认为政府调节应当为主、市场调节应当为辅。市场调节和政府调节是两种不同的资源配置方式,市场对资源配置是基础性调节,又叫做第一次调节;政府对资源配置是高层次的调节,又叫第二次调节。此外,经济公正作为一种道德力量对资源配置的调节,是超越市场调节和政府调节的另一种调节,可以称之为第三种调节。在市场调节与政府调节都起着作用的场合,经济公正的道德调节同时发挥自己的作用,于是就形成了市场调节、政府调节、道德调节三者并存,共同发挥调节作用的格局。①

市场经济经济既是法制经济又是公正经济。市场经济的经济公正特质,规定了经济公正可以在经济主体的经济活动中发挥重要的作用。一些明智的企业家之所以对经济公正给予特别的重视,从根本上说,就是因为经济公正可以带来效益,可以促进企业的经营和发展。经济公正在主体经济活动中的价值和作用表现在多个层次和方面,可以从不同的角度进行考察。把道德作为人力资本,是当代新制度经济学的一个重要观点。以人力资本研究闻名于世的舒尔茨提出,人力资本当中包括了人的道德。美国著名学者弗兰西斯·福山在其专著《信任》一书中,更充分强调了道德作为人力资本的价值。所谓人力资本,是指人自身中存在和发挥出来的可以创造经济价值的要素。它是由两个方面构成的,即由人的智能、知识、身体等因素规定的能力,并由使这种能力发挥出来的,主要是由价值观念和道德精神构成的内在机制。新制度经济学派的代表人物科斯,也把经济道德看做一种经济资源和“人力资本”。

黑格尔说过:“精神的伟大和力量是不可低估和小视的。”发达的资本主义

---

① 厉以宁:《超越市场与超越政府》,经济科学出版社1999年版。

国家特别像日本都非常重视包括经济公正在内的道德的精神力量的作用。1984年《日本经济白皮书》指出："在当前政府为建立日本产业所做的努力中，应该把哪些条件列为首要的呢？可能既不是资本，也不是法律和规章，因为这二者本身都是死的东西。……如果就有效性来确定这三个因素的分量，则精神应为十分之五，法规占十分之四，而资本占十分之一。"①

经济公正对资源配置的软调节作用，主要体现在规范市场主体的行为，对市场进行匡正和矫治，并为经济的发展提供道义上的支持和价值上的援助，形成经济运行和伦理运作的双向约束和激励的良性机制，使市场经济具有公正的价值导向。经济公正作为市场经济发展中的理性杠杆，是一种无形的精神力量，它的作用是巨大的，可以说有时是无形胜有形。但是，我们不能把经济公正调节市场配置资源的作用，夸大到不适当的地步，走进"公正决定论"的误区。只有把经济手段和法律手段的"硬调节"与经济公正这一理性杠杆的"软调节"有机地结合起来，形成一种"合力"，才能真正地优化资源配置，使市场经济健康有序地发展。

二　经济运行的导向力

经济活动，是最基本的物质活动，是一切活动的基础；经济建设是一切工作的中心。但是，也不能由此而忽视另一个重要的问题：经济活动的目的是什么？什么是经济运行的目的性？以经济建设为中心，这是中国现代化国策的基础，但当把经济本身作为最后的、最高的，乃至唯一的目的的时候，就不可避免地要在宏观与微观上产生各种偏差，尤其是当市场的盲目作用在模糊经济发展的目的性的时候。当前西方社会的重要困惑之一，就是在经济科技发展中人的失落。在生活获得了巨大的提高以后，西方人困惑：我们发展经济、发展科技到底为了什么？当经济的发展与精神的失落、社会的堕落相伴随的时候，人们普遍感到经济发展丧失了自身的目的与意义。

熊彼特曾深刻地指出，资本主义之所以必然灭亡，根源于企业家创新冲动

---

① 转引自汪荣有：《当代中国经济伦理论》，人民出版社2004年版，第54页。

的衰竭。创新冲动的衰竭又是两种因素结合而导致的,一方面,资本主义原始积累阶段出于宗教热忱的、狂热的牟利冲动在利润本身实体影响的侵蚀下减弱。企业家从19世纪以前的"在世的苦行"逐渐转化为受肉欲主宰的状态。另一方面,日益成熟的自由竞争开始降低社会平均利润率,通过创新的谋利变得日益困难。正是在这种双向影响下,20世纪开始,老牌资本主义国家的企业家创新动力慢慢丧失,整个经济趋于停滞,英国和荷兰这两个世界上最老的资本主义帝国出现的情况正是如此。哈佛大学麦克莱南教授的著名研究证明了熊彼特教授的假说,根据他的研究,在20世纪初,英国的经济无论绝对规模还是增长率,都位居世界前列,仅次于美国。这个时候,英国具有"强烈的成就动机"的企业家在总人口中所占比例位居世界第三。半个世纪后的50年代,这一比例已经跌至世界第29位,此时的英国经济已是病入沉疴。由此可见,在一个社会中,具有成就动机的企业家的数量(绝对和相对)多寡是决定其经济活性盛衰的重要因素。

经济发展的最终目的是促进人的全面发展。发展经济,解决的是人们的物质生活条件问题,这是生存与生活的基础。然而,另一个显而易见的道理是:人吃饭是为了活着,但活着绝不是为了吃饭,人的经济活动与动物的谋生活动的最大区别,就是人除了物质的追求以外,还有精神的追求。在寻求物质生活条件方面的满足时,人们还追求超越于物质、超越于自身本能的意义与价值,最终达到物质与精神、利益与价值的和谐发展。因此,经济活动,从根本上来说,只是作为前提性的基本活动,而不是人的全部活动,更不是唯一活动,经济活动必须服务于人的目的,必须受人的目的性的引导,否则,只能是一只"看不见的手",使经济活动成为人的谋生本能冲动。正因为如此,任何经济,从根本上说,都不可能是纯粹意义上的经济,它必须受社会价值系统的导向,其中政治的、伦理的、经济公正的导向是经济健全发展的必要条件,当然也要受文化的制约。

当代中国经济社会中存在许多问题,但困扰中国未来经济增长的最大问题,并不是经济资源的衰竭,而是企业家创新冲动的衰竭。这种衰竭当然有着产权制度方面的原因,但最重要的,恐怕是改革开放后这一代创业者文化素质特别是道德素质的匮乏。乡镇企业依靠创业者狭隘的物质利益冲动一度腾飞，到 80 年代末很快达到顶点。由于没有更加高尚的创业道德观的支持，乡镇企业逐渐走向衰落。违法乱纪、化公为私、消费攀比愈演愈烈，严重地阻碍了整个经济现代化的进程。对新一代创业者的道德教育变得刻不容缓。甚至在国有企业，经营者的道德衰退也十分严重。当前社会经济生活中普遍存在的"道德失范、拜金主义、享乐主义、个人主义滋长"、"假冒伪劣、欺诈活动成为社会公害"等现象，在某种意义上都与经济的目的性模糊，经济活动的导向力软弱有着内在的联系。"生意人"和"企业家"的根本区别，不只在于其在谋利方面一时的绩效，更重要的是其内在的素质，其中最重要的是伦理的素质，如果没有良好的伦理素质与人文涵养，钞票再多，也只能是一个目光短浅的"生意人"，而不能是"经"世"济"国、造福社会的"企业家"。"生意人"与"企业家"界限的模糊，"企业家"桂冠的廉价，是目前市场经济发展中价值导向失误的重要表现；对中国经济发展的质量，对经济主体素质的提高，尤其是企业家队伍的造就，有着直接的影响。应该说，经济运行的公正价值导向的建立，经济发展的公正内驱力的形成，是市场经济健康发展的必要条件，是企业家创新冲动的源泉之一，也是市场经济成熟的重要表征。

三　经济活性的催化力

活性问题，是任何经济体制、经济模式都致力寻找并解决的问题。经济主体的活性在哪里？如何激发经济主体的内在活性？纵观中国经济改革 30 多年来的历程，市场体制对经济活性激发的思路，主要是把生产绩效与利益分配挂钩，从而调动经济主体的积极性，概言之，建立和依循的是"利益驱动"的机制。"大锅饭"的铲除，管理权力的下放，承包制、股份制的建立，都是这种思路的体现。应该说，它极大地解放了生产力，调动了经济主体的内在活性。但是，这种思路如果贯彻到底，如果只是局限于经济的意义上使用这种机制，在理论上就必须有两个基本的假设。一是"经济人"的假设。必须把经济主体设想成是或主要是追求经济利益的"经济人"，经济的动机是它的主要的乃至唯一的动机，经济的激发力是其主要的激发力，经济的需要是其活性的源泉。第二，必须假设人的需要、人的欲望是无限的,只有这样,经济的刺激才可能不断调动人的积极性,经济发展才有持续发展的后力。可是事实是,在理论上,我们发现了这种假设的内在矛盾;在现实的经济运作中,我们发现了这种经济逻辑的固有缺陷。很显然,人不只是平面的"经济人",人之所以为人的根本特征,与其说是经济性,不如说是道德性。人与动物都有本能的冲动,但人的欲望的实现方式、人的经济活动与动物的谋生活动的根本区别,在于它受经济公正的规范与调节。人性的崇高与伟大,不在于没有动物性,而在于以道德性规范动物性,从而凸显出人性的尊严。动物性与道德关系,就是孟子所说的"小体"与"大体"的关系。在这个意义上,动物性与道德性构成人性的基本内涵,而从人兽区分的角度考察,道德性更体现人的根本特性。人不只是"经济人",而且也是并且必须是"伦理人"。人的需要透过动机,构成人的积极性的源泉,然而人的需要,尤其是人对物欲追求并不是无限的,对这些需要的满足与刺激所形成的人的积极性,更不是无限的。西方的管理理论早就发现,人的需要得不到满足,积极性就不能充分发挥;相反,如果人的需要完全满足了,也会形成同样的后果,"吃饱的耗子不想动"。所以西方的管理理论、经济理论都必须以各种需要理论为基础,从赫茨伯格的"双因素理论",到马斯洛的"需要层次理论"都是如此。"市场疲软"、"经济疲软",是现代中国经济面临的难题,直接影响中国经济持续发展的后力。经济的疲软根源于经济发展活性的疲软,而经济活性的疲软,又与人的积极性的刺激与激发机制的疲软有着直接的联系。在经济改革中,奖金是重要的刺激与激发机制,但现在我们也发现,奖金这样的"刺激机制",正愈益转化为"保障机制",成为工资的一部分,从而丧失了对人的刺激功能。而且,当人们受单一的经济刺激左右时,事实上也就丧失了自身的主体性,从而与动物在食物刺激下的活动没有本质的区别。经济活性的疲软,经济主体活性激发力的疲软,原因当然是多方面的,但可以肯定,与经济理念与经济运作中把人当做单一的"经济人"有着内在的联系。或者确切地说,与精神文化建设、与伦理建设方面的"疲软"有着深层的因果关联。当在市场运营中把人假设为"经济人"时,当然只能采用"经济人"的激发机制;当顺着市场这只"看不见的手"盲目作用,放弃伦理精神对人的价值导向时,又只能造就大批平面的、不健全的

"经济人";而当社会在经济之外不能找到对经济主体的激发机制时,当经济运行的活性发生疲软或不能保持时,就标志着经济发展走进了"文化沙漠"。要走出这个误区,必由之路就是在加强经济建设的同时,加强人的精神建设,特别是伦理建设。在人文精神,尤其是伦理精神中,积蓄并开发经济主体的活性之源,并使之与经济发展相整合,推动市场经济的健全、持续的发展。

在哲学理念中如何为经济主体的本性定位,与经济发展活性的形成及其激发有着直接的关联。中国传统文化是一种伦理文化,"伦理人"的假设是自给自足的自然经济对经济主体本性的假设与定位。20世纪80年代前实行的是计划经济,计划经济对主体的基本定位是"政治人"的假设,人的经济行为受政治的规范,经济活性受政治的激发。但从文化本性上考察,计划经济又与传统的经济保持着某种文化上的同一性。因为,从资源配置方式上说,计划的分配必须以"关系",即条块所属关系的认定为前提,这与传统家户经济的建立必须以血缘关系的认定有着相似之处,都是伦理的认定;从运行机制上说,"计划"分配的合理性及其落实,必须以经济主体即分配者与接受者的人文素质,尤其是道德素质为前提,在这个意义上,计划经济与传统经济有着共同的文化本性,都是"伦理经济"。市场经济以"经济人"作为经济主体的文化定位与理念假设,这种假设是市场运行的前提,也是其内在局限之所在,它所产生的泛经济主义与市场规律的盲目作用,不仅会产生许多社会负面影响,而且也必然对经济发展的活性与后力产生消极的影响。市场经济的改革,不是对传统经济体制的简单否定,而是辩证扬弃。应当吸收传统的"伦理人"、"政治人"假设的合理内核,并与市场体制的"经济人"理念相整合,形成经济主体的健全的人性认定,把伦理的机制与经济的机制相整合,在市场经济的运行中,以伦理的精神、伦理的机制、伦理的激励,培养与开发经济发展的文化活性,推动、保障市场经济健康、有序、持续的发展。

四　经济组织的凝聚力

凝聚力是伦理对经济组织作用的一个重要的力量。组织的存在及其运作,最重要的因素就是其内在的凝聚力。凝聚力的有无,凝聚力的大小,在相当程度上决定着组织功能的发挥,决定着组织合力的大小,甚至也决定着组织的存亡。经济组织如果丧失了凝聚力,其内在的生命也只是名存实亡。凝聚力形成的过程,就是组织合力形成的过程,凝聚力构成组织合力的最直接也是最重要的基础。凝聚力如何形成? 在初期的市场运营中,人们很容易产生一种错觉,认为只要待遇好,薪水高,就能拢住人心,自然就能产生凝聚力。实际上,高报酬只能产生企业对个体的经济吸引力,它只是凝聚力产生的必要条件,并不就是凝聚力本身。或者说,它可以把经济个体吸引到单位来,并部分地调动他们的个体活性,但员工能否真正同心同德、同舟共济,个体活性能否最终形成经济组织的合力,问题根本没有解决。因为,无论如何,经济组织内部存在一个利益分配的问题,对员工来说不仅存在利益的绝对性即工资的绝对量的问题,更存在一个相对利益,存在对自身利益的认识,对个人利益与他人利益、对个人利益与整体利益的认识与调节的问题。这些问题,工资、利益本身是无法解决的,必须借助人们的经济公正价值观念进行导向调节,尤其是在发生个体的利益矛盾与冲突时,这种调节与导向就具有至关重要的意义。另一方面,组织目标、组织目的,是组织合力的指向,但组织的目标、组织的目的如何转化、内化为个体的目标、个体的目的,这也不是利益至少不仅仅是利益吸引所能解决的问题。它与人们的价值取向,与人们对伦理关系的认识与把握,与人们对伦理秩序的态度,有着直接的联系。市场的机制,很容易造成人们在经济组织的建构中对金钱的迷信。可是我们每每发现,许多企业,缺乏竞争的韧性,也许在兴旺发达时应聘者如云,可一旦发展受挫,"跳槽"频仍,甚至作鸟兽散。问题的症结在哪里? 就在于凝聚力太脆弱,在困难时期,员工缺乏伦理意识作支配,未能筑起企业在精神上凝聚力的长城。也许正因为如此,日本式经济组织,特别强调团队意识与团队精神,努力以儒家伦理理念培养企业内在的凝聚力,这种意识与精神在相当程度上是超越经济的,当然不可能总是或永远是超越经济的,它是在共命运的意识支配下,形成的一种伦理的人文力。因此,在经济组织中,集体主义精神、集体主义意识的培养,并不只是一种形而上学的精神层面的装饰,它是企业凝聚力、企业合力形成的价值基础,对经济组织的前途与命运休戚相关。

　　从组织内部看,统一而高尚的经济公正规范,会激发其成员的神圣情感,它可以赋予日常的生产和交换活动以更深的内涵,使平凡的机械重复的操作呈现色彩,劳动者的合作、忠诚、创造性会由此被激发,经济生活由此具有了某种公正生活的性质。从组织与外部的关系来看,它的道德形象会自然成为取信于社会的重要资源,为其生存和发展提供持续的保障。那些老字号的商号、品牌在消失数十年以后的重生,不仅是靠其具体的产品性质,而更是符号背后所表征的经济公正价值的文化内涵。它可以激发人们亲切、温暖、可靠的心理联想,因此有着重要的伦理意义。总之,经济生活并不必然等同于功利庸俗,它可以被升华为一种高层次道德生活,从而具有同时满足人们的物质欲求和精神欲求的重要特性。

伦理与经济合力的关系,在理论上涉及一个重要的问题:经济组织、企业,到底是一个经济实体,还是一个伦理实体? 在向市场体制的转轨过程中,人们接受并习惯于一个断语:企业是一个经济实体。实际上,"企业是一个经济实体",只是在由计划体制向市场体制转换中,在强调企业经济上的自主性与独立性的意义上使用的,也只有在这个意义上才有真理性。它绝不是对企业组织的全部属性的界定,更不是说企业只是一个经济实体。从企业形成的意义上说,企业不只是一个经济实体,而且同时是也必须是一个伦理的实体。毋庸置疑,企业是履行经济功能,完成经济使命的实体。但是,一方面,企业组织、企业内部人伦关系的形成,是企业运作的前提,而当讲到企业的人伦关系、组织关系时,它就是一个伦理的实体,是依伦理的原理建立起来的人伦关系的实体;另一方面,经济只是企业直接目的,并不是最终目的,最终目的应当是服务社会,利民厚生,如果把经济作为企业唯一的、最高的目的,那"经济实体"就有蜕变为"经济动物"的可能。可见,在历史和逻辑上企业都不只是,也不应该只是一个经济实体。"伦理实体"的概念,凸显的是企业组织及其经济运营的人文原理与人文动力,强调的是企业对社会的伦理责任。

五　降低成本的亲和力

从成本效益的角度分析,经济公正的经济价值又可以从交易费用这个基本概念中得到说明。在新制度经济学那里,"交易费用"是一个非常重要的概念。

这一概念最先由科斯在 1937 年的《企业的性质》这篇经典性的论文中提出。科斯认为，交易费用"是利用价格机制的费用，它包括为完成市场交易而花费在搜寻信息、进行谈判、签订契约等的活动上的费用"①。因而交易费用是指处理人与人之间交易关系所需要的成本，包括交易信息的获取费用，交易中的谈判费用，协调费用，合约签订、实施和监督费用，制度运行费用等。在现代经济中，交易费用是经济成本的重要组成部分，而且随着分工和专业化的发展，人们之间交往的日益紧密和扩大，交易费用对现代经济的影响和制约作用将越来越大。特别是由于物质生产成本在一定条件下弹性很小，交易费用却伸缩性很大，交易费用的高低往往决定着经济效益的大小以至经济活动的成败。只有尽可能降低经济活动中的交易费用，才能提高经济效益。制度经济学认为，降低交易费用的最有效方式，就是合理的制度安排，包括法律、公约等正式制度安排和道德、意识形态等非正式制度安排。

一个缺乏经济公正规范的社会，会引发大量的交易成本。譬如，缺乏经济公正约束的盗窃行为，虽然它只是财富在不同物主之间的转移，一般不会导致社会总财富的减少，但它却产生社会防盗问题。为了防止和惩罚盗窃，就要建立防盗设施，设置保卫部门以及事后破获盗窃案件，这些都会引起有限的社会资源的占用。社会为防止盗窃行为而引起的支出，就是盗窃这种不道德行为引发的交易成本。盗窃行为越猖獗，社会交易成本越高。没有盗窃行为，这部分资源就会被节约下来。又如商业欺诈这种经济不公正行为，也会引发社会资源的浪费性使用。人们为防止被骗，就要花费人力、物力、财力，去了解交易对象的信誉，鉴定商品的真伪与质量，签订更加详细的交易合同，在被骗之后去打官司等等。如果有良好的商业道德，这方面的费用就可以大大减少。所以，一个道德水准很低的社会，也就是一个交易成本很高、社会资源浪费性使用较多的社会；而一个道德状况良好的社会，则可大量节约交易成本，使有限社会资源获得节约而用于可以增进社会福利的其他方面。

交易成本是处理人与人之间的交易关系所需要的成本，是在与人有关的交

---

① ［美］科斯：《生产的制度结构》，上海三联书店 1994 年版，第 55 页。

易活动中的费用,因而经济公正规则也必然在这种活动制约中发挥作用。经济公正作为一种亲和力,会在总体上减少交易摩擦、降低交易费用,反之则增加交易费用。经济公正在降低交易费用中的作用主要表现在:①通过确立行为准则和伦理约束机制,降低人们在经济交往中的不确定性和复杂性,从而减少每次去处理相互关系时获取信息、进行选择的成本。②可以有效地调节人们在交换过程中的利益冲突,遏制和克服"搭便车"、投机取巧、损人利己等消极行为倾向,减少交易中谈判费用,降低合约执行、监督成本及违约风险成本。就企业内部而言,有效的企业伦理可以大大降低管理成本。③可以服务于其他制度安排,降低有关政策、法律的实施成本。总之,经济公正的健全程度与交易成本呈反比例关系,一个社会经济公正规范越健全,交易成本就越低,经济效率就越高;反之,经济公正规范越缺乏,交易成本就越高,经济效率就越低。

第二节　经济公正的社会价值

经济公正是人类社会发展的重要目标,也是建设有中国特色现代化进程的客观要求。随着社会主义市场经济的发展和改革开放的深入,越来越多的人意识到,中国社会正面临着严重的经济公正问题。经济公正是社会主义本质的内在要求,是我国市场经济发展的客观需要,也是全面建设小康社会的题中之义。从一定意义讲,中国全面建设小康社会的进程,也就是在经济增长的同时不断促进社会公平的过程。只有坚持经济公正原则,才能建立公正的中国经济秩序,才能保证我国经济社会生态的全面协调和可持续发展。

一　实现社会主义本质的内在要求

社会主义本质上要求经济公正。邓小平同志指出,社会主义的本质,是解放生产力,发展生产力,消灭剥削,消除两极分化,最终实现共同富裕。共同富裕是社会主义的本质要求,也是社会主义经济制度公正的本质体现,是社会主义制度的根本原则。共同富裕强调所有社会成员享受社会物质财富的平等性,决不允许一部分人的富裕幸福以牺牲另一部分人的富裕幸福为代价的现象存在。作为社会主义的本质要求,共同富裕是社会主义从事经济活动所应遵循的公正原则,是人们判断现实的经济活动是否合理、公正的标准,是社会主义制度所应当承担的责任。任何社会都要求经济公正,但社会主义更应该坚持经济公正。社会主义追求的一个核心目标是人与人之间的平等,就是共同富裕。

把共同富裕作为经济公正的基本原则,是社会主义学说的重要组成部分。早在18世纪、19世纪,空想社会主义者就是从"公平"、"公正"、"平等"、"善"、"理性"等抽象的概念中形成自己的社会主义理想。在空想社会主义看来,资本主义社会是一个极不公正的社会。在这个社会里,暴力和欺诈支配着人们,唯一以自己的劳动对社会做出有益贡献的劳动者,没有得到社会的任何报酬,社会并没有为人类造福。因此,必须改变这个社会,代之以新的社会制度,即社会主义制度。在空想社会主义者眼里,资本主义是不公正、是恶的代名词,社会主义是公正、善的化身。但空想社会主义者都不懂得,理想不应是"人间天堂"的体现,而应是对社会内部成熟了的现实要求的清醒认识。

马克思恩格斯根据当时社会发展的客观情况提出经济公正思想,他们以社会进步与人的全面发展为评价尺度,阐述了社会主义与经济公正相结合的必要性与必然性。马克思的社会主义学说就是对早期资本主义的经济异化的现实提出来的,是对西方现代化进程中经济公正的现实进行科学反思的结果。马克思尖锐地批判了资本主义经济平等的虚伪性,认为在资本主义私有制条件下,商品所有权规律已转变为资本主义占有规律。"以商品生产和商品流通为基础的占有规律或私有权规律,通过它本身的内在的、不可避免的辩证法转变为自己的直接对立物……最初,在我们看来,所有权似乎是以自己的劳动为基础的……互相对立的仅仅是权利平等的商品所有者,占有别人商品的手段只能是让渡自己的商品,而自己的商品又只能是由劳动创造的。现在,所有权对于资本家来说,表现为占有别人无酬劳动或产品的权利,而对于工人来说,表现为不能占有自己的产品。"[1]由于资本主义的劳动是雇佣劳动,因而也就不能实现劳动平等,反而是极大的不平等。与此相联系,资本主义的产品分配也不可能是

---

① 《马克思恩格斯全集》第23卷,人民出版社1972年版,第640页。

平等的。在马克思主义经典作家看来,社会主义制度确立之后,通过将生产资料收归国有,消除了雇佣劳动赖以存在的基础,实现劳动平等;通过实行按劳分配原则,实现产品分配平等。

然而,从马克思提出实行生产资料公有制可以彻底解决公平、平等的假设,到现实中能够真正地加以实现,有着一个漫长的过程。社会主义生产资料公有制的建立,并不意味着劳动平等和分配平等就能理所当然地立即得到实现。相反,在现实的社会主义实践中,生产要素不可自由流动和公有制经济运行的行政化以及收入分配中的平均主义,形成了严重的经济不平等。之所以出现理论与实践的巨大反差,最根本的一点,就是由于传统的计划经济体制排斥市场竞争,忽视价值规律的作用,从而使商品经济相伴而生的经济平等难以实现。针对认为一旦实现全民公有,则社会公平会自然实现的观点,哈耶克在 1994 年批评道:"大多数社会主义者的公平理想,只满足于取消私人财产得到的收入,而对于不同的人所得的收入差别则听其自然。"[①]由于传统计划经济体制否定商品经济和市场竞争,忽视价值规律的作用,没有很好地体现经济平等的本质要求,其结果必然是经济活动主体缺乏自主性、积极性和创造性。没有机会均等(地位平等)基础上的竞争,必然助长人们的懒惰、寄生与依附思想,严重阻碍生产力的发展,造成整个经济运行低效率甚至无效率,其最终结果不是社会成员的共同富裕,而是共同贫穷。

邓小平根据我国生产力发展的实际状况,丰富和发展了马克思主义经典作家的经济公正思想,提出让一部分人、一部分地区先富裕起来,逐步达到共同富裕的经济公正思想。他指出,"要允许一部分地区、一部分企业、一部分工人农民,由于辛勤努力成绩大而收入先多一些,生活先好起来"[②],"勤劳致富是正当的"[③]。可见,让一部分人先富起来体现了按贡献分配的经济公正原则。不仅如此,邓小平提出了共同富裕的经济伦理:"我们提倡一部分地区先富裕起来,

---

① ［美］哈耶克:《通往奴役之路》,王明毅、冯兴元等译,中国社会科学出版社 1997 年版,第 100 页。

② 《邓小平文选》第二卷,人民出版社 1994 年版,第 152 页。

③ 《邓小平文选》第三卷,人民出版社 1993 年版,第 23 页。

是为了激励和带动其他地区也富裕起来,并且使先富裕起来的地区帮助落后的地区更好地发展。提倡人民中有一部分人先富裕起来,也是同样的道理。"①这样就把先富起来与共同富裕联系起来成为一个整体,使之成为新时期具有中国特色经济公正原则。

作为社会主义经济公正原则,共同富裕原则包括"共同"与"富裕"两个方面。"共同"就是指的社会主义制度应保证所有社会成员都享有社会物质财富,强调是平等;"富裕"就是指的社会主义制度应该通过采取各种有效措施,不断地提高社会生产力,增加社会物质财富,强调的是效率。共同富裕原则体现了公平与效率相统一的原则。"社会主义最大的优越性就是共同富裕,这是体现社会主义本质的一个东西。"②在社会主义经济活动中要遵循共同富裕这一根本原则,首先要大力发展生产力,防止和反对"共同贫穷"。"社会主义的特点不是穷,而是富。"③"经济长期处于停滞状态总不能叫社会主义。人民生活长期停止在很低的水平不能叫社会主义。"④"穷"不但不是社会主义制度的优越性的体现,反而与社会主义制度的优越性及其制度的善相对立。所以我们必须大力发展生产力,使社会财富充分涌流;治"贫"是社会主义制度的义务。其次,要坚持共同富裕,防止和反对"两极分化"。邓小平指出:"我们是社会主义国家,国民收入分配要使所有的人都得益,没有太富的人,也没有太穷的人,所以日子普遍好过。"⑤社会主义制度首先要保证的是"使所有的人都得益","日子普遍好过",不能做到这一点,社会主义制度就没有道德合理性,就不能得到人民群众的拥护。这就决定了社会主义制度与其他社会制度在"富"的性质上的根本区别。邓小平在回答美国哥伦比亚广播公司记者迈克·华莱士的提问时明确地指出:"我们讲的致富不是你们讲的致富。社会主义财富属于人民,社会主义的致富是全民共同致富。社会主义原则,第一是发展生产,第二是共同致富……正因为如此,所以我们的政策是不使社会导致两极分化,就是说,

① 《邓小平文选》第三卷,人民出版社 1993 年版,第 111 页。
② 同上书,第 364 页。
③ 同上书,第 265 页。
④ 《邓小平文选》第二卷,人民出版社 1994 年版,第 312 页。
⑤ 《邓小平文选》第三卷,人民出版社 1993 年版,第 161~162 页。

不会导致富的越富，贫的越贫。坦率地说，我们不会容许产生新的资产阶级。"①这段话充分说明了社会主义制度和资本主义制度下财富观及其分配原则的根本区别。

总之，经济公正是社会主义本质的内在要求。社会主义制度与其他社会制度的本质区别，不仅表现在生产力上，而且更表现在社会结构上，表现在社会利益性结构上，进一步地讲，主要表现在社会利益的分配方式上。它要求以更合理的方式去解决经济发展中必然出现的效率与公平、经济与文化等重大的矛盾和冲突。社会主义关注分配公正的实现，把消灭两极分化、实现共同富裕作为社会主义制度追求的理想目标。我们要坚持经济发展的社会主义方向，就必须坚持经济公正原则。

二　建设全面小康社会的思想保证

党的十六大提出了全面建设小康社会的奋斗目标。全面建设小康社会，使中国社会发展从不全面走向全面、由不平衡走向平衡，关键是要在政治经济制度安排和经济活动运行中实现经济公正。经济公正是小康社会的题中之义。"全面建设小康社会"关键在"全面"。"全面"两字内涵丰富、意义深远，它表明小康社会的建设是一个促进经济、政治、文化协调发展的系统工程，是一个涵盖物质文明、政治文明和精神文明的综合体系。而经济公正始终贯穿于小康社会的物质文明、政治文明和精神文明建设之中。

1. 经济公正是小康社会经济繁荣的重要保证

小康的意思是丰衣足食，包含"日子好过"、"殷实"、"比较宽裕"等含义。从这个意义上讲，社会生产力的快速发展、人民生活水平的不断提高、国家综合国力特别是经济实力的显著增强，是实现小康社会的基本前提。为此，我们必须紧紧抓住战略机遇期，深化改革，扩大开放，力争保持经济的持续快速发展。与全面建设小康社会的任务相比，目前我们面临的最大矛盾恰恰是"不全面"和"不平衡"。因而在大力发展生产力的同时，我们必须十分重视经济公正问

---

① 《邓小平文选》第三卷，人民出版社 1993 年版，第 172 页。

题。公正合理的利益分配,才能充分调动生产者的积极性和创造性,从而有利于生产总量的增加;只有公正合理的利益分配,才能维护社会秩序的稳定,从而有利于人们长远和根本利益的实现。在全面建设小康社会的进程中,"必须努力使广大工人、农民、知识分子和其他群众共同享受到经济社会发展的成果,使他们不断得到看得见的物质文化利益,从而使他们愈来愈深刻地认识到实行改革开放和实现社会主义现代化是祖国的富强之路,也是自己的富裕之道,也从而使他们更加自觉地为之共同奋斗"①。

2. 经济公正是小康社会制度文明的核心内容

从制度的视角来解读,小康社会实质上是崇尚制度公正的法治社会。全面建设小康社会的一个基本目标,就是通过法制宏观结构的变革和公共权力体系内部的职能配置,逐步建立起权责清晰、相互配合、相互制约、高效运行的有中国特色的法治秩序。从制度上保证公共权力的独立、公正的行使,提高制度效率,维护制度公正,从而保障全社会实现公平和公正。20世纪60年代以来,世界上越来越多的人意识到,仅有经济增长不一定能普遍改善人类的生活状况。正如巴西总统所说:"巴西经济很好,但巴西人过得很穷。"于是,分配和公平问题引起了人们的注意。对公平的渴求集中于两个从属目标,它们虽非必然但却常常联系在一起:一个是减少绝对贫困,即减少处于某一具体规定的物质生活最低标准(按收入或消费来规定)之下的人口比例;另一个就是减少不平等,即减少居民群体相互间收入与财产的差别。到70年代初,公平已明显地与增长结合在一起而成为发展经济学家的中心目标。② 从本质上讲,现代国家都力求在法律制度安排上追求公正。虽然人们对什么是公正没有形成统一的认识,但公正无疑是现时代各国法律制度试图体现的一种基本价值。同时,从一定意义上讲,法律制度也是"一种配给制度",是一种追求公正的分配制度。法律有关权利、义务的分配,对社会财富及收入的分配有重要的影响。作为一种制度结构性公正,经济公正所涉及的广度与深度远远超出收入的分配。这些重要资源

---

① 《江泽民论有中国特色社会主义(专题摘编)》,中央文献出版社2002年版,第111页。

② [美]亨廷顿等:《现代化:理论与历史经验的再探讨》,罗荣渠译,上海译文出版社1993年版,第332页。

的分配,将决定此后的生活方式和收入分配等等,所以是一个社会的基本制度或国家大法的主要内容。总之,经济公正是当代政治制度的一个核心问题,也是小康社会不可或缺的制度性的文明特质。

3. 经济公正是人民安居乐业、社会有序发展的制度保障

改革开放以来,我国的分配制度从总体上讲正趋向合理,变化主流是积极的。"知识参与社会财富分配"的现象非常明显,市场资源配置正趋向合理化。这不仅是理论的突破,也是社会发展的进步。同时,我们也应当看到,我国收入不平衡的现象仍相当严峻,且呈现扩大态势。这无疑给我们社会经济的有序发展带来隐患和障碍。诚如美国法学家博登海默所说,在一个健全的法律制度中,秩序与公正这两个价值常常是紧密相联、融洽一致的。一个法律制度若不能满足公正的要求,那么从长远的角度来看,它就无力为政治实体提供秩序与和平。经济公正就是通过制度安排,在社会成员或群体成员之间对权利、权力、义务和责任进行合理配置,使广大人民群众对自己的分配所得及自己与他人分配所得差距与自己的条件及他人的条件感到均衡,从而维护社会的秩序和稳定,促进经济社会的可持续发展。相反,如果分配不公正,人们就会感到不安定。因而,分配公正是小康社会有序发展、人们安居乐业的重要保证。

三 构建社会主义和谐社会的价值引导

一个和谐的公正的社会,应当最大可能满足其所有个体成员的正当利益,最大可能地使社会共同利益得到最大限度的发展,并最大可能地合理调控社会贫富差距,以进一步提高所有个体成员的利益所得和生活水平。和谐社会应有的经济公正理念,选择最大限度地提高全体社会成员的利益水平,最大合理性地平等对待每一个主体,同时又承担带动全社会公民一起进步、使社会和谐持续发展的责任。经济公正所内含的"平等原则"、"对等原则"、"补差原则"、"机会均等",可以为构建社会主义和谐社会提供重要的价值引导。[①]

1. 经济公正的权利公平原则,维护人们的基本权利,有利于实现起点公正

权利公平是公平的内在要求,是实现公平的逻辑起点和实践起点。它体现

---

① 参见吴晓俊、胡伯项:《社会公正与社会和谐》,载《前沿》2006年第4期。

的是不论社会成员所属阶级、阶层、社会地位、家庭背景、种族、性别及资本占有状况等因素如何,社会应赋予他们在享有参与各项社会活动方面平等的权利,使他们在平等的起点上融入社会。平等在专门的意义上,并不是指权力与财富的程度应当绝对相等,而是指广大人民群众的人格和人的尊严的平等。就是说,权力不能成为剥夺他人权力的特权甚至暴力。财富不是不能没有差别,只是这种差别不能两极分化到一个人可以购买另一个人,使一方沦为另一方的奴隶。马克思主义批判私有制社会,就是基于社会平等的合理性要求之上。在一定意义上可以说,社会平等永远是一个公正社会的最优先且最大的共同利益。一个实现了在政治权利面前、在法律面前人人平等的社会,才可能是公正的和谐的社会。一个充满阶级剥削和专制压迫的社会,肯定是一个缺乏公正和充满矛盾的社会。

在一个和谐、公正的社会中,公民经济权利的平等性,首先落实在所有公民根据法律规定,享有同等权利和承担同等的义务。在民主政治上,每个维护社会公正秩序的公民,都拥有平等权利和自由。每一个公民都有按照宪法的规定参与国家生活和国家管理的权利。根据我国宪法的规定,我国公民的民主政治权利和自由,包括选举权和被选举权、监督权以及言论、出版、集会、游行、示威的自由。权利平等、义务也平等;付出如果平等,获得也应是平等的。平等是一个包含复杂内容的概念,许多事情形式上看是平等的,实质上是不平等的。简单的机会均等也不一定就是平等。所以,平等原则所涵纳的复杂内容,可以这样抽象出来:对于在所有相关方面都相同的情况,必须同等对待;对于在相关方面不相同的情况,则必须区别对待,而且这种不同对待应该和相关的不同一一对应。这是成熟的社会经济公正理念所需要的"平等"。

2. 经济公正的机会公平原则,使人们享有均等的发展机会,有利于实现前提公正

机会公平,是实现公平的基本条件和首要标志。它要求社会提供的生存、发展、享受机会对于每一个社会成员都始终均等。机会均等已经成为现代意义上社会公正的一项重要理念和准则,其主要含义是指生存与发展机会起点的平等和机会实现过程的平等。如果背离机会均等,就有可能在扩大一部分社会成

员享有的机会资源的同时,剥夺另一部分社会成员的机会资源,限制这些社会成员的发展前景。事实证明,越是处于较高等级的人就越有可能更上一层楼,即上升到更高的社会等级;反之,越是处于较低社会等级的人就越受到限制,他们上升到较高的社会等级的可能性就越小。20 世纪 20 年代、50 年代和 60 年代英国财产继承问题表明,财产继承状况变化不大,即富户的财产传给下一代;下一代之所以有钱,主要由于他们有一个有钱的父亲,而不是因为"机会平等"给了他展示才能的机会,使他们由穷变富。这些现象和事实的存在,足以说明追求机会均等对于个体的重要性。

起点公平与机会均等是社会公正的重要方面。罗尔斯认为,一个社会所应该具有的伦理选择必须要考虑社会中最不幸者的社会机会。只有机会均等的社会才是公平的社会。就我国目前的情况而言,尽管社会各界和弱势群体都在不断呼唤机会均等,呼唤法律面前人人平等,但机会均等原则一直未能得到根本解决。由于社会总资源和总财富的有限性,由于改革过程中各个方面法律和制度的缺位和不健全,因此出现了种种不公正待遇和不平等的机会,进而导致了在就业、任职、参政、受教育、受国家救济等一系列的机会不平等和权利不平等。从 20 世纪 80 年代的"官倒现象",到 90 年代的"权利资本化"、"内部人控制",由此导致国有资产大量流失,再到今天人们意见最大的"行政性行业垄断"乃至股票市场上的"黑幕"交易、操纵行为,大家不难发现,在我国经济的转轨和发展过程中,"起点不公"并不是偶然现象,而是一种"常态"。我国贫富差距在很大程度上正是这种"起点不公"所造成的。

源于机会不均等造成的经济不平等,比机会均等时出现的经济不平等,更加令人不能忍受。而且直接影响到人民群众参与民主政治活动的均等机会,如没有人民群众参政的机会就更谈不上建立一个受人民监督的良性和谐政府。机会均等在现代社会的重要性不言而喻。

3. **经济公正的分配公平原则,确保人们获得与贡献对等的回报,有利于实现结果公正**

分配公平体现着社会财富分配的合理性和平等性,是人们评判社会公平与否以及公平程度的直接和主要依据。分配公平是整个社会公平的根本内涵、实质所在和最高层次。它赋予每个劳动者获得正当利益和社会保障的权利,不因素质、知识、能力、性别等的差异而使其政治地位、经济地位、生活享受等方面产生巨大的或本质上的差异。

公正不是要求一切简单平等,公正首先要求的是符合比例的平等。比如说,你尽了一定的义务,你就应具有一定的权利。你付出了多少,就应得到多少回报。分配公平原则并不是要人们一味地牺牲和贡献,一味要求你尽义务,在强调行为动机的道德崇高性同时,也强调客观上要求对等原则。我们可以把它概括表达为"得所当得"。付出获得对等,表明经济公正允许差别的存在。经济公正绝不主张平均主义,平均主义、"大锅饭"是对社会主义经济公正原则的一种曲解。一个社会如果强求绝对的一致和一律的平等,反而会损害社会的和谐进步。经济公正理念主张,社会有责任使人的才能得到充分发挥,使一切活力得到充分迸发。党的十五大确立了坚持按劳分配为主体、多种分配方式并存的制度,把按劳分配和按生产要素分配结合起来,坚持效率优先、兼顾公平;依法保护合法收入,允许和鼓励一部分人通过诚实劳动和合法经营先富起来,允许和鼓励资本、技术等生产要素参与收益分配的政策,这充分体现了经济公正理念中"付出获得对等原则"的精神。

从社会公正理念来看,付出与获得相对等,还意味着一个人如果做出了很多贡献(付出),那么即使他的动机中并不含有索取报酬的因素,但作为一种社会公正,应当使他得到相关的回报,否则就有失公正。和谐社会的公正理念必须使奉献者得其所得,使之在这种社会回报中客观上获得他的"得所当得"。付出获得对等原则在分配奖赏或责罚的场合,表现得最为突出。贡献大、价值大的,就应多得;同样,失误大、造成损害大的也应承担相应的责罚。法律部门就是用强制手段实施公正责罚的机构。事实上要构建和谐社会,必须建立并完善相应的奉献和回报的社会机制,如此社会才可能形成善善相生的持久的良性和谐,人民才能安居乐业。

4. 经济公正的保障公平原则,让弱势群体得到及时救助,有利于实现社会稳定

保障公平原则,又叫补差原则,即"以有余补不足"。社会主义经济公正原

则鼓励一部分人或地区先发展起来,决不意味着鼓励社会两极分化。一个公正合理的社会,要公正地对待全体成员,不仅要承认人们之间的利益分配差距,而且要承担缩小这种差距的理性责任。有些人如果分到的蛋糕比别人大一些,那是因为他付出的那部分价值比别人多一些。

经济公正的保障公平原则认为,一个社会或一个集体,有责任去关心帮助集体中处在最低等差中的那部分人或那部分地区、部门。如果一个社会、集体对其利益获得较差者漠不关心,不负责任,那它就不可能是一个和谐持久发展的社会。一个社会如果利益分配差距过大,必然会损害这个社会的稳定结构和合理秩序,最终使这个较差共同体的利益得不到应有的增进。在自然状态下,人们的活动会自然而然地产生差距;产生差别是自然的,而不产生差别却一定要借助社会理性力量和相应的外部手段。

补差原则就是对那些因各种自然的、历史的、偶然的因素而造成的天赋资质或条件基础较差的社会成员,给予特殊的惠顾,以排除他们事实上所处的不平等的起点和障碍,创造出一种社会的平等和谐。我们现在实行的九年制义务教育政策、“希望工程”、高额累进税制,对“老、少、边、穷”地区实行的特殊保护政策,西部大开发战略中对西部的支援,以及全社会有计划地“扶贫”工程等等,都是和谐社会经济公正理念中补差原则的体现。要扶持落后地区、关爱弱势群体,要在市场经济机制完善和各项政策、制度安排中有意体现公正补差,全面实现和谐社会所要求的经济公正理念。只有这样,才能维护社会的稳定和长治久安。

第三节 经济公正的人文价值

关注现实经济问题不仅仅是人的生存需要,也是对人性本质完善的自省与追求,使人获得人的生活与人的发展,故经济公正问题归根到底是人的问题。人类以不同的方式提出生活的意义问题,这一古老而不陈旧的主题,只有在生活之中而不可能在生活之外澄清;而人的生活只能具体而现实地在人与社会、人与自己和人与人的关系交织而成的坐标系上产生并拓展。人们所从事的生活资料的生产活动是人类生存的第一个前提,生产活动使人在摆脱野蛮与愚昧的过程中,形成了共同的利益,这种活动的自觉性、社会性和创造性,体现了人类对公正的追求。

一 市场经济的伦理基础

"经济人"作为一种理论抽象,是资本主义市场经济的产物。其内涵可归纳为:利己或自利,追求自身利益最大化;具有理性,在制度约束下谋求利益。"经济人"是西方经济学构建的基础,是西方经济学关于人性的基本假设,是资本主义市场经济关系的人格化,也是经济伦理的一个重要范畴。与"经济人"相对的是"道德人"。"道德人"也是一种理论抽象。把人放在道德关系中加以考察,抽象掉人的政治的、文化的及其他种种属性,仅把人看做是道德活动和道德关系的承担者时,人就成为"道德人"。所谓"道德人",就是在社会生活中按一定道德原则、规范活动以达到自我完善的人。"道德人"是人的道德活动的人格化,也是道德主体的抽象及普遍化。

"经济人"与"道德人"是一种对立统一的关系。"经济人"、"道德人"是对人的属性、特征的一种抽象,是研究社会经济和人的一种理论模式,它们之间的差异只存在于概念、思维方式之中,但作为不同的价值取向,二者在利益价值追求的侧重点以及权利与义务、他律与自律的价值取向上存在明显的差异和对立。在市场经济条件下,一切经济活动都是交换;交换建立在互惠互利的基础上,既可以充当"经济人"赚钱,又不失是一种"道德人"的合理行为。如果所有的市场主体(经济人)都讲道德,交易成本会降到最低点。"经济人"与"道德人"的统一,表明"经济人"中有道德的要素,"道德人"中有经济的影子。实际上,任何一种道德范畴的构建,都是与特定的经济行为联系在一起的,都不会是孤立的。"国民经济学和道德之间的对立本身不过是一种假象,它既是对立,同时又不是对立。国民经济学不过是以自己的方式表现着道德规律"①。

市场经济作为一种利益关系体系,它本身就内在地包含着"经济人"的个

① 《马克思恩格斯全集》第42卷,人民出版社1979年版,第137页。

人利益与社会利益相互关系的特定结构模式,因而也就为市场行为的道德要求预设客观根据。马克思分析说:"一切产品和活动转化为交换价值,既要以生产中人的(历史的)一切固定的依赖关系的解体为前提,又要以生产者互相间的全面的依赖为前提。每个人的生产,依赖于其他一切人的生产;同样,他的产品转化为他本人的生活资料,也要依赖于其他一切人的消费。"①"这种互相依赖,表现在不断交换的必要性上和作为全面媒介的交换价值上。经济学家是这样来表述这一点的:每个人追求自己的私人利益,而且仅仅是自己的私人利益;这样,也就不知不觉地为一切人的私人利益服务,为普遍利益服务。关键并不在于,当每个人追求自己私人利益的时候,也就达到私人利益的总体即普遍利益……关键倒是在于:私人利益本身已经是社会所决定的利益,而且只有在社会所创造的条件下并使用社会所提供的手段,才能达到;也就是说,私人利益是与这些条件和手段的再生产相联系的。"②在这里,马克思不仅揭示了在商品生产和市场交换中私人利益是客观存在的,而且也指明了它在任何时候都不能离开特定的社会条件而存在的性质。马克思的这种分析,对于社会主义市场经济同样是适用的。在市场交易中,买卖双方无疑均要把对方当做自己的手段,因此不可避免地存在着利己的倾向。但是在为赢得市场而展开激烈竞争时,买卖双方又不能不把对方当做自己的目的,而把自己当做手段,而且只有把自己当做手段的时候才能够实现自己的目的,于是也就形成了利他的客观基础。市场经济虽然不可能不诱发利己主义和拜金主义,从而滋生种种不道德、反道德行为,但因为"经济人"私人利益的交换只有在承认他人利益的前提下才能进行,这就为道德的进步和完善提供着某种契机。

市场经济的规律和法则,也在某种程度上蕴涵着道德的必然性要求。例如价值规律要求等价交换,市场竞争要求公平无欺,社会主义市场经济的利益分配要求劳动致富、共同富裕等等。虽然我们不必一味地追求"经济学的伦理化",但是却不能不对经济规律做伦理学的领悟,即从经济规律中认识道德规

---

① 《马克思恩格斯全集》第46卷(上册),人民出版社1979年版,第102页。
② 同上。

律,并且努力把这种由经济规律所规定的外在的道德必然性,转化为主体的内在的道德自律性。市场经济的一些规则并非都直接是道德约束,而是有利益取向下不得不为之的他律,但非道德约束是可以转化为道德约束的。当人们把市场运行的法律、法规、制度、规范、行为准则等内化为自己的自觉要求的时候,非道德的他律性,就转化为道德的自律性了。

由此看来,在市场经济中坚持物质利益原则,并不构成为排斥道德原则的根据。相反,如果要坚持正确的物质利益原则,即正确地对待和处理私人利益与共同利益的关系,就一定要借助于道德原则的规范作用。因此,做道德的"经济人",不仅是市场经济的客观逻辑,也是道德进步和人类精神自律的必然要求。把"经济人"行为的他律性与自律性绝对对立起来,把"经济人"塑造成与道德绝缘的经济动物,对维护"经济人"假说是毫无益处的,也是对现实不正确的反映。"人类道德的发展一步一步跟着经济,它确切地适应着社会的实际需要。在这种意义下,可以也应当说,利益是道德的基础"①。

市场经济是道德经济。市场经济的伦理意蕴,可以从三方面来认识:

第一,市场经济有其内在的道德必然性和道德必要性,因而应当是有经济公正、有道德"范导"和道德秩序的经济活动形式。

这里所谓内在道德必然性,是指市场经济体制的确立和运行,必然要提出解决其内在道德问题的客观要求。如对待私人利益的问题、利己和利他的矛盾关系问题、自由竞争的秩序问题、公平交易的问题、维护信用关系的问题等等,都是直接从市场经济的各种内部关系中引出的道德问题,解决这些问题也首先是作为不可逆转的客观要求提出的。而所谓内在道德必要性,则是指市场经济的正常运行和健康发展有解决其必然面临的道德问题的实际需要,或者说有建构相应的伦理规则和道德秩序的需要。如果不解决它所面临的直接而现实的道德问题,也即不能确立相应的市场伦理规则和道德秩序,那么就会有碍于市场经济的正常运行和健康发展。例如,如果市场经济所提出的个人利益的合理问题得不到适当的伦理认定,那么市场经济的确立就会大成问题。正因为市场

---

① [俄]普列汉诺夫:《普列汉诺夫哲学著作选集》第 2 卷,三联书店 1992 年版,第 48 页。

经济有其内在的道德必然性和道德必要性,因而市场经济也就应当成为有道德"规范"的经济形式。

第二,市场经济有其内在的道德观念选择和道德价值取向。

我们知道,市场经济得以确立和运行的最基本社会前提,是市场经济主体有独立自主的权利和追求自身利益的自由。这一社会前提,不管是作为形式上的基础,还是作为它实际上的文化前提,都意味着对否定私人利益或个人正当利益的禁欲主义伦理观念的否定和排斥,以及对压制个人独立自由和个性发展的专制主义伦理观念的否定排斥,同时也意味着对肯定个人利益、个人自由、个人独立进取和个性发展的诸多新伦理观念的认定。与市场经济的基本社会前提相关,市场经济的最一般也最基本的价值取向,便是所谓世俗化、功利化和个体化、主体化价值取向。前一价值取向表现为市场经济主体对实利、功利、物质财富乃至感性享乐的重视和追求,后一价值取向则表现为市场经济也有对道德价值观念的选择和对一定道德价值的追求。应当说,这是不言而喻的。再就市场经济的基本法则即等价交换法则而论,这一作为"市场理性"之灵魂的基本法则,表面看来似乎毫无"道德"可言,可实质上它却有其潜在的、丰富的道德内涵。这一法则,既意味着对超经济强制和剥夺的道德否定,也意味着对人的劳动和平等权利的尊重和维护,意味着"交换的公正"和交往的"互利"。

第三,道德经济还在于市场经济的运作有其内在的道德机制。

这种道德机制,包括市场经济得以运行的某些道德原理、道德精神动力和制度化的经济公正法则。比如说,确认私人利益或个人利益的正当合理性,肯定个人独立自主的道德"合法性",便是市场经济借以确立的基本道德原理;马克斯·韦伯所揭示的西方资本主义市场经济背后的伦理精神以及在其他民族文化背景下形成的市场经济伦理精神,便是市场经济借以运作的主体精神动因和文化动因;来往互利、正当竞争、公平交易、恪守契约、重视信誉等经济伦理法则,作为完善的市场经济制度和市场规则体系的有机构成,也是市场经济借以正常运行和健康发展的制度化的经济公正准则。在这一意义上,那种把道德视为市场经济运行体系和市场规则体系之外的某种外在钳制或装置的观点,其正确性显然大有问题。

由此不难看出,现实的、成熟的市场经济必然蕴涵着一系列伦理基础。这些伦理观念、规范和制度的存在,是市场经济生存与发展的必要条件,市场经济无法与之割裂。市场经济的经济关系、经济体制对社会的伦理道德具有重要影响和意义。反过来,人们的伦理观念和社会伦理规范对市场经济的经济关系、经济发展也有很大作用,两个方面在现实生活中内在地联系在一起。因此,我们才说市场经济内蕴着一种伦理目的,具有一定的伦理道德基础。

二　公正经济行为的道德价值

经济行为,尤其是公正的经济行为,是其主体——具有一定道德价值观念的人——的行为,也是为满足各利益关系人的一定需求才产生的行为。现代经济行为要求其主体自觉做出各种选择,而选择的结果与实施,都要受到各个具有不同要求关系的人,以及参与目标选择的人的道德价值观念的影响。经济行为是经济公正规范的实践源泉和载体,经济公正又是经济行为的价值导向和目标。经济行为本质上是人与自然、人与人的制约关系,它是人类生存和发展的基础,是人性的对象化与自我肯定;它的实践本身,可以被理解为始终按照理性原则行事就能以最少的投入,获得“最大的利益”这个既定的目标。虽然经济行为主体在主观上是为了自己取得利润,但其行为后果在客观上是有利于他人和社会的。正如亚当·斯密所说,人们受一只看不见的手的指导,去尽力达到一个非他本意想要达到的目的,从而有效地促进了社会的发展。在现实社会中,无论是企业还是个人,其经济行为在主观上为他人和社会的情况是极少的,这也是我们研究经济行为的伦理意义的目的所在。所以,经济行为的伦理意义就在于要能够使这种“主观为自己,客观为别人”的经济道德的建立,即形成能够保护和调节经济行为主体利益的伦理秩序,使处于竞争状态的各经济行为主体的行为,受到任何一般公认的社会行为准则的控制和约束,防止因利益冲突而出现的社会混乱,起到保护经济行为主体利益的作用,并为进行利益合理、正当的分配创造条件,从而达到公正经济行为的目标。

价值通常是指事物的用途和积极作用,用以表示事物具有满足主体需要的属性、作用和意义,是客体对于主体的有用性。道德价值是指一定的道德(道德活动、道德意识、道德规范)对于主体所具有的伦理作用和道德意义。道德价值是在社会实践中形成的,从本质意义上讲,是社会道德关系的表现形式。它标志着人们行为及其后果对于他人、对于社会所具有的积极意义。在社会历史发展过程中,人类的道德活动总是奠基在经济活动之上,并为经济活动所规定。一定的经济类型是人进行道德活动的外部世界环境,不仅为人的道德活动、道德进步提供可能与舞台,而且又为道德活动、道德进步规定限度。一种经济类型能在何种程度或限度上促进人的主体性活动的多方面展开与深化,促进人性的发展、丰富与社会生产力等物质基础的发展和增强,该社会的经济类型也就在同样的程度上促进了人类道德的进步。

1. 公正经济行为要求尊重人的独立、自由,有利于自由、公正、平等等道德观
   的形成和发展

马克思说:"商品是天生的平等派。"[1]人与人之间的平等、自由是市场经济运行的基础。市场交换以其特有的方式抹去了人与人之间的等级关系和等级意识,客观上要求交换各方权利是平等的。在自然经济条件下,人们之间是金字塔式的等级关系,社会通过强制力保护等级制度及其对财产的占有和使用,并确立剥削者与被剥削者的人身依附关系,而市场经济的等价交换原则为人们之间的社会交往关系提供了客观的价值尺度,要求市场主体机会均等,公平地参与市场竞争活动,享有相互对应的、公正的权利和义务,从而融解了自然经济社会遗留下来的人身支配关系和奴役关系。当然,市场经济社会中人的独立、自由和平等也是有条件的。诚如马克思所指出的,它是以对物的依赖性为前提的人的独立。市场主体自由地进出市场,并根据自己的利益做出各种选择,无疑意味着他的活动是自觉自由的意志的体现。在商品交换中,交换行为选择"只取决于自己的自由意志"[2]。马克思曾经把商品交换领域称为天赋人权的真正乐园,认为在这个乐园中"占统治地位的只是自由、平等、所有权和边沁"[3],这是对市场经济伦理原则的精辟概括。市场经济运行的基础之一是等价交换原则。它本身即是一种经济伦理原则。如果没有交换主体之间的自由、

---

① 《马克思恩格斯全集》第23卷,人民出版社1972年版,第103页。
② 同上书,第199页。
③ 《资本论》第一卷,人民出版社2004年版,第204页。

独立,它们之间的平等和公正就无从谈起。因此,独立、自由、平等就成为市场经济所确认的首要的基本的伦理基础或伦理原则。

2. 公正经济行为充分肯定和彰显个体价值与主体性价值原则,强化着自主、效益、责任、敬业、节约等观念和品质的形成和发展

市场经济作为一种利益驱动型和竞争型的经济,既以承认主体利益的存在和独立经营为前提,又以主体承担经营后果、经营责任为归宿,决策正确、管理得体、经营有方可以赢利,反之则会亏损。这就不断地强化着主体的自主观念、利益观念、效益观念、责任观念,练就着勤奋、敬业、节约等品质。在市场中,主体必须不断地了解市场信息,调整自己的经营方向,引进新的科学技术,开发市场所需要的新产品;不断地改进经营管理,降低成本,提高产品的数量和质量,提高产出投入比;不断地从事广告等营销活动,开辟新的市场渠道,等等。主体还必须不断地提高自身的科学和文化素质,以适应不断变化着的市场所提出的挑战。这样,经营过程不仅是主体扩大、追求自身的经济利益的过程,同时也成为主体自身的社会价值的实现过程,主体自身作为人的各种素质的发展过程。市场经济把人从过去的超经济的人身依附关系中解放出来,把个体从以往等级的社会身份中分离出来,形成了有一定经济基础支持的独立的个体和个人,使他们成为具有独立利益、独立目标、独立价值追求的真正意义上的主体。对此,马克思称为"以物的依赖性为基础的人的独立性"①。按照马克思的说法,市场经济的发展,还为未来社会形态中"建立在个人全面发展和他们共同的社会生产能力成为他们的财富这一基础上的自由个性"的发展创造着条件。因此,市场经济并不是简单地肯定人们追求自己的物质利益,获取财富,而是鼓励以促进经济发展的方式去实现主体自身的价值。马克思认为,人的自我价值的充分发挥和实现,实际上就是最大的生产力和社会财富。这也就是说,市场经济的发展并非只是片面追求物质财富的增长,其伦理的要求本质上是注重人的自我价值,注重主体性地位。物质财富的获取只是社会进步的一个方面,离开人的多方面才能的发挥,离开人的个性、创造性,其自由意志将难以发挥,市场经济

①　《马克思恩格斯全集》第46卷(上册),人民出版社1979年版,第104页。

的本质目标和价值取向也就难以彰显。因此,市场经济在肯定人的物质利益的合理性和正当性时,实质上旨在奠定人的全面自由发展的物质基础。市场经济内蕴的物质利益要求最终构成其精神文化和伦理道德价值的内在基础。

3. 公正经济行为要求人格的独立和解放,内含着人道主义的伦理原则

历史上,人道主义的产生和发展就是市场经济发展在意识形态领域中的反响。人权、人道的原则就是为了冲出封建的、神学的原则,把人从各种封建羁绊中解放出来,使人们能够自由地出入市场,成为市场上的平等竞争者、交换者。市场经济宣布:凭借手中的商品,人人有权在市场上生存和发展。这种伦理原则,同之前市场经济中用各种封建等级的、宗教等级的伦理原则,限制、剥夺人的生存和发展权利相比,是一种历史的进步。然而,市场经济宣布的这种人道主义伦理原则,是建立在对商品(物)价值的依赖基础上的,市场经济甚至把人也作为一种经济资源与其他物的资源一起进行配置。市场经济提供给人们的人权不过是机会上自由竞争、平等竞争的权利。在市场的实际竞争中,那些因先天或后天原因而处于不利竞争地位,或在竞争中的失败者,他们生存和发展的基本权利和利益常常得不到应有的保护,那些摆脱了封建束缚而自由、独立地走入市场的人,很快又沦为物、商品、资本的奴隶,市场机制宣布的机会公正并不能保证人们生存和发展上的公正。这就是市场体制中蕴涵的人道主义伦理原则的历史局限性。市场机制本身不是万能的,单有市场管不了整个社会生活,解决不了社会所需的公正及市场规范的维护等许多问题。但是社会的健康存在与发展,都离不开这些必然问题的合理解决。这就必须研究和解决作为一种社会体制或制度的市场经济,如何把人权和人道的原则贯彻到底,予以真正实现的问题。实际上,现代市场经济都是政府宏观调控和市场充分运作的有机结合,政府要完成市场不能有效完成的任务,弥补市场的不足与缺陷,维护社会的公正,这样就能补偿市场运行中人的随利益导向所产生的对伦理道德规范的践踏和腐蚀,保证社会在稳定健康的秩序和风气中不断进步。

4. 公正经济行为是理性的、道德的,内在地要求建立严格的经济伦理规范和市场伦理规范

它对市场主体(包括企业、个人和政府)的经济活动不仅有清晰的法律规

范界定,而且有明确的伦理道德约束。换言之,市场经济的有序健康发展不仅需要法律的强制力保障,而且需要伦理规范使经济行为合理、自由、文明。正如西方经济伦理学所认定的,市场伦理本质上是契约伦理,市场是联结生产与消费,供给和需求的中间环节,是商品经过"惊险的跳跃"实现自身价值的场所。经济活动的各种关系,如供求关系、买卖关系、竞争关系等都隐含着双方的某种"契约"。市场主体不是随意进出市场的;进入市场,在市场内活动意味着他对市场基本规范的认可与遵守,也就是说每一个市场主体对他人、对市场有最起码、最基本的信任。如果市场上到处都充斥着坑蒙拐骗、伪劣假冒、虚假信息、欺行霸市、强买强卖、侵权盗版等非道德行为,人们也就不敢进入市场,这样的市场也难以发挥真正的市场作用。因此,健康的市场对市场主体的伦理道德有基本的要求,进入市场就意味着应当遵守这些伦理"契约"。从另一方面看,人们对市场伦理契约的认可与遵守状况,直接反映着市场经济的成熟与完备的程度。这里,遵守伦理契约的主体,不仅仅是企业和个人,不仅仅是生产者和消费者,而且特别地涉及到市场活动的监管者——政府。市场经济中,政府自身对商品和劳务都有着各种巨大的需求,当它像其他主体一样出入市场从事经济活动时,就不可避免地成为市场主体。现代经济理论已经证明,政府行为和决策并非都是崇高的,其动机也并不必然代表全社会的利益。政府存在着滥用权力和腐败的可能。因此,政府成为市场主体时,同样要按一定的经济伦理规范约束自己的行为。

三　经济公正对人的全面发展的意义

经济公正对人的发展的意义,主要有以下几个方面:

1. 经济公正确证人自身自由存在的本质

马克思说:"动物和自己的生命活动是直接同一的。动物不把自己同自己的生命活动区别开来。它就是自己的生命活动。人则使自己的生命活动本身变成自己意志的和自己意识的对象。他具有有意识的生命活动。"[①]这也就是

---

①　马克思:《1844 年经济学哲学手稿》,人民出版社 2000 年版,第 57 页。

说，人不像其他的存在物，人并不简单地存在着，而是好奇地不断询问和解释自己；人不仅生活着，而且不停地指导自己的生活。人的这种自由的有意识的活动便构成了人的类特性，所以人是一种特殊的存在。人的有意识的生命存在，使得人虽然是一种生命的存在却不满足于生命本身，总是在不断地追求超生命的意义世界；他始终存居于现有的生存状态，却力求超越现存状态指向理想的生存状态。"人对自己而言是伟大的谜，因为他所见证的是最高世界的存在。超人性的原则是人的存在的本质特征。人是一种对自己不满，并且有能力超越自己的存在物。"①人正是在对超生命意义的追求中，在生命存在和超生命存在、现实世界和理想世界的内在张力间，不断地确证人之为人的奥秘。意识的生命存在，使得人成为不断探究他自身的存在物，所以卡西尔指出，人是"一个在他生存的每时每刻都必须查问和审视它的生存状况的存在物。人类生活的价值，恰恰就存在于这种审视中，存在于这种对人类生活的批判态度中"②。也正是在这个意义上，哲人苏格拉底才颇具深意地认为，一种未经审视的生活是没有意义的，因而是不值得过的。

人对公正的追求，实质上就是人对自然生命和现存状况的超越之要求，它以超生命的意义世界和理想的存在境界为旨归，并以此作为社会行为的准则和价值理念，规导着人们的言行和社会秩序。公正作为一种人之存在的理想指向和意义维度，总是以一种全新的生活反观既定的存在样式，它构成了不可或缺的存在之维。如此可见，公正的追求，究其本质而言，乃是人对自身人性的不断完满和无限丰富的追求，从而要求将人的潜能现实化，把人的世界和人的关系还给人自己，实现人的自由自觉的活动本质。忽视公正，不仅会产生令人深恶痛绝的直接罪恶，而且更严重的是它会歪曲我们的理解力，破坏我们对未来的估量，从根本上打击人们的道德辨识力和人格的真正力量及其形成。所以，葛德文深刻地指出："有一种东西，对人类的福利要比任何其他东西都更重要，那就是公正。"③对此，美籍哲学家赫舍尔也颇具深意地认为，对有意义的存在的

---

① ［俄］别尔加耶夫：《论人的使命》，学林出版社2000年版，第63页。
② ［德］卡西尔：《人论》，上海译文出版社1985年版，第8页。
③ ［英］葛德文：《政治公正论》第2卷，商务印书馆1980年版，第375页。

关切是人所固有的,做人的真理表明,人是与意义密切相关的一种存在,做人的秘密在于关心意义。①

2. 经济公正完善人的社会关系

马克思认为,人是最名副其实的社会动物,是一种合群动物,而且是离开了社会就不可以独立生存的动物,"人的本质是人的真正的社会联系,所以人在积极实现自己本质的过程中创造、生产人的社会联系、社会本质,而社会本质不是一种同单个人相对立的抽象的一般的力量,而是每一单个人的本质,是他自己的活动,他自己的生活,他自己的享受,他自己的财富"②。因而人的本质在其现实性上,是一切社会关系的总和。这也就是说,人是来自社会共同体的存在,他受到社会共同体的照料,并面向共同体存在。

社会关系是十分丰富而又复杂的,其中经济关系是社会关系的重要基础,而"每一既定社会的经济关系首先表现为利益"③。经济利益关系乃是一切社会关系的基础。这一切深刻地表明,人必须依存于社会经济利益关系而存在,这里包含着双重的内容,即每个人都必须依赖经济利益而生活,同是这种经济利益的获得者,又必须与他人共存,在这里体现人之经济利益关系中存在的深刻矛盾和内在统一。也就是说,经济活动或经济关系是人所特有的存在方式,其中存在着人与人之间尖锐的经济利益的对立,又有经济利益上的必然合作;人不仅要关心经济活动中的效率问题,而且必然地关联到人的生活意义和存在价值等向度。人们在这种既有深刻紧张又有密切关联的经济关系之间,找到恰当的利益平衡点,以使经济效率和经济公平有机统一,便成为不可回避的存在难题。

经济公正旨在通过对经济生活的价值关怀,指认经济生活中经济行为主体的权利和义务,赋予经济关系以合理的形式,给个体和社会的经济行为以恰当的定位,从而对不公正的经济行为予以限定,培育经济公正的价值理念和行为原则,关注经济利益的生产、分配、交换、消费等环节,把经济的发展、社会的进

---

① ［德］赫舍尔:《人是谁》,贵州人民出版社1994年版,第58~60页。
② 马克思:《1844年经济学哲学手稿》,人民出版社2000年版,第170~171页。
③ 《马克思恩格斯选集》第3卷,人民出版社1995年版,第209页。

步和人的自由发展紧密统一起来,以便合乎人类目的性的经济生活得以顺利展开。对此,罗尔斯作了诸多深刻的论述,他指出,"由于社会合作,存在着一种利益的一致,它是所有人有可能过一种比他们仅靠自己的努力独自生存所过的生活更好的生活;另一方面,由于这些人对由他们协力产生的较大利益怎样分配并不是无动于衷的(因为为了追求他们的目的,他们每个人都更喜欢较大的份额而非较小的份额),这样就产生了一种利益的冲突"[1]。这就是说,社会是人的一种互利合作的利益系统,它不仅具有利益的一致性特征,同时也包含了利益的冲突。经济公正就是为了经济生活中的利益安排和平衡,而必须有的价值主张和原则要求。以这些价值主张和原则要求为指导,正确处理人在经济利益关系中与他者共存共在,无疑对丰富和完善人的社会具有重要的意义。

3. 经济公正为人的全面发展扫清障碍

人对理想的追求,在经济活动中必然体现在经济公正上,它意味着某种超越现实功利的人性的精神需求。基于人性的基础,人与自然、人与人之间的关系,必然成为为人而存在的,不断地服务于人的,生存与发展的价值关系。正因为存在这样的关系,就必然要在物质生活活动中贯穿道德原则、公正原则。

社会主义市场经济将人从狭隘的人格依附关系中解脱出来,在经济关系上形成独立的个人。社会主义市场经济体制为个人主体地位的确立创造了条件,提供了经济形式。从事经济活动的个人,可以按照市场规律来自由地组织生产和交换,这就可充分展示经济行为主体的个性与才能,使其不受指令性计划的僵化摆布,自己拥有了一定的自主权利,在经济关系中获得了应有的主体地位。这种经济制度或体制是经济公正的表现。反之,压抑人的独立性的旧体制,实际上是经济不公正的反映,因为它制约了人的发展,阻碍了人的积极性与创造热情。经济正义的根本主题,在于关心人们的生活状态与意义,注重人的发展与人性的完善。

市场经济中人的自利性与利他性的统一,构成了社会主义市场经济正常运转的人性基础。市场交换的日益完善,促进了社会分工,使人类的经济交往范

---

① [美]罗尔斯:《正义论》,何怀宏等译,中国社会科学出版社1988年版,第4页。

围不断扩大,这必然发展人的多方面的需求与能力,塑造全面而丰富的人性。社会主义市场经济不仅仅是一种有效的资源配置方式,而且深层地表现在对以经济关系为基础的人的存在方式的关注,表现在人们对崇高与公正的追求。它的确立,既强化了个体的独立性,又强化了个体的社会性,从而使个体在生存方式、思维方式、价值观念、消费方式上不断地更新和发展。社会主义市场经济昭示了一种制度的文明,它不仅是一种经济的运行机制与规则,也拥有一种文化形态的属性,蕴涵着一种文化精神和价值品格。社会主义市场经济是人的全面解放和自由发展之路上的一个不可或缺的环节,是促成"自由个性"生成的不可逾越的阶段。经济公正就是要通过市场经济条件下的人的存在方式的变革,在重新理解人与社会,人与自己,人与他人的过程中,体现公正原则的功能,充当人的全面发展的崎岖路上的"清道夫"。

人的公正追求,乃是以公正为准则而对人的生活实践所做出的终极判断。经济公正说到底是公正的一种主要表达方式,是以人为根本,以人为重心的。就人性而言,经济公正,追求是无止境的,它伴随着人的发展的全过程。经济公正具有历史性,但也是具体的,这种追求的永恒性与具体性,归根结底寓于人性完善、人性丰富的根据与发展之中。在当代人与社会、人与自然的复杂关系中,树立经济公正思想,是解决人与社会发展问题的理论支柱之一。当然理论不能仅仅用来解释世界,而且要改造和改变世界,因而经济公正理论要在实践基础上融注于复杂的经济实践之中。经济公正只有在实践中才能得到真正的实施,经济实践只有坚持公正原则才能称得上是人的实践。

第三章　经济公正思想论

在人类社会发展历史上,人们很早就开始关注经济公正问题了。在原始社会,由于生产力发展水平低下,物质极度匮乏,劳动成果仅够维持人们的生存,没有剩余,这时人们将完全平等视为理所当然的经济公正。随着社会生产力的发展,剩余产品的增多,历史步入了阶级社会,不同阶级的人出于各自的阶级利益阐述着不同的经济公正观。

第一节　西方经济公正思想

在西方,经济公正思想可以追溯到古希腊的荷马时代,以后经过柏拉图、亚里士多德到近代的霍布斯、休谟、卢梭、边沁、穆勒,直到当代的罗尔斯、哈耶克、诺齐克、麦金泰尔、桑德尔、泰勒、瓦尔泽,以及在当代非常有影响力的德国哲学家哈贝马斯等探讨过经济公正问题。

一　古希腊、古罗马的经济公正思想

城邦是古希腊人生活的轴心,一切以城邦利益为依归,城邦是古希腊人看待一切事物的出发点和归宿,因此就某种角度来说,希腊思想是城邦的女儿。在当时的各城邦之间,由于争夺盟主的地位,战事不断,而城邦内部也广泛存在着奴隶主与自由民、氏族贵族与工商业奴隶主之间的斗争。因此希腊进入奴隶制阶级社会以来,整个社会处于经济生活不安、政治生活动荡的社会局面。由此,如何缓和阶级之间的矛盾冲突,以便有序的经济生活和政治生活得以展开,成为人们不得不关注的现实问题。

　　梭伦在实行自己的政治改革中，就提出了自己的经济正义观。支持梭伦改革的一个主要原则就是他的所谓"公正"，即在贵族和在贫民之间不偏不倚，"拿着一支大盾，保护两方，不让任何一方不公正地占据优势"。他认为，经济正义就是城邦的社会成员要抑制自己的欲望，意味着每个人都拥有一定的财富而不至于生活贫乏，而不能过分追求财富，从而保证人们之间的利益平衡。为了实现经济正义，梭伦提出氏族贵族集团要抑制自己追求财富的贪婪欲望，做到节制有度，为此他在一首劝告富有者不要贪婪的诗里写道："你们这些财物山积，丰衣足食而且有多余的人，应当抑制你们贪婪的心情，压制它，使它平静；应当节制你们傲慢的心怀，使它谦逊。"同时，它要求平民集团也要限制自己对土地分配和钱财的过度追求，要适可而止，他指出："我所给予人民的适可而止，他们的荣誉不减损，也不加多。"对于人民，"自由不可太多，强迫也不应过分；富厚如属于没有教养的人们，食足就要滋生不逊"。所以，梭伦的经济正义思想就是主张社会成员之间财富的均衡，不让任何一方不公正地占据优势，以确保城邦的秩序和稳定。如此可见，梭伦的经济正义思想是与人们的土地、财富以及人们之间的和谐、中道联系在一起的，他旨在通过对城邦的土地和财富的调整和平衡，以达到拯救岌岌可危的城邦之目的。

　　德谟克利特认为公正有两方面的含义：第一，公正就是顺从自然规律，按照自然必然性（理性）而生活；第二，公正就是尽自己的义务，服从城邦的利益。[①]伊壁鸠鲁说："自然的公正，乃是引导人们避免彼此伤害和受害的互利的约定。"他还说："公正对于每个人都是一样的，因为它是相互交往中的一种互相利益关系。"[②]

　　柏拉图认为公正是诸德的统领，它是存在于国家政治和个人行为中最一般的合乎"善之理论"的东西，是社会生活中的支配力量。公正的一条总的原则，就是"每个人必须在国家里执行一种最合适他天性的职务"[③]。为了缓和贫富矛盾，缓解奴隶和奴隶主之间的阶级对立，以挽救风雨飘摇中的城邦奴隶制，柏

---

　① 北京大学哲学系编：《古希腊罗马哲学》，商务印书馆 1961 年版，第 120、117 页。
　② 周辅成：《西方伦理学名著选辑》，商务印书馆 1987 年版，第 96～97 页。
　③ 〔古希腊〕柏拉图：《理想国》，商务印书馆 1996 年版，第 154 页。

拉图提出了"理想国"的设计方案,旨在解救危机中的城邦国家。柏拉图在他的《理想国》这本著作中,主要阐述了城邦正义的思想。他提出了城邦至上的正义理念,要求城邦中的三个等级的人们各就其位、各司其职,作为个人要以理智节制贪欲之心,从而确保城邦的秩序及和谐。为了达到城邦正义,他阐述了自己的经济正义思想。他的经济正义思想正是通过对城邦正义的考察体现出来的。在他看来,城邦之所以出现混乱和不安,乃是人们的财富分配不均造成的,而私有财产正是城邦贫富分化、党争频繁、社会动荡的根源所在。私有财产的存在,使得人们的私心和贪欲无所节制,从而为了一己私利不惜损害城邦和他人的利益,严重地削弱了城邦正义。所以他提出了实行财产公有制的经济正义思想,要求一切财产归集体和城邦所有。具体说来,就是在城邦之中废除家庭私有,实行财产公有,除了绝对必需品以外,任何人不得有任何私产,不得有私人房屋或仓库,至于粮食则由其他公民供应,并按照需要每年定量分给。他们还必须同吃同住、同心同德,并远离金银,不与金银发生任何关系,以确保心灵的纯洁无瑕。① 总之,柏拉图试图通过实行财产公有制,平息城邦的纷争,以保证城邦的高度统一与和谐,阐述了自己的经济正义主张。

亚里士多德把公正看做是各种美德的总汇、总体,认为各种德行都可以囊括于公正范畴之中。亚里士多德持有一种遵循财产占有和行使财产权利的适度与中道的经济公正观,他认为,经济公正就是中庸,即适中合法,要求在每个人与其他人之间不要将过多的好处分配给自己,太少的好处分配给邻人(关于坏处则反之),而要分配得合乎比例的均等。但是,中庸并不是平等,而是在承认不平等的前提下,当双方发生矛盾时,采取折中、调和的政策。经济公正包含不平等,因为人与人之间,其天赋、能力存在差别,要在这种不平等中求得平等,就得遵循中庸之道。这些古代的观念已经初步显现出了经济公正的基本形式和内容,也就是秩序、适中、权利、和谐的比例。亚里士多德认为,在商品交换活动中,当"双方还保持着他们自己的产品的时候,而不是在已经发生交换之后,必须把交换的条件归纳成用数字表示的比例,否则交换中的一方将试图争取优

① 参见柏拉图:《理想国》,商务印书馆1986年版,第130页。

势,以少量换取多量。数字比喻确定以后,双方这就可以进行公正的联系,否则两者之间是不可能建立恰当的平衡关系的"①。这里,亚里士多德提出了在经济交往中的伦理原则——公正性问题。他认为,为了取得互惠,双方交换的产品必须以量化的比较形式达到平衡,而这种平衡引出的伦理原则就是公正原则。数字比例不合理,其中一方认为不公正,商品交换就夭折了;数字比例合理,双方都认为是公正的,商品交换就成功了。亚里士多德认为:"公正就是某种比例,而这种比例所固有的性质不仅是抽象,而且是普通的数目。"②他把公正与数字比例联系起来,并进而论证了经济公正原则的必要性。亚里士多德还把公正分为两类,一类是在财务和荣誉等的分配中,另一类则在交往中提供是非的标准。

古罗马时期出现的怀疑主义认为,公正是约定俗成的而非自然的。如果公正是自然的,那么它就像人的冷热感觉一样,无论何时何地对任何人都是一样的。而实际上,公正概念不仅在不同的民族有着不同的含义,而且在同一国家的不同时代也具有不尽相同的意义。公正与其说是自然的产物,不如说是社会的产物。公正的根据不是自然的而是实用的,人们不是为了公正本身而追求公正,而是为了利益才渴望和追求公正。公正是没有稳定性的,它取决于不断变化的具体情况,它在很大程度上是来源于害怕比自己强大的窃掠的恐惧心理。

二 中世纪的经济公正思想

在中世纪,人们把公正加以神化,从上帝那里寻找公正观的标准,因而此时的公正可以称做神学公正论。神学公正论的开创者是教父哲学的代表人物奥古斯丁。奥古斯丁认为,在人的国家之上还存在着神的国家,并且神的国家统治着人的国家。相应地,法也有两种:一种是体现绝对公正的"永恒法",另一种是体现着人类公正的"世俗法"。真正的公正并不能在用于人类社会的"世俗法"中找到,而只能在上帝的"永恒法"中存在。因而,人只能通过信仰上帝

---

① [美]A. E. 门罗:《早期经济思想》,商务印书馆1985年版,第26页。
② [古希腊]亚里士多德:《尼各马科伦理学》,中国人民大学出版社2003年版,第94页。

才能找到公正,获得拯救。① 中世纪神学公正论的典型形态是托马斯·阿奎那认为的,人国乃是神国在人间的再造,因而它虽然能够独立存在但却不能违反神的意志。而且,阿奎那把公正作为评判和验证法律的标准。在经济领域,托马斯·阿奎那认为,"在商品(交换)的公正原则中,主要的考虑应当是物品的均等",而"物品的均等"是"用给它定的价格来衡量的"。在回答"一个人是否可以合法地按照高于物品所值的价格出卖该物品"的问题时,他认为这种做法"因缺乏公正原则所需要的那种均等",因而在道德上是应该否定的。② 阿奎那在《神学大全》的第二部分《论买卖中的欺诈行为》中讨论了公正价格问题。阿奎那认为,在商品的买卖中,比一件物品的价值卖得昂贵或是买得低廉,出售有缺点的物品而不让对方知道,在贸易中贱买贵卖等等,这些行为本身都是不公道、不合法的,因而都是非正义的。③ 阿奎那认为,商品交换分为两种,一种是为了满足生活需要而以物换钱,而另一种物品交换的目的不是为了满足生活需要,而是为了赢利。对于前者阿奎那给予称道,对于后者则认为理应受到谴责,因为利欲是永无满足的。阿奎那还讨论了高利贷是否有罪的问题。他认为借出资金以收取高利贷的经济行为,是违背自然法的,因而是不正义的。他在《神学大全》中认为,"贷放金钱来收取高利这件事本身就是不公平的,因为这是出卖并不存在的东西的行为。很明显,由此必然产生不均等的后果,而不均等是违背公正精神的。"所以他进一步指出,无论从哪个人手中收取高利都是确实有罪的,因为"我们应该把所有的人都作为邻人或兄弟看待,特别是在一切人等都被召唤前往的真理的国度里,更是如此"④。

三　近代经济公正思想

近代资本主义揭开了传统伦理的善的温情脉脉的面纱,以资本原始积累、金钱拜物教为表征的"恶"成为了推动历史的杠杆。靠劝善向善的个人德性修

---

① ［古罗马］奥古斯丁:《论自由意志》,引自［美］列奥·施特劳斯、约瑟夫·克罗波西:《政治哲学史》,第203页。

② ［美］A. E. 门罗:《早期经济思想》,商务印书馆1985年版,第476～479页。

③ 参见巫宝山主编:《欧洲中世纪经济思想资料选辑》,商务印书馆1998年版,第4～12页。

④ 同上书,第16～17页。

养全面节制恶已不可能,于是经济公正作为社会规范的意义日趋显现出来,并具有了新的时代特征:近代经济公正思想与资本主义伦理精神契合,相得益彰;与市场经济道德规范、价值基础天然合拍,有可通约性;经济公正问题在资本主义私有制及其产权制度的各个领域被多角度、多方面地深入探讨,促进了这个制度的进步和日益完备。由于资本主义生产方式的确立,并伴随着科技的发展,社会步入了"经济化"的历史。随之而来的结果是经济生活的强化和独立化,经济生活日益显示出其重要地位,并逐渐居于社会生活的重要位置。与此同时,有关经济生活中的正义问题成为人们普遍关注的焦点,人们从不同的立场、不同的角度阐述了各自的经济正义观,从而使经济正义问题也随之成为社会的"显学"。于是,从近代开始,经济正义便成为经久不衰的话题,不同思想家从各自的立场阐发了丰富的经济正义思想,使得不同的经济正义的思想竞相争芳,为我们建设良好的经济生活秩序提供了诸多富有智慧的启示。

英国哲学家、政治学家霍布斯创立了契约论。在经济领域,霍布斯认为公正起源于他所谓的第三种自然法即人类应当履行他们的契约,因为在没有契约之前,就没有权利的转移,每一个人便都具有运用每一物的权利,结果就没有什么行动是不公正的。但当一种契约成立之后,则破坏契约便是不公正。所谓不公正的界说,只不过是不履行契约的意识而已。而契约的履行,实际上就是为了保护自己的财产权,所以说在没有自己的所有物,也就没有财产权时,也就没有不公正。① 霍布斯认为经济公正就是维护和履行契约。因为契约是经济主体双向承认的形式,它表示在一切经济活动中,每个主体享有财产所有权,并承认和尊重他享有和自己一样的权利。履行契约是经济公正的起点和源泉。契约的权威高于王权或政府权威。经济公正依存于契约和契约所界定的权利。判定一社会经济状况公正与否的唯一标准是守约、履约还是违约。除了立约的公正,霍布斯还谈到了分配的公正,前一种公正作为交换的公正,即通过契约转让,交换的东西必须价值相等;后一种公正作为分配的公正,则在于对条件相等的人分配相等的利益,即把各人应得的分配给各人。英国哲学家洛克也以自然

---

① 周辅成:《西方伦理学名著选辑》下卷,商务印书馆 1987 年版,第 665～667 页。

法为基础,论证了他的社会契约论的公正论。使契约论广泛传播、风靡世界的,是契约论思想的集大成者、法国的理论家和思想家卢梭。卢梭有两句格言,一是"你要人怎样待你,你就怎样待人",二是"你为自己谋利益,要尽可能地少损害别人",不论是在现实生活中还是在经济活动中都必须遵守这两条原则。他认为"善"和"公正"是分不开的,所谓"善",就是由于爱秩序而创造秩序的行为;所谓"公正",就是由于爱秩序而保持秩序的行为。①卢梭的利益分配公正认为要通过立法来节制富豪,所有人都应该自己占有一些东西,但每个都不能占有得过多,以至使他们不必劳动。为了限制财产的积聚,卢梭主张在经济领域中要减少金钱的作用,主张豁免某些只拥有生活必需品的穷人的赋税,而增加拥有多余财物的人的赋税。他写道:"政府的最重要的任务之一,就是要防止财富分配的极端不公正。这并不是要从富人手中夺取财富,而是要从他们手中侵夺积累财富的手段;不是要给穷人设立济贫院,而是要保证人民免于贫困。"②"使一切的财产不知不觉地接近于社会的真正的中等程度的这种政治,乃是国家的目的。"③

　　与卢梭生活在同一时代的英国哲学家、经济学家休谟也和卢梭一样,试图从社会领域寻找公正的客观基础。但他与卢梭又有所不同。他认为,无论是国家的起源,还是对国家权威的服从,都不能用契约、许诺来解释。休谟将利益放在头等重要的地位,他的全部论证的出发点和归宿点都是利益。他指出:从表面上看,国家产生于契约,对契约的遵守和对国家的服从来源于契约的约束。但这种错误的认识没有看到事物的本质。从本质上看,任何契约都是着眼于人类利益的一种发明。"这个发明的第一动机,以及履行这两种义务的最初动机,都只是私利。"④由此,休谟提出了他的功利主义的公正论。此后,边沁和穆尔进一步论证了功利主义的经济公正观。亚当·斯密在《道德情操论》中论证"经济人"的出发点与《国富论》是相同的一致的,即都是从人的利己主义的本

---

①　周辅成:《西方伦理学名著选辑》上卷,商务印书馆 1987 年版,第 113～138 页。

②　[法]卢梭:《政治经济学》,商务印书馆 1964 年版,第 30 页。

③　转引自[苏]别尔纳狄涅尔:《卢梭的社会政治哲学》,中国社会科学出版社 1981 年版。

④　[英]休谟:《人性论》,商务印书馆 1981 年版,第 584 页。

性出发的。例如,他在《道德情操论》中写道:"毫无疑问,每个人生来首先是主要关心自己。"①他把改善自身生活条件看做"人生的伟大目标"。这种论述在《国富论》中发展成为表述自利行为动机的名言:"我们每天所需要的食料和饮料,不是出自屠户、酿酒家或烙面师的恩惠,而是出于他们自利的打算。"②《道德情操论》重点在于研究同情心和公正感,而《国富论》则侧重于研究竞争机制,但对自利行为动机的论述,二者本质上是一致的,都赞扬"对我们自己个人幸福和利益的关心"。边沁认为,功利原则是指当我们对任何一种行为予以赞成或不赞成的时候,我们是看该行为是增多还是减少当事者的幸福;换句话说,就是看该行为增进或者违反当事者的幸福。而功利则是指一种外物给当事者求富避祸的那种特性,由于这种特性,该外物就趋于产生富泽、利益、快乐、善和幸福。对于一种符合功利原则的行为,人总是可以说它是应当做的。③ 在此,边沁的功利就是公正。穆勒认为,平等人组成的社会,只有共同承认所有人利益都要平等的考虑,才能存在。在一切文化时代,除了专制的君王以外,每一个人都是平等的人,并且不得不与一些人在平等的条件下生活。而每一个时代都有一些进步,驱使人们要想不与任何人平衡地长久生活下去,也不可能。这样,人们就养成习惯:要完全忽略他人利益,这是不可能的。他们就要熟悉同旁人合作,并且建议大家以集体的利益不以个人利益作为行动的目标。④ 功利主义从个人利益与社会利益之间的关系的角度来分析公正问题,只是从层次、规范的角度理解公正,而忽视了公正的首要规定亦即性质上的规定,这容易导致忽视甚至侵犯少数人的正当利益。可见,功利主义者认为,分配产品的评价标准是完全根据对快乐的利益或是社会成员的消费喜好,他们的经济公正原则是:最大多数人的最大幸福原则。

格劳秀斯认为经济上的正义就是符合人的本性的、有一定约束的有限私有财产权,是公共权力与财产权利之间不对称但却合理的关系。⑤ 边沁、穆勒则

①　[英]亚当·斯密:《道德情操论》,商务印书馆 1999 年版,第 101～102 页。

②　[英]亚当·斯密:《国民财富的性质和原因的研究》上卷,商务印书馆 1972 年版,第 14 页。

③　周辅成:《西方伦理学名著选辑》,商务印书馆 1987 年版,第 212～213 页。

④　同上书,第 260 页。

⑤　同上书,第 580～583 页。

认为经济公正是以功利原则为基础的个人权利。经济公正应归于自我和他人的权利,不应偏重制度性的东西、契约和形式,而忽略其实质性的内容,忽略人的经济公正要求的倾向。当一种制度最大限度地提高功利时,它就是公正的。公正只是促进功利的手段而不是独立的标准,唯一的标准是功利。如果在不同制度中选择,只应选取带来较大功利的制度,而不必再另外抽象考虑它是否公正。这种功利论的制度评价方法比契约论实用。它好就好在以个人功利的实现和保障作为公正的第一要义,把"功利优先"作为公正的第一原则,而把契约降为派生的次要原则之一。公正是直接从功利原则引申出来的,并服从于功利原则。在次要原则发生冲突的场合,公正与否要取决于第一原则。爱尔维修认为经济公正是以合理利己主义为基础的均等分配。作为个人利益的组合,公共利益才是公正的标准,其内涵是"人人幸福"。而要达到幸福均等的唯一方法是财产的平均分配。所以,应该有这样一种经济制度,首先保证公民私有财产基本均等,由此带来每个人幸福均等,再由此保证私人的财产权、人身自由和生命。在这种制度中,没有不幸的人。财产均等既是社会效益,又是个人不可剥夺的神圣权利。两个利益二者兼顾、相互保证、和谐一致才是公正,也符合合理利己主义。牺牲个人利益满足公众利益,或为了个人幸福损坏他人幸福,都不是经济公正。莫尔、欧文等空想社会主义者认为经济公正就是彻底废止私有制度。"私有财产是贫困以及由此而在全世界造成的无数罪行和灾难的唯一原因。它在理论上是那样不合乎正义,而在实践上又同样不合乎理性。"[1]私有制也许可以采取一些表面符合公正的有限手段,比如规定每人私有田亩和现金的法定最高限额,严禁政治权力与财产权利的交易等等,使无财产权的人减轻几分痛苦,但却不能从根本上解除痛苦。因为,只要私有制度存在,其经济活动必以金钱为衡量一切的唯一标准,这其中不可能找到一点公正的痕迹。除非人们认为,一切最好的东西落到最坏的人手里,还可以叫做公正;或者凡是我们大多数人所应得的都被少数人瓜分,还可以叫正当。因此,"只有完全废止私有制

---

① 周辅成:《西方伦理学名著选辑》,商务印书馆1987年版,第559页。

度,财富才可以得到平均公正的分配,人类才能有福利"①。

可见,近代的经济公正观是围绕着两个焦点进行争论的。一个是私有产权是否公正,在这个问题上的所有回答呈现为两极。当时的主流观点认为私有财产权利是公正的,这种经济公正观成为了私有制得以确立的伦理武器;一种贯穿了整个近代的非主流观点则对私有财产权利进行正义批判,可惜只是停留在空想层面,没有对私有制本身造成实际的冲击。但在客观上起到两个作用:一是为后来的马克思主义的诞生和现代史上公有制国家的出现提供了思想养料,同时促使私有制在理论和实践上有所改进和完善;二是均等财富或均等分配是否公正,这个问题在近代是从属于上一个问题的,但其重要性实际上不亚于上一个问题:没有分配的公正问题,财产权的公正问题就失去了意义,而且分配问题更具可操作性和可检验性。因此,西方思想家在肯定私有制天然合理的前提下,把分配作为经济公正理论的主要问题;而主张公有制的思想家则认为,离开所有制问题,只在分配上做文章,是不可能真正解决分配公正问题的。

四　现代经济公正思想

在现代西方,社会公正思想的著名代表人物是罗尔斯、哈耶克和诺齐克。罗尔斯继承和发展了以洛克、卢梭、康德为代表的社会契约论,提出并论证了"作为公平的公正"理论,即关于社会基本结构(社会主要制度)分配基本的权利和义务,决定由社会合作产生的利益和负担适应划分方式的理论。罗尔斯认为,公正是社会制度的首要价值,社会制度的公正是首要的公正。因而,公正研究的首要对象是社会的体制。既然公正研究的首要对象是社会的体制,那么,公正理论的首要任务就是系统地提出并论证一套公正的社会体制必须与之相符合的公正原则,实现并建立一个公正的社会。在经济领域,罗尔斯说,我们讨论政治经济问题的目的仅仅是为了弄清作为公平的公正的实用意义。一个经济体系调节下述事情:生产什么,使用什么资料,谁得到它们并回报以什么贡献,多大比例的社会资源被用于储存和公共利益的供应。理想地说,所有上述

---

①　[英]莫尔:《乌托邦》,商务印书馆1996年版,第505页。

事情应该满足两个公正原则的方式被处理。① 第一个公正原则是:每个人对与其他人所拥有的最广泛的基本自由体系相容的类似自由体系,都应有一种平等的权利。第二个原则是:社会的和经济的不平等应该这样安排,使它们被合理地期望适合于每一个人的利益,并且依系于地位和职务向所有人开放。② 在罗尔斯看来,经济公正原则要提出社会基本制度中权利和义务的确认方式,规定社会合作中利益和负担的恰当分配。反对以其他人更好地享有利益为借口而剥夺其他人的利益。它不允许以大多数人应享有更大利益为借口而把牺牲强加于少数人。正义否认为了一些人分享更大利益而剥夺另一些人的自由是正当的,不承认为了大多数人享有更大利益而迫使少数人做出牺牲。因此,在一个正义的社会里,公民的平等的自由权是不容置疑的;正义的权利不屈服于政治交易或对社会利益的算计。③ 可见,罗尔斯所说的正义主要指公正的社会分配,道理很简单:一群人只是为了谋求比善所能获得的更大利益,才组成一个社会;因此,他们实际上所能分得的利益份额是否公正,决定了这个社会是否正义。罗尔斯将权利和利益、责任与义务不加区分地统称为"基本利益"。由社会分配的基本利益不仅是物质财富,而且也包括政治权利、岗位职务和权力、就业以及实现个人能力的其他机会。罗尔斯的正义理论主要是关于权益公正分配的理论。其中包含了基本经济领域内的分配公正。

但在现实生活中,似乎不可能得到一个完全一致的公正分配原则。每一个阶段、阶层、集团,乃至每一个个人,都有不同的、有利于自己的公正标准。能否找到一个普遍、合理的公正分配原则,是决定罗尔斯的正义理论能否成功的关键问题。于是,罗尔斯首先在理想的条件下建立一个公正分配的理论模型,然后用这个模型描述规范现实。这个模型化的"社会契约"不再是一个历史事实,而只是理论设计。它掩盖了每一个人对自己所处的特殊的社会地位和所具有的自然能力的认识,只保留了他们对于社会权益以及获得这些权益的手段的一般性知识。只有这样,关于公正分配的社会契约才能成为可能。尽管罗尔斯

---

① ［美］罗尔斯:《正义论》,何怀宏等译,中国社会科学出版社1988年版,第256~257页。
② 同上书,第56~57页。
③ 同上书,第3~4页。

的公正原则带有极强的理想化色彩,但也应该看到其中包含着福利社会主义的
因素。他认为社会和经济利益的分配不平等应该受到限制,公正的要求高于对
经济效益的算计。采取差别原则的理由不是增加或保障强者、富人、精英们的
权益,而是最大限度地使弱者、穷人和未受教育者等最不受惠者获得权益。国
家对最不受惠者实行"补偿原则",使他们享有高于平均水平的社会福利和受
教育机会,同时对经济收入进行再分配,缩小贫富差距,这些都是符合经济公正
原则的措施、手段;反之,便违反了经济公正原则,动摇了社会秩序和政府合法
性。他同时指出,计划和干预并不是社会主义经济特有的,任何制度的国家为
了公共利益而采用强制手段是完全合理的;政府对市场的干预也是必要的,因
为"在私人和社会的统计之间存在着市场不能显示的差异,政府和法律的一个
重要任务就是制定必要的纠正方案"①。另一方面,市场经济也不是资本主义
所特有的,罗尔斯指出:"自由市场的使用和生产资料的私人占有之间没有本
质的联系。……自由市场与资产阶级的联系实属历史的偶然,因为至少可以
从理论上说,一个社会主义政权在自身内也能利用这一体系的优点,其中一
个优点就是效率。"②罗尔斯在写这些话时,当然不会预见到中国的经济改
革。然而,20 年之后,当中国经济改革的设计师邓小平得出"资本主义也有
计划,社会主义也有市场"的结论时,我们不禁想起"真理不会反对真理"这
句名言。

通过上述论述我们看到,罗尔斯反对功利主义,不是抛弃功利主义,而是为
了更加坚定地维护功利主义所无法坚持的自由主义原则。正由于此,有人把他
的经济公正论视为继古典社会契约论和功利主义之后的第三块里程碑。

就在罗尔斯的《正义论》问世三年以后,当代另一著名哲学家、伦理学家诺
齐克于 1974 年发表了其著名的政治伦理学著作《无政府、国家与乌托邦》一
书,此书主要针对罗尔斯的"作为公平的正义"理论展开了批判,并阐述了自己
的正义理论。也正是在这部著作中,诺齐克提出了其"持有的正义理论",集中

---

① ［美］罗尔斯:《正义论》,何怀宏等译,中国社会科学出版社 1988 年版,第 269 页。
② 同上书,第 272 页。

表达了自己的经济正义思想。诺齐克的经济正义理论及其展开不同于罗尔斯。诺齐克的整个正义理论是以"权力原则"为核心和基础的,是将个人权利的神圣性和绝对性提高到至上的地位,并将这一原则也彻底地贯彻到经济领域中。这也就是说在经济领域中首要的价值原则还是"个人权利"的绝对性,而经济领域中的个人激进自由主义经济公正论的代表人物是诺齐克和哈耶克。

　　"权利"就是个人对社会经济利益的"持有权利"或"持有资格",经济正义就在于这种"持有权利"或"持有资格"的正义性,这就是诺齐克"持有正义"原则,它构成了诺齐克经济正义思想的基本理论出发点。由此基本理论前提和原则出发,诺齐克指出,"持有正义"的主题由三个主要论点组成。第一点是持有的最初获得,或对无主物的获取。这一点涉及获取的正义原则,也就是说个人在初始阶段获取财富和经济利益时遵循"合法"的原则,那么这个获取是符合正义原则的,这就是"获取的正义原则"。第二个论点涉及财富或利益从一个人的持有转让到另一个人持有的正义性问题。也就是说,如果个人之间是通过自愿交换和馈赠等方式完成物品、财富和利益的转让,那么这种转让是符合正义的,这就是"转让的正义原则"。但是,并非所有的实际持有状态都符合两个持有的正义原则,即符合获取的正义原则和转让的正义原则,有的人可能通过盗窃、欺骗、暴力等手段占有他人的物品和财富。针对这种状态,诺齐克提出了持有正义的第三个主要论点,即对持有中的不正义之矫正,通过对非正义持有的状态进行矫正,从而实现整体的持有的正义性。这就是诺齐克的持有正义观点的概要内容。对此,诺齐克本人归纳说:"1. 一个符合获取的正义原则获得一个持有的人,对那个持有是有权利的。2. 一个符合转让的正义原则,从别的对持有拥有权利的人那里获得一个持有的人,对这个持有是有权利的。3. 除非是通过上述 1 与 2 的(重复)应用,无人对一个持有拥有权利。"①诺齐克在这里指出了他的分配正义的整个原则,即如果所有人对分配在其份下的持有都是有权利的,那么这个分配就是公正的,从而实现了经济正义。所以,诺齐克进一步总结说,"持有正义的理论的一般纲要是:如果一个人按获取和转让的正义

① ［美］罗伯特·诺齐克:《无政府、国家与乌托邦》,中国社会科学出版社 1991 年版,第 157 页。

原则,或者按矫正不正义的原则(这种不正义是由前两个原则确认的)对其持
有是有权利的,那么,他的持有就是正义的。如果每个人的持有都是正义的,那
么持有的总体(分配)就是正义的。"①诺齐克认为,分配正义的权利理论是历史
的,分配是否正义依赖于它是如何演变过来的,因此只要符合持有的正义原则,
那么任何再分配都是非正义的。诺齐克坚决反对任何一种非历史的模式化的
分配形式,在他看来,任何固定的和统一的模式化分配原则都必将导致对个人
权利的侵犯。由此出发,诺齐克提出了国家在社会财富和经济利益分配中应扮
演"最弱意义的国家"之主张。所谓"最弱意义国家",简单说来就是对个人的
事务较少干预的国家,除了对个人权利的保护性功能外再无其他功能的国家,
也就是古典自由主义所谓的"守夜人"式的国家。诺齐克认为,国家的存在是
以个人的权利为前提根据的,国家的功能在于维护个人神圣不可侵犯的权利,
所以,只要个人的财富和利益是通过正义原则所持有的,那么国家是无权对社
会财富和经济利益进行再分配的,因为"从一种权利理论的观点来看,再分配
的确是一件涉及到侵犯人们权利的严重事情(那种属于矫正不正义原则的再
分配是一例外)。从别的观点来看,它也是严重的"。② 因此,诺齐克反对罗尔
斯带有平等倾向的分配正义理论,认为这将损害到个人的权利,因而是违反持
有正义的原则。总而言之,诺齐克坚持了彻底的自由主义立场,并将这一立场
贯彻到经济领域,主张经济利益分配上的"持有正义"观和"最弱意义的国家"
观,坚持了经济领域中个人自由权利的优先性和至上性。

与诺齐克一样,哈耶克作为当代新自由主义的代表人物之一,坚持在经济
领域中的绝对自由主义立场,高扬"个人自由"的旗帜,主张市场的自由竞争和
财富的市场分配,强烈反对国家干预经济。在哈耶克思想体系中,"自由"和
"法治"构成了核心观念和基本价值。对于"社会正义"、"经济正义"、"分配正
义"的观念,哈耶克持极端反感的否定态度,认为这是一种"幻象",因而是没有
意义的。在其晚年的著作《法律、立法与自由》的第二卷中,以"社会正义的幻

① ［美］罗伯特·诺齐克:《无政府、国家与乌托邦》,中国社会科学出版社1991年版,第159页。
② 同上书,第173页。

象"为题专门探讨了社会正义问题,虽然他反对和否定人们对"社会正义"、"经济正义"、"分配正义"的观念,但事实上他还是以自己的立场阐述了自己的经济正义观。哈耶克的经济正义观可以说是以自由经济理论为基础的,他主张在经济生活中的自由竞争,反对任何形式的干预,一切依照市场的自由竞争,让人们能够自由地按照市场价格进行买卖,任何人在市场中都能够自由生产、出售和购买。哈耶克特别强调指出,财产私有制是保证个人经济自由的最重要的条件。正是基于这种经济自由主义的立场出发,哈耶克认为,在自由的市场经济社会中,只要人们的财富是通过遵守市场秩序而获得的,那么任何个人、团体和国家都不能对经由市场获得的财富提出再分配的要求。所以他所谓的经济正义就是在自发的社会经济秩序中,让人们自由地从事经济活动和经济交往,反对任何外界的强力对私人经济生活的干预,强调私有财产的神圣性和个人经济自由的至上性。

诺齐克和哈耶克的理论强调,分配的公正性并不在于分配的最终结果是否平均,而在于分配的程序是否正当。正当的分配程序,应当以个人的自由权利为依据。当人们根据个人的自由权利,选择自己对社会的贡献方式时,社会就应当根据每个人对社会所做出的实际贡献,来分配经济负担和经济利益。既然人们所做的贡献是他们自由选择的结果,因此按照各人的贡献进行分配,就应当被认为是理所当然的和公正的。诺齐克将这种经济公正的现实原则概括为"拿走他自愿放弃的,给予他自己选择的"。按照这种理论,经济公正不在于任何具体的分配结果,而在于不受阻碍地运用某种公平的程序。因此,任何强加的分配模式,都违背了经济公正,因为它侵犯了个人的经济权利。

罗尔斯与诺齐克之争的关键是平等与权利。罗尔斯主张经济公正总是意味着平等,从而不平等是应该而且能够加以纠正的;诺齐克则认为,经济公正与平等无关,经济公正在于权利,而不平等并不等于不公正。对于罗尔斯来说,作为平等的经济公正是首要的,至于"最少受惠者"如何处于最少受惠的状态,这无关紧要。相反,对于诺齐克来说,坚持个人权利是首要的,至于社会文化条件如何导致了不平等情况,这与权利无关。

第二节　中国传统经济公正观

在中国的伦理传统中,很难找到公正一词,诸子百家之论有所谓公,所谓正,也有所谓义,经济公正在尊卑贵贱的等级社会里就难有它容身之所了。[①]尽管如此,虽然中国古代思想家们没有直接论述过经济公正,但在对经济活动中的生产、分配、交换和消费的各个环节论述中,阐发了丰富的经济公正思想。

一　以义生利、重本抑末的生产公正观

生产行为在经济运行中处于主导地位,生产公正在整个经济运行中也具有重要的意义。

1. 以义生利

孔子非常重视社会财富的普遍增值,认为"邦有道,贫且贱焉,耻也"(《论语·泰伯》),"政之急者,莫大乎使民富且寿也"(《孔子家语·贤君》);孟子提出"制民之产",认为"民事不可缓也"(《孟子·滕文公上》);荀子呼吁"无夺农时"(《荀子·富国》),均体现出先秦儒家对社会性生产劳动的重视。

孔、孟、荀均不反对社会生产,他们的视线主要集中在生产行为的公正评价方面,着意突出生产行为的伦理动因。毋庸置疑,义利观构成了儒家经济公正在生产行为方面的价值动因。他们非常强调以义生利,即利不离义,"义以建利"(《左传·成公十六年》),"利物足以和义"(《易·乾》),"义,利之本也"(《左传·昭公十年》)。孔子对此的态度十分鲜明,认为"富与贵,是人之所欲也,不以其道得之,不处也;贫与贱,是人之所恶也,不以其道得之,不处也"(《论语·里仁》)。

追求富贵、摆脱贫贱是人心所向,但是关键在于是否符合"道",即仁、义、礼所规范的行为准则,如果不以其道得之、求之,那么这种发财致富、摆脱贫贱的行为就是不公正的,就应该制止。故孔子认为"放于利而行,多怨"(《论语·

---

① 参见李静:《社会主义市场经济条件下的经济公正》,硕士论文,第8页。

里仁》），"不义而富且贵，于我如浮云"（《论语·述而》），提倡"富而好礼"（《论语·学而》）。

以义生利的终极目的何在？答曰：义利兼备。也就是说，以义生利只是规范了生产行为的道德准则，凸显了求利生财的价值向度，但是以义生利的目的不仅仅在于发展社会生产，而且是在增加社会财富的同时强化人们的公正意识，使价值理性与物质生产得到均衡发展，整个社会欣欣向荣，显示出儒家经济公正对生产价值合理性的终极追求。

墨家也强调以义生利，"义，利也"（《墨子·经上》）。墨家义利观的灵魂是兼相爱、交相利，它推崇义利合一。具体到生产行为上，儒家的以义生利更多的是针对"劳力者"阶层而言，是居高临下式的指手画脚，而墨家的以义生利则是身体力行的实践宣言，因为墨家是一个劳动—技术型的战斗团体，它代表着位居社会下层的小生产劳动者的利益。墨家非常重视发展社会生产，《墨子·七患》称："凡五谷者，民之所仰也，君之所以为养也"，"食者国之宝也"；其道德动因是《兼爱》所指"兼相爱，交相利"，故讲求"万民之大利"，鼓吹"实欲天下之富"，"求兴天下之利"，而不是为了一己之私利去从事生产劳动；只有怀抱以义生利、造福社会的动机，才能够创造出丰裕的物质财富，推动社会向前发展，"天皆得其利"（《墨子·尚贤中》）。

管仲学派素以经济头脑著称于世，《管子》开篇即大谈发展生产，"凡有地牧民者，务在四时，守在仓廪。国多财则远者来，地辟举则民留处……"。那么，发展生产的意义何在呢？管子说："仓廪实则知礼节，衣食足则知荣辱。"一方面，仓廪实、衣食足是经济公正教育的物质基础，它凸显了公正对经济实践的依附性；另一方面，知礼节、知荣辱又构成了发展生产的伦理动因，它强化了公正对经济实践的渗透性。"四维不张，国乃灭亡。"何为四维？"一曰礼，二曰义，三曰廉，四曰耻。"礼义廉耻之于安邦定国具有举足轻重的作用，它敦促人们严格自律，使自己的行为符合"四维"标准。这当然包括谋利致富的生产行为，"非吾仪，虽利不为；非吾当，虽利不行，非吾道，虽利不取"（《管子·白心》）。

《吕氏春秋》也强调以义生利。"义者，百事之始也，万利之本也"（《无义》）；"君子之自行也,动必缘义,行必诚义"（《高义》）。它特别指出"士民黔首益行义矣"（《怀宠》）,"从义断事"（《召类》）,明确地把从事生产的人们囊括在"义"的范围之中。

2. 生财有道

只有坚持生财有道的生产行为,才是公正的生产行为。所谓"生财有道",是指人们的生产行为,应守各自的等级名分,不同名位身份等级只可从事与其身份相称的经济活动,重名分而抑僭越。具体表现:

一是认为各社会等级应严守各自的"生财"之路,视僭越等级去谋财取利为非"法"。儒家认为:"仕者不穑、田者不渔,抱关击柝皆有常秩,不得兼利尽物。""如此则愚知同功,不相倾也。"（《盐铁注·错印》）《论语》记载,樊迟向孔子请教"学稼"、"学圃",被孔子斥为"小人";子贡做买卖尽管卓有成效,孔子却说他"不受命"。儒家尤其反对食禄之君子"违于义而竞于财,大小粗吞,激转相倾",而主张为君者不可与民争业争利,为仕者不可兼利农工商业,为百姓者不可弃业游食或谋取非分之利。

二是认为各行各业应该严格社会分工,视不同职业之间的争业竞利为非"礼"。在《周礼》中,儒家提出"以九职任万民",这九种职业,"一曰三农,生九谷;二曰园圃,毓草木;三曰虞衡,作山泽之材;四曰薮牧,养蕃鸟兽;五曰百工,饬化八材;六曰商贾,阜通货贿;七曰嫔妇,化治丝枲;八曰臣妾,聚敛疏材;九曰闲民,无常识,转移执事。"（《周礼·天官》）显然,从事这九种职业的人只有在各自的职业范围内"生财"才是正当的,合乎"礼"数的,如果放弃本业而觊觎他业之利,则是为"礼"所不容,这其中尤其反对弃农经商。儒家认为,"古者事业不二,利禄不兼,然后诸业不相远而贫富不相悬也。"（《周礼·大宰》）他们还主张把社会分工世袭化,以免人们见异思迁相互竞业逐利。在上述九业中,儒家认为农业为生财富国足民之本业,而商业为末业,如弃农经商,以末生财,将会致使人们道德堕落,国蹶民贫,只有重本抑末,才是"生财"之正道。

三是认为每一种职业都必须严守其职业道德,视苟且谋利为非德。在儒家看来,恪守职业道德的"生财"活动都具有道德合理性,反之,则就不是正当的生财之道了。《礼记·王制》篇规定了共计 16 种物品或情况不能上市,这些是

"圭璧金璋"、"命服命车"、"宗庙之器"、"牺牲"、"戎器"、"用器不中度"、"兵车不中度"、"布帛精粗不中数"、"幅广狭不中量"、"奸色乱正色"、"锦文珠玉成器"、"衣服饮食"、"五谷不时"、"果实不熟"、"木不中伐"、"禽兽鱼鳖不中杀"。从这些禁令中,可以看出倒卖和出卖质量不好、缺斤少两的东西都不能说是正当的生财途径。东汉的王符则以"本末"来解释何为正当的"生财之道"。在儒家看来,农人稼穑织,以供衣食,而"市商不通无用之物,工不作无用之器"。总而言之,无论务农还是经商、做工,都须坚持正确的生财之道。

3. 重本抑末

重本抑末的政策主张,最早是由先秦法家提出来的。法家代表人物,秦国政治家商鞅是重本抑末思想的始倡者,他运用人性论的论证方法阐述自己的观点。

就人性而言,趋利避害、好逸恶劳总是构成了欲望本能的一部分,是蛊惑人们行为选择的魔方。工商之业对人们的诱惑力恰恰在于它能够部分满足人的这种生存欲望,因为它"便且利","侠且利",比起面朝黄土背朝天、终年辛苦耕耘的农人自然使人垂涎欲滴。"故农之用力最苦,而赢利少,不如商贾技巧之人"(《商君书·外内》)。其不良影响在于"民剽而易徙"、"民缘而议其上"(《商君书·农战》),似乎一沾上工商,人们便与油滑、奸诈、贪婪、不安分守己等等陋习结下了不解之缘。而农业则不然。它使人们安居乐业、朴质无华。所以"农则朴"恰恰是给农业下的一个最简单的道德定义。商鞅一再申述"圣人知治国之要,故令民归心于农,则民朴而可正也,纷纷则易使也,信可以守战也";"属于农,则朴,朴则畏令"。(《商君书·算地》)韩非继承了商鞅的观点,认为工商之流"不垦而食"(不劳而获),是"邦之蠹",竭力主张"去明王治国之政,使其商工游食之民少,而名卑以寡,趣本务而趋末作"(《韩非子·五蠹》)。

吕不韦在《吕氏春秋》中详尽论述了重本抑末的公正价值:"古先圣王之所以导其民者,先务于农;民农,非徒为地利也,贵其志也。民农则朴,朴则易用,易用则边境安,主位尊。民农则重,重则少私义,少私义则公法立,力专一。民农则其产复,其产复则重徙,重徙则死其处而无二虑。""农则朴"的伦理见识再度得以重申,并且强化了它的理论功力。使人们倾心务农的目的不仅仅是为了发展生产,而且包含着"贵其志",即通过务农的途径培养、陶冶人们的道德情操。民农则朴、民农则重、民农则重徙,这些都是农耕文明传导给人们的优良素质,应该成为全社会所遵从的行为规范。如若不然,人们舍本而事末则会毒害社会,使人沾染上不良习气,诸如无视法令、浪荡成性、奸诈阴险、颠倒是非,不一而足。可见,后稷"所以务耕织者,以为本教也"(《吕氏春秋·上农》),实行重本抑末的经济政策势所必然。

道家虽无重农之态,却有鄙夷工商之心。翻检《老子》、《庄子》,道家对质朴的农业生产能够采取比较克制的容忍态度,并无猛烈抨击之辞。对更多依赖智力资本的工商业一直给予猛烈的批判,主张"绝圣弃智"、"绝巧弃利",认为"人多伎巧,奇物滋起",认为机巧、奇技只会坏人心术,使纯洁变为污浊、真诚化为虚伪,应该予以全盘否定。

管子虽然主张发展工商业,但也多少蕴涵着重本抑末的思想因子。"地者政之本也"(《管子·乘马》),一语道破了重农的心态。均地分力的益处在于它可以激发人们勤劳敬业的精神,所以管子强调"强本趣耕"(《管子·国蓄》)。

在研究重本抑末的生产公正意义时,需要解决的另一个问题是:儒家与法家在学派宗旨上水火不相容,为何在汉武帝独尊儒术、罢黜百家之后,由法家首创的重本抑末说被迎进了儒家经济公正的体系之中?以至于给后世造成了这样的错觉,即重本抑末的首创权理应归属儒家而非法家。先秦儒家没有提出抑末的明确主张,也没有将工商业与农业等量齐观,而是始终把重农放在富民的中心位置。孔子的"足食",孟子的"制民之产",荀子的"家五亩宅,百亩田"等等,都是以发展农业为核心的,他们更多的是谈论无夺农时而非市征。荀子的某些主张距离重本抑末也并不遥远,他提出"省工贾,众农夫","省商贾之数","工商众则国贫"等主张(《荀子·君道—富国》)。如果说这些思想促使儒家靠近重本抑末,那么,重义轻利的价值观则为儒家全盘接受重本抑末提供了道德依据。这一点是非常重要的。与一分耕耘一分收获的农业相比较,经营工商业在财富的获取方面似乎总是显得捷便、灵巧、多样化、一本万利,无需像农业生产那样投入大量的体力、汗水和辛劳,也没有农业生产那样使人感到踏实、纯朴、憨直。就道德本质而言,工商业者对道德的亲和力远逊于农人。如果站在义利观的立场审视农工商,那么,儒家的道德重心自然倾向于农业而非工商。

法家对重本抑末的论证本身已经包含了公正意蕴。尽管法家鄙夷礼义道,但其从人性论角度展开论证的思维方法对儒家仍然具有吸引力,因为孟子、荀子都是人性论大师。战国后期秦国的兼并战争渐呈摧枯拉朽之势,法家首创的重本抑末思想也随之流布天下。

二　藏富于民、均遍不偏的分配公正观

分配行为实质上是一种财富占有行为,是社会产品脱离生产渠道之后泽及世人的馈赠行为,也是对社会利益的索取行为。在宗法遗存无孔不入的时代,分配公正自然笼罩在“礼”文化的光圈中,谁来分配、分配给谁以及分配多少都受到礼义之道的强烈影响。

1. 藏富于民

孔子说:“道千乘之国,敬事而信,节用而爱人,使民以时。”(《论语·学而》)这里已包含着明显的爱民富民的主张,体现出“仁政”的主题思想。“爱民”不是一句漂亮的口头禅,而是应该贯穿到富民的行为之中,通过富民来体现爱民。“哀公问于有若曰:‘年饥,用不足,如之何?’有若对曰:盍彻乎? 曰:‘二,吾犹不足,如之何其彻也?’对曰:‘百姓足,君孰与不足? 百姓不足,君孰与足?’”(《论语·颜渊》)孔子不仅说过“富之”、“教之”之类的话(《论语·子路》),而且也对鲁哀公讲过“《诗》云,恺悌君子,民之父母;未有子富而父母贫者也”(《孔子家语·贤君》)的道理。这种民为国本、藏富于民的经济伦理在荀子那里也有集中体现——“裕民则民富,民富则田肥以易,田肥以易则出实百倍。上以法取焉,而下以礼节用之,余若丘山,不时焚烧,无所藏之”;“下贫则上贫,下富则上富”(《荀子·富国》)。

那么,在分配社会财富时,采取哪些具体措施才能做到藏富于民呢? 这包括制礼明分、使民以时、制民之产、轻徭薄赋等等。例如,在制定税收政策时就应注意“田野什一,关市几而不征,山林泽梁,以时禁发而不税,相地而衰征”(《荀子·王制》),认为“君子之行也,度于礼,施取其厚,事举其中,敛从其薄,如是则以丘亦足矣。若不度于礼而贪冒无厌,则虽以田赋,将又不足”(《左

传·哀公十一年》)。孔子呼吁"省力役,薄赋敛,则民富矣"(《孔子家语·贤君》)。

在研究先秦儒家富民的分配公正观时,孟子的国家论应该受到格外重视。孟子国家论的核心是"仁政":"三代之得天下也以仁,其失天下也以不仁,国之所以废兴存亡者亦然。天子不仁,不保四海;诸侯不仁,不保社稷;卿大夫不仁,不保宗庙;士庶人不仁,不保四体"(《孟子·离娄上》)。仁政的主要内容即为爱民富民,"亲亲而仁民,仁民而爱物"(《孟子·尽心上》)。君王应该毋夺民时、轻徭薄赋。在孟子眼里,如果君王实施仁政,那么分配公正的力量就可以成为经济发展的强大动力。他说:"今王发政施仁,使天下仕者皆欲立于王之朝,耕者皆欲耕于王之野,商贾皆欲藏于王之市……其若是,孰能御之?"(《孟子·梁惠王上》)施仁政于民的目的不仅仅是为民谋利造福,更重要的是以此为物质基础,"申之以孝悌之义"、"驱而之善",教导人民维护、遵从、敬奉仁义礼之道。

与孟子一样,墨家的国家论也包含着丰富的富民思想。墨子认为,治国之道关键在于君王成为"兼君","爱民不疾,民无可使",所以君王应该爱惜民力、毋夺民时,"忠实欲天下之富,而恶其贫"。

管仲学派的富民思想是中国古代民本思想的自然流露,民心所向直接支配着经济政策的制定。"民恶忧劳,我佚乐之;民恶贫贱,我富贵之;民恶危坠,我存安之;民恶灭绝,我生育之。"反对横征暴敛,"上无量则民乃妄",又提出藏富于民的主张,"归之于民","托业于民","凡治国之道,必先富民"。富民的道德功能在于,它能够使人们"安乡重家"、"敬上畏罪",否则就会"危乡轻家","陵上犯禁"。

道家是以一种极为特殊的方式表达富民思想的,即无为而治,"为无为,则无不治"。它反对政府过多干预、插手人们正常的经济活动,强调统治者居高临下,把政策放宽到极限,酿成一种宽松、谐和的"大气候",以使人们顺应自然、自由发展。顺此思路,道家也提出了轻徭薄赋、藏富于民的主张,"民之饥,以其上食税太多,是以饥"。应该让人们各任其事、求其所好,"上治人者,事也",达到"绝圣弃智,民利百倍"的目的。

2. 均遍不偏

孔子对分配行为说过一个著名的论点："丘也闻有国有家者,不患寡而患不均,不患贫而患不安。盖均无贫,和无寡,安无倾。"(《论语·季氏》)人们普遍认为中国古代的平均主义盖源于此。其实,孔子的"患不均"、"均无贫"思想是承续了古代社会大同理想,而且也体现了他本人确立的"仁"学风格。"仁"是一种普遍的以心理情感为基调的伦理原则,它在公正的分配行为上必然体现出和谐温馨的品味,而不可能是巧取豪夺、毫不利人、专门利己。以故,孔子强调"养民也惠"(《论语·公冶长》),"博施于民而能济众(《论语·雍也》)"。这其中自然包括分配均平,否则如何"养民"、如何"济众"?"仁"是"礼"的情感基础,"礼"是"仁"的社会规范,"礼"的实质在于明确区分上下尊卑的等级秩序,在分配公正上体现社会不同等级对财富的不同占有,这样才符合礼制。但是,如果不同等级对财富的分配与占有超过了界线抑或低于起码的标准,那也是不允许的,是对礼制的粗暴践踏。因此,在分配公正既要体现均平,又要讲求均衡,使贫富、贵贱之间的差距不至于无限拉大,而是依礼而行、各得其分、上下协调。汉代董仲舒认为,孔子所谓的"均"是"均衡"之义(《春秋繁露·度制》)。荀子也指出,"制礼义以分之"的目的就在于"皆使人载其事而各得其宜,然后使谷禄多少厚薄之称,是夫群居和一之道也"(《荀子·荣辱》),主张"以礼分施,均遍而不偏"(《荀子·君道》)。

墨家也讲求大同理想,"兼相爱、交相利"合乎逻辑地含有分配均平的内容。此外,在社会财富的分配与占有方面,墨家的公私观颇为引人注目。墨家提倡兼相爱、交相利,这并不意味着提倡大公无私。公与私并不构成尖锐对立,两者之间主要的是一种协调、共存、整合的关系。大公而有私、先公而后私以及以公私兼顾,才是墨家公私观的真谛所在。既然墨家代表着居于社会下层的小生产劳动者的利益,那么,让墨家在思想与行为上放弃普通民众基本的生存权利与私有财产,去追求纯粹的公德公利就是一种不切实际的幻想,而且不为墨家所采纳。相爱、互利才是墨家所遵循的根本方针,这决定了墨家的义利观、公私观,也规范了墨家的分配行为。墨家首先强调的是"公":"有力者疾以助人,有财者勉以分人","爱人利人","忠实欲天下之富";讲"公"应论"私",不能公而忘私、以公灭私,"即必吾先从事乎爱利人之亲,然后人报我以爱利吾亲也","夫爱人者,人亦从而爱之,利人者,人亦从而利之","爱人利人以得福者有矣";肯定并讲求回报、得利,而不是抹杀、忘却私利;追求、遵从"公",同时也注重因"公"以利"私",先"公"而后"私"。这是墨家义利观之特异之处(《墨子》:《尚贤下》《兼爱中》《兼爱下》《七患》)。

"天下不患无财,患无人以分之。"《管子·牧民》中的这句话表明管仲学派对分配行为也是十分注重的,尤其是土地分配。如何分配? 答曰:均平和调。土地是为政之本,倘若分配不均则会带来一系列的危害,诸如影响国家财政、阻碍经济发展、破坏社会安定。只有贯彻均平原则,才能消弭隐患,推动经济进步,确保政治昌明、人心稳定。在此基础上,管子进而提出了"均地分力"的主张。均地分力是大同均平思想的强化,其现实意义不仅在于分配行为因此具有道德合理性,而且在于它可以培养人们勤劳敬业的美德,戒除懒惰恶习,使父子兄弟刻苦自励、团结一致。仅有均平原则是不够的,还应辅之以均衡原则。例如管子对贫富不均是比较敏感的,指出"法令之不行,万民之不治,贫富之不济也"。因此,他强调以轻重之术予以调节,这实际上是均衡原则的另一种表述。尽可能地缩小智愚、贫富之间的财产占有方面的差距,反对社会财富过分集中于少数人之手,强调"散"、"钧"、"分"、"调",使分配行为在总体上不至于严重倾斜,使人们之间的经济关系不至于过分紧张,"故予之在君,夺之在君,富之在君;故民之戴上如日月,亲君如父母"(《管子·国蓄》)。如果为政者在分配行为上使"均"字得以落实,那么人民就会忠君爱国。从这里,我们正可窥见分配之术的道德内涵。

在分配行为上,道家明确反对"损不足而奉有余",主张"损有余而补不足"(《老子·七十七章》);"不拘一世之利以为己私分"(《庄子·天地》),这同样具有缩小贫富差距的均衡色彩。均衡原则也为法家所采纳,商鞅认为"治国能令贫者富、富者贫,则国多力,多力者王"(《商君书·去强》)。韩非对此抱有同感,"故明主之治国也,适其时事以致财物,论其税赋以均贫富"(《韩非子·六反》)。

三　诚实守信、反对竞争的交换公正观

商业行为主要属于一种交换行为,买与卖的关系实际上是一种功利性极强的双向馈赠。中国的商业交换开始于夏代,但当时只是分散的、零星的物品交换,还属于物物交换的层次。《周易·系辞下》记载:"日中为市,致天下之民,聚天下之货,交易而退,各得其所",就是对当时(神农氏时)交换活动的描述。对这种部落之间的物物交换,《尚书·益稷》中也有记载,"暨稷播奏庶艰食鲜食,懋迁有无化居,烝民乃粒",也是对物物交换对社稷民生重要意义的肯定。这种交换活动,直到商代,才初具规模。由此,也逐渐形成了一些交换的规矩。《史记·夏本纪》说:"左准绳,右规矩","声为律,身为度,称以生"。这个"规矩",就是要求经商的当事人都须共同遵守的规则。《尚书》中也记载:"关石和钧,王府则有",这是指交换时所有使用的度量衡器具,必须"以量度成贾"。在《周礼·地官·司市》中也谈到:"夫释权衡断轻重,废尺寸而意长短,虽察,商贾不同,为其不必也。"可见这些论著都提及了商品交换的公正标准。那么中国古代的交换公正又主要表现在哪几个方面呢?

1. 诚实守信

"诚",是儒家交换公正观中的核心之一,也是我国古代商业伦理的重要规范。孟子曾说:"诚者,天之道也;思诚者,人之道也",把"诚"视为一种崇高的交换公正境界,并且劝导人们身体力行之,"反身而诚,乐莫大焉"(《孟子·离娄上》)。《中庸》极力渲染"诚"的价值,指出"唯天下之至诚,为能经纶天下之大经,立天下之大本,知天地之化育",似乎经邦治国全在一"诚"字上。《大学》也非常推崇"诚","欲正其心者,先诚其意","意诚而后心正"。不惟讲"诚",而且讲"信",成为儒家的一贯作风。在孔子眼里,"信"的重要性超过了"足食"、"足兵"。孔子还说,"上好信,则民莫敢不用情"(《论语·子路》),"信则民任焉"(《论语·尧曰》)。强调"敬事而信"(《论语·学而》),指出"人而无信,不知其可也"(《论语·为政》)。儒家谈论的"信"所能辐射的范围是很广的,它无疑具有经济上的规范功能,"临财不见信者,吾必不信也"(《荀子·法行》)。尽管儒家在论述诚信品德时,并非每一次都指出它们的经济伦理价值,

但是，它们却可以置放到经济行为之中加以再认识。例如，在商业行为背后，诚信原则便可以找到自己的位置。

荀子对此有专论，"商贾敦悫无诈，则商旅安，货财通，而国求给矣。百工忠信而不楛，则器用巧便而财不匮矣"（《荀子·王霸》）。它告诫人们真诚相待、讲求信用，务使人们之间的经济关系和谐、协调，力求杜绝不道德的经商作风，以使人们在礼义之道的制约下从事正当的商业贸易。《荀子·乘马》乃曰："非诚贾不得食于贾。"这是说经商必须诚实守信、童叟无欺。

宋儒周敦颐则直截了当地把"诚"的实践意义一语点破："诚，五常之本，百行之源也。"（《能书》）也就是说，"诚"可以赢来商业信誉，引来更多的顾客，有利于商业的发展。在我国古文献中，常用"市不豫贾"来赞美这一商德。在此仍以晋商、徽商为例，晋商商谚中就有"宁叫赔折腰，不让客吃亏"，"生意无诀窍，信誉第一条"，"货有高低三分价，客无远近一样亲"，"和气生意成，冷言伤人情"等戒条。崇尚信义，诚信服人，也是徽商的经营之道。

诚实守信不仅要表现在商业态度中，更要表现在商业行为中，故货真量足，亦成为我国古代交换公正的重要规范。"货真"，就是要求商贾不出售假货和劣货，《礼记·王制》载："布帛挟精粗不中数，幅广狭不中量，不鬻于市。"孔子《论语·相鲁》中亦记载："贾羊豚者不加饰。"货真是与价实联系着的，"市不二价"、"口不二价"，都主要从"一分钱一分货"的"货真价实"的意义上讲的。"量足"，也是古代一条重要的商业经营伦理规范。"信誉不欺，一诺千金"就是要在货真与量足上体现出来的。史籍上就记载有盐商秤准量足，地方司市官就给予物质奖励并褒扬盐商信守商德的故事。仍以徽商为例，徽商也求利，但他们的信条是"职虽为利，非义不可取也"。从经营的角度看，商家与顾客的关系是互利互惠、相互依存的。多行不义、贪图大利，一味只是盘剥、敲诈顾客，虽然能给自己带来暂时的利益，但却毁坏了双方长期合作的基石，大多数徽商正是看到了这一点，才自觉地诚实经营，对此徽商鲍直润说得很明白："利者人所同欲，必使彼无所图，虽招之将不来矣，缓急无所恃，所失滋多，非善贾之道也。"[1]

---

[1]　《徽商研究》，安徽人民出版社 1995 年版，第 424 页。

2. 反对竞争

竞争是商业行为的本质属性,具有刺激消费、繁荣市场、促进生产之功效,但却不为中国人所喜。如《吕氏春秋》即提倡"义之大者莫大于利人"(《尊师》)。

墨家认为"人与人不相爱则必相贼","强必执弱,富必侮贫,贵必傲贱,诈必欺愚",强烈反对损人利己行为。墨家提倡兼爱、反对竞争,"天下之人皆相爱,强不执弱,众不劫,富不侮贫,贵不傲贱,诈不欺愚"。在墨家眼里,竞争自为的举止只会导致恶人、害人、贼人的后果,最后由交相恶走向天下大乱的深渊,故"天下兼相爱则治,交相恶则乱"(《墨子》:《兼爱中》《兼爱上》)。

老庄多以与世无争相标榜。老子强调"使民不争"、"使民心不乱",绝对弃竞争,主张"绝巧弃利",使人们保持真挚素朴、怡然自得的品性,"见素抱朴,少私寡欲"。"祸莫大于不知足,咎莫大于欲得。"在他设计的理想国里,人们和平共处,"邻国相望,鸡犬之声相闻,民至老死不相往来"。"民至老死不相往来",谈何竞争逐利?庄子也竭力反对人们"争归于利",主张"不利货财"(《庄子》:《马蹄》《天地》),力求超凡脱俗、纤尘不染。

与墨家、道家相比较,儒家尤为激烈地反对竞争。究其缘由,概出乎仁、义、礼之道。恪守礼制是儒家一贯倡导的行为规范,孔子把仁学建筑在"礼"上是非同寻常的,"克己复礼为仁"。"礼"的实质是确立上下、尊卑严格区别的等级秩序,它的现实功能主要体现在使人们各就其位、各安其分、各尽其职、各负其责,强调秩序与均衡,从而在机制上排除了竞争的必要与可能。孔子提出"非礼勿动"正是为了避免因竞争而引发的僭越行为,"动之不以礼,未善也"。"子罕言利",其立足点也在于不让人们因利益纷争而损害仁义道德。与竞争相对立的态度是宽恕之德、谦让之德,"己所不欲,勿施于人"。与谦让相匹配的品德还有"和为贵"以及"与人为善"。"和"是针对竞争而言的互助合作精神,它注重人们社会经济关系的和谐融洽,反对勾心斗角、损人利己,在商业行为上则意味着抑制冲突,使各方利益处于平衡、调适的状态。当然,"和"不等于没有原则的一团和气,而是在遵循礼制的前提下讲"和","知和而和,不以礼节之,亦不可行也"(《论语·学而》)。

荀子非常讨厌竞争,认为"争夺生而辞让亡","争则乱,乱则穷"。竞争源于人的好利欲望,而欲望本身无罪。如何抑制竞争呢?"制礼义以分之"。礼义既然因竞争而起,那么礼义即为抑制竞争的有力武器。只有制礼明分,恪守礼制,提倡重义轻利,推崇辞让之心,方能使人们安居乐业,使竞争归于沉寂。正因为对礼义之起源保持着一种理性自觉,所以荀子号召人们"皆能以货财让","修礼节辞让之义","无与人争也","争之则失,让之则止",斥责"为事利、争货财、无辞让"的"贾盗之勇",指出"争者祸也","众庶百姓,皆以贪利争夺为俗,曷若是而可以持国乎!"(《荀子》:《正论》《非十二子》《儒效》《荣辱》《富国》《强国》)。

需要说明的是,儒家重义轻利的价值导向是其反对竞争逐利的重要依据。在这里,"义"主要体现为恪守礼制,以及由此衍生而出的推崇辞让、讲求协作、与人为善等心态或行为。竞争旨在逐利,此乃商界之律条。先秦儒家并不否定商业行为的合理性,只是基于礼义之道而对商业行为的竞争本能予以排拒。这种反对竞争的主张旨在促使人们的社会经济关系由对立走向和谐、由纷乱走向均衡、由功利走向道德、由贫富分化走向天下大同,从而它也涵盖了经济领域的其他方面,而不仅仅是针对商业行为而言。儒家反对竞争的目的之一,是使竞争型的商业得以改造,最终变成伦理型的商业。例如,孟子不仅反对竞争,而且反对基于竞争的商业垄断行为,"人亦孰不欲富贵,而独于富贵之中,有私垄断焉!"(《孟子·公孙丑下》)他贬斥那些"罔市利"的商人是"贱丈夫"。这与《孔子家语》所说的"独富独贵,君子耻之"(《弟子行》)可谓一脉相承。这种经济图式固然有理想主义的成分,但却生动地凸显了儒家的伦理本体论。可以说,儒家关于经济行为的全部伦理论证都带有这种本体论的深刻印痕。

四 崇俭黜奢、节用裕民的消费公正观

消费行为是一种经济行为。在人类的行为系统之中,消费行为或许最能体现经济行为的社会性,它代表着大众化的时尚和心态。经济伦理关注的并不是消费者的物质利益以及消费行为对生产、销售等方面所带来的经济价值,而是如何用经济公正规范去引导消费者。中国古代消费公正观的核心是崇俭黜奢、

节用欲民。

1. 崇俭黜奢

中国古代以"崇俭黜奢"著称,大多思想家总是将节俭归之于善,将奢侈归之于恶。《左传》认为:"俭,德之共也;侈,恶之大也。"根据司马光的解释,这一观点把消费与人的欲望联系起来,节俭,德之共也;因为它使人寡欲,一切德行皆从节俭来;而奢侈是大恶,因为它使人多欲,所有恶行都从奢侈发端。

中国古代对节俭之德的颂扬比比皆是,从个体层面分析,节俭能对各种自发的物质欲望进行节制,从而奠定道德自律的基础,而奢侈意味着纵欲,必将动摇道德人格的根基。物质欲望的节制,可以使人集中精力追求高尚的精神境界。奢侈和纵欲,沉湎于声色之中,坚强意志和刚毅精神将荡然无存。从社会层面分析,节俭能造就社会良好的道德风尚,使社会稳定且具有凝聚力,国家能长治久安;而奢侈造成人心涣散,世风日下,家庭、民族和国家的道德纽带将被破坏。在国家管理机器运转中,节俭土壤中生长出来的是清廉,而在奢侈的温床上培育出来的是腐败。韩愈说"历览前贤家与国,成由勤俭败由奢"。清廉是国家兴旺发达的推动力,而腐败则是国家尽失人心并导致灭亡的前奏曲。无论是儒家、道家,还是墨家都主张崇俭,崇俭构成了中华美德的重要内容。

在儒家看来,人君能否守礼制,节嗜欲和尚书俭,乃直接关系到国家社稷之盛衰存亡。对于一般庶民及士大夫阶层,儒家也同样强调应该用财有制,克俭持家,"身贵而愈恭,家富而愈俭"。《孔子集语·齐侯问》也记有孔子说过的话:"中人之情,有余则侈,不足则俭,无禁则淫,无度则失,纵欲则败。故饮食有量,衣服有节,宫室有度,蓄聚有数,车器有限,以防乱之源也。"这些都反映了儒家用财有制、节之以礼的消费观。

老子主张"去奢",把"俭"定为"三宝"之一。老子在主张"无欲"、"俭朴"消费观的同时,提倡知足,反对贪婪,"罪莫大于可欲,祸莫大于不知足,咎莫大于欲得,故知足之足,常足矣"。还指出:"甚爱必大费,多藏必厚亡。知足不辱,知止不殆,可以长久。"(《老子》十九、五十三、四十六、四十四章)老子把贪婪的物欲,"不知足"的企求,看成是节俭消费的大敌和经济生活的最大祸害,他主张倒退到"小国寡民"的生活方式和消费方式中去。

　　墨子认为,节俭是圣人之所为,而淫佚是小人之所为,并断定"俭节则昌,淫则亡"。他把节俭上升到人格和人的生存发展的高度上,其节俭思想的丰富性、深刻性和严厉性,在古代独树一帜。

　　管子也宣扬节俭,"适身行义,俭约恭敬,其虽无福,祸亦不来矣"(《管子·禁藏》)以为奢侈势必导致"邪巧作",危害国家的社会政治、经济秩序。

　　2. 节用裕民

　　荀子在消费观上,提出"节用裕民"的主张。《荀子·天论》指出:"强本而节用,则天不能贫;……本荒而用侈,则天不能使之富","务本节用财无极。"荀子主张通过节用来裕民,"故王者富民,霸者富士,仅存之国富大夫,亡国富筐箧、实府库。筐箧已富,府库已实,而百姓贫,夫是之谓上溢而下漏"(《荀子·王制》),不节用裕民,就会"亡国、危身","不知节用裕民则民贫,民贫则田瘠以秽,田瘠以秽则出实不半"(《荀子·富国》)。

　　在中国古代思想家中,最早比较系统地提出节用思想的是墨子。墨子首先从消费伦理对生产的影响来论证节用的重要性,他指出,节用能够"兴利","国家去其无用之费",就能使社会的各种有用产品成倍增长。因为节用以手,用不着花劳动力去生产奢侈品和进行不必要的劳作,改变"民力尽于无用"的局面,这就增加了人民生活必需品的生产。另一方面,他主张维护较低消费生活,指出:"天下群百工","各从事其所能",制造的产品"凡足以奉给民用,则止,诸加费不加于民利者,圣王弗为",就是说产品以对人民有用为原则,不增加消费效果的费用一律在"弗为"之列。在衣、食、住、行的节用方面,也规定一系列的消费伦理的规范:饮食方面,只求"足以充虚继气,强股肱,耳目聪明";穿着方面,只求"冬服绀緅之衣,轻且暖,夏服絺绤之衣,轻且清,则止";住的方面,只求宫室"其旁可圉风寒,上可以圉雪霜雨露,其中蠲洁,可以祭祀,宫墙足以为男女之别";行的方面,只求"车为服重致远,乘之则安,引之则利",舟楫"足以将之"。针对当时统治者住"台榭曲直之望,青黄刻镂之饰",穿"锦绣文采靡曼之衣,铸金以为钩,珠玉以为佩",吃"大国累百器,小国累十器"的"美食",行"饰车以文采,饰舟以刻镂"的状况,墨子对这种奢侈浪费的消费观念和消费行为进行了批评,认为这些衣、食、住、行的费用由"厚作敛于百姓,暴夺民衣食之财"而来,这不得不使"女子废其纺织而修文采","男子离其耕稼而修刻镂",影响了正常的生产,使"饥寒并至"。为了防止"饥者不得食,寒者不得衣,劳者不得息"这三患,就必须从节用入手,实行低消费标准和实施节俭的消费伦理规范。不然,"其民饥寒并至,故为奸邪。奸邪多则刑罚深,刑罚深则国乱"。统治者要治理好国家,就要懂得"俭节则昌,淫佚则亡"的道理,自觉实施节用裕民的消费伦理,使民劳而不伤,费而不疾,民富国治(《墨子》:《节用上》《节患》《节用中》《辞过》)。

比较中西经济公正思想的发展,我们可以得出下列结论:

一是从对经济公正的论述来看,无论是西方还是中国,对经济公正都十分重视。西方从古希腊的亚里士多德、柏拉图到中世纪的奥古斯丁,再到近代的霍布斯、卢梭、休谟、亚当·斯密,直到现代的罗尔斯、诺齐克等,都对经济公正进行过深入研究,他们都比较理性地来看经济公正,认为公正是一种规则或是契约,经济公正就是在经济活动中所应遵循的规则,或者是在经济活动中所应履行的契约,在经济活动中应遵循互利的原则。罗尔斯在其《正义论》中强调说:"公正是社会制度的首要美德,正像真理是思想体系的首要美德一样。一种理论,无论它多么精致和简洁,只要它不真实,就必须加以拒绝和修正;同样,某些法律和制度不管她们如何有效率和有条理,只要她们不公正,就必须被改造和修正。"①在中国的孔孟儒学中,对经济公正理论也非常关注。他们认为,经济公正是社会稳定和发展的基础。符合国家民族整体利益的就是"义",不符合国家民族整体利益的就是"不义"。不论是孔子、孟子、墨子,还是后来的董仲舒,直到孙中山等,都非常关心人民的生活,也都对经济公正进行了深入的探讨。在他们看来,一个国家或是一个人,最重要的是对自己内心的修养,即强调"仁"、"义"。而对于利则是要取之有道、用之有道,他们内心所应关心的,不是自己的利益而是整个国家整个民族整个人民的利益。综上所述,西方和中国对经济公正理解的不同之处在于,西方强调个人的自由理性平等权利等,而中国则更强调社会的国家的人民的整体利益,为了国家的整体利益可以不惜牺牲

---

① [美]罗尔斯:《正义论》,何怀宏等译,中国社会科学出版社1988年版,第1页。

个人的利益和生命。

二是对于如何实现经济公正,西方与中国存在着很大的差别。由于西方重视的是人的平等、自由和权利观念,所以西方集中于社会分配制度的公正问题,强调社会合作和较强的社会福利政策,偏重于经济公平,要求照顾境况较差者。中国古代对于分配问题也十分重视,但是强调的是平均分配。孟子说:"夫仁政必自经界始,经界不正,井地不均,谷禄不平,是故暴君污吏,必慢其经界。经界既正,分田制禄可坐而定也。"由于"正经界"涉及的是社会的经济问题,尤其是土地分配问题。所以,如果不将土地分配公正,则必产生混乱,导致生灵涂炭,并影响当权者与人民的权利划分。故"正经界"的目的,是为了避免产生不义。但在分配的公正问题上,孔孟则倾向于平均主义的思想,这就是孔子所说的"不患寡而患不均"。中国这种传统的经济公正思想,是在自然经济条件下形成的,重视社会的整体利益,重视结果平均,这些与近代西方自由市场经济的公正思想形成严重的冲突。

三是从义利的关系来看,在历史上,义利之辩是儒家思想的重点之一。"义"与西方的公正概念具有相通的含义。因为在孔子看来,"义者,宜也",义就是适宜、合理的意思;又说:"君子之于天下也,无适也,无莫也,义之与比。"(《论语·里仁》)意思是说,对于天下的人和事,并不是很主观地,非这样对待不可,应该是怎么合乎"义"的原则便怎样对待,所以为人处世的原则就是要合乎"义"的原则。"义"为何具有如此重要的地位,因为它是"仁"的体现方式,是"仁"向德行转化的中间环节,而又是善所生出的"德性"。所以在义利观上,孔子认为义、利是两种根本对立的行为准则,义不为利,义先于利。中国两千多年的封建社会,独尊儒术,自然经济条件下强调重义轻利。西方比中国更注重实用,他们的资本主义发展得也更完善,经济公正思想也离不开他们发展市场经济的需要,所以当代西方的公正理论却是重利轻义的,它是以保护私人利益为目的,以个体为中心,强调个人的自由和平等。

四是从实行经济公正的目的来看,西方哲学家实行经济公正主要是为了解决个人的自由与平等的矛盾。也就是说,是以牺牲某些人的个人自由权利,以达到较大的社会经济平等,还是宁让某种不平等现象存在,也要捍卫每个人的自由权利。他们想在自由与平等两者之间做出选择,以建立一个自由平等的社会。与此不同的是,孔孟儒学实行"正"、"义"的目的是为了求"仁"并实现"仁"的美好社会,即"大同"世界;为了国家的整体利益而不惜牺牲个人的利益。

综上所述,中西方思想家在谈论具体的经济公正时的侧重点不一样,中国古代注重于个人公正,如儒家思想的重义轻利。儒家传统历来有宏观的社会抱负,所谓家事国事天下事,事事关心,但是落实"外王"之道,则以养修本性的"内圣"功夫为前提。这种观点,导致儒家疏于制度建设。但是儒家思想可以抑制极端的个人主义,亦能够平衡实效至上的倾向,儒家思想源于对社会秩序的关怀,而秩序是一个整合问题,也就是人们之间彼此协调的问题。亦即强调个人对社会规范的主动服从。假使人人遵守规则,秩序自会浑然天成。正是这个缘故,儒家特别热衷于个人的品德修养。孔子以建立社会秩序为终极关怀,这又导致了儒家忽视了对个人权益的关注。如此可见,中国古代的思想家重视的是个人的内心修养,对个人的自我修养非常看重,而忽略了个人的自由平等的权利,从而也忽略了个人的利益。为了国家的整体利益而不惜牺牲个人的利益,在经济利益方面强调的是义大于利。而西方更注重社会整体的经济公正,强调个人的自由和权利,重视法和理性。中国则更重视道德,伦理感性。在当代,社会主义中国要实现经济公正,也应该借鉴西方经济公正理论的合理思想,其中最重要的是要关心个人权利、自由与利益。

通过对中西方经济公正思想的比较,我们可以知道,只有社会主义中国才能实现真正的经济公正,不管资本主义如何发展,不管其社会福利程度如何高,但只要其生产资料的资本主义私有制性质没有改变,只要生产资料还掌握在少数资本家手中,资本主义的经济公正最多还是少数人的公正。而社会主义的本质在于"解放生产力,发展生产力,消灭剥削,消除两极分化,最终实现共同富裕",也就是说社会主义的最终目标在于实现全体人民的共同繁荣、富裕,这才是真正的经济公正。

第三节　马克思恩格斯的经济公正思想

在马克思恩格斯的诸多著述中,经常见到对"永恒公正"、"自然正义"等的深刻批判。因而有的学者据此认为马恩反对正义、拒绝公正。实际上,马恩多次肯定"平等"、"公正"在资产阶级革命中的伟大作用。他们批判的是因抽象、空洞而掩盖阶级压迫关系的"永恒正义"和剥削阶级公正观,并不是对作为人类理想追求目标的公正本身的否定。如他们在《国际工人协会共同章程》和《国际工人协会成立宣言》中提出,"承认真理、正义和道德是他们彼此间和对一切人的关系的基础",并"努力做到使私人关系间应该遵循的那种简单的道德和正义的准则"。① 马恩从现实的社会生产关系和经济关系出发,深刻批判了西方资本主义的公正原则和实践,并在此基础上阐述了他们卓越的经济公正思想。

一　经济公正的思想根源:物质生活关系

美国法哲学家 E. 博登海默在考察人类历史中有关公正的思想时言道:"公正有着一张普洛透斯似的脸,变幻无常,随时可呈不同形状并具有极不相同的面貌。当我们仔细查看这张脸并试图解开隐藏其表面背后的秘密时,我们往往会深感迷惑。"②然而,马克思、恩格斯对于公正"这张脸"问题所采取的批判与超越的思维路径,则为我们找到了解开隐藏在正义背后秘密的一把钥匙。

在柏林大学读书时期,马克思最初深受康德的理性主义法哲学的影响。康德认为法律的基本规定性就是协调人们的行为自由,而一个人的行为自由和他人的自由并存而不相悖,就是正义。在强调正义是人的行为自由的相互协调这一思想的同时,康德又提出了"绝对命令"的法律义务论。马克思在研究罗马法的基础上,试图运用康德的理性建构现实的方法来建立自己的法哲学体系,

---

① 《马克思恩格斯选集》第 2 卷,人民出版社 1995 年版,第 610、607 页。
② [美]E. 博登海默:《法理学:法律哲学与法律方法》,中国政法大学出版社 1999 年版,第 252 页。

但结果以失败而告终。这使马克思意识到必须反对思想"在太空飞翔",必须深入全面地领悟在地面上遇到的日常事物,向现实本身去寻求思想。

此后,马克思接受了黑格尔关于哲学的任务在于理解存在的东西的主张,借助于黑格尔思维与存在统一性的原理,实现了"应有之法"与"现有之法"在理性基础上的统一。这时的马克思从理性原则出发,认为事物的本质是事物本身的理性,强调自由是全部精神存在的类的本质,视国家和法为正义、理性、自由和普遍利益的象征与表现。但是,在关于莱茵省林木盗窃法的辩论中,他遇到了"应该为了保护林木的利益而牺牲法的原则呢,还是应该为了法的原则而牺牲林木的利益"①的难事,结果是"利益占了法的上风",莱茵省议会为了维护林木所有者的私人利益,竟然让国家丧失应有的正义和理性光辉,国家沦为私人利益的工具。这样,现实的世俗社会的物质利益之争,使马克思最终对黑格尔的理性的国家正义观产生了怀疑。通过对黑格尔法哲学进行了深入的研究和批判,他得出结论:"法的关系正像国家的形式一样,既不能从它们本身来理解,也不能从所谓人类精神的一般发展来理解,相反,它们根源于物质的生活关系。"②在这里,马克思也看到了"物质的生活关系"在人类历史发展中的作用,提出了经济公正思想来源于"物质的生活关系"的命题。由此马克思对西方近代资产阶级思想家以自由、平等、人权和人道为内容的正义观的态度,开始发生变化,由赞颂转向批判。在马克思对近代资产阶级正义观试图展开法哲学批判的同时,恩格斯对资产阶级正义观也尝试了政治经济学批判。他在《政治经济学批判大纲》中深刻揭露了资产阶级政治经济学所宣扬的人道主义的虚伪性,指出:"你们在什么时候做事情是纯粹从人道的动机出发,是从公共利益和个人利益之间不应存在对立这种意识出发的呢?你们什么时候讲过道德,什么时候不图谋私利,不在心底隐藏一些不道德的自私自利的邪念呢?"③

17、18世纪,随着欧洲市场经济的发展,西方古典自由主义思想家开始从自由、效率和互利出发来为市场经济本身的合理性、合法性和优势进行伦理辩

---

① 《马克思恩格斯全集》第1卷,人民出版社1956年版,第179页。
② 《马克思恩格斯选集》第2卷,人民出版社1995年版,第32页。
③ 《马克思恩格斯全集》第1卷,人民出版社1956年版,第602页。

护。他们把经济公正归结为自由、平等和私有财产权等权利的保障,力图证明
市场经济最基本的要素——个人权利尤其是财产权的确立和维系,是有利于社
会安定和经济有序发展的,因而是合乎公正的。这种经济公正观在本质上是形
而上学或神话的,他们的公正理论一是表现为把人作为抽象的、孤立的人去对
待,从抽象的人性出发来构建人权概念;二是表现为理性成为衡量一切的唯一
尺度。马恩在对这两种表现进行深入批判的基础上,阐述了经济公正思想根源
于现实的物质生活关系的思想。

　　与近代西方启蒙学者从抽象的人和抽象人性论出发,借助他们所想象的自
然法权来构建其正义观念相反,在马克思看来,人并不是抽象地栖息在世界以
外的东西。他认为,被亚当·斯密和大卫·李嘉图当做出发点的单个的孤立的
个人,以及卢梭的通过契约来建立天生独立的主体之间相互关系和联系的“社
会契约”,统统都是错觉,只是美学上大大小小的鲁滨孙故事的错觉。在《德意
志意识形态》中,马克思、恩格斯把自己哲学的前提看做是人,“但不是处在某
种虚幻的离群索居和固定不变状态中的人,而是处在现实的,可以通过经验观
察到的,在一定条件下进行的,发展过程中的人”①。针对抽象的人性观,马克
思认为人的本质不是“一种内在的、无声的、把许多个人自然地联系起来的普
遍性”,不是“单个人所固有的抽象物,在其现实性上,它是一切社会关系的总
和”。② 在《资本论》第一版序言中,马克思又强调指出:在阶级社会中,一切人
“只是经济范畴的人格化,是一定的阶级关系和利益的承担者。……不管个人
在主观上怎样超脱各种关系,他在社会意义上总是这些关系的产物”③。每一
历史时代的人都是处于特定社会关系特别是处于特定经济关系中的人。因而,
作为社会性的人,他的基本权利总是要受到特定经济关系的制约,而不能凌驾
于一定的经济关系之上。所以,人们“归根到底总是从他们阶级地位所依据的
实际关系中——从他们进行生产和交换的经济关系中,获得自己的伦理观

---

① 《马克思恩格斯选集》第 1 卷,人民出版社 1995 年版,第 73 页。

② 同上书,第 56 页。

③ 《马克思恩格斯选集》第 2 卷,人民出版社 1995 年版,第 101～102 页。

念"①。因而,经济公正思想既不来自于神、上帝,也不是来自于社会权威或人性,而是在现实的社会历史过程中。每个时代和社会都有其特定的经济公正观。经济公正的内涵随着时代和阶级的不同而各有不同。不同的社会关系会产生不同的公正观,也就会提出不同的公正要求。公正是具体的历史的,离开了人类社会的历史,离开了人的社会关系,就无法解释善恶、公正等伦理观念。

　　正是从现实的人和现实的社会关系出发,马克思对资产阶级的"永恒公正"或"自然正义"原则进行了深刻的批判和辛辣的嘲讽,认为资产阶级奉为永恒理性原则的正义、平等、权利实际上是资产阶级的法权。"权利,就它的本性来讲,只在于使用同一尺度;但是不同等的个人(而如果他们不是不同等的,他们就不成其为不同的个人)要用同一尺度去计量,就只有从同一角度去看待他们,从一个特定的方面去对待他们。"②"这种平等的权利,对不同等的劳动来说是不平等的权利。"③在马克思看来,正义是特定的历史与社会的经济结构所派生的意识形态的一个组成部分,正义、平等、权利"决不能超出社会的经济结构以及由经济结构制约的社会的文化发展"④。因而,判定某一社会制度是否公正,不能用抽象的、超时空的绝对的自然法则,而是要依赖这一制度的基础——生产方式的状态来评定,要从具体的、历史的经济结构和经济关系来评定。

　　西方近代启蒙学者以理性为原则,借助他们所想象的自然法权来构建其形而上学的公正观念。美国学者卡尔·贝克尔所言:"自然秩序的'法则'是人类的理性可以发现的。如此这般发现的法则就为检验人类的思想、行为和制度提供了确定不移的标准——这就是18世纪时不仅在美洲,而且在英国和法国大部分人所公认的思想前提和先入之见。"⑤由此,他们"带着启蒙之光在人类历史的领域中上下巡行,找寻普遍的人、一般的人、被抽离了时间和地点的偶然性的人;它亟待着找到人性而熟知人类。如果发现了人性,它就会找到普遍的人亦即自然的人;这样,它就有机会知道,有哪些适合于普遍的人,因而也适合于

---

①　《马克思恩格斯选集》第3卷,人民出版社1995年版,第434页。
②　同上书,第305页。
③　同上。
④　同上。
⑤　[美]卡尔·贝克尔:《18世纪哲学家的天城》,三联书店2001年版,第184页。

无论何时何地的个别的人的权利和法律"①。对此,恩格斯在《反杜林论》中有过这样的评论:"他们不承认任何外界的权威,不管这种权威是什么样的。宗教、自然观、社会、国家制度,一切都受到了最无情的批判;一切都必须在理性的法庭面前为自己的存在作辩护或者放弃存在的权利。思维着的知性成了衡量一切的惟一尺度。……从今以后,迷信、非正义、特权和压迫,必将为永恒的真理,为永恒的正义,为基于自然的平等和不可剥夺的人权所取代。"②然而,由理性所构造正义、平等和人权只是虚幻的神话,在恩格斯看来,"理性的国家、卢梭的社会契约在实践中表现为,而且也只能表现为资产阶级的民主共和国。18世纪伟大的思想家们,也同他们的一切先驱者一样,没有能够超出他们自己的时代使他们受到的限制。"③

18世纪伟大的思想家们在公正问题上所受到的时代限制,即是理性和现实的矛盾关系。在马克思看来,要彻底化解这一矛盾关系,必须搞清楚意识和生活二者之间的关系,是意识决定生活,还是生活决定意识。对于这个问题的回答,马克思、恩格斯在《德意志意识形态》中指出:"不是意识决定生活,而是生活决定意识。"④那么,生活如何决定意识? 他们做了更为详尽的阐释:"从直接生活的物质生产出发阐述现实的生产过程,把同这种生产方式相联系的、它所产生的交往形式即各个不同阶段上的市民社会理解为整个历史的基础,从市民社会作为国家的活动描述市民社会,同时从市民社会出发阐明意识的所有各种不同理论的产物和形式,如宗教、哲学、道德等等,而且追溯它们产生的过程。"⑤这样,马克思、恩格斯就为作为"意识"、"观念"的正义观找到了赖以产生和存在的物质生活基础。这是马克思、恩格斯彻底颠覆西方近代正义观的形而上学或神话学基础的革命性变革。⑥

---

① [美]卡尔·贝克尔:《18世纪哲学家的天城》,三联书店2001年版,第206页。

② 《马克思恩格斯选集》第3卷,人民出版社1995年版,第355~356页。

③ 同上书,第356页。

④ 《马克思恩格斯选集》第1卷,人民出版社1995年版,第73页。

⑤ 同上书,第92页。

⑥ 参见苗贵山:《马克思恩格斯对正义的审视》,载《太原理工大学学报》(社会科学版)2006年第1期。

在马恩看来,现实的经济结构和经济关系是一个非常具体的有机整体,它包含生产关系、分配关系、交换关系、消费关系等多重关系形式。资产阶级经济学家们把"生产"理解为只是一种创造或改造自然产品的过程,只是受一般的自然规律所支配的过程,从而看不到生产过程与分配、交换等其他过程之间的内在联系。马克思把物质生产过程放在一种现实的生产关系中来理解,把产品的分配和交换视为一种社会关系行为与产品的生产过程相结合,从而把分配和交换过程中的问题与资本主义生产关系中的固有矛盾联系起来,揭示了生产、分配、交换、消费过程之间的内在联系。马克思认为,生产资料所有制是现实的经济关系的核心,生产资料所有制决定了不同要素所有者在生产中的地位和相互关系,进而决定了他们之间的分配方式和分配关系。他指出:"一定的分配形式是以生产条件的一定的社会性质和生产当事人之间的一定的社会关系为前提的。因此,一定的分配关系只是历史规定的生产关系的表现。"[1]马克思把资本主义生产关系理解为一种历史上独特的经济关系形式,正确地把握这种生产关系对其他关系形式的决定作用,并进而对整个资本主义社会关系体系做出了准确的理解。正是在对现实的资本主义生产关系的深刻剖析中,在对资本主义制度下生产、消费、分配、交换之间的关系的全面剖析和深刻批判中,马克思表达了自己对正义问题的卓越见解。

马克思的正义观从经济学的视域中打开一条通道,并由此使自己的正义理论具有了其他西方道德哲学家所不具备的独特品格,即历史唯物主义的理论品格。依照马克思的理论,人们的经济活动无疑是其社会历史活动的基础和本质。对于已经处在历史性的社会现实关系中的人来说,他的真正本质理所当然地存在于他所处的社会生活关系之中。而社会生活关系的本质在于社会生产关系,因而,对正义问题的研究必须深入到现实的经济关系之中。由于马克思把自己的理论关注点投放在达到社会正义目标的现实社会历史途径上,而不是一味地建构一种正义的理想目标,因而,他的正义理论没有成为一种抽象的人道主义或自由主义,而是走向历史唯物主义。

---

① 《马克思恩格斯全集》第 25 卷,人民出版社 1974 年版,第 997 页。

二　经济公正的核心：自由与平等

马克思主义是关于人类彻底解放的伟大学说，因此，它以人的自由发展为终极目标。虽然资产阶级对自由和平等的经济公正追求在历史上起到了巨大的革命作用，但毕竟是资本的自由和平等，故而是资本家的经济公正。为此，马克思把他一生的很大一部分时间、著作和科学研究，用来批判掩盖压迫劳动群众关系的资产阶级经济自由和经济平等。①

马克思恩格斯极为重视对自由的研究，1894 年恩格斯在答复意大利社会党人朱·卡内帕时说："我打算从马克思的著作中给您寻找一行您所要求的题词。马克思是当代唯一能够和伟大的佛罗伦萨人相提并论的社会主义者。但是，除了从《共产党宣言》（意大利刊物《社会评论》第 35 页）中摘出下列一段话外，我再也找不出合适的了：'代替那存在着阶级和阶级对立的旧社会的，将是这样一个联合体，在那里，每个人的自由发展是一切人的自由发展的条件。'"②马恩认为，真正的、充分化的自由，只有在高级的社会形态中才能实现。马克思指出："人的依赖关系（起初完全是自然发生的），是最初的社会形态，在这种形态下，人的生产能力只是在狭窄的范围内和孤立的地点上发展着。以物的依赖性为基础的人的独立性，是第二大形态，在这种形态下，才形成普遍的社会物质变换，全面的关系，多方面的需求以及全面的能力的体系。建立在个人全面发展和他们共同的社会生产能力成为他们的社会财富这一基础上的自由个性，是第三个阶段。"③随着社会生产的无政府状态的消失，国家的政治权威也将消失。人终于成为自己的社会结合的主人，从而也就成为自然界的主人，成为自身的主人——自由的人。对于现代意义上的平等理念，恩格斯是这样解释的："一切人，作为人来说，都有某些共同点，在这些共同点所及的范围内，他们是平等的，这样的观念自然是非常古老的。但是现代的平等要求与此完全不同；这种平等要求更应当是从人的这种共同特性中，从人就他们是人而言的这种平

---

① 　参见吴忠民：《社会公正论》，山东人民出版社 2004 年版，第 63 页。

② 　《马克思恩格斯全集》第 39 卷，人民出版社 1974 年版，第 189 页。

③ 　《马克思恩格斯全集》第 46 卷（上册），人民出版社 1979 年版，第 104 页。

等中引申出这样的要求:一切人,或至少是一个国家的一切公民,或一个社会的一切成员,都应当有平等的政治地位和社会地位。"①恩格斯把平等的实现看做是一个过程:"现在平等权利被承认了。资产阶级在反对封建制度的斗争中和在发展资本主义生产的过程中不得不废除一切等级的即个人的特权,而且起初在私法方面,后来逐渐在公法方面实施了个人在法律上的平等权利,从那时以来并且由于那个缘故,平等权利在口头上是被承认了。"②但是,在资本主义条件下的平等问题仍有很大的局限。

　　按照马克思的观点,"人把自身当作现有的、有生命的类来对待,因为人把自身当作普遍的因而也是自由的存在物来对待"③。因而,"自由确实是人所固有的东西"④。因此,市民社会与政治国家的矛盾发展进程,实际上是人类在普遍利益与特殊利益、个性与共性的悖论下,为摆脱自然界和人类自身的双重限制,而不断寻求"自由自主活动"的主体自由发展进程。它要经过三个自由发展阶段⑤,最终进入每个人都享有平等发展机会的"自由人联合体"。马克思在批判资产阶级的自由、平等思想的形式性和抽象性时认为,在资本主义制度下,权利和正义实质上是资产阶级的观点,是反映资本主义经济结构的意识形态。马克思承认,"在中世纪,权利、自由和社会存在的每一种形式都表现为一种特权"⑥,把自由作为个人权利是资本主义社会的产物。只有当资产阶级无情地斩断束缚人的各种"封建羁绊",将"温情脉脉"变成"冷酷无情"的交换价值和现金交易时,人才从他人情感与权力的束缚和奴役中解放出来,人才获得对于他人的独立性和自由,在客观普遍的物面前,人与人才首次获得了平等。因而,马克思认为:"平等和自由不仅在以交换价值为基础的交换中受到尊重,而且交换价值的交换是一切平等和自由的生产的、现实的基础。"⑦"交换价值,或者

①　《马克思恩格斯选集》第3卷,人民出版社1995年版,第444页。
②　《马克思恩格斯选集》第4卷,人民出版社1995年版,第239页。
③　马克思:《1844年经济学哲学手稿》,人民出版社2000年版,第56页。
④　《马克思恩格斯全集》第1卷,人民出版社1956年版,第63页。
⑤　《马克思恩格斯全集》第46卷(上册),人民出版社1979年版,第104页。
⑥　《马克思恩格斯全集》第1卷,人民出版社1956年版,第381页。
⑦　《马克思恩格斯全集》第46卷(上册),人民出版社1979年版,第197页。

更确切地说,货币制度,事实上是平等和自由的制度。"①马克思曾经把商品交换领域称为天赋人权的真正乐园,认为在这个乐园中"占统治地位的只是自由、平等、所有权和边沁"②。但是,马克思认为,这种自由平等仅仅是形式的、抽象的。在资本主义社会,由于生产资料私有制,自由这一人权的实际应用就是私有财产这一人权,自由是作为孤立的、封闭在自身的单子里的那种人的自由;平等无非是上述自由的平等,即每个人都同样被看做孤独的单子。在这里,"任何一种所谓人权都没有超出利己主义的人,没有超出作为市民社会的成员的人,即作为封闭于自身、私人利益、私人任性、同时脱离社会整体的个人的人。"③正是从现实的人和现实的社会关系出发,马克思看到了资本主义社会自由、平等、正义的抽象性、形式性和虚伪性,还不是真正的现实的自由、平等和正义。

马克思认为,人类历史发展表明,每一次新制度对旧制度的取代,都因适应了生产方式而使生产力获得了巨大解放和发展,每一次解放都是在把人的关系还给人自己,获得了更多的"自由自主",也就是说,人类"文化上的每一个进步,都是迈向自由的一步"。④ 然而,不同社会阶级每次具体获得的自由和程度又是很不均衡的。因此,"文明每前进一步,不平等也同时前进一步",而在不断走向更高级形式的辩证否定中,"不平等又重新转变为平等"。⑤ 因此,作为综合性价值尺度的正义,必然表现为对自由和平等的追求,经典作家为此指出,"不实现理性自由的国家就是坏的国家"⑥,平等是正义的表现,是完善的政治制度或社会制度的原则。虽然资产阶级对自由和平等的正义追求在历史上起到了巨大革命作用,但毕竟是资本的自由和平等,故而是资本家的正义,为此,马克思把他一生的很大一部分时间、著作和科学研究,用来嘲笑掩盖压迫劳动群众关系的资产阶级自由和平等词句。他认

---

① 《马克思恩格斯全集》第 46 卷(上册),人民出版社 1979 年版,第 201 页。
② 《马克思恩格斯选集》第 2 卷,人民出版社 1995 年版,第 176 页。
③ 《马克思恩格斯全集》第 1 卷,人民出版社 1956 年版,第 439 页。
④ 《马克思恩格斯选集》第 3 卷,人民出版社 1995 年版,第 457 页。
⑤ 同上书,第 482 页。
⑥ 《马克思恩格斯全集》第 1 卷,人民出版社 1956 年版,第 127 页。

为，只有消除私有制、消除剥削、消除压迫，只有到了人的全面发展的自由王国——共产主义社会，社会制度才是正义合理的制度，人与人之间的关系才是真正平等的关系，人才是真正自由的人。因为只有到了共产主义社会，消灭了分工、私有制和异化劳动，才能使"每个人的自由发展是一切人的自由发展的条件"完全变成现实，从而克服了自由和平等悖论。在完全平等中实现了自由，在完全自由中实现了平等，人类正义理想才最终完成。因此，恩格斯指出："真正的自由和真正的平等只有在共产主义制度下才可能实现；而这样的制度是正义所要求的。"①

三　经济公正的价值目标：人的全面发展

马克思恩格斯认为，实现包括经济公正在内的社会公正，是人类社会的崇高境界，是社会主义和共产主义的首要价值之所在。"真正的自由和真正的平等只有共产主义制度下才可能实现；而这样的制度是正义所要求的。"②在马克思恩格斯看来，经济公正的最终价值目标是实现人的全面发展。

在马克思恩格斯看来，经济公正有利于丰富和发展人的社会关系。马克思认为，人是最名副其实的社会动物，是一种合群动物，而且是离开了社会就不可以独立生存的动物，"人的本质是人的真正的社会联系，所以人在积极实现自己本质的过程中创造、生产人的社会联系、社会本质，而社会本质不是一种同单个人相对立的抽象的一般的力量，而是每一单个人的本质，是他自己的活动，他自己的生活，他自己的享受，他自己的财富"③。因而人的本质在其现实性上，是一切社会关系的总和。这也就是说，人是来自社会共同体的存在，他受到社会共同体的照料，并面向共同体存在。社会关系是十分丰富而又复杂的，其中经济关系是社会关系的重要基础，而"每一既定社会的经济关系首先表现为利益"④。经济利益关系乃是一切社会关系的基础。这一切深刻地表明，人必须

---

① 《马克思恩格斯全集》第 1 卷，人民出版社 1956 年版，第 582 页。
② 同上。
③ 马克思：《1844 年经济学哲学手稿》，人民出版社 2000 年版，第 170 页。
④ 《马克思恩格斯选集》第 3 卷，人民出版社 1995 年版，第 209 页。

依存于社会经济利益关系而存在,这里包含着双重的内容,即每个人都必须依赖经济利益而生活,同是这种经济利益的获得,又必须与他人共存,在这里体现人之经济利益关系中存在的深刻矛盾和内在统一。也就是说,经济活动或经济关系是人所特有的存在方式,其中存在着人与人之间尖锐的经济利益的对立,又有经济利益上的必然合作;人不仅要关心经济活动中的效率问题,而且必然地关联到人的生活意义和存在价值等向度。人们在这种既有深刻紧张又有密切关联的经济关系之间,找到恰当的利益平衡点,以使经济效率和经济公平有机统一,便成为不可回避的存在难题。

在马克思恩格斯看来,经济的发展是以人为本位的发展。"任何一种解放都是把人的世界和人的关系还给人自己"①;"共产主义是私有财产即人的自我异化的积极的扬弃,因而是通过人并且为了人而对人的本质的真正占有;因此,它是人向自身、向社会的(即人的)人的复归,这种复归是完全的、自觉的而且保存了以往发展的全部财富的。这种共产主义,作为完成了的自然主义,等于人道主义,而作为完成了的人道主义,等于自然主义。它是人和自然界之间、人和人之间的矛盾的真正解决,是存在和本质、对象化和自我确证、自由和必然、个体和类之间的斗争的真正解决"②。既然经济发展的基本宗旨是为了人,所以,在马克思恩格斯看来,实现经济公正是社会发展的重要目标。他们是这样来具体描述这个目标的:"在共产主义社会高级阶段,在迫使个人奴隶般地服从分工的情形已经消失,从而脑力劳动和体力劳动的对立也随之消失之后;在劳动已经不仅仅是谋生的手段,而且本身成了生活的第一需要之后;在随着个人的全面发展,他们的生产力也增长起来,而集体财富的一切源泉都充分涌流之后,——只有在那个时候,才能完全超出资产阶级权利的狭隘眼界,社会才能在自己的旗帜上写上:各尽所能,按需分配!"③应当"把生产发展到能够满足所有人的需要的规模;结束牺牲一些人的利益来满足另一些人的需要的状况;彻底消灭阶级和阶级对立;通过消除旧的分工,通过产业教育、变换工种、所有人

---

① 《马克思恩格斯全集》第 1 卷,人民出版社 1956 年版,第 443 页。

② 《马克思恩格斯全集》第 42 卷,人民出版社 1979 年版,第 120 页。

③ 《马克思恩格斯选集》第 3 卷,人民出版社 1995 年版,第 305～306 页。

共同享受大家创造出来的福利,通过城乡的融合,使社会全体成员的才能得到全面发展"①。

在马克思恩格斯看来,经济公正必须维护和保障人的尊严与基本权利。人类之所以具有种属尊严亦即类本质,是无论如何离不开每个人的贡献的。从"缔结社会"的意义上讲,正是由无数个人才组成了社会。离开了个人,社会便无从谈起。诚如马克思所指出的那样:"全部人类历史的第一个前提无疑是有生命的个人的存在。"②同时,也正是人类种属尊严的存在,使得每一个社会成员都具有了相应的种属尊严。而这个种属尊严又必然进一步具体地体现在每个社会成员应当具有基本的权利方面。③ "一个人有责任不仅为自己本人,而且为每一个履行自己义务的人要求人权和公民权。没有无义务的权利,也没有无权利的义务。"④在马克思恩格斯看来,由于生产力的不发达以及剥削制度的存在等原因,在旧的社会中,人的尊严和基本权利不可能得到保障。因此,应当改变这种状况。马克思认为,让人感到悲哀的是,"旧世界是属于庸人的","庸人社会所需要的只是奴隶,而这些奴隶的主人并不需要自由","那些不感到自己是人的人,就像繁殖出来的奴隶和马匹一样,完全成了他们主人的附属品";所以,"必须唤醒这些人的自尊心,即对自由的要求。这种心理已经和希腊人一同离开了世界,而在基督教的统治下则消失在天国的幻境之中。但是,只有这种心理才能使社会重新成为一个人们为了达到崇高目的而团结在一起的同盟,成为一个民主的国家"。⑤ 恩格斯认为,恢复人的尊严、摆脱非人的状态,应当是工人阶级的重要任务。"英国工人在他们所处的那种状况下是不会感到幸福的;在这种状况下,无论是个人或是整个阶级都不可能像人一样地生活、感觉和思想。显然,工人应该设法摆脱这种非人的状况,应该争取良好的比较合乎人的身分的状况"。"工人处处发觉资产阶级把他当做物件、当做自己的财产来看待,只凭这一点,工人也要成为资产

① 《马克思恩格斯选集》第 1 卷,人民出版社 1995 年版,第 243 页。

② 同上书,第 67 页。

③ 吴忠民:《社会公正论》,山东人民出版社 2004 年版,第 63 页。

④ 《马克思恩格斯全集》第 16 卷,人民出版社 1964 年版,第 16 页。

⑤ 《马克思恩格斯全集》第 1 卷,人民出版社 1956 年版,第 409 页。

阶级的敌人"。①

四　经济公正的价值尺度:对生产方式的适应性

作为彻底的唯物主义者,马克思恩格斯在阐释经济正义这一价值尺度时,完全抛弃以往思想家在确立经济公正范畴时的唯心史观。在马克思恩格斯这里,不存在什么自然正义,也不存在上帝的公正神圣性,更不是所谓彼岸世界的善良意志,而是立足于生产方式这一唯物主义立场,使经济公正范畴具有客观性、辩证性和历史性。② 马克思指出,生产当事人之间进行的交易的正义性在于:这种交易是从生产关系中作为自然结果产生出来的。这种交易作为当事人的意志行为、作为他们的共同意志的表示、作为可以由国家强加给立约双方的契约,表现在法律形式上,这些法律形式作为单纯的形式,是不能决定这个内容本身的。这些形式只是表示这个内容。这个内容只要与生产方式相适应,相一致,就是正义的;只要与生产方式相矛盾的,就是非正义的。这就表明,马克思主义的公正观,是生产交换、社会制度与生产方式适应性的观念化表现和评判基准。因此说,在资本主义生产方式的基础上,奴隶制是非正义的;在商品质量上弄虚作假也是非正义的,即它们都与生产方式不适应而不具备合法性。可见,这一公正观已不仅仅局限于伦理范畴,而是"对特定时代的一定制度、占有方式、社会阶级产生的历史正当性的探讨",它超越了以往思想家以公正对社会进行的道德评价和论证,因而成为一种容涵政治、经济、道德、法律范畴的综合性价值尺度。这一宏观价值尺度使无产阶级能够站在唯物主义立场上,以社会制度、社会体制与生产方式的适应性、一致性来审视其正当性、合理性,进而否定和摧毁阻滞生产力发展的旧制度,寻求符合社会进步和人类自由发展需要的理想制度。

同时,这一公正观既是一个历史范畴也是一个阶级范畴。虽然公正是人类普遍追求的崇高价值,但却完全是历史地产生的。"平等仅仅存在于同不平等

① 《马克思恩格斯全集》第2卷,人民出版社1957年版,第500页。
② 参见姚虹:《论马克思恩格斯的正义观》,载《当代法学》2001年第10期。

的对立中,正义仅仅存在于同非正义的对立中"①。并因不同社会阶级结构呈现不同的内容,反映不同的阶级利益追求。因此,"希腊人和罗马人的公平观则要求废除被宣布为不公平的封建制度"②。正是由于资产阶级的交换活动的生产方式要求与之相适应的经济公正观,所以,当新的资本主义生产关系萌发,封建的经济制度尤其是封建的剥削造成的分配上的不平等越来越为突出,越来越为人们所觉察、认识,"只有在这个时候,这种愈来愈不平等的分配,才被认为是非正义的,只有在这个时候,人们才开始从已经过时的事实出发诉诸所谓永恒正义"③。这就是说,资产阶级所谓的"永恒正义",也只是具体的、历史的。按照马克思主义的经济公正观,每当新的生产孕育成长并成为不可阻挡的力量时,就宣布了旧有生产关系、社会制度的非正义性,故每一个企图代替统治阶级的阶级,也总是把他们的思想"描绘成唯一合理的、有普遍意义的思想"④,从而确立起与生产力发展水平相适应的公正的社会制度。但由于社会阶级利益关系的对立性,即使是当时为了社会的普遍权利而要求普遍统治,但统治者仍在根本上代表统治阶级的利益和要求,因而难免从新制度确立那天起,就在公正中埋下不公正的火种,并随着生产关系,逐渐成为生产力发展的束缚乃至桎梏,新的公正思想、要求和呼声也日益高涨,直至新制度为更高级的社会制度所取代。所以恩格斯指出,资产阶级的平等要求也有无产阶级的平等要求伴随着。只有在消灭了阶级剥削和对立的社会主义制度下,生产交易、社会制度、法律形式才能自觉地与生产方式相适应,公正原则才获得充分、现实的体现。

五　对经济形式公正的超越:实质公正

马克思恩格斯在对现实的资本主义生产关系的深刻剖析中,从资本主义的私有制出发,揭露了资产阶级经济公正的狭隘性,指出资产阶级的正义只是形

---

① 《马克思恩格斯全集》第20卷,人民出版社1971年版,第670页。
② 《马克思恩格斯全集》第18卷,人民出版社1964年版,第310页。
③ 《马克思恩格斯全集》第20卷,人民出版社1971年版,第163页。
④ 马克思:《德意志意识形态》,人民出版社1961年版,第44页。

式上的,而在实质上是不正义的。马克思指出:"劳动力的买和卖是在流通领域或商品交换领域的界限以内进行的,这个领域确实是天赋人权的真正乐园。那里占统治地位的是自由、平等、所有权和边沁。自由!因为商品例如劳动力的买者和卖者,只取决于自己的自由意志。他们是作为自由的、在法律上平等的人缔结契约的。契约是他们的意志借以得到共同的法律表现的最后结果。平等!因为他们彼此只是作为商品占有者发生关系,用等价物交换等价物。所有权!因为他们都只支配自己的东西。边沁!因为双方都只顾自己。"①然而,这一切都发生在流通或交换领域,一旦进入生产领域,我们可以看到,在这些过程中个人之间表面上的平等和自由就消失了。这是因为,劳动力的不断买卖是形式。其内容则是,资本家用他总是不付等价物而占有的别人的已经物化的劳动的一部分,来不断换取更大量的别人的活劳动;所有权对于资本家来说,表现为占有别人无酬劳动或产品的权利,而对于工人来说,则表现为不能占有自己的产品。商品生产所有权规律向占有别人无酬劳动的规律转化,充分表明资本主义经济制度是形式上正义而实质上是不正义的。因此,恩格斯说:"这样一来,有产阶级胡说现代社会制度盛行公道、正义、权利平等、义务平等和利益普遍和谐这一类虚伪的空话,就失去了最后的立足之地,而现代资产阶级社会就像以前的各种社会一样真相大白:它也是微不足道的并且不断缩减的少数人剥削绝大多数人的庞大机构。"②

马克思、恩格斯在揭露资产阶级经济公正本质的同时,也批判了空想社会主义者的经济公正的伦理主义倾向。恩格斯在《反杜林论》中指出:空想社会主义者有一个共同点,"他们都不是作为当时已经历史地产生的无产阶级的利益的代表出现的。他们和启蒙学者一样,并不是想解放某一个阶级,而是想解放全人类。他们和启蒙学者一样,想建立理性和永恒正义的王国;但是他们的王国和启蒙学者的王国是有天壤之别的……对所有这些人来说,社会主义是绝对真理、理性和正义的表现,只要把它发现出来,它就能用自己的力量征服世

---

① 《马克思恩格斯选集》第 2 卷,人民出版社 1995 年版,第 176 页。
② 《马克思恩格斯选集》第 3 卷,人民出版社 1995 年版,第 338 页。

界";针对空想社会主义者正义观的道德说教倾向,恩格斯紧接着强调:"为了使社会主义变为科学,就必须首先把它置于现实的基础之上。"①类似的思想,马克思也有过表述:"'正义'、'人道'、'自由'等等可以一千次地提出这种或那种要求,但是,如果某种事情无法实现,那它实际上就不会发生,因此无论如何它只能是一种'虚无缥缈的幻想'。"②这里,马克思、恩格斯与空想社会主义者的道德说教倾向划清了界限,从而避免了在公正问题上的伦理主义批判倾向。

为了实现真正的经济公正,马克思恩格斯认为必须超越资本主义形式公正,从形式正义进入到实质正义。③ 按照罗尔斯的观点,形式正义是指对法律和制度的公正和一贯的执行,而不管它们的实质原则是什么,即要求在执行法律和制度时,应平等地适用于属于它们所规定的各种各样的人;实质正义则是指制度本身的正义,它取决于社会基本结构所根据的原则。马克思在对资本主义正义原则的批判中,严格地区分了形式正义与实质正义。应当说,马克思并不一般地反对形式正义。他曾充分肯定资产阶级法权的历史进步意义,甚至认为在共产主义社会的第一阶段——社会主义社会实行的按劳分配中,"平等的权利按照原则仍然是资产阶级权利"④,并强调近代西方法制这种形式正义对于人的自由平等权利的保障作用。马克思指出,自由的确是法的属性的重要组成部分,"法律不是压制自由的手段,正如重力定律不是阻止运动的手段一样"⑤,"恰恰相反,法律是肯定的、明确的、普遍的规范,在这些规范中自由的存在具有普遍的、理论的、不取决于个别人的任性的性质。法典就是人民自由的圣经"⑥。然而,资本主义的社会经济结构从本质上讲具有双重性:一方面,在政治制度和法律制度上提供了广泛的权利分配,公开宣布所有公民一律平等;另一方面,在经济制度上却是生产资料私有制,并由市场来决定收入分配,由此

---

① 《马克思恩格斯选集》第3卷,人民出版社1995年版,第351~358页。

② 《马克思恩格斯全集》第6卷,人民出版社1961年版,第325页。

③ 参见何建华:《经济正义论》,上海人民出版社2004年版,第110页。

④ 《马克思恩格斯选集》第3卷,人民出版社1995年版,第304页。

⑤ 《马克思恩格斯全集》第1卷,人民出版社1956年版,第71页。

⑥ 同上。

导致人民生活和物质福利上的悬殊差别。① 这种平等权利和不平等收入的混合结果,造成了资本主义形式正义和实质正义之间的紧张关系。在马克思看来,资产阶级所主张的正义至多是一种形式正义或者说是一种程序性正义,而不是规则本身的正义即实质正义。他的着重点是批判资本主义制度实质上的不正义及由此招致的形式正义的无效性。当资本主义法律和制度用来维护剥削的时候,此时的形式正义常常被当做实质不正义得以肆虐的借口。马克思的经济正义思想使人们对正义的认识由形式正义(程序正义)进到实质正义。

马克思的正义思想使西方正义观念发生了重大的变革。在西方思想史上,正义概念一直在理性评价社会制度的理论中占有重要地位。一般认为正义是任何社会制度都可以有的美德,而非正义是任何社会制度最严重的弊端。从根本上说,正义是一个法的概念或法律概念,是一个与法律和据此法律享有的权利相联系的概念。权利概念和正义概念是从法的角度判断法律、社会制度和人类行为的最高理性标准。自柏拉图时代以来,理想的社会,一直被构想为理想的国家;而社会实践,在其最高形式上,一直被称为是一个国家通过制定法律,或由明智的政府调整公民行为的娴熟运作。在马克思看来,正义作为法的关系的形式正像国家的形式一样,既不能从它们本身来理解,也不能从所谓人类精神的一般发展来理解;相反它们根源于物质生活关系,这种物质生活关系的总和黑格尔概括为"市民社会"。在马克思看来,社会制度包括法律制度和政治制度,都是生产活动的反映,宗教、家庭、国家、法律、道德、科学、艺术等,都仅仅是特定的生产方式的反映并受这种生产方式的一般规律的制约。马克思是从正义在特定生产方式中的功能来看待正义概念的。在他看来,法律制度和思想的真正合理性只能从两者都参与并解释的历史的生产方式这个角度来理解。判断社会制度是正义还是非正义,取决于对现存的生产方式作为一个整体的具体了解,和对这个整体与涉及的制度的关系的理解。正义不是抽象的人类理性衡量人类行为、制度或其他社会因

---

① 　[美]阿瑟·奥肯:《平等与效率》,华夏出版社1999年版,第1页。

素的标准。它不过是每种生产方式衡量自身的标准。它仅仅是具体的生产方式背景下的人类思想体现的标准。因此，没有适用于任一和所有社会形式的"自然正义"的一般规则或诫令。正义不取决于人类行为与利益的普遍一致性，而取决于特定条件下的生产方式中的具体要求。从具体的历史环境中抽象出来的所有形式上的正义哲学原则都是空洞的和无用的；它们用于这样的历史环境时，是误导的和扭曲的。行为和制度的正义取决于特定的生产方式和成为其一部分的特定制度。如果一种生产方式以一个阶级对另一个阶级的剥削为基础，那么在这种生产方式下的正义制度总的来说，是以牺牲被压迫者利益的代价满足压迫者的需要。因此，一切法的形式和正义原则，仅在它们用于特定的生产方式中才是有意义的；仅在它们的内容和所应用的行为自然来自于这种生产方式，并与这种生产方式具体地相适应，它们才能保持理性的有效。制度正义不创造，也不能创造一种新的生产方式，只能与现有的生产关系相一致，其功能在于维护社会秩序，保持社会安定，也就是维持现有的生产方式。马克思的经济正义理论为人们思考正义问题提供了一种全新思维方式。马克思主义自创立以来，就是西方自由主义的最强有力的对手，其理论与实践的威力使自由主义思潮在20世纪上半叶陷入衰颓状态，仅限于全力进行自我辩护。

六　实现经济公正的根本途径：生产资料公有制度

马克思恩格斯超越资产阶级经济公正观的狭隘视野和空想社会主义者经济公正观的道德化倾向，找到了一条能够实现真正的经济公正的现实途径，即建立生产资料公有制。

恩格斯在《反杜林论》中曾说："一切社会变迁和政治变革的终极原因，不应当到人们的头脑中，到人们对永恒的真理和正义的日益增进的认识中去寻找，而应当到生产方式和交换方式的变更中去寻找；不应当到有关的时代的哲学中去寻找，而应当到有关时代的经济中去寻找。对现存社会制度的不合理性和不公平、对'理性化为无稽，幸福变成苦痛'的日益觉醒的认识，只是一种征兆，表示在生产方法和交换形式中已经不知不觉地发生了变化,适合于早先的经济条件的社会制度已经不再同这些变化相适应了。同时这还说明,用来消除已经发现的弊病的手段,也必然以或多或少发展了的形式存在于已经发生变化的生产关系本身中。这些手段不应当从头脑中发明出来,而应当通过头脑从生产的现成物质事实中发现出来。"①这就是说,必须从现实的生产力和生产关系之间的矛盾冲突中寻找实现社会主义制度正义的终极原因和现实手段。也正因为如此,当马克思恩格斯谈到人的解放时明确指出:"当人们还不能使自己的吃喝住穿在质和量方面得到充分保证的时候,人们就根本不能获得解放。'解放'是一种历史活动,不是思想活动,'解放'是由历史的关系,是由工业状况、商业状况、农业状况、交往状况促成的。"②

为了找到经济公正的出路,马克思从黑格尔和费尔巴哈那里借用"异化"这个概念,又赋予其崭新含义。并用此概念从对象——商品、货币和资本的角度出发,对资本主义社会的本质做出诊断,并且还从造成这些对象的人的行为——生产劳动出发,对资本主义社会做出了更深层次的分析与批判。③ 马克思认为,首先,异化借以实现自己的手段是实践,"通过异化劳动,人不仅生产出他对作为异己的、敌对的力量的生产对象和生产行为的关系,而且还生产出他人对他的生产和他的产品的关系,以及他对这些他人的关系"④。马克思之所以强调异化的实践特征,是为了使人们认识到,异化并不是日常生活中的空幻的精神氛围,而是支配着日常生活的现实的力量和关系。正是通过对异化劳动的深入分析,马克思揭示出蕴涵着异化的四种基本的、现实的表现形式:劳动产品的异化、劳动过程的异化、人的本质的异化以及人与人之间关系的异化。其次,异化及其表现形式的普遍性,马克思指出:"异化既表现为我的生活资料属于别人,我所希望的东西是我不能得到的、别人的所有物;也表现为每个事物本身都是不同于它本身的另一个东西,我的活动是另一个东西,而最后,——这

① 《马克思恩格斯选集》第3卷,人民出版社1995年版,第617~618页。
② 《马克思恩格斯选集》第1卷,人民出版社1995年版,第74页。
③ 文小勇:《马克思对资产阶级正义形态的经济批判》,载《岭南学刊》2006年第2期。
④ 马克思:《1844年经济学哲学手稿》,人民出版社2000年版,第60~61页。

也适用于资本家，——则表现为一种非人的力量统治一切。"①在这里，马克思不仅对异化的一般含义做了明确解释，而且也肯定了资本家也处于异化之中。这就意味着异化对全体社会成员的那种普遍性所在。随后马克思进一步明确地指出："有产阶级和无产阶级同是人的自我异化。"②差异在于，无产阶级在异化中感到自己的无力和非人存在的现实；而有产阶级则感到自己的强大和满足。再次，异化在资本主义社会中往往与物化伴生而存，马克思并不是一般地反对物化，在他看来，任何生产劳动都是把人的精力、人的劳动、人的思想等物化在对象或产品中；他反对的只是以异化的方式表现出来的物化，这种物化"在于巨大的物的权力不归工人所有，而归人格化的生产条件即资本所有，这种物的权力把社会劳动本身当作自身的一个要素而置于同自己相对立的地位"③。尽管马克思对蕴涵在资本社会中的异化现象的普遍性和严重性做了充分的论证，但他认为，异化现象是可以被扬弃的。因为，在分工的基础上逐步形成起来的异化劳动是积累私有财产的直接原因，同时，私有财产又是异化劳动得以延续和强化的基础。正是在这个意义上，马克思指出："私有财产的积极的扬弃，作为对人的生命的占有，是一切异化的积极的扬弃，从而是人从宗教、家庭、国家等等向自己的人的即社会的存在的复归。"④众所周知，成熟时期的马克思仍然继续使用着异化这一概念，但其早期倡导的"扬弃异化"的口号已经被成熟时期的"剥夺剥夺者"的政治革命时代的正义口号所代替。

综上所述，马克思对资产阶级正义形态经济批判的结论在于：生产资料公有制的建立是实现经济公正的经济基础。《资本论》把资产阶级正义同资本主义生产方式直接联系起来，既指出了流通领域是"天赋人权"的天堂，又从生产领域阐明了资产阶级正义只是资本的特权，从而深刻揭露了资产阶级正义的虚伪性和欺骗性。资产阶级通过宪法在法律上、政治上"人人平等"并享有"天赋

---

① 《马克思恩格斯全集》第 42 卷，人民出版社 1979 年版，第 141 页。
② 《马克思恩格斯全集》第 2 卷，人民出版社 1957 年版，第 44 页。
③ 《马克思恩格斯全集》第 46 卷（下册），人民出版社 1980 年版，第 360 页。
④ 《马克思恩格斯全集》第 42 卷，人民出版社 1979 年版，第 121 页。

权利",在马克思看来,只要私有制和雇佣制仍然存在,资产阶级正义就只能是虚假的。因为"平等应当不仅是表面的,不仅在国家的领域中的实行,它还应当是实际的,还应当在社会的、经济的领域中实行"①。因此,只有在经济上消灭私有制,消灭剥削,消灭不平等的经济基础,建立生产资料公有制,才是实现社会公正的根本出路。

---

① 《马克思恩格斯选集》第 3 卷,人民出版社 1995 年版,第 448 页。

第四章　经济公正范畴论

范畴,即基本概念,是人们的意识反映和揭示外部世界本质联系的最基本的逻辑单位,理性科学的最基本的构成单位就是范畴。由于经济公正的内涵体现在经济制度、经济活动和经济主体的行为选择中,经济公正也就相应地包括经济制度的公正、经济活动中的机会平等以及关系到全体社会成员生存和发展的社会调剂等范畴。对这三大范畴的探讨,可以进一步深化对经济公正本质的理解,为正确认识中国现阶段经济公正状况提供一个基础性的分析框架。

第一节　经济制度公正

现代经济发展越来越依赖于各种制度安排和规则制定。但在过去相当长的时间里,经济发展理论却一直疏于对制度因素的分析,"传统的经济增长理论没有涉及经济发展问题中重要的、真正具有本质性的方面,特别是没有涉及实现自由、经济繁荣和安全的制度发展"①,以至于这一现象被具有现实穿透力的经济学家称之为是现代"经济理论危机"的主要原因之一。应该说这一见地是深刻的,因为经济活动不可能在社会真空中自我运转,它是在和社会诸多因素的互动中进行的,其中的制度因素无疑对经济生活和经济活动具有重大的影响。正因为制度在社会生活中具有基础性的意义,有的经济学家甚至认为制度安排的不同是造成一国经济发展水平差异乃至国家兴衰的主要原因。而制度

---

① ［德］柯武刚、史漫飞:《制度经济学:社会秩序与公正政策》,商务印书馆 2000 年版,序言,第 3 页。

经济学派的兴起和繁荣从另一个方面说明了制度在经济生活中扮演着愈益重要的作用。同时,经济制度在经济生活中的地位也是根本性的。这说明认真研究经济制度及其公正维度,对于提高经济效率,促进社会进步和人的自由全面发展极具理论意义和现实价值。

一　经济制度的理论模型

"制度"这一话题古老而又永恒。古老是因为制度几乎是与人类社会相伴而生的,永恒是因为制度是不断发展变迁,推陈出新的。对于制度,我国古人很早就有论述。《商君书》记载:"凡将立国,制度不可不察也,治法不可不慎也,国务不可不谨也,事本不可不传也。制度时则国俗可化而民从制;治法明,则官无邪;国务壹,则民应用;事本转,则民喜农而乐战。"又如《礼记·礼运》中有云:"故天子有田以处其子孙,诸侯有国以处其子孙,大夫有采以处其子孙,是谓制度。"由此可见,古人所谓的"制度"就包含有今天的规则和规章之意,同今天我们对制度的理解很接近了。

在西方经济思想史上,对制度问题首先进行深入研究的当推制度学派的创始人凡勃伦,其著作《有闲阶级论》对制度做了较深入的研究,他在该书中认为制度不是组织结构,而是大多数人所共有的一些固定的思维习惯、行为准则以及权力与财产原则,并认为制度的性质是对环境引起的刺激发生反应的一种习惯方式,因而制度随环境的变化而变化,制度的发展也就是社会的发展,所以他指出,"制度实质上就是个人或社会对有关的某些关系或某些作用的一般思想习惯"[1]。而制度经济学派的另一位代表人物康芒斯则认为,制度是一个意义不确定的范畴,但如果非要我们找出一种普遍的原则以适用于一切所谓属于制度的行为,那么可以将制度解释为"集体行动控制个体行动",而集体行动的种类和范围既包括无组织的习俗,又包括诸如家庭、公司和工会等有组织的机构,集体行动对个体行为的控制目的在于对其他个人的有益。[2] 新制度经济学的

---

[1]　凡勃伦:《有闲阶级论》,商务印书馆1983年版,第139页。
[2]　康芒斯:《制度经济学》(上),商务印书馆1962年版,第87页。

代表人物之一的诺思认为，"制度是一系列被制定出来的规则、守法程序和行为的道德伦理规范，它旨在约束追求主体福利或效用最大化利益的个人行为"[1]。这就是说诺思把制度看做是一个社会的游戏规则，是为了确立人们之间的恰当关系而设定的一些规则，以此用来制约人们的行为。

诺思运用对策论来说明制度的本质可以得到最为简洁的概述。诺思选用了一个经典的对策论分析框架，即"囚犯的困境"模型。该模型假设甲、乙两个嫌疑犯被抓获并被分别关押，他们面临的选择或是认罪或是保持沉默。同时，每个人都明白他的每种选择的可能后果。具体情况如下表所示：

囚犯甲＼囚犯乙	合作	不合作
合作	(1,1)	(20,0)
不合作	(0,20)	(5,5)

表中数字指刑期月数，"合作"指的是两个订立攻守同盟，均拒不交代，由此法官因证据不足只能轻判。而"不合作"意味着坦白揭发，则坦白者开释，另一方重判。显然，两个人合作时的平均收益优于不合作时的平均收益（表现为前者刑期较短）。所谓"囚犯困境"是指如果两人之间不能相互通信（即不能达成相互信任和攻守同盟），并且对策仅为一次性的，那么，他们自发的选择结果将是互不合作（各判 5 个月），而不是互相合作（各判 1 个月）。要知道，对策双方都是有理性的，在对最大利益（开释）的预期与对最大风险（被判 20 个月）的预期的比较之下，不合作策略牢牢地压倒了合作策论。但是，每个人选择其"最佳"的个人策略的理性活动所达到的均衡并不是集体所期待的最佳结果，亦即每个人都试图趋利避害，最后达到的却是次坏的结果，这是一个令人困惑而又发人深思的问题。[2]

① 诺思：《经济史中的结构与变迁》，上海三联书店 1994 年版，第 225～226 页。

② 参见 Davis, M. 1973, *Game Theory: A Nontechnological Introduction*, Basic Books, Inc。

　　假如两个人的对策不是一次性的,而是多次重复的,那么该模型的性质就会发生变化。安德鲁·斯考特认为:即使在囚犯困境中,如果博弈多次,合作战略照样可以出现,而每个人都有强烈的背叛(非合作)激励的情况只适用于一次性博弈。假定博弈进行的次数无限(或不确定),合作机会就不会没有。因为这时每个参与者都面临下列可能性,即他在眼下这一"回合"的不合作会导致对手的下一回合的不合作。每个参与者都可以通过放弃自己的合作有效地惩罚对手的不合作,用自己的合作来回报对手的合作。当双方合作的利益超过互不合作的利益时,就有了建立和维持一种相互合作局面的激励。经济学家张五常的《卖橘者言》对上述模型做了生动的展述。张五常说,如果卖橘者是个流动摊贩,他与每个买主都可能是一次性交易,那么他就有很大的可能性会短斤少两,夹带一些半生不熟或过熟变质的橘子卖出去,买主也可能乘机多拿几个橘子。如果卖橘者是个杂货店主,他的买主是老主顾,那么卖者多半不会短斤少两,甚至还会在价格上、数量上略微优惠一些,买者也不会乘机多拿几个橘子。原因很简单,卖主如果不诚实,他会失去老主顾;买主如果不诚实,他会失去卖主的信任和优惠待遇,不得不另觅卖主。不论对谁而言,潜在的损失都比一次性获利要大得多。

　　当然,"囚犯困境"是个简化的理论模型,不可能全面反映现实世界复杂程度和认知难度,而且没有具体分析个人的目的及影响其形成的因素。但是,"囚犯困境"模型毕竟抽象地概括了人与人之间的社会经济关系中某些实质性的东西。塔洛克指出,"囚犯困境"的状况并非像通常所说的那样是一个特例或不现实的情形;相反,它适用于许多基本的经济交易活动。[①]

　　透过上述理论模型,新制度主义者关于制度的缘起与本质的核心思想如下:只要人们总是不断地反复地发生交易和其他经济关系(即对策论所说的"超级对策"),制度的产生就是必然的。因为在复杂的经济生活中,无论是逐步发展还是有意识的设计,制度都可以给当事人提供可用来形成预期的关于其

---

　　① Tullock, G. 1985, "Adam Smith and the Prisoners' Dilemma", *Quarterly Journal of Economics*, 100, Supplement.

他人未来行为的丰富的信息,所以,"当对策被反复地进行时,对策者必然可以发展出社会公认的规则、规范、惯例和制度,并一代代地传下去";这些规则、规范,也就是社会制度,"是社会的全体成员都赞同的社会行为中某种带有规则性的东西,这种规则性具体表现在各种特定的重复的情形中,并且能够自行实行或借助某种潜在权威来实行"。① 因此,诺思明确指出:"制度提供框架,人类得以在里面相互影响。制度确立合作与竞争的关系,这些关系构成一个社会,或者更确切地说,构成一种经济秩序……制度是一整套规则,应遵循的要求和合乎伦理道德的行为规范,用以约束个人的行为。"②

在政治学、社会学中,"制度"的含义又有所不同:它既包含"机构"的意思,也表示规范化、定型化了的行为方式,且往往这两个方面交织在一起。③ 从经济伦理学的角度,对制度如下理解:制度是指通过各种重复的社会交往活动而形成、发展的,反映、界定人与人、人与社会、人与自然之间关系的,用以规范和引导个人行为的,借助某种权威力量或自行实施的,社会公认的规范与规则。

经济制度就是关于人们在经济生活中有关经济活动和经济行为的规则,它用来规范和调整人们之间的经济关系和经济利益,它的形成源于经济活动中规范、约束、协调人与人之间的经济利益关系之需要。然而,在对经济制度的具体内涵的理解中,人们之间也存在着相当的差异。如瑞典经济学家阿沙·林德贝克把经济制度定义为:"一种经济制度就是在一个既定的地理区域内,有关制定和实施生产、收入与消费决策的一套机制和组织机构。"④格鲁奇则认为:"经济制度是各个参加者的组织的发展的复合体,这些参加者是同分配稀缺资源以满足个人和集体需要有关的。"⑤而丹尼尔·W. 布罗姆利认为经济制度是用来界定独立的经济行为者在现状中的选择领域,界定个体间的关系以及指明谁对谁能干什么;由于制度界定个体和集团的选择集,所以处于选择和行为的核心

① Schotter, A. 1980, *The Economic Theory of Social Institutions*, Cambridge University Press.
② 道格拉斯·C. 诺思:《经济史中的结构与变迁》,上海三联书店 1991 年版,第 2 页。
③ 参见《布莱克维尔政治学百科全书》,中国政法大学出版社 1992 年版,第 359 页。
④ 保罗·R. 格雷戈里、罗伯特·C. 斯图尔特:《比较制度经济学》,知识出版社 1988 年版,第 6 页。
⑤ 阿兰·C. 格鲁奇:《比较经济制度》,中国社会科学出版社 1985 年版,第 14 页。

地位。① 我国传统的政治经济学对经济制度的通常理解是:人类社会发展一定阶段上占统治地位的生产关系的总和,也就是人们在一定阶段的物质资料的生产、分配、交换和消费中所结成的相互关系的总和。

那么什么是经济制度呢?

经济制度的含义作如下理解:经济制度是指通过各种重复的经济交往活动而形成、发展的,界定人与人、人与社会之间经济利益关系的,用以规范和引导个人经济行为的,借助某种权威力量或自行实施的,社会公认的规范与规则。它旨在通过设定人们之间的相互经济关系来满足主体的最大化目标需求,它是制度体系集合中的一个子集合。

经济制度按照形成方式的不同,可分为正式经济制度和非经济正式制度两类。①正式经济制度是人们有意识、有目的地制定的约束人们行为的一系列的正式规章和法规。它包括政治规则、经济规则和契约,以及由这一系列的规则构成的某种关系结构。例如,关于个人基本权利与义务的法律规定;规范人们市场交换行为的经济规则等等。正式经济制度是经济制度的主体内容,它相当于康芒斯当年提出的“工作规则”的概念,即规定“个体必须做或必须不做的事(强制或义务),他们可以做而别的个体不会来干涉的事(准许或自由),他们在集体力量帮助下能够做的事(能力或权力),以及他们不能够预期集体力量为他们利益而做的事(无能或 exposure)”②。丹尼尔·W. 布罗姆利所指的“作为规则和所有权的制度”,即“社会中每一个人得到社会承认和批准的预期集,描述在对社会目的或手段偏好不一致时,用来协调行为的社会制度”③。并且,这类制度一般是由一定的组织和权威机构来保证和监督实行的。本书予以论述的制度,主要就是指这类制度。②非正式经济制度则主要是指风俗习惯、伦理道德、社会信仰等社会行为规范,它一般不依靠社会权威力量强制实行。

---

① 丹尼尔·W. 布罗姆利:《经济利益与经济制度:公共政策的理论基础》,上海三联书店 1996 年版,第 61 页。

② John R. , Commons, 1968, *Legal Foundations of Capitalism*, Madison:University of Wisconsin Press,p. 6.

③ Bromley, Daniel W. , 1978, “Property Rules, Liability Rules, and Environmental Economics”, *Journal of Economics Issues*, 12.

从宏观和微观的角度来看,经济制度可分为两类:一是宏观层次的经济制度,指一系列用以建立生产、交换与分配基础的基本的经济政治规则,如资本主义经济制度与社会主义经济制度,这种意义上的经济制度类似于制度经济学家们所说的"制度环境";二是微观层次的经济制度,指各种各样约束或引导经济行为主体经济行为的具体规则,如环境管理中的经济手段、法律手段等,这种意义上的制度类似于制度经济学家们所说的"制度安排"。本书所指的制度,既包括宏观层次的基本制度,又包括微观意义上的具体制度安排。

二　公正与经济制度公正

根据亚里士多德的研究,公正可以分为如下三个类型:

一是理性公正与政治公正。公正是宇宙中的一种永恒秩序,是人类必须服从的,是最高理性。古希腊哲学家"自然法"中的"自然"解释为宇宙中存在着的一种理性公正和秩序,并从这种理性公正和秩序中引申出自然法观念。理性公正就是自然公平,即绝对公正。在《修辞学》中,亚里士多德说,自然法高于国家法律,当人们按照国家法律无法胜诉时,就应该"诉诸自然法"。古希腊哲人把自然法视为人类行为和社会规范的道德,他们认为私有财产权是最符合人类理性即合乎自然法的。政治公正是一种普遍公正。亚里士多德在《伦理学》中对"政治公正"做了分析,他指出,在政治公正中,一部分是自然的,一部分是法律的。自然是指在每个地方都具有相同的效力,它并不依赖于人们这样或那样的想法而存在;而法律的意味着由起初既可以这样,又可以那样。

二是实质公正与形式公正。实质公正指社会财富、资源、权利与责任分配的合理性、公正性。形式公正或抽象公正主要是一种行动原则,它强调"凡属于同一范畴的人或事应予一样看待",强调程序公正,只管制度的实现,而不管制度本身是否公正。形式公正,又可称为"正规性的公正",即指"法治"。形式公正强调对所有人平等地执行法律的制度,但对法律制度本身的公正状况却不予关注,这也就意味着形式公正所强调的法律和制度本身可能是非公正的。

三是个人公正与社会公正。所谓个人公正,就是要求每个公民根据上天所赋予的品质,做好分内的工作。在等级制社会体系中严格践行自己的社会角色,各安其分,各尽其责,各得其所。城邦公正首先要求担任国王者必须是智能的化身,其次在统治者和城邦卫者中实行财产和家庭共有制。只有按这种正确分工,才能造成社会的协调与和谐。实际上个人公正是古希腊奴隶社会理想政治的核心。现代以罗尔斯为代表的一些学者继承、发展了亚里士多德关于"公正"的这一分类。罗尔斯阐释道:"社会公正"是社会制度的公正,主要是社会基本结构问题,"个人公正"是用于个人及其特殊环境中行动的原则,二者不得混淆。罗尔斯认为,社会平等原则,即社会基本自由平等分配是公正的前提条件;社会制度的平等原则决定个人的道德原则,决定个人合理地承担义务;社会制度是否合乎公正具有决定性作用。

按照罗尔斯的观点,个人公正是以个人为行为主体的公正,是个人所进行的等利(害)对应关系,如甲对乙以德报德等;而社会公正则是以社会为行为主体的公正,是社会所进行的等利(害)对应关系,如司法公正、制度公正等。社会公正与个人公正是一种既统一又对立的辩证关系。一方面社会公正与个人公正是统一的,社会公正不可能离开个人公正而单独存在,它需要由个人公正来体现;没有组成社会的各个成员的个人公正,也就无所谓社会公正。另一方面,个人公正与社会公正有时又是相互对立的;社会不是个人的简单的相加,而是按照一定的方式(生产方式)结合起来的人们之间的社会关系总和所构成的有机整体,因此,社会公正与个人公正就具有不同的性质和特点。一般说来,涉及权利与义务分配的社会公正状况是个人公正的基础。社会公正是作为社会有机体发挥其职能的需要,它体现着社会发展的根本要求,具有长远和全局的性质。与此相比,个人公正只具有暂时和局部的性质。因而,个人公正与社会公正两者之间有时会出现矛盾。例如,从个人公正的角度看,个人付出的劳动和做出的贡献在任何时候都应按等量对应的关系获得报酬;但是,从社会公正的角度看,当个人可以得到的收入超过一定量时,就必须以税收的形式从中使出平分来发展公共事业、资助贫困者,保障他们最基本的经济权利,使整个社会得以稳定和谐。这样看来,社会公正较之个人公正,与整个社会的存在和运转更加密切相关。从这个角度讲,社会公正比个人公正更加至关重要。而制度公正正是社会公正的一个重要部分。

那么什么是经济制度公正呢？所谓经济制度公正，是指制度本身所蕴涵的，并渗透于制度制定、执行、监督等环节的，保障利益主体建立在等利（害）对应关系上的所得或所付、权利或义务的一种价值或精神。[①] 经济制度公正是一种实质公正、社会公正。它是体现在制度中的理性公正精神。经济制度公正包括两层意思：一层是"经济制度公正理想"，另一层是"经济制度公正现实"。"经济制度公正理想"是一种社会理想和社会价值，它反映着不同时代、不同社会的人们对经济制度的价值取向存在和发展趋势的认识和追求，引导着社会经济制度体系的变迁；"经济制度公正现实"是一种法律和道德现实，它通过法律、制度的规定和人们的道德维护来为人的经济制度公正理想的实现创造现实的条件。经济制度公正理想和经济制度公正现实虽然不同，两者却有着紧密的内在的联系：经济制度公正理想作为未来的目标，始终对经济制度公正现实有着规范和引导作用；经济制度公正现实则体现着经济制度公正理想，表现为经济制度公正理想的有限性、相对性与逐步的实现。

经济制度本身是历史的、不断发展变化的，不同的社会历史时期会具有不同的经济制度。一定社会的经济制度总是同一定社会历史时期的社会政治、经济状况相适应的。不同历史时期的经济制度中，蕴涵着不同的利益倾向和价值取向。关于这一点，恩格斯曾明确地指出，谁想把火地岛的政治经济学与现代英国的政治经济学置于同一规律之下，只能是陈腐的老生常谈，显然不能揭示出任何东西来。人类的物质生产方式和社会经济制度是历史地变化的，人类包括道德在内的精神生产也是相应地发展变化的。马克思指出："要研究精神生产和物质生产之间的联系，首先必须把这种物质生产本身不是当作一般范畴来考察，而是从一定的历史的形式来考察。"[②]

这样看来，对于经济制度和经济制度公正，我们都要用历史的方法来分析，把它们都归于历史的范畴。这也就是说，在不同的社会历史时期与生产力发展阶段会有不同的社会与经济制度，在不同的阶级社会，会有不同的经济制度公

① 参见陈泽亚：《"经济人"与经济制度正义探析》，湖南师范大学博士论文，2002 年。
② 《马克思恩格斯全集》第 26 卷（Ⅰ），人民出版社 1972 年版，第 296 页。

正观和经济制度公正原则,它们总是为维护一定历史时期的统治阶级利益服务的。例如,在奴隶社会中,奴隶经济制度被认为是公正的。在奴隶制度下,奴隶主只要在奴隶市场上花钱购买了奴隶,他对奴隶的任意使唤、剥削甚至鞭打都被认为是公正的;在封建社会中,封建经济制度被认为是公正的。在封建经济制度下,地主要求农民缴纳高得出奇的地租也被认为是公正的。

一定社会的各项正式经济制度的设定离不开社会的价值因素和文化背景。① 也就是说,一种经济制度必然蕴涵着一定的伦理原则和价值取向。任何一种经济制度都不是刚性的条条框框而与价值无涉,相反,经济制度是人们的经济价值理念和经济理论的物质载体,是观念和理论的物质表现形态,它承载着经济活动主体的理性和价值追求。正是在这个意义上,A. B. 阿瑟在 1995 年的《复杂》中指出,一个经济固然是由技术、行为、市场、金融机构和工厂构成的,它们都是实在的和有形的,但是在这些事物的背后,在亚微粒子层面上,即引导它们又被它们引导的是信念,这些信念合起来形成着一个经济的整体,它们是经济的 DNA。② 这说明经济制度背后蕴涵着人类的经济理性和价值信念。经济制度公正,正是从价值层面上对经济制度是否具有公正性的哲学反思;是对社会成员有关经济利益的权利与义务关系方面,在制度安排上是否合乎公正的价值审视。

三　经济制度公正的表现形式

经济制度公正,是人们对应当建立什么样的经济制度与经济制度应该如何发挥其作用的道德关注和伦理思想。也就是说,经济制度公正主要表现在经济制度公正是经济制度本身的公正和经济制度运行的公正两个方面。③

1. 经济制度本身的公正

经济制度本身的公正即经济制度的合理性,指对经济制度公正性的考虑。

① 参见毛勒堂:《经济正义:经济生活世界的意义追问》,复旦大学博士论文,2004 年,第 67 页。
② 参见[德]柯武刚、史漫飞:《制度经济学:社会秩序与公正政策》,商务印书馆 2000 年版,序言,第 3 页。
③ 参见彭定光:《论制度公正的两个层次》,载《道德与文明》2002 年第 1 期。

它是指经济制度在建立时是否具有公正的根据,是否被赋予了公正的属性,也就是经济制度在建立和安排时必须有公正性这一要求的考虑,必须具有道德上的合理性和公正性。经济制度设计和安排不能离开一定的公正观基础。公正因为具有历史性和时代性,在不同的社会,公正有不同的含义和性质,形成的公正观自然也因社会不同而各异。恩格斯就曾指出:"希腊人和罗马人的公平观认为奴隶制度是公平的;1789年资产阶级的公平观则要求废除被宣布为不公平的封建制度。所以,关于永恒公平的观点不仅是因时因地而变,甚至也因人而异。"①由于公正观的基础不同,建立在不同公正观基础上的制度,其性质和内容也就有着根本的区别。就此而言,并非所有的制度在任何社会都具有道德上的合理性和公正性。比如说国家制度,在阶级社会是剥削制度、专制制度,到了社会主义社会,则成为一种为人民的利益服务的制度,"是把人的世界和人的关系还给人自己的制度"②。虽然不同的公正观产生了不同的经济制度设计,但从社会发展和社会秩序意义上衡量,经济制度由之建立的合理的正确的公正观,必定是既合规律性又合目的性、正确解决个人与社会整体之间关系的以维护人类社会存在发展为根本内容的公正观。

经济制度的基本功能在于约束和规范人们的经济行为,经济制度的设立和创制往往是为经济健康发展服务的。人们在围绕经济发展创立经济制度时,就已暗含着对经济制度是否合理或公正的伦理考虑,因而一定的经济制度本身就包含和体现某种公正原则。处于转型加速期的社会大背景下,经济制度作为一种以强制性为特征的社会整合手段,在经济秩序维持上弥补了传统道德的局限性,更能合理而有效地整合各种经济失范行为。正是基于此,经济制度的伦理功能才显得愈益重要。经济制度要合理而有效地整合各种经济失范行为,其本身就必须是合理的。

决定经济制度本身是否公正的因素有两个:一是经济制度符合人类活动根本目的(解决人类自身的生存与发展)的程序,二是符合绝大多数人利益的程

①　《马克思恩格斯全集》第18卷,人民出版社1964年版,第310页。

②　彭定光:《论制度公正的两个层次》,载《道德与文明》2002年第1期。

度。经济制度是人在经济交往实践中形成的用于调控生产、生活和利益的规则体系,这种规则体系要求人们在利益分配原则上必须坚持公正而合理的原则。因此,公正成为所有关于人们的社会关系的经济制度的价值取向。可以说,合理、公正的社会经济制度能够给社会成员实现人生理想和生活目标提供公正的条件,并对每一个社会成员的生活发生持久而深远的影响。经济制度对权利、义务、利益的分配是否公正,决定了人们的生存与发展所能达到的程度。因而,经济制度本身的公正就成为治理社会的根本道德原则和根本大法。这种公正性最鲜明地体现在经济制度设计和安排,不仅要符合生产发展规律还要符合需要发展规律,既要符合人类活动的根本目的,又要符合绝大多数人的利益。

2. 经济制度运行的公正

设立和创制经济制度并不是社会的最终目标。相反,经济制度建立后必须付诸实践,转化为现实的社会能力,真正投入社会运行和运作,才是经济制度实现的最终目的。因而在社会领域内,经济制度本身仅仅具有公正性是不够的。公正的观念和原则必须转化为实现力量才有意义,生命和权利必须有切实的基本经济制度作为保障才不会流为空谈。因此涉及经济制度公正的第二个方面——经济制度运行的公正。

经济制度的运行是为了实行经济制度设立时就已具有的公正原则。但经济制度本身的公正原则只是一种道德理想,它是人们不安于经济制度现状,力求超越现实经济制度的限制,期求一种新的更合理更美好的经济制度的价值目标。在现实的社会当中,经济制度的公正原则与经济制度的实际运行往往存在着明显差距。其原因在于:第一,自从人类社会产生以后,资源的稀缺性是造成各种利益冲突的根本原因。为了解决这种利益冲突,人类需要一种利益制约机制,这种利益制约机制就是符合公正原则的经济制度安排。经济制度安排受制于一定社会的物质生活条件,因而实现经济制度的公正就必须要有足够的物质资源做基础,但很显然,迄今为止任何一个社会都无法达到完全满足这一条件的程度。第二,一种经济制度体系的公正原则,必须得到大多数社会成员在价值观念上的认可和支持,才能维系经济制度体系得以正常运行。但社会成员对这种认同与接受有一个过程,这种过程必定不可能完全符合社会成员所确立的公正原则的理想期望。正是因为这些原因,要想具体发挥经济制度的作用必须解决经济制度的实现途径问题。

公正原则是基于一定利益考虑的价值准则,国家和法制体系是其经济制度形态,行为原则和规范是其实践形态,因而经济制度运行的公正的实现依靠的是"制度、国家权力、法律的强制力,也靠道德的说服力和感召力。法律和道德相结合,产生的良法是实现公正的基础,自觉遵守法律和道德的公民文化是实现公正的环境"①。

经济制度运行公正的主要表现:①坚持法律的公正理念。道德是对原初的利益关系进行道德调整形成的应有的权利和义务,合法化则是在此基础上的再一次调整,从而形成法定的权利和义务。法律和道德相结合,产生法律的公正理念,也就是法律的道德性,既而产生公正观念的原则,诸如合理性原则与民主原则。合理性原则是针对人类社会活动的目的提出来的,它要求合目的性与合规律性的统一。民主原则是就经济制度安排一定要符合绝大多数人利益而言的,是要求制定法律的国家权力机关必须平等关怀所有社会成员的应有权利,遵循公正原则、公正理念来进行工作,不能有丝毫的偏私。遵循法律的公正理念建立起来的良法是保证经济制度运行的公正的基础,而贯彻法律公正理念的一系列法律制度和措施是公正原则实现的有效保证。法律制度规范以强制力的形式设立一定的奖惩措施,针对不同情况实施不同的赏善罚恶,这既是坚持制度的权威性与不可违背性的需要,也是经济制度运行的公正得以实现的保证。②坚持经济制度伦理下的公民道德建设。经济制度伦理着重于提供外部的约束,但仅仅依靠强制也会产生不良的社会效果,因而经济制度运行的公正实现必须将强制约束限制在符合社会理性和道德的目的范围内。因此,将抽象的、崇高的道德理想、道德原则和现存的各种具体的社会经济制度结合起来,使其成为普遍的,带有某种强制性的能够约束人们的经济制度力量,则是接下来要考虑的问题。这需要通过道德教育,借助道德的说服力和感召力为经济制度运行营造一个良好的环境。只有公民自觉遵守法律才能将外在的

---

① 　仲崇盛:《论政治伦理的公正主题》,载《道德与文明》2001 年第 4 期。

强制和约束转化为联合起来共同行动的规则。公民之间的相互尊重,一套道德的公民的文化有助于形成良好的公共生活秩序,也有助于经济制度运行的公正的实现。

　　经济制度公正的两个方面并不是相互独立的,而是相辅相成的。经济制度本身的公正是一种理想公正,它要求人们通过对现实经济制度的不断挑战、批判和辩护,改革不合理之处而创制出新的有效的经济制度形式。而经济制度运行的公正是一种现实公正,它是为了保证理想的经济制度公正的实现而须要的现实条件及措施和机构保障。从性质上看,"经济制度本身的公正重在扬善,而经济制度运行的公正重在抑恶"①。扬善是经济制度公正的内在,抑恶是经济制度公正的外化。无论是扬善还是抑恶,都是为经济发展和社会进步这一目的服务的。

第二节　城乡经济公正

　　随着我国社会主义市场经济的不断推进,经济领域公正问题日益凸显,城乡经济不公正现象尤其严重。在当代中国,城乡关系之所以成为公正问题,是因为城乡之间不只是存在一般的差别,而是差别达到了相当严重的程度。中国的改革发端于农村,而结果和效率却主要惠及了城市。中国的城市已经汇入现代化和国际化的潮流,而中国的农村却出现了某种边缘化的倾向。无论是从城乡居民的收入、消费指标上看,还是从国家对城乡基础建设的投入来看,以及城乡居民公共服务和公共物品的享用上来看,城乡之间经济不公正的现象都大量存在。一个现代的健康的社会应该信行公正、共享、发展的基本理念,而农民、农业、农村在很大程度上并没有真正达到分配的公平、资源的共享、发展的同步。这种城乡之间经济的不公正必然会挫败农民生产劳动的积极性和创造性,难以发展社会的生产,难以形成城乡一体化,继而延缓中国的现代化进程;最终威胁到社会的稳定,难以构建社会主义和谐社会。

---

　　① 彭定光:《论制度公正的两个层次》,载《道德与文明》2002 年第 1 期。

经济公正是人类所追求的价值目标,是一种较高的道德理想,是对有关经济制度和经济行为是否具有正义性的价值判断和哲学审视。城乡经济公正是经济公正的核心问题。城乡经济公正体现了以人为本,体现了可持续发展观,充分实现人的自由存在本质,从而使人在经济生活中注重人与人、人与社会、人与自然的良序互动,促进经济社会和人的全面发展。

城乡经济公正不仅是一个重要的理论问题,更是当前我国构建社会主义和谐社会的一个重大的现实问题。实现城乡经济公正是社会主义的本质要求,符合共产主义伟大事业的追求。社会主义社会要实现社会的和谐发展,使社会充满发展的活力,就必须是一个经济公正的社会,只有在发展中实现经济公正,才能够既充分激发人们发展生产力的积极性,又能够使人们在经济中和谐相处。因此,只有统筹城乡经济的发展,才能建立城乡平等的经济社会发展新体制,优化各种经济社会资源在城乡间的配置;才能形成地位平等、开放互通、共同进步、平等和谐的城乡经济社会发展新格局,并带动农村社会全面进步,让广大农民合理地分享社会进步的成果,共享现代文明,为中国经济的健康发展做出贡献。

一　城乡经济公正的实质

城乡经济公正是经济公正问题的核心问题。城市和乡村作为社会共同体,在人类历史上是伴随着社会发展和国家建立而形成的。"城乡之间的对立是随着野蛮向文明的过渡、部落制度向国家的过渡、地方局限性向民族的过渡而开始的,它贯穿着文明的全部历史直至现在。"①城乡之间相互依存、相互影响,既存在着摩擦,又具有相互需要、相互协调发展的内在要求。在城乡经济发展的过程中,要把握城乡的各自优势,减少城乡之间的矛盾,使之优势互补、协调进步、共同发展。

实现城乡经济公正,统筹城乡发展,是指要站在国民经济和社会发展的全局高度,把城市和农村的经济社会发展作为整体统一筹划,通盘考虑,把城市和

---

① 《马克思恩格斯选集》第 1 卷,人民出版社 1995 年版,第 104 页。

农村存在的问题及其相互关系综合起来研究,统筹解决:既要发挥城市对农村的辐射作用,发挥工业对农业的带动作用,又要发挥农村对城市、农业对工业的促进作用,实现城乡良性互动;以改变城乡二元结构为目的,建立起社会主义市场经济体制下的平等、和谐、协调发展的工农关系和城乡关系,实现城乡经济社会一体化。

实现城乡经济公正,统筹城乡发展,是要把城乡的经济和社会发展放在一个国民经济统一的系统里,形成协调发展、良性互动的新型城乡关系,而不是单纯将经济社会资源从偏向城市转变为偏向农村,它要求着眼于在城乡一体化协调发展的框架下合理配置城乡资源,客观上要求我们把工业与城市的现代化、农业农村和农民的现代化整合为同一个历史过程。中国未来的现代化应该是城市现代化和农村现代化的双向整体推进,就是把城乡经济社会作为整体统一规划,突破城乡分割的二元体制和经济社会结构,整合工业化、城市化、农业农村现代化建设的各项政策措施,基本实现我国城乡经济社会的一体化。

实现城乡经济公正,统筹城乡发展的主体是政府,政府作为统筹城乡发展的主体,首先是由市场经济中城市与乡村不平等竞争的客观要求决定的。城市与乡村是两个不同性质的经济社会单元和聚居空间,又是相互依存、融合竞争的统一体,城市的繁荣离不开农村的需求和支持,农村的发展也离不开城市的扩散和带动。市场经济条件下,在城乡的物质资源方面,城乡处于不平等状态,城市相对于农村来说总是处于优势,而农村总是处于劣势。但是,无论从国民经济的发展与增长,还是从社会的稳定与和谐来说,这种状况都不允许继续发展下去,否则,将由于农村的落后而难以实现国家的现代化和长治久安。而作为政府,为了使城市优势能够成为促进农村发展和城乡互助互利的积极因素,都必须利用"看得见的手",即政府的宏观调控来统筹城乡经济社会发展,构建城乡良性互动机制。

当然,实现城乡经济的公正,政府是主体,核心是政策。但并不意味着政府在统筹城乡发展中可以排斥市场的作用。因此需要体制改革和观念创新,需要政府与市场之间的有机协调。也就是说,在统筹城乡发展中,既要充分发挥政府在公共产品的供给与配置，国民收入再分配或转移支付中的重要作用，又要继续充分发挥市场机制对城乡经济社会资源的有效配置作用。只有这样，才能逐步打破原来形成的传统二元结构体制，促进城乡相互融合，实现城乡经济发展的公正，达到共同繁荣。

城乡经济公正是通过对经济生活的正义价值追问，旨在达到人与人、人与社会、人与自然良序互动，力求事实世界和价值世界的统一，全面促进经济社会和人的全面发展，充分实现人的自由存在本质。因此，城乡经济公正对经济生活的哲学反思和正义价值关怀，实质上是对人的存在方式和存在意义的哲学追思和价值观照。

城乡经济公正的本质规定性存在于经济的内容之中。作为一个复杂的社会系统，经济的基本内容由"实体"、"观念"和"活动"三方面构成，即作为实体的经济制度和体制，作为观念的经济思想和经济行为主体的经济活动三位一体。无论是历史的还是现实的经济体系，这三个方面都因从特定层面上反映出社会文明的发展程度，而具有伦理意义并可以据此做出价值评价。

城乡经济公正，首先体现在经济制度和体制的、国家和社会经济职能的伦理本质上。任何经济体制都是建立在特定的伦理基础之上的，它内在地具有伦理价值。在经济运行中，任何行为活动和经济行为，都需要进行伦理价值的评价。只有当一种经济体制内在地具有道义上的正义性，方能为全体社会成员至少是绝大多数社会成员所接受并给予最大支持，社会经济秩序才能得以维护。美国学者贝尔认为："任何社会都是一种道德秩序，它必须证明它的分配原则是合理的；它必须证明自由和强制的兼而并用对于推行和实施它的分配原则来说是必要的，是天经地义的。"①因而，经济正义理论首先体现在对经济制度、体制正义性的反思，体现在合理地评价和恰当地扬弃现有的经济制度、体制；这是经济正义所应达到的理想境界。诚如罗尔斯指出的，"一个组织良好的社会，或一个接近正义状态的社会，其目标是维持和加强正义制度"②。

---

① ［美］贝尔：《资本主义文化矛盾》，三联书店1989年版，第309页。
② 罗尔斯：《正义论》，何怀宏等译，中国社会科学出版社1988年版，第359页。

城乡经济公正体现在经济活动中。一切合乎伦理道德的经济活动,都体现了经济正义,它是经济运行的基本伦理取向。在日常使用中,城乡经济正义常常被狭义地理解为分配正义,这是由经济分配正义在整个社会正义领域的基础地位所决定的。需要指出的是,虽然经济问题是分配正义的主要论题,但广义地理解,分配正义又不限于财富和物资的分配,还有权利和义务的分配等。实现分配正义就是要使分配尺度与人的发展尺度相统一,使公平与效率相统一,就是要完善社会保障制度,加大对不正义分配的矫治。

城乡经济公正还体现在经济主体的行为选择中。社会经济生活秩序的建立,有赖于不同的社会角色严格恪守同市场经济相适应的伦理道德秩序。这种伦理道德秩序是经济正义的集中表现。经济关系的本质乃是人与人之间的关系,因此,经济正义就是经济行为主体为自身经济行为承担责任,它包含着一种价值承诺。经济行为是人格的表征,对经济行为的正义追求,乃是对人的关怀,是相互间履行应有义务。为了保证我国社会主义市场经济的健康运行,需要造就具有强烈城乡经济公正意识的一代文明新人,在全社会树立牢固的经济公正意识。

城乡经济公正体现了人与人之间的利益关系,是与社会生产力的发展水平相适应的人与人之间的利益关系,其本质就是平衡和调整社会成员间的利益关系。城乡经济公正,是经济活动中在伦理道德评价和结果分配上的公平、公正。它本着以人为本的思想,尊重人的自由和尊严,从平等出发,不断发展社会生产力,以最终实现人的自由而全面的发展。

二　树立城乡经济公正的价值理念

在指导农业和农村经济工作中更新观念,牢固树立城乡统筹的思路,是实现城乡经济公正的前提。实现城乡经济的公正要以可持续发展观,以人为本、统筹兼顾、共同富裕的发展观为指导思想,对城乡经济的发展予以伦理关怀。

1. 可持续发展观

可持续发展体现中国长远发展的最终要求,发展既要满足当代人的需求,又不损害子孙后代满足需求的能力。可持续发展是能够长期延续的发展,是人类社会发展的基本目标和基本任务。所谓可持续发展观,就是要在继续推进工业化的进程中,工业化、城镇化和农业现代化三篇文章一起做,要确保经济增长在尽可能长时期内是可持续的。要充分意识到,工业化和城镇化不仅在过去,而且在将来仍将是中国经济增长加速器的两大引擎,是国民经济可持续发展的基础,也是实现农村劳动力转移和农业现代化的前提。

树立可持续发展观,一方面要求在发展资本,发展技术密集的重工业和高新技术产业,提升工业现代化水平的同时,鼓励劳动密集型产业发展,充分发挥中国农村劳动力资源丰富、劳动力成本低的比较优势,大规模转移农村富余劳动力,推进多样化、多模式的城镇化发展,调整农业产业和就业结构偏差,实现工业化和城镇化的均衡发展;另一方面要求在大量农村人口和劳动力向工业、向城镇迁移和转移的同时,继续推进农业和农村经济结构战略性调整,推进农业区域化、专业化、产业化发展,集约利用土地资源,发展农业规模经营,提升农业现代化,提高劳动生产率和土地生产率。以工业化、城镇化带动农民非农收入增长,以农业现代化带动农民农业收入增长。

2. 以人为本的发展观

以人为本是一切从人民群众的需要出发,促进人的全面发展,实现人民群众的根本利益,它是科学发展观的本质规定,旨在经济社会发展的基础上不断为人民群众谋取切实的经济、政治、文化利益,让发展的成果惠及全体国民。

社会主义社会坚持以人为本,就是因为社会主义作为一种运动,是以人民为主体的,为人民谋利益的运动;作为一种社会制度,是以人民及其根本利益为根本出发点和落脚点的社会制度。从这个意义上说,人民是社会主义的根本。构建社会主义和谐社会的进程中,坚持以人为本,就是在坚持以经济建设为中心,推动经济社会不断进步,让社会主义社会为每个人实现自我价值和生产要素的投入产出,创造一个公平竞争、机会均等的机遇,使他们促进社会经济发展的活力竞相迸发,使他们创造社会财富的源泉充分涌流。这个过程中要始终坚持以人民的根本利益为出发点,同时以人民的根本利益为目的。

树立以人为本的发展观,就是要让更多的农民有参与发展的愿望,有参与发展的能力,有参与发展的机会,有参与发展的岗位。通过以人为本的发展,解决农民收入问题;通过以人为本的发展,缩小城乡居民收入的差距。政府在追求经济总量增长的同时,要关注农民的生存和发展状况,要把农村、农业和农民发展中的充分就业、良好教育、身心健康、文明素质、消除贫困、社会公平、机会均等、环境优美等问题作为量化目标,分解到各级政府,作为政府行为选择依据。总之,必须尽快废除以 GDP 为单一取向的政府业绩评价指标,要坚持以人为本的发展观。政府职能要从单一经济目标增长,向经济、社会目标并重转变,维护和保护好农民的基本利益,为农民提供有保障的公共产品,创造农民增收的社会环境。

在新农村建设中,我们把"以人为本"的发展观作为新农村建设的终极目的和手段,并使其独立于总体规划的战略高度,为解决当今新农村建设突出的可持续发展,实现以人为本的农村经济社会统筹发展,提供了一个可能是更加有效的基础性的思维路径。"以人为本"强调的是人民的利益,它应该和人本主义强调个人的人权相结合,把人民群众作为推动历史前进的主体,不断满足人的多方面需要和实现人的全面发展。这一含义,体现在新农村建设中,就首先体现在农民应该是新农村建设的主力军,要不断提高农民的物质文化生活水平和健康水平,保障他们生存的基础。其次,"以人为本",即新农村建设要以"农民的利益"为一切工作的出发点,切实保障农民的政治、经济和文化权益。如果离开了农民的权益,无法享有该有的权益来讨论"以人为本"的新农村,就失去了评价的标准。同时,"以人为本"就要提升人的境界,不断提高农民的思想道德素质、科学文化素质和健康素质。因为"以人为本"既强调人是目的,同时又强调人是手段;新农村建设要成功,没有高素质的农民是不可想象的。

3. 统筹兼顾的发展观

统筹兼顾,就是要把发展看做全面的、协调的、可持续的过程,用辩证的、历史的和实践的观点把握发展,有着重要的方法论意义。辩证唯物主义认为,事物是普遍联系,而不是孤立存在的。经济社会系统各个基本要素之间是彼此联系、相互制约的统一体。人类社会的发展,是人与人、人与社会、人与自然以及社会各个因素、各个领域、各个方面普遍联系、相互影响的关系。事物的发展是平衡与不平衡的辩证运动,不平衡是绝对的,平衡是相对的。事物发展总是从不平衡到相对平衡、再到不平衡这样循环往复的过程。经济发展规律表明,经济发展特别是大国经济发展,尤其要求处理好发展的均衡与非均衡的关系问题,既保持速度,又保持稳定,既抓住主要矛盾、实现重点突破,又实现全面、协调和可持续发展。经济社会发展如果离开了协调有序、兼顾各方,就是畸形的、片面的发展,甚至会出现停顿和倒退。马克思主义经典作家阐述经济社会发展时,不仅强调生产力对生产关系、经济基础对上层建筑的决定作用,而且强调生产关系对生产力、上层建筑对经济基础的能动的反作用。因此,任何社会的发展过程,都是社会生产方式和社会基本矛盾的辩证运动过程,是生产力与生产关系、经济基础与上层建筑不断相适应的过程。只有以普遍联系、统筹兼顾的观点和方法处理发展问题,才能不断推进生产力和生产关系、经济基础和上层建筑相协调,推动经济建设、政治建设、文化建设、社会建设以及人与自然各个环节、各个方面相协调。统筹兼顾,体现了全面协调可持续发展的内在要求,是贯彻落实科学发展观的切入点和现实途径。

中国社会经济各方面广泛存在的二元结构带来的不和谐现象,需要用统筹的理念解决经济社会发展中的诸多问题。统筹兼顾是典型的政府行为,统筹兼顾的发展观为彻底解决农民收入,缩小城乡居民收入差距提供了基本的指导思想和政府行为规范。统筹城乡发展,要求给予农业、农村和农民更多关注,像发展城市、发展工业一样发展农业,用经营城市、经营工业的理念经营农业。要求努力提高农业竞争力和农业劳动生产率,千方百计增加农民收入,下决心平抑城乡居民收入差距,在国民经济持续增长的基础上,实现城乡协调发展。

4. 共同富裕的发展观

"共同富裕"作为社会主义市场经济的伦理目标,是社会主义制度的经济理想的集中体现,它与社会主义的政治制度的目标要求是完全一致的。它充分保证了市场经济伦理广泛的人民性、经济伦理原则的公平性和广大人民群众享受政治经济权利的真实性。在经济上,邓小平同志反复强调:要坚持社会主义的公有制为主体,发展生产力,消灭贫困实现共同富裕。他说:"社会主义不是少数人富起来、大多数人穷,不是那个样子。社会主义最大的优越性就是共同富裕,这是体现社会主义本质的一个东西。"①从经济伦理意义上讲,共同富裕保证了人民享受各种权利的广泛性、公平性和真实性。

共同富裕的经济伦理原则体现了人的平等,具体表现在致富过程和致富结果中。从致富过程来说,共同富裕是通过建立社会主义市场经济体制,发展社会生产力来实现的。社会主义市场经济是商品经济的社会化、现代化的发展形态。商品生产、交换,市场竞争,是它的主要内容。在商品的生产和交换中,每一个商品生产者和交换者都是独立和自由的,在正常情况下的竞争中,都只服从价值规律,因而是平等的。所以,马克思说:"平等和自由不仅在以交换价值为基础的交换中受到尊重,而且交换价值的交换是一切平等和自由的生产的,现实的基础,作为纯粹观念,平等和自由仅仅是交换价值的交换的一种理想化的表现。"而我国的社会主义市场经济在所有制结构上以公有制为主体,它在平等的竞争中起着主导作用;在分配制度上以按劳分配为主体,自觉防止两极分化,把共同富裕作为社会发展的目标;在宏观调控上注意发挥计划与市场两种手段的长处,强化法制管理,兼顾效率与公平,努力把国家和人民的当前利益和长远利益,局部利益和整体利益结合起来。这些特点为社会主义市场经济的竞争机制所要求的公开、公平、公正提供了制度上的保证。这种竞争是机会均等的竞争,利益主体在竞争中的平等是有保证的。因此,共同富裕的过程是伦理公平性的过程。从共同富裕的结果来看,社会主义的致富,是全体人民的共同致富,社会财富是属于全国人民的,每一个人都不受金钱财产、社会地位以及民族、种族、性别、职业、宗教信仰、受教育程度、居住期限等的限制,按照自己对社会贡献的大小平等地享有社会物质文化财富的权利。

三　城乡经济公正的制度建设

农村和城市之间是相互促进,相互依赖的关系。农村发展离不开城市的带动和辐射,城市的发展也离不开农村的支持。要实现城乡之间的协调发展,从长远的、全局的角度看,就是破除城乡二元倾斜体制,实现党和政府政策倾斜重

---

① 《邓小平文选》第三卷,人民出版社1993年版,第364页。

心的转移,不仅要解除不合理的制度,解决制度不公和失当的问题,也要进行制度创新,解决制度无力和失效问题。只有公正而有效的制度才能为城乡协调发展提供根本性的保障,以制度建设从根本上理顺城乡关系,促进和谐社会的实现。

1. 坚持城乡一体化的政策导向

党的十七大提出城乡经济社会发展一体化的目标:走中国特色农业现代化道路,建立以工促农,以城带乡长效机制,形成城乡经济社会发展一体化新格局。

统筹城乡发展,推进城乡一体化是全面建设小康社会的内在要求。根据国家的战略目标,到2000年底我国已经总体上实现了小康,但是这种小康还是低水平的、不全面的、发展不平衡的小康。党的十六大报告指出:"统筹城乡经济社会发展,建设现代农业,发展农村经济,增加农民收入,是全面建设小康社会的重大任务。"全面建设小康社会的重点在农村,难点在农业,焦点在农民。只有统筹城乡经济社会发展,加大城市带动农村、工业反哺农业的力度,推进城乡一体化,促进城乡物质文明、精神文明和政治文明的协调发展,全面建设小康社会的宏伟目标才能如期实现。

统筹城乡协调发展,推进城乡一体化是解决"三农"问题的必然要求。随着市场取向改革的深入,农村发生了巨大变化,适应社会主义市场经济发展要求的农村经济体制正在逐步形成。但是城乡二元体制还远未消除,工农之间、城乡之间、地区之间收入差距扩大的趋势还未根本扭转,农业基础相对薄弱,农村社会事业发展滞后。农村人口非农化和城镇化进程缓慢,农民比重过大,导致农业相对劳动生产率过低,是"三农"问题的症结所在。统筹城乡发展,是党的十六大深刻总结几十年来我国经济社会发展实践经验中提出的一个大举措,是解决"三农"问题的重大创新。只有按照统筹城乡协调发展、推进城乡一体化的思路,打破城乡二元结构,跳出就农业论农业、就农村论农村的传统思维模式,重点突破制约"三农"发展的体制性和结构性矛盾,同步推进工业化、城市化与农村现代化,"三农"问题才能最终得到有效解决。

城乡一体化是经济社会发展过程中城乡关系日趋融合为统一整体的过程,

它是经济社会发展的高级阶段,是社会、文化、经济、自然等方面组织最完美的一种状态。这种状态下生产关系给生产力的发展提供了最大的可能性,城乡对立、分割的矛盾彻底解决,人的矛盾转化为人与自然的和谐关系,人们在享受着高度物质文明的同时,具有高度的精神文明。

城乡经济一体化是指城乡经济遵循客观经济规律的要求,进行统筹规划,合理布局,实现相互融合,协调发展。经济一体化是城乡一体化的基础和前提,决定着城乡一体化的发展进程和实现程度。城乡经济一体化是区域经济发展的内在规律和必然要求,表现在城乡经济活动的各个层面。它主要表现为资源配置、三大产业和城乡经济调控在城乡之间进行广泛联合,形成城乡经济相互渗透,相辅相成,共同繁荣的城乡经济格局。

实现城乡一体化就要转变观念,创新机制。统筹城乡发展和推进城乡一体化的关系相辅相成,统筹城乡发展是手段和过程,推进城乡一体化是目标和结果,各级政府应把推进城乡一体化发展作为主要工作目标。各级干部群众要适应新形势发展要求,迅速转变观念,将思想统一到构建和谐社会的战略决策上来,统一到统筹城乡协调发展的实际行动上来,克服计划经济思维的影响,增强统筹城乡发展的紧迫感、自觉性和主动性。

实现城乡一体化就要加快发展城乡社会事业。统筹城乡发展要将社会事业,尤其是农村社会事业发展作为一个重要的突破口,主要应抓好以下几个方面。一是坚持城乡一体化的政策导向,优先解决农民基本生活保障问题,着力缩小城乡社保水平的差距,健全城乡社保体系。今后一个时期农村社会保障体系建设的目标是,逐步形成农村最低生活保障、失地农民养老保障、五保集中供养、新型农村合作医疗、农民工社会保障在内的新五保体系,解决农民在非农化转移过程中的后顾之忧。二是加强农村科教文卫事业发展,调整国民收入分配结构和财政支出结构,新增教育、卫生、文化等事业经费主要用于农村,统筹城乡科教文卫等社会事业,使农民充分共享现代文明成果。三是加强农村基础设施建设,稳定财政对农村投入机制,促进农村基础设施和社会事业均衡发展;以"百村示范、千村整治"工程为突破口,加大农村基础设施建设,推动道路交通、供水、供电、通讯、环保等基础设施从城市向农村延伸,逐步实现城乡公共基础设施对接联网,提高资源共享性。四是加大区域协调发展力度,要按照统筹发展的思路,引导发达地区劳动密集型产业向欠发达地区转移,改善欠发达地区农民生产生活水平,努力缩小南北差距。

实现城乡一体化还要推进城乡配套改革。一是继续推进户籍制度改革。目前我国户籍制度已经逐渐放开,城乡居民可以自由流动,但是传统户籍制度的影响仍较大。二是进一步改善农民进城就业环境,加强统一城乡劳动力市场、就业失业登记、劳动用工管理等制度建设,搞好统筹就业服务,努力改善农民的创业和就业环境,依法保障农民工的劳动保障和子女教育等各项权益。三是稳定和完善农村土地承包制度,积极探索和创新农业经营机制,按照"依法、自愿、有偿"的原则,促进和规范土地承包经营权流转,大力发展多种形式的农业适度规模经营;通过一系列城乡配套制度的改革和创新,消除城乡二元结构,解决工业化和城市化过程中农民的利益矛盾,统筹城乡协调发展,加快实现城乡一体化的战略目标。

2. 建立协商机制

尽管国家在积极推进农村现代化建设,但是对于国家的行政权力来说,农村问题依然是相当复杂的,地方实践与国家制度之间的差距还仍然存在。伴随国家建设所赋予农村的各种制度是简单化的,很难应对农村社会的多样性。

当农民受到不公正的对待以后,农民基于自己的能力,以及自己理念与国家所制定制度的吻合程度,会选择不同的方式表达自己的意见,也就是依靠国家力量上访,放弃目前的要求而寻找其他可以合法表达的事件,以及采取直接的行动对不公平事件进行抗议。社会的稳定,需要为他们提供适合他们表达的社会机制。

建立稳定的农村社会需要构建农村新的协商机制。在这种机制中,农民要能够以最节约、最方便的方式表达意见,农民的舆论要对公共权利形成压力。在新的机制中,农民要有更为积极行动的空间。

第一,我们需要适应农民的需要,使农村社区成员能够按照自己所熟悉的方式表达意愿,这将使农民有更多的表达机会,减少表达的成本。

第二,原有的准则是外界社会制定的,农民必须接受并使用外部世界所赋予的观念来表达自己关于社会公正的观念。应该建立一套包容农民地方实践的机制,承认农民地方实践的合理性,而不是以简单的原则套用在农村社会之上。农民丰富的地方实践应该成为解决农村问题的依据之一。

第三,承认农村社会非正式制度和非正式组织在社会中的作用,特别是强化社区自我解决问题的能力。农村社会的各种非正式组织和规范是农民公正观念的载体,要充分发挥其作用,这可以为农民表达意愿提供间接的渠道。

第四,要发挥社会内舆论的作用。社区舆论可以容纳社会内的非正式制度,代表农民的声音,使社区中的弱者方便地发表意见。而现在公共权力越来越依赖外部力量,社区舆论对其监督作用越来越小;要加强农村社区舆论的作用,使农民的街谈巷议重新发挥规范社会的作用。

第三节　区域经济公正

中国的区域经济发展不公正一直颇受人们关注,自解放以来,随着国家区域政策重心有所偏移,中国的沿海和内地也经历了各个起伏差别的阶段。在"七五"计划时期,国家计委按照离海岸线的远近和经济发展水平指标,将全国划分为东部,中部和西部三大地带,区域的划分更加明确化,对研究区域经济发展提供了清楚的目标。但是自改革开放以来,我国的区域经济发展不平衡愈加明显。当然,区域经济在发展过程中,完全平衡是不可能的,但是区域间如果经济发展差距过大,势必会带来一系列的负面问题,最终难以实现共同富裕的目标。如何缩小区域差距并保持区域经济可持续发展等,这些问题已经成为理论界和决策层都在思考的重要问题。

一　区域经济与区域经济公正

区域经济,是指在一个自然区域内,不同行政区域以相同或互补要素禀赋为基础,以共同发展目标为纽带形成的区域经济共同体;主要是通过经济规律来进行资源的合理配置和利用的,推动其经济发展的经济类型,有人称之为"经济区经济",它是以经济一体化为基本特征的。一般而言,区域经济联系越紧密,则经济一体化程度也就越高。区域经济的主要特征有:

区域经济是以市场为导向的经济。区域经济基本上不存在全区域型的利益主体和决策主体,其经济活动主要是在市场的调节下进行的。在多数情况下,经济区与行政区是非重合的,因而任何地方政府都不可能直接调控和干扰经济区域内的经济要素配置和经济活动,这将大大有利于国内统一市场的形成。即便是在二者完全重合的情况下,经济区内的地方政府对经济的调控,也只能是在市场经济规律要求之下进行,否则必将导致区域经济运行的紊乱。因为经济区并不是指单纯的自然地理区域,而首先考虑的是在区域共同利益基础上的经济活动的内在联系。

区域经济具有高度的地缘性。区域经济具有一体化的经济空间结构和经济网络系统。区域经济的经济空间结构一般具备自然地理条件的连续性和人文历史因素的同质性;同时,现代城市网络和交通通信网络有力地推动了区域经济网络系统的发展,使得各经济主体按照比较优势原则,广泛进行专业化协作,从而不断突破行政区划的限制,形成布局合理、特色明显、覆盖多个行政区的区域经济共同体。

区域经济具有边界特征和内在结构的动态性。区域经济的形成和发展主要取决于区域内的经济增长极或经济增长点。它是区域内经济要素和经济活动集聚的结果,其大小规模主要取决于中心城市的经济实力、区域经济联系、交通条件等。由于极化和辐射作用程度的差异,从而决定了经济区内部各区域间经济联系的广度和深度。因此,区域经济也具有边界特征,但其边界是经济边界,而不是行政边界。同时区域经济就其基本属性而言,是经济发展的产物,随着经济的发展而产生,又随着经济的发展而发展,因此,区域经济又具有动态性,而且是一种不以人的意志为转移的动态性的客观存在。

区域经济公正就是指在一个自然区域或行政区域内,公正、均衡和合理地去发展区域间的经济,其目的就是实现区域间共同富裕,协调发展。

二　中国共产党对区域经济公正的追求

协调区域经济公正的发展,实现全国人民的共同富裕历来是中国共产党追求的目标。新中国成立以来,我们党的领导人始终重视区域经济的发展,形成了各有特点而又一脉相承的区域经济发展的重要战略思想。研究他们的区域经济发展思想,不仅具有一定的理论价值,而且具有重要的实践意义。

1. 毛泽东:区域经济均衡发展战略

从新中国成立初期到改革开放前近 30 年时间里,毛泽东根据当时中国国情和国际形势,制定了区域经济均衡发展战略,即把生产力落后的内地作为经济建设的重点,通过生产力的均衡布局,缩小沿海与内地的差距,追求地区的同步发展和自成体系。毛泽东区域经济发展战略的核心内容是"均衡布局、共同富裕"。毛泽东认为, 由于历史的原因,我国工业主要集中于沿海,生产力分布畸形,不利于我国各地区经济共同发展和全国各族人民的共同富裕。那么,怎样改变这种不合理状况呢? 毛泽东阐述了两个重要观点:其一,必须树立全国一盘棋的思想,重视地区之间的平衡发展。"新的工业大部分应当摆在内地,使工业布局逐步平衡,并且利于备战,这是毫无疑义的。"[1]其二,辩证地看待沿海和内地的关系。"好好地利用和发展沿海的工业老底子,可以使我们更有力量来发展和支持内地工业。如果采取消极态度,就会妨碍内地工业的迅速发展。"[2]这定下了区域经济发展战略的基调,即以区域经济均衡发展为战略目标,使生产力布局合理化;以内地工业为战略重点,使其大力发展;充分利用沿海工业基地,增加足够的积累,为实现全国经济均衡布局奠定必要的物质基础。

2. 邓小平:区域经济非均衡发展战略

在充分认识到区域经济均衡发展战略的失误和中国的实际困境之后,邓小平果断调整发展思路,大胆创新,从 20 世纪 70 年代末,实施区域经济非均衡发

---

[1]　《毛泽东文集》第七卷,人民出版社 1999 年版,第 26 页。
[2]　同上。

展战略:即以沿海发达地区的优先发展,作为撬动整个国家经济的杠杆,在一定时间内保持地区之间适度的经济差距,然后有次序地发展中西部地区,最终实现全国经济的共同发展。

邓小平区域经济发展战略的根本原则和精神实质是共同富裕。在认识和处理我国东、中、西三大区域经济发展关系问题上,邓小平的一贯立场是既要反对平均主义,又要防止差距过大。其核心内涵包括两点:其一,优先发展沿海,先富带动后富。"在经济政策上,我认为要允许一部分地区、一部分企业、一部分工人农民,由于辛勤努力成绩大而收入先多一些,生活先好起来。一部分人生活先好起来,就必然产生极大的示范力量,影响左邻右舍,带动其他地区、其他单位的人们向他们学习。"[1]其二,构建两个大局,实现共同富裕。"社会主义原则,第一是发展生产,第二是共同致富。我们允许一部分人先好起来,一部分地区先好起来,目的是更快地实现共同富裕。"[2]为此,邓小平提出了"两个大局"的战略设想:"沿海地区要加快对外开放,使这个拥有两亿人口的广大地带较快地先发展起来,从而带动内地更好地发展,这是一个事关大局的问题。内地要顾全这个大局。反过来,发展到一定的时候,又要求沿海拿出更多力量来帮助内地发展,这也是个大局。那时候沿海也要服从这个大局。"[3]两个大局的构想,是邓小平区域经济思想最完整的表述。既体现了战略步骤的时空展开:第一步发展沿海(第一个大局),第二步帮助内地(第二个大局);又体现了"效率优先,兼顾公平"的区域经济发展原则,表现出邓小平既发展经济又稳定政治的宏观韬略。它与"三步走"发展战略共同构成了邓小平发展战略的时空两翼,成为指导我国经济发展的指南。

3. 江泽民:区域经济协调发展战略

非均衡发展战略带来经济的高速增长,但日趋扩大的地区差距越来越成为我国经济进一步发展的制约瓶颈。为了缩小地区差距,保持经济健康、持续发展,20 世纪 90 年代,江泽民在吸取毛泽东、邓小平区域经济发展战略经验教训

---

[1]　《邓小平文选》第二卷,人民出版社 1994 年版,第 152 页。
[2]　《邓小平文选》第三卷,人民出版社 1993 年版,第 172 页。
[3]　同上书,第 277～278 页。

的基础上,创造性地提出了区域经济协调发展战略,即在继续保持东部沿海地区旺盛发展势头的前提下,重点开发西部。

江泽民区域经济协调发展战略的重要内涵,其一是剖析区域经济协调发展的实质:"我们强调协调发展,是要在东部地区快速发展的同时,促进和带动中西部地区发展得更好。"①对于东部地区和中西部地区的经济发展差距问题,是要用历史的、辩证的观点来加以认识和处理:"一是要看到各个地区发展不平衡是一个长期的历史的现象。二要高度重视和采取有效措施正确解决地区差距问题。三是解决地区差距问题需要一个过程。"②因此,解决地区差距问题,不能急于求成,需要有步骤、分阶段地进行。其二是确定区域经济协调发展的途径,即实施西部大开发:"解决地区发展差距,坚持区域经济协调发展,是今后改革和发展的一项战略任务。从'九五'开始,要更加重视支持中西部地区经济的发展,逐步加大解决地区差距继续扩大趋势的力度,积极朝着缩小差距的方向努力"③,对西部地区采取政策倾斜、增加资金和技术支持等措施,加大对西部地区的开发力度。其三是指出区域经济协调发展的保障:东部地区继续加快发展,有条件的地方应率先基本实现现代化;是把实施西部大开发战略、发挥中部地区承东启西的优势、东部有条件地区基本率先实现现代化结合起来,促进国民经济实现良性循环:"只有谋求中华民族共同发展的大局,才能实现各地经济的快速和协调发展。"④

4. 胡锦涛:区域经济统筹发展战略

党的十六大之后,以胡锦涛为总书记的中央领导集体总结了多年以来中国经济社会发展的经验教训,对区域经济发展思路进行了重大调整,提出了科学发展观,要求"坚持以人为本,树立全面、协调、可持续的发展观,包括统筹城乡发展、统筹区域发展、统筹经济社会发展、统筹人与自然和谐发展、统筹国内发

---

① 《江泽民论有中国特色社会主义(专题摘编)》,中央文献出版社 2002 年版,第 174 页。
② 《江泽民文选》第一卷,人民出版社 2006 年版,第 466 页。
③ 同上。
④ 《江泽民论有中国特色社会主义(专题摘编)》,中央文献出版社 2002 年版,第 174 页。

展和对外开放"[①]。根据科学发展观的要求,国家重新调整了区域发展的布局,主要内容是:积极推进西部大开发,有效发挥中部地区的综合优势,支持中西部地区加快改革发展,振兴东北地区等老工业基地,鼓励有条件的东部地区率先基本实现现代化,逐步形成东、中、西部经济互联互动、优势互补、协调发展的新格局。

"十一五"规划指出,西部地区要加快改革开放步伐,加强基础设施建设和生态环境保护,加快科技教育发展和人才开发,充分发挥资源优势,大力发展特色产业,增强自我发展能力;东北地区要加快产业结构调整和国有企业改革改组改造,发展现代农业,着力振兴装备制造业,促进资源枯竭型城市经济转型,在改革开放中实现振兴;中部地区要抓好粮食主产区建设,发展有比较优势的能源和制造业,加强基础设施建设,加快建立现代市场体系,在发挥承东启西和产业发展优势中崛起;东部地区要努力提高自主创新能力,加快实现结构优化升级和增长方式转变,提高外向型经济水平,增强国际竞争力和可持续发展能力。同时,健全市场机制,打破行政区划的局限,促进生产要素在区域间自由流动,引导产业转移;健全合作机制,鼓励和支持各地区开展多种形式的区域经济协作和技术、人才合作,形成以东带西、东中西共同发展的格局;健全互助机制,发达地区采取对口支援、社会捐助等方式帮扶欠发达地区;健全扶持机制,按照公共服务均等化原则,加大国家对欠发达地区的支持力度,加快革命老区、民族地区、边疆地区和贫困地区经济社会发展;坚持大中小城市和小城镇协调发展,提高城镇综合承载能力,按照循序渐进、节约土地、集约发展、合理布局的原则,积极稳妥地推进城镇化。

综观中央领导集体的区域经济发展思想,虽然形成条件和具体内容具有很大差异,但发展生产力、提高综合国力、缩小地区差距、实现共同富裕是他们的共同目标。区域经济发展战略与策略的调整与优化,是领导集体不断解放思想、实事求是、与时俱进,不断审视区域经济发展所面临的国内外形势与

---

① 胡锦涛:《在纪念毛泽东同志诞辰一百一十周年座谈会上的讲话(2003年12月26日)》,《十六大以来重要文献选编》(上),中央文献出版社2005年版,第649页。

任务做出的战略选择,他们的思想是环环相扣,一脉相承与创新、发展的统一体,不容割裂。其出发点和归宿点又都是一致的:一切从实际出发,实现马克思主义与中国国情和时代特征的结合,走自己的路,辩证地处理内地与沿海,东部与中、西部的关系,从而使全国区域经济公正(协调)发展,实现全国人民共同富裕。

三　实现区域经济公正的途径

1. 完善市场体系,营造公平、公正的竞争环境

"效率优先,兼顾公平",所谓效率,是指资源的有效配置和利用;所谓公平,不是指收入分配公平,而是指经济主体在参与市场竞争和获取收益方面有均等的机会。在制定和实施协调发展战略的过程中,之所以必须遵循"效率优先,兼顾公平"这个基本原则,是因为:①坚持"效率优先",才能激发经济主体的主动性和创造力,使三大区域加快发展。②在承认效率优先的同时,也要看到在现行环境条件下,东部与中、西部收入差距扩大,既有其合理的一面(是主流),也存在不合理之处和有可改进的地方。比如,由东、中、西部三大区域先天秉赋和能力差异而形成的收入差距,这是合理的,应加以保护,而由政策和投资等方面的倾斜形成的收入差距,则是不尽合理的,应加以调节以力求公平。③区域差距扩大常常伴有负面效应,影响到民族的团结、政治的稳定、经济的繁荣和国家的统一。因此,中央政府应当遵循"兼顾公平"的原则,对区域收入和发展状况适时适度地加以调节。比如,通过财政转移交付,增加国家对中、西部的投资,加快中、西部教育、能源、交通、邮电等公共服务部门和基础产业的发展;鼓励和引导东部传统产业有选择地西移,使三大区域在调整结构、加快发展中,逐步弱化乃至缩小差距扩大的强度。

借鉴国际经验,我国解决区域发展不平衡问题的核心,在于培育和增强中、西部自我创造能力和持续发展能力。为此,既要发挥市场对资源配置的基础性作用,又要相应地界定政府的作用,即区域经济运行"组织者"、经济竞争规则"制定者"、经济纠纷"仲裁者"的作用,从而营造中、西部跟东部公平、公开、公正竞争所需的市场环境、政策环境、法制环境。

其一，深化管理体制改革，创设中、西部与东部公平竞争的市场环境。

就整体而论，中、西部市场发育程度相对滞后，保守封闭现象突出。为此，必须加快区域市场接轨的步伐，建立全国统一、规范、有序的开放性市场体系，从根本上打破区域经济发展环境相对封闭的状况，以加快中、西部发展的速度：①通过加快价格体制改革，进一步理顺原材料和初级产品加工制成品的比价关系，减少中间环节，确保中、西部因调出资源和能源的应得利益；②通过加快国有企业改制、改造、改组的步伐，激活国有经济比重较大的中、西部工业发展，从而带动一批老工业基地和中心城市的再发展特别是非国有经济的发展和所有制结构的调整；③通过加快财税、投资、金融、计划管理体制的综合改革，为中、西部营造有利于加快发展的外部环境。

其二，加强必要的政府调控，创造中、西部与东部公平竞争的政策环境。

通过政策扶持来缩小区域差距，是许多国家的一贯做法。日本在1950～1955年，选定了21个重点开发区；美国从60年代后期起，挑选了发展水平高、增长潜力大的"增长中心"重点扶持，利用其"扩散效应"拉动了由邻近5到15个县组成的开发区的协同发展。我国可借鉴这些成功经验。①在保证东部沿海持续快速增长的前提下，通过完善区域协调发展政策，在中、西部选择某些资源条件、工业基础、技术水平较好的地区作为重点开发区，鼓励这些地区先富起来，进而带动整个中、西部的发展；②通过制定产业政策，在中、西部选择一个或几个确有竞争力、能真正占领国内外市场的主导产业，作为地方资本积累的来源并带动中、西部产业结构升级，形成促进中、西部经济加快发展的新的生长点；③通过调整农业政策，较大幅度地增加对农业的投入，扶持中、西部商品粮基地的建设和畜牧区经济发展，使中、西部从国家增加的农业投入中直接受益；④通过全方位的对外开放政策，使沿海、沿江、沿线地区和内陆中心城市进一步扩大对外开放，推动外商进一步向中、西部投资，增加中、西部的外资流入量，以最大限度地利用当地的资源优势和劳动力优势；⑤通过给若干特困地区的多项优惠政策，加快其脱贫致富的进程。

其三，完善法制建设，促成中、西部与东部公平竞争的法制环境。

首先，要进一步健全立法工作。在总结完善的基础上，逐步将现行的扶持中、西部特别是贫困地区发展的各项行之有效的政策措施用法律、法规形式明确下来,包括扶贫项目的申报、审批、立项、执行和扶贫资金的申请、拨款、使用、管理、审计等。对各级政府在区域发展中的责权利等,也应以法律条文明确下来,以利于相互配合、相互监督、相互制约。当前,最紧迫的,应通过制定《统一市场法》,加快全国统一大市场的建设,促进生产要素在区域间自由流动;通过制定《公平竞争法》,使各区域间的经济竞争有序化;通过制定《反垄断法》,消除区际间的行政壁垒和资源、商品、贸易封锁,并以互惠互利的经济利益为纽带,加快东、中、西部之间的横向联合和区域协作。

其次,要进一步加强执法工作。当前,有法不依、执法不严的问题在中、西部尤为突出。所以,有必要制定专门监督执法的法律,设立相应的监督机构,并将这一机构独立于同级党政机关之外,直接隶属于上级党政机关。对国家支持的扶贫解困项目,建立健全会计和审计制度;对执法不严、执法犯法者依法严惩;对挪用、侵吞扶贫资金者,从严查处。

2. 增强政府协调能力,促进区域经济公正

诚然,以效率优先的市场导向为前提来营造和优化东、中、西部公平竞争的环境,对于加快中、西部发展步伐、缩小区域差距是至关重要的,但同时还必须发挥政府的协调能力来完善较为公平的统一市场规则、协调各区域的利益,解决那些市场难以解决的问题。1993年下半年开始的宏观调控、国家"九五"计划和2010年远景目标纲要,都适时地调整了区域协调发展政策,已初见成效。当前及今后一段时间,应进一步落实区域协调发展政策,强化政府协调职能,挖掘和增进中、西部把握市场机会、发展自己的潜能。

其一,国家投资与布局政策。

优先安排中、西部资源开发和基础设施建设项目,调整加工工业的区域布局,引导资源加工型和劳动密集型产业向中、西部转移。从国家预算内基本建设投资分布来看,1993年以来国家逐步提高了对中、西部的投资比重,到1995年投资中、西部已占48.843%,比1993年提高了7.3个百分点。1994年国家安排的151个重点项目中,中、西部就占91个。这种倾斜,对东部沿海地区投资总量的直接影响并不大,但却卓有成效地刺激和拉动了中、西部的发展。

其二,财政政策。

实行规范的中央转移制度,逐步增加对中、西部的财政支持。1994年全国实行分税制,中央和地方的收入分配格局由1993年的22%:78%变为55.7%:44.3%,这就使地方财政支出在不同程度上依靠中央税收的返还,大大增强了中央通过转移财政支付来协调区域不平衡现象的能力。对中、西部来说,中央一方面将资源税(海洋石油资源税除外)全部留给地方,另一方面在确定各地增值税、消费税增长时,采取跟全国平均增长速度挂钩返还给地方的做法,两者在一定程度上均有利于中、西部的加速发展。

其三,开放政策。

中、西部既要放眼国门之外、又要盯住国门之内,加快改革开放步伐。目前,中、西部大部分城市也已开放。同时税制改革之后,吸引外资的政策也有所调整:各地在税收优惠方面的政策逐步拉平,而对投资于出口导向、进口替代的项目或投资于农业、原材料工业、基础设施、高新技术的项目予以优惠,包括减税和开放市场。这就有利于中、西部更好地发挥资源优势、土地和劳动力价格低廉的优势,同时也有利于中、西部进一步开拓市场。此外,中央还决定:将国际金融组织和外国政府贷款的60%以上用于中、西部。

其四,区域合作政策。

鼓励并加强东部和中、西部经济技术合作。自1995年实施《乡镇企业东西合作示范工程》以来,东部较先进的技术、管理和较强的资本实力与中、西部较丰富的原材料、能源和劳动力资源相结合的合作项目达3万多个,吸纳农村转移劳动力200多万人,从东部引进资金达300多亿元。

其五,扶贫政策。

加大对中、西部的扶贫力度,扶贫方式则从救济型转向开发型。1994年国家制定了"八五"扶贫攻坚计划,力争在20世纪末基本消除中、西部的贫困现象。为此,国家每年在原有基础上再增加10亿元的扶贫拨款和10亿元的贴息贷款。

以上区域协调发展政策虽然实施时间还不长,却加快了中、西部经济的发展步伐。1996年中、西部的投资增长率已高于东部,经济增长速度也已接近东部。为巩固上述成果,我们既要落实好现有的区域协调政策,又要用足用好国家即将出台的旨在进一步鼓励向中、西部投资的新政策。可以预见,这些政策的相继到位,将大大缩小中、西部与东部的差距并最终实现区域协调发展。重要的是,这并不以牺牲东部的效率为代价。

3. 培植中、西部自身的"造血"机能

环境的营造和政策的强化固然重要,但用好上述环境和政策、充分挖掘自身的发展潜能则更为重要。中、西部与东部相比之所以有差距,最根本的不是来自外部,而在于其本身。所以,邓小平早就强调指出:"抓住时机,发展自己,关键是发展经济。"

其一,强化农业基础地位,为中、西部经济快速发展奠定坚实的基石。

在我国,中、西部大多也是农业大省,耕地资源相对丰富,但中低产田占全国的绝大多数,西部平均单产只有东部的 1/4 。一方面,这说明我国农业和农村经济还很不发达;另一方面,这也说明中、西部农村是个潜力巨大、有待开发的市场。因此,国家和地方都应花大力气继续推进和深化农产品的价格和流通体制改革,进一步加快农田水利等基础设施建设,提高农业科技水平和耕作技术水平,加强农业开发和中低产田改造速度,特别应加大贫困山区综合治理的力度,切实有效地落实"温饱工程"、"丰收计划"、"希望工程"和"坡改梯工程"项目,通过有组织、有计划、有重点地推广农业适用科学技术,促进科技与农业相结合,实现粮棉油果蔬茶畜禽水产品等农副产品大范围、大面积、大幅度地增产,使中、西部在农业上的比较优势凸显出来,进而在强化和落实农业基础地位的过程中增加农民收入,这对于解决 5800 多万人的贫困问题有着重要的现实意义。正因为如此,1998 年我国农业投入力度空前加强:仅农业部和全国农业综合开发办公室负责执行的财政投入就达 60 亿元,全年共增加水利、农业、林业、扶贫、气象投资 350 亿元,占全年新增财政预算内专项资金总额的 28%。一年内增加如此多的投资,历史上从未见过。

其二,加快中、西部乡镇企业的发展速度,积极寻找新的经济增长点。

研究表明,乡镇企业发达与否,是导致东西部农村经济和收入差距的重要因素。目前我国农民人均纯收入约 40% 来自乡镇企业,1995 年农民由乡镇企业所得的收入,东部平均每人470元,西部只有98元。所以,转变人的观念,加速乡镇企业发展,是缩小东西部差距的关键。我国中、西部矿产资源丰富但资金短缺、人口素质较低、经济发展水平相对落后,创办大型企业必然受到资金的制约,资源优势难以在短期内转化为经济优势,因此适宜大力发展中小企业,毕竟"星星之火,可以燎原"。在花大力气发展乡镇企业过程中,更应立足西部实际:①在形式上,应积极引导乡办、村办、户办、联户合办"四轮驱动",以乡办、村办企业为骨干,同时放手发展户办、联户合办企业。②在产业导向上,应充分利用资源丰富、劳动力成本低廉的有利条件,扶持以资源开发型和劳动密集型为主的特色产业,大力生产特色产品。③在项目选择上,应注意避开劣势,尽量拓展市场潜力大、能持续稳定发展的名特优新产品项目。④在技术选择上,应以实用技术为主,传统技术和现代技术为辅。⑤在资金来源上,应开拓多种筹融资渠道。

其三,适时调整国家对中、西部的投资向度,加大科教投入的比重。

目前我国有些地方,特别是经济落后地区的教育投资比重明显偏低,且区域分布很不平衡。以1994年为例,在全国教育经费投入中,东、中、西部分别占64.1%、18.8%、7.1%。这致使中、西部农村劳动力文化水平明显低于东部沿海地区的状况日趋严重:西部小学、初中、高中、中专文化程度的人口比重分别为32.62%、24.97%、6.04%、0.31%。正因为如此,教育特别是人的素质、观念、信息、知识等方面的差距,成为中、西部经济迟迟难以迅速发展的重要因素。

为此,各级政府对中、西部的扶持,在提供更多的社会服务方面应包括使农民及其子女获得各种教育和培训、享有基本的医疗卫生服务、计划生育服务和社会福利,并以可靠的、可行的方式推广实用科学技术;最具特别重要意义的是通过各种途径大力发展多种形式的教育,强化发展主体的培育尤其是知识文化水平和自身素质的提高、技能的增强、经营方式的转变、观念的更新。这恐怕远比其他形式的投资更为重要,更为迫切。中央也有必要适当调整对中、西部的投资流向:重点投向那些有利于增强中、西部发展能力的领域,尤其是教育和科技。毕竟,"科教兴国",首先得"国兴科教"。

其四,加快中、西部小城镇建设步伐,推动农村城市化进程。

城市发展是社会生产力和市场经济发展程度的空间反映。东西部差距在一定程度上集中体现在城市化的差距上。我国西部国土面积约占56.78%,人口约占25%,而城市量仅占19%,城镇数量寥若晨星,很多乡政府还建立在村寨上。由于城市化水平不高,产业和市场体系的发育程度都很低。因此,一些中心城市对周围的小城镇难以产生辐射带动作用,严重影响了经济发展。加快中、西部城镇化步伐,当前应着力抓好以下几个环节:①实行城市群发展战略,在重点地区相对发展大中城市;②把县政府所在地发展成为小城市;③乡镇企业向乡政府所在地集中,加快小城镇建设,并培育为大中城市配套服务的网络体系;④相应发展第三产业和文化教育事业,引导区域性专业市场向小城镇集中;⑤有步骤地进行户籍制度改革,农民进城务工经商的政策应宽松一些,引导农村劳动力向城镇转移。这对于促进中、西部经济发展将起推动作用。

其五,完善劳动力市场,培育中、西部劳动力输出的新机制。

东、中、西部差距的扩大,引起中、西部劳动力向东部流动是必然的。在目前5000多万流动人口中,中、西部约占70%,仅四川就有600万人。对此,中、西部应以谋求自身长期持续快速发展为立足点、出发点和根本点,充分利用劳动力流动来带动自身的发展。尤其是在中、西部利用市场和发展能力都较弱的情况下,培育劳动力市场、促进劳动力合理有序流动,可算是见效快、风险低的抉择,也是充分利用东部的比较优势加快自身发展的重要途径。

在这一过程中,应尽可能多地创造就业机会,加大“以工代赈”、“以粮代赈”力度,引导农村劳动力参与“坡改梯工程”的开发及农田水利基础设施的建设,以期进一步改善农业生产条件,发展农业生产;也可以有计划地引导剩余劳动力参与公路网和铁路线建设,以期改善中、西部交通落后的状况,推动经济发展,引导中、西部人民靠自己的劳动和智慧,增加收入,摆脱贫困。

同时,有必要建立健全相对稳定的东西部劳动力输入、输出协作关系,提高农业剩余劳动力流动的有序化、组织化程度。既要用足东南沿海给中、西部创造的就业机会,又不带来太大的压力,同时又将更多的技术、资金、管理、经验和更新的观念带回中、西部,最直接地用于自身的发展,从而使中、西部经济发展获得内在的创新机制和良性循环格局。

此外,也可适度提高对国外劳动力输出的比重。亚洲地区随着经济的迅速发展,劳动力短缺将会更趋严重,国家可组织劳动力进行专业技术培训,以适应国内、国际劳动力市场的新要求、新变化。

其六,东西联姻,对口支援,互惠互利,共同富裕。

东西部的渗透与交流,不仅是政府对区域经济结构和生产力布局的政策调整,更是全国经济发展的必然要求。一方面,中、西部的发展需要从东部吸引更多的资金、技术和管理经验,而且随着这些年经济的发展、丰富的自然资源的开发利用、基础设施的建设和投资环境的改善,中、西部已具备了对率先发展地区的资金、技术和管理经验加以利用的"后发优势";另一方面,东部则需要解决劳动力和土地日益昂贵的矛盾(东西部目前的劳动力价格之比为 5∶1,土地价格之比为 20∶1),其资金、技术和一些产业也有必要向外部寻求新的更大的发展空间。可见,东西部的互补、互利、互助、互惠,具备了需要和可能两方面的条件。无论从理论还是从实践,发展中、西部而达到新的发展意义上的均衡,已成为"九五"以来区域发展战略的重要特征。这也是区域间产业布局和分工调整的需要,是产业结构优化和升级的需要,更是"两个根本性转变"和"可持续发展"的需要。

当前,应抓好抓实"乡镇企业东西合作示范工程",用足用好 1993 年以来增设的每年 100 亿元扶持乡镇企业发展的专项贷款;加快建立 100 个全国乡镇企业东西合作联合开发示范区,逐步做到每个县均有 1 个示范区;确立 1000 个合作示范项目;推广 1000 项成熟的新产品和新成果;组建 100 个东西双边合作县(市);为中、西部培养 1 万名技术骨干或厂长;有计划地组织实施东、中、西部的干部对口交流,以利于优势互补,共同发展。对中、西部来说,应以自力更生为主,不断增强自身"造血"机能,创造良好的投资环境与外部条件,做好迎接"西进"的各种准备;而东部更应顾全大局,支持和鼓励投资和部分产业西移。当初,东部沿海率先发展是大局;如今,帮助中、西部共同致富,同样也是大局。

第四节　国际经济公正

第二次世界大战以来,国际经济大大扩展,成为国内和国际经济事务中举足轻重的因素。特别是在经济全球化进程加快的今天,世界贸易总额连续多年大幅上升,为各国经济发展迎来新的机遇,使得世界经济整体持续地稳定增长。然而,由于世界经济旧秩序的存在,发达国家凭借其经济实力上的绝对的优势,在制定国际经济贸易"游戏规则"中掌握着绝对的"主导权",使得国际经济所产生的巨大效益和巨额财富,绝大部分均源源流入拥有资金、技术、市场绝对优势的少数发达国家囊中,以致南北两大类国家贫富差距和发展悬殊继续拉大,国际经济明显缺失公正性。如何制定公平、公正和合理的国际经济新规则,如何倡导建立国际经济新秩序,这不仅关系到各国的切身利益,而且对世界经济的健康、稳定和可持续发展,都有着十分重要的意义。

一　国际经济公正的原则与价值

国际经济是指世界各国(地区)之间货物、服务及与贸易相关的要素交换的活动,是各国(地区)之间劳动分工的表现形式。它反映了各国(地区)之间在经济上的相互依存、依赖关系。[1] 所谓国际经济公正就是指国际间的货物、服务和技术的交换遵循公正的原则。

第二次世界大战以来,国际经济加快发展,规模日益扩大,但缺失公正性的国际经济,威胁着发展中国家的生存和发展基础。为了维护世界的和平与发展,使各国经济朝着健康、有序的方向发展,就必须在世界贸易中倡导公正理念,实行公正原则。

国际经济之"公正"要求,从其主要原则中就可以体现。国际经济公正主要表现于公平互利原则、诚实信用原则、透明度原则、公平竞争原则及非歧视性原则。

---

[1]　张汉林、刘光溪:《经济全球化世贸组织与中国》,北京大学出版社 1999 年版,第 1 页。

1. 公平互利原则

公平互利原则是指国际经济中交易各方都以平等主体的身份参加交易,进行投资、贸易等经济活动,同时获得相应的公平的投资回报等经济价值收益。为了保障发展中国家与发达国家之间真正的公平互利,不仅应当在国际经济交往与合作中消除各种针对发展中国家的歧视待遇,还应当给予发展中国家特殊的优惠待遇,改善其贸易条件,提供其经济和社会发展所需要的援助。

2. 诚实信用原则

诚的要义是真实无佞,信的要义是重承诺,守信用。诚实信用原则,或称诚信原则,是指国际经济主体在从事国际经济活动时,应采取"善意的方式",不得有欺诈或者滥用权利的行为。

3. 透明度原则

透明度原则就是有关管理对外贸易的各项法律、法规、行政规章及司法判决等,必须尽快公布,各成员加以熟悉;各成员政府之间或政府机构之间签署的影响国际经济政策的现行协定和条约,也应加以公布,各成员应在其境内统一、公正和合理地实施各项法律、法规、行政规章及司法判决等。

4. 公平竞争原则

公平竞争原则就是贸易主体各方的经营者不得采取不公正的贸易手段,不得扭曲国际经济竞争,尤其不能采取倾销和补贴方式在他国销售产品。如果某一方以倾销或补贴方式出口本国的产品,而给进口国工业造成了实质性的损害,或有实质性损害的威胁时,受损害的进口国可以征收反倾销税和反补贴税对本国工业进行保护。

5. 非歧视性原则

非歧视性原则就是国际经济中不得对他国采取任何方式的歧视性做法,而应公正、平等地对待每一个成员。具体表现为"一般最惠国待遇"及"国民待遇"。其中最惠国待遇原则为:如果一成员给予另一成员某种优惠的待遇,它就应该"立即、无条件地"将同样的优惠待遇扩展到所有成员国,以保证没有任何成员受到"歧视性"待遇。国民待遇原则则是:外国商品或服务与进口国国内商品或服务处于平等待遇的原则。

国际经济公正对于维护世界贸易秩序,增进各国人民的福利,促进世界经济的健康发展都有积极的意义。国际经济公正的价值主要体现在如下几个方面:

第一,国际经济公正有利于维护世界公平竞争秩序,保证世界贸易的正常发展。国际经济公正要求世界各国实行公平贸易政策。公平贸易政策是指世界各国在国际经济活动中共同遵守有关国际规则,相互提供对等的、互惠的贸易待遇。它要求世界各国必须共同摒弃传统的保护贸易政策,转而实行自由贸易政策,必须相互向他国开放本国的市场。一国如果实行保护贸易政策和封闭本国市场,就属于不公平的贸易行为,必将引起他国运用公平贸易政策进行制裁和报复,从而意味着最终失去他国的市场。

第二,国际经济公正有利于推动世界各国贸易政策的自由化。当代世界贸易已经进入了通过平等和互惠而共同走向自由贸易的公平贸易时代,一国只有对他国实行自由贸易政策,才可能享受到他国的自由贸易待遇。只有保证国际经济公正,各国才会摒弃高贸易壁垒的行为。一国只有向他国开放市场,才能够使本国的商品和服务顺利地进入他国市场。国际经济公正可以使各国更有效、更稳定地实现自由贸易。

第三,国际经济公正有利于打破发达国家的垄断,确保国际经济和投资正常开展,有利于建立公平有序的国际经济新秩序。当代发达国家凭借自身的优势和历史形成的垄断地位,往往操纵国际市场价格,进行不等价交换,不仅损害了别国的经济利益,而且还造成了国际经济秩序的混乱。

第四,国际经济公正有利于缩小发达国家和发展中国家之间的贫富差距,实现"全球分配正义"。分配正义是国际经济公正的内在要求,是公平、正义原则的体现,也是公正的核心价值。但是当今发达国家依靠自己的强大实力,便轻易地获取发展中国家的各种资源和广大的市场,资本积累迅速膨胀。而发展中国家则被迫地廉价出卖资源和劳动力,导致更加贫穷。特别是有些发达国家和地区对发展中国家在投资、技术转让、资金信贷上附加很多苛刻条件,造成这些国家债务包袱沉重,这就进一步扩大了国家间的贫富差距。国际经济公正所要求的分配正义,要求发达国家要对各自造成发展中国家贫穷、落后的行为负责,并且有义务要对发展中国家进行各种形式的援助,履行"补偿性正义"原则。因此说倡导国际经济公正是世界共同繁荣发展的内在需要。

二　国际经济中的不公正现象

1. 国际经济中利益失衡

由于历史和现实的原因,发达国家和发展中国家在国际经济中的地位是不平等的。在由发达国家主导的多边贸易体制中,发展中国家的国际经济条件长期处于持续恶化之中,初级产品出口价格低迷和进口制成品的价格上涨,致使这些国家的国际收支逆差不断加大。不等价交换的国际经济,威胁着发展中国家的生存和发展。不等价交换是相对于国际经济中的等价交换而言的。不等价交换就是不等值交换,即不按照商品的国际价值进行的交换,人为地使世界市场上商品的价格背离商品的价值规律,长期高于或低于商品的国际价值。在这种交换中,贸易双方用以交换和由交换所得到的利益是不相等的,甚至是利益严重的失衡,它违背了价值规律的平等性原则。不等价交换在本质上是发达国家对发展中国家进行经济剥削。

在国际贸易中,不等价交换现象普遍存在,造成发达国家与发展中国家利益的严重失衡,财富越来越向少数发达国家集中,世界经济不平等继续加大。据联合国发展规划署 1992 年发表的《人类发展报告》统计,发达国家中占世界20% 总数的人口得到世界总收入的 82.7% ,而最穷国家中同样占世界总数20% 的人口仅获得世界总收入的 1.4% 。1989 年,生活在最富有国家的 20% 的人口,其平均收入是生活在最贫穷国家 20% 人口的 60 倍。造成国际经济利益失衡的原因既有政治方面的,也有经济方面的。在政治上,通过殖民统治、军事暴力、"军援"、"经援",强迫被占领国家和接受"援助"的国家,以低于国际市场的价格出售自己的产品,以高于国际市场价格购买发达国家的产品;在经济上,发达国家通过垄断进行不等价交换。发达国家对价格垄断进行不等价交换剥削的方法主要有三个:①垄断不发达国家进出口贸易商品的价格,不断扩大工业品和农矿产品价格剪刀差。这些国家的垄断组织以垄断高价向不发达国家销售工业制成品,并以垄断低价购买后者的原料和食品。②垄断不发达国家进口物资的批零价格和出口物资的收购价格,实行中间剥削。③垄断经济不发达国家进口货物的运价。

2. 国际经济中行为责任失控

在国际经济中,由于缺少一个凌驾于各国之上的法律监督仲裁机构,造成各国之间的贸易行为缺乏有效的控制。有些国家为达到挤占别国市场,限制或阻止他国商品进口的目的,往往任意采取一些不正当的贸易措施和手段,使各国不能在公平的基础上进行竞争。

如国际经济中倾销和反倾销的滥用。倾销是以低于国内市场甚至低于商品生产成本的价格,在国外市场上抛售商品,以达到打击竞争对手占领市场的目的。商品倾销可能会使利润暂时减少乃至亏本,但它可以在形成垄断之后转而获取高额利润。为了消除倾销所带来的不公平竞争,反倾销势在必行。但在大量反倾销实践中,由于多边贸易规则的不完善,发达国家纷纷制定本国的反倾销规则并强加于他国,出现了大量滥用反倾销措施的行为,他们任意通过征收惩罚性关税来削弱竞争对手。关于反倾销的不公正性在后一节将更为详细地分析。

再比如在国际经济中贸易壁垒的强化。常见的贸易壁垒有技术性贸易壁垒和绿色壁垒。技术性贸易壁垒,是指商品进口国通过颁布法律、条例、规定,建立技术标准、认证、检验制度等方式,针对外国商品制定复杂苛刻的技术、卫生检疫、商品包装和标签标准,以增加进口难度,限制商品进口的一种非关税壁垒措施。技术性贸易壁垒往往是发达国家针对发展中国家制定的,其目的是为了使世界资源配置及要素流动更集中地向少数掌握先进技术的发达国家和大公司转移,有利于其获取垄断利润。而科技不发达、缺乏技术开发能力、产品技术含量低的广大发展中国家,则由于这种不公平的贸易保护措施的阻碍,在激烈的国际竞争中处于劣势,影响在国际经济中的地位,给出口贸易造成很大的损失。绿色壁垒是以一系列的国际资源保护公约、协定、标准为依据,要求有关产品与保护生态环境、自然资源、人类健康等等挂钩联系,从初级原材料准备、生产制造、包装、运输、销售,以至消费者使用过程和废弃物处理的全过程,都置于绿色要求的控制之下。正当的绿色壁垒是以保护地球生态、自然资源和人类健康为目的,有助于遏制全球环境恶化和资源浪费的趋势,解决人与自然不协调发展的难题,是顺应世界发展潮流的;而不正当的绿色壁垒则是借可持续发展之名,借生态、环保之名,行贸易保护之实,抬高本国环保标准以增加进口难度,从而构筑起阻挡外国产品进入本国市场的屏障。不正当绿色壁垒大多是发达国家针对发展中国家制定的,他们制定出极为苛刻的环境指标,限制外国产品特别是发展中国家的产品进入本国市场,使广大发展中国家的出口市场严重萎缩,某些具有传统优势的产品被迫退出国际舞台,导致国际竞争力下降。

3. 国际经济中诚信缺失

"真实无妄谓之诚,诚实不欺谓之信",是诚信在伦理学上的含义。诚信在经济学上的含义则是"信用";诚信的缺失,就是信用制度的崩溃。诚实与守信既是社会道德的准则,也是经济伦理的主要原则,更是国际经济的基本原则。

现代市场经济实际上也是法治经济,诚实守信本身就是一种合同和契约关系。然而,诚信缺失现象却屡屡发生,给各国造成严重危害。信用危机不仅仅是表现在国内贸易领域,在各国的贸易交往中,"诚信"意识的弱化或丧失都有所表现。如假冒伪劣、以次充好、坑蒙拐骗、尔虞我诈、合同欺诈、捏造虚假情况、伪造单据、交易双方随意撤销合同、任意改变条款、不如期如约交货等等。

就拿我国来说,一些企业经常给自己的产品冠以"世界名牌",同时配上自己的质量低劣、名不符实的产品,鱼目混珠,以次充好,以"低成本"甚至"零成本"生产来牟取暴利。虽然这种做法曾经使我国的轻工、食品在俄罗斯、远东地区有相当大的市场,企业获得了丰厚回报,但由于不守信,这些地区的轻工、食品市场占有率一直没有超过5%。不仅如此,在俄罗斯的一些地方商店外面挂着"本店不售中国货"的牌子,可见,由于诚信缺失,所付出的代价是惨重的。

国际经济中的欺诈行为给各国经济带来严重损害,损害了正常经济贸易秩序,践踏了诚实信用原则,阻碍了国际经济的发展。据报道,自1987年到1988年11月,中国被欺诈的案件有12起,共损失3000多万美元。1988年新加坡泰坦船务公司和达斌公司合谋,用伪造单证等手段对我国海南木材公司进行欺诈,使海南省木材公司损失人民币130多万元,美元4.7亿以上。1989年仅伪造票据就给美国银行造成3亿美元损失。最出名的是20世纪70年代末80年代初发生的"萨列姆"油轮沉没案。该轮于1979年12月装载19.3万吨原油自科威特运往意大利,在途中,于南非得尔本港停靠就地售出原油17.3万吨后又将油轮舱里注满水,在行至塞内加尔沿海时,将船炸沉,船长和船员乘救生艇离去,事后船东谎称出意外事故而向保险公司索赔。

总之,国际经济中的诚信缺失现象成为影响国际经济的一大障碍,世界各国必须予以足够的重视。

三　公正视野下的反倾销

倾销和反倾销是国际经济发展的产物,近年来它在国际经济中被频繁使用,对世界经济贸易的影响越来越大。

1. 倾销与反倾销

倾销指在正常的国际经济过程中,一项产品以低于其正常价值的价格出口到另一国家或地区,从而给进口国国内相关产业造成实质损失的贸易行为。反倾销通常是指进口国反倾销调查当局依据WTO的规则和国内立法,对造成该国产品实际损害的他国倾销行为采取征收反倾销税收等措施,实行适度国内保护的法律行为。倾销是国际经济中的一种不公平竞争手段,而反倾销则是世贸组织允许采用的抵制外来不公平竞争的重要手段之一。

倾销和反倾销都是国际竞争的武器。一般来说,倾销进口有利于打破进口国已形成的垄断,促进国内企业之间的竞争,降低商品价格。所以,倾销有利于进口国的国内消费者。反倾销措施不仅保护了国内落后的企业,而且使国内消费者付出更高的价格。因此,反倾销的最大受益者是企业,最大受害者是消费者。反倾销不应成为国际经济公正的障碍。它作为保护国内产业从幼稚走向成熟,或作为保证产业调整顺利实施的辅助工具,在一定时期内适当使用是必要的,也是有效的;但如果将反倾销作为保护主义或贸易战的武器来使用,不仅保护落后,还会导致其他国家的报复而使贸易战升级,阻碍自由贸易的发展和整个世界范围内要素的自由流动。所以,倾销和反倾销各自都具有对经济的积极和消极的双重影响。为引导国际反倾销的积极作用,抑制消极作用,维护国际经济公正,我们还应对反倾销行为做进一步具体的分析。

2. 反倾销的不公正性

反倾销是针对倾销而采取的一种保护行为,并非所有的反倾销都是不合理的、不公正的,它有正当的反倾销和不正当的反倾销之分。

国际经济理论主要有两种,即保护主义和自由主义。第二次世界大战后世界上主要的国际经济普通达成共识,即推进自由贸易将有利于所有的国家。后来建立的"关税与贸易总协定"为推进世界自由贸易的发展做出了重大贡献,使得关税等传统贸易壁垒大大削减,但是它要求世界各国政府降低对外贸易的控制,这同时也就为倾销打开了方便之门。倾销必然引起被倾销国的强烈反应,必然会损害自由贸易。为了维护世界各国的自由贸易和总体利益,20世纪60年代以来反倾销成为世界自由贸易机制中的合理选择,成为关贸总协定下的最为重要的非关税措施之一。1995年世界贸易组织WTO成立后,《反倾销协议》作为重要内容,被世界贸易组织列为基础协议之一。

反倾销的目的在于维护自由贸易的原则,它同时又具有贸易保护的作用。它可以保护进口国弱小工业和厂商,防止不公平竞争的损害,但它常常被某些国家和地区演化为贸易保护主义的一种手段。因此,出于维护正常国际经济秩序和促进国际经济公平、自由、有序发展的反倾销是正当的、合理的,而出于贸易保护主义的反倾销则是不正当的、不合理的。这种不正当的反倾销存在着诸多的不公平性,充分认识它的不公平性具有重要的理论和现实意义。反倾销的不公平性主要体现在如下几个方面:

第一,现行反倾销法本身的非中立性。法律作为诉讼裁决的依据,对诉讼双方当事人来说必须具有公正性或中立性。但作为反倾销诉讼裁决依据的反倾销法本身却不是中立的,它带有明显的偏袒和保护进口国生产者的歧视特征。

作为现行国际反倾销制度的最新准则,WTO反倾销协议是由1948年GATT第六条逐步发展演变而来的,但后者的原始草案由美国政府以其1921年的反倾销法为基础,而美国1921年反倾销法的出台背景是:1920年美国经济陷入衰退,粮价大跌,1921年失业率达到12%,有505家银行倒闭,发生了美国南北战争后从未有过的大危机。在这一背景下出台的反倾销法,无疑是应国内产业急需保护的要求而产生,具有典型的保护主义色彩。虽然历经多轮谈判,WTO 反倾销法对出口国和进口国的相关产业仍然区别对待,各国反倾销法条文的宽松又赋予主管当局以很大的自由裁量权,极易得出倾销成立的结论。这对于出口国产业来说显然是不公平的。

第二,反倾销诉讼中当事人诉讼地位的不平等。反倾销调查的申请虽然是由进口国同类产品生产者向本国主管当局提出的,但在具体操作中,申请一经提出亦获得批准,反倾销主管当局就立即取得了裁决者的地位,从而诉讼也就转化成了进口方政府针对出口国企业的行为。同类产品范围的界定、调查抽样方法的选取、出口价格与正常价值的调整与比较、市场经济地位的认定、被确定为非市场经济时替代国的选取、诉讼期限的延长与否等等几乎全部由进口国主管当局自行决定,而出口企业所在国的政府只能作为有利害关系的当事人提供证据,或在对判决不满时提出争端解决要求。可见,反倾销诉讼从一开始就注定是一场力量悬殊的不公平较量。反倾销调查的时限性又使得出口方企业没有足够的时间收集资料和有利证据予以反驳和申辩,只能处于极其不利的被动地位。

第三,损害调查中非倾销因素的排除存在不公平性。WTO 反倾销协议及各国反倾销法都明文规定,在确定倾销与损害间的因果关系时,当局应对所拥有的全部相关证据进行审查,同时亦应审查除倾销以外的其他已知因素,以确定这些非倾销因素是否也同时对国内产业造成危害;由非倾销因素对国内产业造成的损害,不得归咎于倾销进口产品。按照规定,至少应考虑下列诸因素:以非倾销价格销售的进口产品的数量和价格;国内需求的减少或国内消费方式的变化;外国与国内生产商之间的竞争;贸易限制措施的作用,国内工业的技术革新;出口实绩和国内工业生产能力的变化等。然而,对上述非倾销因素审查与否及审查的程度如何,几乎完全取决于进口国反倾销调查当局,当局出于保护国内工业的考虑往往对某些因素不做调查,或者调查时浅尝辄止,而把由非倾销因素引起的损害不公平地归咎于进口产品。

第四,进口产品大量增加的标准有失公正。在考察进口倾销产品数量的增长时,不论美国的反倾销法,还是 WTO 反倾销协议,都是既考察进口倾销产品数量的绝对增加,又考察其相对增加,认为"不论其在进口成员的生产或消费方面是绝对的或是相对的",都视为进口大量增加,这显然更有利于损害存在的判定。例如,美国从中国进口某一倾销产品,第一年进口 5000 件,美国国内该产品的消费总量为 20 万件,由于进口量不足国内消费总量的 3%,被忽略不计。假如第二年美国仍然是从中国进口 5000 件该产品,但由于国内消费萎缩,总消费量变为 13 万件,那么,按照当前的反倾销法,虽然进口产品的绝对数量没有变化,但由于第二年美国国内需求萎缩,进口产品的数量超过了国内消费总量的 3%,进口产品就被认为大量增加了,亦对进口国产业造成了损害。进口国本身消费数据的缩减引起的后果,却要由出口国来承担,显然有失公正。

第五,反倾销调查中累积评估规定的不合理性。WTO 反倾销协议规定,进口国反倾销调查当局可以对来自不同国家的同一进口产品所造成的损失进行累积评估。累积评估的条件是来自某个国家进口产品的倾销幅度超过了 2%的最低标准,且来自这个国家的进口数量是不可忽视的。但累积评估的方法表明,来自一个国家的进口产品可能对进口国产业不构成损害,但把几个国家的进口产品加起来总体考虑时,其损害的严重影响则不可低估。累积评估的方法在某种程度上放宽了损害的标准,大大增加了做出损害存在裁决的可能性。这对于刚刚进入进口国市场的后起小国往往会造成致命的打击。

第六,替代国制度的不公平性。各国对于来自非市场经济国家产品进行反倾销时,不是以该国的出口企业的有关价格数据判断是否构成倾销及确定倾销幅度,而是找一个所谓"替代国"的价格作为确定出口国相关商品的正常价值的依据。这种随意性很强的替代国制度是极其不公平的。①现实中经济发展水平完全相同的两个国家是不存在的,因此也难找出某个国家的合适的替代国,对于中国来说,更是如此。中国作为最大的发展中国家,人口密度极高,具有无可比拟的劳动力成本优势,加之在能源、原材料等方面的价格优势,任何国家充当中国的替代国都必将大大高估其成本,因此是极不合理、极不公平的。如欧盟在对华彩电反倾销案中,选择新加坡作为替代国来计算我国的劳动力价格,并以此来确定反倾销幅度。新加坡劳动力价格是我国的20倍,二者之间完全没有可比性,而欧盟竟然据此做出裁定,最后对我国出口彩电征收44.6%的反倾销税。②替代国的选择随意性过强,缺乏可预见性。替代国的选择只有在进口国厂商提起反倾销申诉,当局认为出口国生产商不符合市场经济条件时才会出现,因此出口商或出口国生产商在被控倾销之前,甚至在立案过程中都无法预知究竟把价格定于何种水平才能免遭起诉,这显然是不公平的。③替代国价格确定的不透明性。以保密为借口,进口国主管当局从替代国获得的资料不会透露给出口国的生产厂家,因此,生产商或出口商无法核实依靠这些资料得出的正常价值的真实性和可行性,更不知道倾销幅度是怎样计算出来的;而且,进口国采用替代国价格时往往不做必要的调整,在本来就不公平的基础上人为地加大正常价值,使得被控倾销的生产商和出口商被动地去接受进口国主管当局确定的替代国价格,去接受反倾销制裁,显然是极不公平的。

第七,反倾销往往会忽视消费者的利益。反倾销似乎一直是进口国生产商、进口国主管当局与出口商生产商之间的博弈,与消费者毫无干系。消费者一般无权过问反倾销调查,也无权取得有关资料。但是消费者的福利却直接受到反倾销措施的影响,这种影响有时甚至是长期的。如1990年根据大西洋鲑鱼贸易联盟的书面指控,美国对来自挪威进口的新鲜鲑鱼征收了23.8%的反倾销税。征税后国内生产每年约增加70万~100万美元,生产者利润随之增加70万~80万美元,国家关税收入每年增加870万~1090万美元。但由于市场上鲑鱼价格的提高,消费者每年的净损失达1810万~1850万美元。这样,实际美国社会净福利每年将下降690万~720万美元。① 可见,反倾销尽管能在一定程度上起到保护国内特定商品生产者的目的,但它是以牺牲国内消费者的利益为代价的,并且在很多情况下会引起社会福利的净损失。这对于进口国国内的消费者而言无疑也是不公平的。

以上从七个方面对反倾销的不公正性做了分析,导致这种不公正性的原因除了各国政治、经济上的原因之外,人们伦理观念上的因素也是值得探讨的。

_____

① 转引自易佳琳:《反倾销对相关国家经济及对外贸易的影响》。

四 国际经济公正的伦理因素

1. 价值冲突

对于价值冲突现象一般认为有两种含义。一是认为,人类社会存在某种"终极"的、绝对合理的、普遍适用的价值及其标准,只要通过某种恰当方式来推广这种价值及其标准,就能够解决世界上的大部分纷争。如果不认同"普遍价值",就必然发生价值冲突。二是认为世界上不存在绝对普遍、永恒不变的终极价值及其标准,只存在不同价值主体的价值及其标准。不同民族或国家具有不同的价值观,这些价值观在深层内涵上是不可通约的。如果无视多元价值观的存在及其平等交流,就必然引起价值冲突。价值冲突主要就是指不同主体价值观念之间的冲突。价值冲突的表现形式极为复杂。从价值冲突的内容上看,主要有经济价值冲突、政治价值冲突、文化价值冲突、军事价值冲突和科技价值冲突。

当代世界是由发达国家主导的,亦在国际交往过程中形成对自己有利的经济、政治与文化秩序。而广大发展中国家总是在这种不公正的国际交往秩序中遭受歧视或压迫,因而不得不进行斗争或妥协。虽然现在世界出现了多极化的趋势,但并没有从根本上改变社会发展的不平衡性和国际交往秩序的不公正性。当代世界的价值冲突就生成于当代世界不同价值体系之间不公正交往关系的发展。在各国经济交往过程中存在着各国经济利益不一致现象,尤其存在着发达国家与发展中国家之间经济利益的尖锐矛盾和冲突。这种矛盾和冲突在价值观上主要体现为:国家间的互惠互利价值观与自私自利价值观之间的冲突。在当前经济全球化进程加快的背景下,各类经济活动的主体间的联系日益密切,各种生产资源要求在全球范围内实现合理配置,这就必然要求各价值主体之间保持一种平等互利的关系,国家不分大小,相互尊重,求同存异,实现互惠互利,以达到共同繁荣的目标。然而,以美国为首的少数发达资本主义国家推行国家利己主义,利用其经济、科技及军事方自己的优势,以大欺小、以强凌弱、以富压贫,制定明显有利于发达国家的"游戏规则",广设贸易壁垒,动则搞经济制裁或以制裁相威胁,把实现自己的价值目标建立在剥夺发展中国家实现自身价值目标的权利的基础上。这种极端的国家利己主义不仅严重地阻碍发展中国家的经济发展，从长远利益来看，它必将成为世界经济持续繁荣的巨大障碍。

以上是经济价值冲突，除此之外还有政治价值冲突、文化价值冲突、军事价值冲突及科技价值冲突。但归根到底它们都是经济价值冲突的反映。因为价值冲突的最终根源是经济利益冲突，是阶级、集团、个人的利益需要之间冲突的观念体现。人类社会一切价值观念都根源于一定的社会集团或阶级的经济利益，是从一定社会集团和阶级的个人利益或整体利益关系中引申出来的。价值主体的经济利益不同，价值观念的冲突就不可避免。国际经济是各国交换劳动产品及分配利益的活动，必然会成为价值冲突的焦点。当代世界价值冲突可以说是导致国际经济不公正的根源之一。价值冲突的合理处理和化解将使国际经济公平、公正和合理。但是，一些发达国家依靠某种强势力量，无视其他国家的生存与发展价值，恣意攫取国家战略利益。它们利用自己的市场操控力量和经济影响力，不断向他国灌输西方的价值观。某些强势国家常常根据自己的经济需要动辄对他国进行制裁，其中反倾销措施的滥用就是对他国进行制裁的一个常用的手段。而广大发展中国家不得不与西方的价值体系进行斗争，但由于经济和政治上处于劣势，难以与来势凶猛的西方价值观相抗衡，在价值冲突中处于守势。结果，不公正、不合理的国际经济旧秩序没有得到改变，资本主义发达国家仍然处于主导的地位，广大发展中国家处于弱势地位，有的甚至被他国控制了经济命脉。这就使得全球资源配置的不合理性和财富分配的不公平性继续扩大。

2. 义利观

义利问题作为一种价值观，它几乎渗透到每个人的一切活动中，亦在人们的行为选择和价值取向中起着重要的导向作用。各种经济行为都是围绕利益展开的，而每一个经济行为都不是纯粹的经济行为，都有道德关系与之相伴，义利关系贯穿于一切经济活动之中。不同的社会、不同的人民有不同的义利观。在各国的国际经济活动中人们也是秉持着不同的义利观而进行的。

我国古代就有义利之辨。其中居于主导地位的是儒家重义轻利的义利观。

以孔子为代表的儒家坚持居利思义。孔子认为"君子义以为上","君子喻于义,小人喻于利"。孟子在义利关系上则存在着把义利对立起来的倾向,"生,亦我所欲也;义,亦我所欲也。二者不可得兼,舍生而取义者也。"①孟子重义轻利的思想对后儒有很大的影响。

西方近代以来的义利观主要表现为道义论与功利论之争。在西方的义利之辨中处于主导地位的是功利主义思想。功利主义倾向的思想家,如培根、霍布斯、孟德威尔、爱尔维修、霍尔巴赫,他们的共同点是将感觉经验作为人性的基础,认为趋乐避苦是人的本性,把感觉上的苦乐视为道德的标准。系统的功利主义是由边沁等人提出并完成的。他们继承了近代经验主义思想家的观点,把苦乐的感觉作为善恶是非的标准,提出了道德的原则在于最多数人的最大幸福的观点,即功利原则。亚当·斯密的义利观,在西方经济伦理史上也具有重要的地位,他对义和利给予了双重肯定。他认为人应当追求公共利益,"正是由于我们自己的根本利益被看成是整体利益的一部分,整体的不仅应当作为一个原则,而且应当是我们所追求的唯一目标"②。但他同样认为人应当追求自利,"每一个人在他不违反正义的法律时,都应听其完全自由,让他采用自己的方法,追求自己的利益。"③与其他的功利主义思想家一样,亚当·斯密认为社会利益是个人利益的总和,人们在利己心的驱使下,必然会促成社会利益的实现。由此,他提出了著名的"看不见的手"的理论。总之,他对义利关系的基本看法是通过追求个人利益来实现社会利益。

在功利主义思想的指引下,人们便把实现利益最大化作为最重要的目标。世界贸易是国与国在世界市场上互相交换中实现利益的活动。获取利益是各国进行国际经济的动机和终极目的。各国参与国际经济主要是为了谋求两种利益:一是以拥有的绝对优势与相对优势参加国际分工,在扩大生产中谋求更大利益;二是互通有无,分享世界物质文明、精神文明的成果。为了谋求这两种

---

① 《孟子·告子上》。
② 亚当·斯密:《道德情操论》,蒋自强等译,商务印书馆1997年版,第360~362页。
③ 亚当·斯密:《国民财富的性质和原因的研究》下卷,郭大力等译,商务印书馆1974年版,第252页。

利益,各国常常采用自由主义和保护主义两种政策。不管是自由主义,还是保护主义,都是为了实现和扩大各国的民族利益。

不管是保护主义还是自由主义都有一个对义利关系的价值取向,都有合理与不合理之分。比如发达国家由于在制定自由贸易规则、协议、原则,去评估、仲裁等谈判中有较大的话语权,竭力往有利于自己的方向拉动和做出决定。"多哈回合"的主题是农产品非农产品(主要是工业品、药品)减税准入、进一步消除贸易壁垒,以扩大 151 个成员间的自由贸易问题。美国是世界农产品出口的第一大国,"多哈回合"开始的 2001 年,美国农产品出口总值就有 535 亿美元,占美国出口贸易总额的 7.5%。美国农业除技术先进外,还有政府的高额补贴,有明显的出口优势。美国想通过"多哈回合"谈判,削减或取消成员对美国农产品的关税,特别反对欧盟对美国农产品征收关税,这种做法完全是以自我利益为中心,不顾他国利益的不公正的做法。

再比如以"反倾销"来限制进口,实行贸易保护主义。倾销是属于不正当竞争,违背世贸组织基本原则之一的公平竞争原则。因为倾销是以低于正常价值的价格出口产品,必然会对进口相关产业造成伤害。进口方对倾销行为可以立案调查,采取反倾销措施,征收反倾销税。现有些国家为了保护本国相关产业,就滥用反倾销措施,无中生有地捏造材料和证据加害出口方。这种行为显然是不公正、不合理的。

由此可知,在国际经济中各国对义利关系的看法及取舍,也是影响国际经济公正的一个伦理因素。

3. 诚信观

诚信在世界各国中都得到普遍的重视,其内涵也基本相近,但也存在着一些明显的差异。各国人民对于诚信观的理解不近相同,践行程度也不一,有些国家诚信思想深入人心,信用机制和信用制度完善,而有些国家诚信观念淡薄,诚信缺失现象严重。这些因素都会在不同程度上影响着国际经济公正。

下面就以中西方诚信观的比较来说明问题:

首先,中西诚信观的基本含义是相近的,都包含尊重实际存在、诚实无欺、讲究信用、信守诺言等意思。《说文解字》中云:"诚,信也,从言成声","信,诚也,从人从言。"诚信就是诚实无伪、恪守信用、不自欺、不欺人、言行一致之义。在西方,诚信的基本含义就是尊重事实和信守诺言。如基督教中的"摩西十诫"和古希腊文化中的契约伦理都有关于诚信的内容。美国学者迈克尔·D.贝勒说,诚信"一般被定义为'忠于事实'或在此基础上再加上'遵守公平交易的合理商业标准'"[①]。诚实守信是商业道德的基本原则之一,它对于国际经济来说是有重要意义的。没有诚信,国际间的经济交换就无法顺利进行。

其次,中国人的诚信基本上是人格信任,在本质上是以伦理道德为支撑的,重在感性的情理方面。而西方人的诚信是一种契约信任,以法律为基础,重在理性、法理。中国人的诚信是建立在血缘亲情、朋友情义、社会人情的基础上的,仅限于亲人、熟人、朋友圈子内。中国人之间的信任关系是建立在相信对方人品、德行基础之上的,基本不需要法律的强行约束。而西方,由于商业贸易发展较早,商品经济相对发达,契约作为一种商业手段和人际交往原则被广泛地应用在社会生活中,诚信就是建立在以相互承诺、互相信赖、信守诺言为内涵的契约伦理的基础之上的,而且诚信原则还有法律这个有效的外部制约机制。一方面诚信的缺失固然有市场经济负面影响对诚信意识背离的原因,因为市场经济会诱发人们的求利心理,理性经济人会在社会给定的条件下追求自己的利益最大化。人们长期受求利心理影响,就会以为市场经济就是一切个人利益为中心,从利他走向利己,进而以损人利己为荣,不择手段敛财致富。另一方面,社会转型的特定时期,特别是自改革开放和中国加入世贸组织以来,人们的交往范围已不仅仅限于血缘和地缘圈子,而与陌生人打交道却没有相应的道德规范和信用制度进行约束,这就助长了不诚信现象的泛滥。当今世界国际经济是人们在更加广阔的范围内进行的经济交往活动,这就很难保证交易的双方都遵守诚实信用的原则。

最后,中国的诚信建设缺少有效的制度和机制保证,西方的诚信具有较完备的制度和机制保障。受长期的封建专制影响,中国传统的诚信观是在宗法等

---

① [美]迈克尔·D.贝勒斯:《法律的原则:一个规范的分析》,张文显等译,中国大百科全书出版社1996年版,第223页。

级制度的下级对上级及民与民之间的诚信,无须诚信法律规范和信用制度来约束。而西方由于长期的商品经济和市场经济的发展,逐渐形成了较为严密而完善的个人和企业信用体系和制度。在西方,诚信思想深入人心,诚信观念最终发展成市场经济主体所必须遵循的基本准则。由于各国对诚信观的理解不同,诚信体系的完善程度不同,这必然会对国际经济公正造成影响。国际经济的大量交易都是在与许多陌生人和组织交往中完成的,如果双方是基于诚信基础上的交往,那么摩擦和不确定性小,交易的结果可以预见。诚信行为,由于交易双方信息不对称和契约的不完备,交易过程中需要加倍的监管,还要对机会主义者施加直接的防范和控制,需付出高昂的监管成本;同时由于信用缺失,大量自利行动和动机的出现,使交易活动中交易主体间利益冲突和决策争端不可避免,摩擦和不确性增大,增加了沟通和润滑成本。

毋庸置疑,诚信对于国际经济来说是至关重要的。交易双方的诚信观念、守信程度,直接影响到国际经济的公正。信用及信用秩序是世界经济运行的最重要的基础之一,是经济交往的重要保证。良好的信用机制能促进资源的有效配置,较好地解决公正问题。而信用的缺失则会导致市场配置资源下降,交易秩序混乱,交易成本增加,阻碍世界贸易的发展,扩大各国之间财富的不公正分配。

4. 全球观

全球意识或人类的整体意识是源自于对全球问题的理性反思。当今世界,困惑人类的全球问题大致有:核毁灭威胁、全球环境恶化、人口过多增长、南北对立和差距扩大、公共道德和个人道德沦丧等等。全球问题只靠某一个国家是解决不了的,它的解决需要全人类共同的努力。在这种背景下兴起的"普遍伦理"是从自然社会和人类的共同发展或持续发展出发,来研究探索和阐述人类的整体意识的。伦理具有广泛的社会性和人类普遍性,是跨文化跨地域的人们可以在其特定生活条件下共同认可和践履的公度性道德,或者说是"一种普遍主义的底线伦理学"①。

---

① 参见何怀宏:《一种普遍主义的底线伦理学》,载《读书》1997 年第 4 期。

在现实生活中,人们是通过与他人的社会交往而了解世界的状况。人们的关于全球性的观念,直接或间接地与世界经济活动相联系,世界贸易组织也正是在这些经济关系之上建立起来的。在国际经济中"普遍伦理"所寻求的就是现今国际交往中都必须遵循的共同道德准则:在个人与个人的关系上,要"诚实劳动,平等互利";在个人与社会利益的关系上,要"两者兼顾"。可以说在世界贸易组织中,普遍伦理不仅是个人道德行为的理论前提,也应当成为国与国之间关系的基本道德准则。

国际经济是各国人与人之间交换劳动产品或提供服务的活动,它属于"一般商品经济"范围。商品经济要遵循价值规律的作用,要求商品交换按照价值量相等的原则进行交换,做到不损害任何一方的利益。而商品交换是与利益的分配相联系的,各经济利益主体追求自身利益最大化的极限,但如果追求自己利益而不能满足他人和社会的需要亦超出社会允许的程度,就会起到破坏社会劳动分配比例的作用,造成社会经济秩序的混乱,这是不道德、不公正的。

国际经济中由于各国所处的发展阶段有着很大的差异,不同经济条件下的交换活动,很难达到公平、公正。发达国家利用自身在政治上和经济上的优势,不断抬高工业品的价格和压低原材料及初级产品的价格,对不发达国家进行着大量不等价交换,以获得高额利润。这种不等价交换,造成国际间财富分配的不公正,使得富国越来越富而穷国越来越穷。那么如何才能达到公正、合理呢?"普遍伦理"要求我们"努力做到使私人关系间应该遵循的那种简单的道德和正义的准则,成为各民族之间的关系中至高无上的准则"①,这样就会有利于我们建立公正的国民经济新秩序,有利于世界的和平和稳定。

总之,建立和完善"普遍伦理",能为世界经济的发展营造一个良好的环境,也有利于达到国际经济公正。

---

① 《马克思恩格斯选集》第2卷,人民出版社1995年版,第607页。

第五节 代际经济公正

社会的代际关系是随着人类社会的产生而产生,随着人类社会的发展而发展的,是人类社会基本的关系之一,是社会结构的有机构成部分。但是,无论是从生物学意义上的代际延续而言,还是从社会历史文化的传承,抑或是资源的代际分配而言,代际关系在传统社会一直没有作为"问题"而存在。然而,进入现代社会以来,尤其是20世纪中叶以来,随着工业化的进步,随着人类社会的发展,人们的生产—消费模式发生了巨大变革,人类社会代际关系也随之发生了前所未有的重大变化。生态环境遭到破坏,资源的有限性与人类欲望的无限性之间的矛盾日益凸显,进而引发出代际之间的矛盾和冲突;"代群体"、"代共同体"逐渐形成并日趋明朗化,不同的"代群体"与"代共同体"之间分别有着各自不同的利益需求、生活方式和价值观念。人类社会的代际关系由"隐性"的存在转变为显性的问题。

一 代、代际公正、代际经济公正

20世纪初期以来,国外有关学者从各自学科角度,对代际关系问题进行了多方面、多视角的审视和研究,这些学科主要包括文化人类学、社会学、青年学、老年学、经济学以及对家庭问题的研究等。我国对代际关系问题的研究起步较晚,与社会转型相适应,20世纪80年代随着代际关系问题的凸显,才开始引起人们的重点关注,主要集中在社会学、老年学、青年学等领域。

1. 代的属性

代,首先是一个自然范畴,代的划分是一个客观现象和自然过程。一般意义上,一提到不同代,人们首先想到的就是不同的年龄层次(或者年龄段、年龄周期),这是一个基于生物学的自然事实。可以肯定的是任何社会中的一代人之所以被看做是一代,首先就是由他们处在同一个年龄层次上所决定的,人们由于年龄层次的不同而自然地形成不同的代。因此,代,无疑是一个与年龄有关的问题,这是我们讨论代不可忽视的基本事实和前提。

如果说从自然属性来讲,偏重于强调的是"个体之代",那么,社会历史属性更强调的是"整体类之代"。值得注意的是两个层面。一是就整个宇宙发展而言,人类社会不过是其发展过程中的一个部分、一个阶段,或者说只是一个发展时期而已。从整个宇宙发展的历时态的角度来看,人类整体作为宇宙中的一代而存在着、发展着。无论始前一代给人类留下了什么,也无论将来一代会是什么物种,人类都应该抛开自我为中心的思维观念,承担起作为宇宙中的一代所应承担的保护环境、维护生态平衡等最基本的责任和义务。二是就人类社会自身发展来看,人类社会是一个整体,要树立一种人类整体意识,把后代人纳入到人类整体利益当中去考虑。社会的发展过程是通过每一代人的努力来实现的,整个人类的历史就是依靠代际之间的合力予以推动的。需要关注的是,社会历史是一个动态的过程,人类代际之间永恒地经历着退场、在场和不在场这样一个过程。不同的社会环境条件,造就了代与代之间实质的不同,形成不同的价值观念、思维方式、文化氛围、情感体验、语言习惯等等,即所谓的"社会年龄"。对此,美国社会科学家戴维·L.德克尔认为,"不管我们是哪一代人,不论我们处于成熟的哪一个阶段,赋予我们年龄的时间有种种的社会定义。在有的社会中,50岁的人就被认为老了,而在其他社会中人到了70岁还不算老,相反,15岁年龄的人被看做是儿童还是成年人,取决于社会年龄的定义。"①

不同的学科分别从自身研究的需要给予了不同的阐释,那么伦理学探讨的代具有怎样的规定呢? 经济公正视阈下又是如何赋予它意义的呢? 所谓代的伦理属性,是指伦理学视阈内代的属性,同样是自然属性和社会文化属性的统一。在伦理学语境中,代的社会文化属性,主要就是指代的道德价值规定,具体来讲,包括在场的代与代(共时态的各代)之间,在场的代与不在场的代(历时态的各代)之间,以及不在场的各代之间的道德价值、道德原则、道德规范和道德行为的统一。

2. 代际公正

代际关系的形成与确立必须遵循相应的原则。在过去的人类生存史中,代

---

① 戴维·L.德克尔:《老年社会学——老年发展进程概论》,沈健译,天津人民出版社1986年版,第12页。

际关系的形成与确立,往往更多地出于当下政治经济的考虑,由此形成一种时间偏爱和优先考虑的原则:时间偏爱原则把代际关系的选择与确立单向地规定为当下,即社会发展总是以时代为重心;优先考虑原则却把代际关系定位在当前需要,即立竿见影地解决当前政治经济所关心的迫切问题,在时间偏爱原则和优先考虑原则的支配下,代际关系的定位往往忽视下一代的生存问题和未来的发展问题。其集中表现,"一是在对待资源和环境上,不顾未来,盲目开发、运用、浪费自然资源,挥霍社会物质财富和破坏生态环境;二是在国民教育方向与目标的定位上,教育彻头彻尾地体现出短视行为和实用化倾向,从而拉大社会发展中的代与代之间的生存距离,造成人为差异的扩大"①。

　　人类发展的现实,迫切要求理性的人们去重新审视自身发展历史进程在代际关系观念上的错误,矫正"时间偏爱原则"和"优先考虑原则"在发展过程中所带来的弊病,重新建立符合人类整体生存发展的代际关系,促进社会发展的时代性与持续性相统一。因此,必须重新建立代际关系的基本原则。"能够真正促进人类整体生存、共同发展的代际原则,是公正原则。"②代际公正是公正的基本内容与规则在历史过程中的具体化体现,同时也对公正的基本内容与规则产生着重要的影响。如果对代际公正问题的了解不够深入,那么对于公正的总体研究是不可能全面的,是缺乏必要的说服力的,也会削弱公正研究的现实影响。显然,代际公正问题本应是公正研究的一个重要组成部分。代际公正指向后代人的同时,也包含前代人的公正,是普遍意义上的全人类的代与代之间的公正。在这里,由于前代人的退场,我们无法对其遗留的物质财富、精神财富给予应有的回报,同时也无法对其造成的不良后果追究其责任并予以惩罚。唯一可采取的报答方式就是继续为后代人保留并创造他们生存和发展所必需的自然资源、生态环境和社会财富等。

　　3. 代际经济公正

　　什么是代际经济公正?顾名思义,代际经济公正即是代与代之间的经济公

　　① 唐代兴:《公正伦理与制度道德》,人民出版社2003年版,第183页。
　　② 同上。

正,同时它也指向经济领域或经济关系中的代际公正;在这种意义上,代际经济公正与经济的代际公正是同一范畴、同一层次的概念,它们具有相同的内涵和本质。本书中,代际经济公正就是经济的代际公正,经济的代际公正指的就是代际经济公正,它们之间是"一而二、二而一"的问题。学界的经济公正大多指向的是横向的"代内公正",而忽视或者说轻视了纵向的经济公正,即"代际经济公正"。

西方的工业文明从其产生时起,就因其弊端而成为许多思想家反思和批评的对象。卢梭曾对使工业文明过分膨胀的工具理性侵蚀人的道德理性、破坏人与自然和谐的可能性和危险性发出警告。马克思、恩格斯更是对资本主义工业文明所导致的人与人、人与自然的异化做出过深刻的反思。20 世纪 60 年代以来,随着全球环境污染的进一步恶化,人们开始了有意识地寻求新的发展模式的过程。20 世纪 70 年代西方社会发生了关于世界发展趋势的论战,一方以"增长的极限"为代表,认为如果目前的人口就资本的快速增长模式继续下去,世界就会面临一场"灾难性的崩溃"。避免这种前景的最好方法就是限制增长,即"零增长"。其原因就是资源是有限的,自然环境的承载力也是有限的,这就是增长与资源、环境的矛盾。另一方以"没有极限的增长"为代表,主张科学的进步和对资源利用率的提高,将有助于克服这些问题。在此基础上,1983 年 11 月,联合国成立了世界环境与发展委员会,并于 1987 年对可持续发展这一理念提出了广为认可的定义性的解释,即"既满足当代人的需求又不对后代人满足其需求的能力构成危害的发展"。

可持续发展过程,要求对后代人的需求和利益予以伦理上的关注,这是代际经济公正原则的重要体现。反之,实践代际经济公正也是可持续发展的必然选择。代际经济公正内涵可以从狭义和广义两个角度来理解,首先,狭义的代际经济公正就是指在场的、共时态的代与代之间的经济公正问题,主要强调的是现世代的人们在资源分配、市场准入以及各项经济活动中的平等、自由、公正等;其次,广义的代际经济公正既包括在场的代,还包括已退场的代,以及尚未出场的代之间的经济公正问题,尤其是对未来世代的人们给予道义上的关注,强调人类作为整体而存在,每一代人只是人类发展历史上的"节点",理性的当代人,在考虑自身需求与利益的同时,必须考虑到后代人的需求与利益。也许有人会说,对于那些还未出现的人,用不着考虑那么多。对此,厉以宁先生指出:"本代人应当是理智的一代。如果说前代人或以前若干代人在资源方面不够理想,以致产生滥用资源、破坏资源的现象,从而给本代人的生产和生活带来了一定困难的话,那么本代人作为理智的一代,不应当怀有'上一代人那么做了,我们为什么不那么做','上代人在哪些方面为我们着想了,我们为什么要为后代人着想'等想法。为后代人着想既是本代人的道德责任,也是本代人超越前代人的表现。至于下一代是不是也像本代人这样理智,是不是也为再下一代的人多着想,虽然这是下一代人的事情,但并不是说本代人对此不负责任,本代人做出节约资源的榜样,对后代人会有好的示范作用。"①

代际经济公正本质上所反映的是经济发展中人与人之间的关系,是对各代人经济活动的目的、过程、手段、结果所体现的复杂关系所做的合理性批判。代际经济公正的伦理价值主要在于:在经济体制、制度和秩序的安排上,遵循权利、机会平等的原则,为各个时代的人们提供普遍的发展机会;保证弱势群体(尤其是未来世代的人们)最基本的自由和尊严,缩小贫富差距,减少在资源占有及利用方面的不公正。它提供了调节经济主体关系的伦理约束和规范,为经济主体实现精神对物质的超越,奠定了伦理价值基础。

二　代际经济公正何以可能

从代际经济公正的角度看,当代人那种以污染环境、破坏生态平衡为代价的发展模式直接损害了后代人的基本权利,是对代际经济公正的严重威胁。因此,坚持科学发展观,选择可持续发展的道路,建设资源节约、生态平衡、环境优化的可持续发展型社会,实现人与自然的和谐,是代际经济公正的内在要求,是当代人必须承担的一种责任和义务。这种责任和义务是基于后代人的基本权利,而不单纯是出于当代人对后代人的同情和关怀。

资源是人类赖以生存和发展的最根本的物质基础。资源在代际间的分配、

---

① 厉以宁:《经济学的伦理问题》,三联书店 1995 年版,第 216 页。

开发和利用状况,是代际经济公正与否的重要体现,是可持续发展的核心问题。从人与自然关系的角度讲,可持续发展强调的是人与自然之间的和谐共生,抛却人类中心观念,而将人视作自然的一部分,因而强调人的发展、社会的发展不能以牺牲自然为代价。从人类整体的代际公平角度来看,可持续发展强调的是各代发展主体之间的平等,当代人不能以牺牲后代人的利益为代价来谋求自身的发展。"既满足自身生存与发展的需求,又不对后代人满足其自身需求的能力构成威胁",这至少包含了以下几个层面的意思:一是人的需求与发展被置于首要地位;二是在生存与发展过程中,对资源的开发与利用不能无限度、无节制,否则势必影响自然对后代人乃至当代人自身生存与发展的支持能力;三是生存与发展是公平地面向所有世代的人,因而当代人不能或者说无权为满足自身的需求和利益而大肆开发、滥用资源,而损害后代人满足其需求的基本条件。著名学者约翰·罗尔斯说到,"公正不允许一代人通过直接的财富消耗的方式而占有子孙后代的利益……它要求一代人为了子孙后代的福利而进行储蓄"①,要给世世代代的人以公平利用自然资源的权利。

对后代人权利及是否存在代际公正问题,学界争议颇多,主要有两种对立的观点:一是对此持否定态度,认为后代人,尤其是未出场的"未来人"不具有与当代人相同的权利,其理由主要有四条。第一,"未来人"不存在,因此就没有我们要为之履行义务的具体的、有血有肉的个体。我们怎样对不存在的人尽义务? 第二,即使我们解决了设想的人或可能的人存在的观念问题,我们又怎样知道他们的偏好、需要或价值是什么? 第三,即使我们确信我们了解他们的需要和价值,我们又怎样把他们的需要和价值同现存的人,特别是其家庭、伙伴和共同体相比较? 第四,为什么我们关心未来人能胜过关心地球上的遥远的异地人,也是一个问题;从当代人自身角度出发,为什么我要为未来的人做出牺牲,尤其是遥远的未来世代的人,他们能为我做什么呢? 或者说,前代人又为我们牺牲了什么呢?②

① [澳]乔德兰·库卡塔斯:《罗尔斯》,姚建宗译,黑龙江人民出版社1999年版,第58页。
② 参见曾建平:《自然之思:西方生态伦理思想探究》,中国社会科学出版社2004年版,第186页。

　　与此相对,另外一种观点是持肯定态度,认为后代对生存和发展拥有的权利跟当代人拥有的同样多,作为当代人有义务留给后代一个适宜他们生存的环境。罗尔斯顿明确指出,"认为生存年代越在我们之后的人其价值越小,而其生存年代离我们最远的后代则毫无价值——这种观点只能是某种道德幻想的产物。"①席拉德·弗雷切特认为,每代人都从上一代那里获得自身生存和发展的益处,当代人从上代人那里获得的恩惠应当返还给未来的人们,形成一种代际传承,人类社会也因此而不断向前发展。据此,她认为已经退场的、在场的和尚未出场的各代,通过在场的代为媒介,建立起一种跨时代的社会契约,从而使得所有世代都同处于一个道德共同体,后代因而具有权利。对此,罗尔斯在其《正义论》中论述道,"平等的正义的权利仅仅属于有道德的人。道德的人有两个特点:第一是有能力获得(也被看做获得)一种关于他们的(由一个合理生活计划表达的)善的观念;第二是有能力获得(也被看做获得)一种正义感,一种在正常情况下有效地应用和实行——至少是在一个较小程度上——正义原则的欲望……那些能参与对原初状态的共同理解并能照着这种理解去做的人应当获得平等的正义……而且,尽管一些个人可能具有参差不齐的正义感能力,这一事实也不是剥夺具有较低能力的人享受充分正义保护的权利的理由。只要能达到某种最低程度,一个人就有权获得同其他任何人同等的平等自由……人们常常认为基本权利和自由应当根据能力而有所不同,但作为公平的正义拒绝这一点:只要具备了最低的道德人格,一个人就有权得到全部正义保证。"②那么有人会问,对于那些未来的人们,我们不知道,他们是什么样的? 他们需要什么,想要什么? 等等;由于对他们知之甚少,就几乎无法具体化我们当尽的义务。但是无论他们兴趣如何,如果他们也希望有个合理的好生活的话,至少应包括干净的水、清新的空气,而远离各种各样的有毒气体和疾病,能够享受到春暖花开,聆听到鸟的啼鸣,而不是迎接一个"寂静的春天"。③

---

　　①　Rolston Ⅲ H. ,*Environmental Ethics*:*Duties to and Value in Nature World*, Philadelphia:Temple University Press,1988, p. 278.

　　②　罗尔斯:《正义论》,何怀宏等译,上海译文出版社 1991 年版,第 507~509 页。

　　③　雷切尔·卡逊:《寂静的春天》,吉林人民出版社 1997 年版。

前代人、当代人、后代人(尤指遥远世代的"未来人")同属于人类社会的历史链条中,虽然各代不在同一个时间维度,但无论哪个世代的人,从人之为人的角度来讲,都是作为独立的个体、自由的个体而存在的,享有同样的生存和发展权,这是人之为人的"合法性"的重要体现。同时,作为当代人,在考虑自身需求与利益的同时,要尊重和维护后代人生存与发展的权利,给后代人以应有的关注与关怀。由于代际关系的不对等性和非互惠性,当代人为满足自身发展需要而肆意开发、滥用资源,造成不良后果,却要由之后的几代,甚至更远的后代人去承担;而未来的人们可能会责怪他们的挥霍浪费,但却无法向他们提出讨债。因此,当代人才是现有生存环境的绝对控制者,后代人虽然会强于和高于前代,但他们只能接受前代人留下的遗产,而不可能制约前代人的行为,在这方面,只得听任前代的安排和摆布。基于此,"人类实行可持续发展的前提性认识或者恪守的原则,应该是每一代人对后代人生存发展的可能性具有强烈的不可推卸的责任感,在实现自身的需求时,不仅不能损害后代人满足需求的条件,而且,要为后代人提供至少和自己从前辈人那里继承的一样多甚至为之创造出更多的发展条件"[①]。这也是人之为人的"合法性"的必然要求。

自古以来,责任就是哲学、伦理学、人类社会学、法学等学科关注的重点。责任应当从事前、事后两个角度予以考虑。[②] 传统意义上的责任指向的是"事后",是一种后顾性的事后责任,即认为某人应当对其自身的行为所造成的后果负责,而这一后果就是由于他过去的失职或错误所导致的。新意义上的责任,在指向事后的同时,还指向"事前",是作为前瞻性的、导向未来的责任,即意味着人们有一种为他人、为一种动物或一件事情、为非个人的事业而行动的义务。这种责任类似于由他人或自我赋予的"职责",其相应的语词,常常是"职责"和"义务"的语言学变形。

事前责任和事后责任都是责任概念的精髓。当代人对自身的行为以及对后代人的生存发展,既要考虑"事前责任",又要承担"事后责任",是二者的统

---

① 方玮:《可持续发展中的代际关系问题》,载《求实》2001 年第 3 期。
② ［德］底特·本巴赫尔:《责任的哲学基础》,载《齐鲁学刊》2005 年第 4 期。

一。每一世代的人,无论是过去的、现在的还是未来的,都有追求美好生活的权利,这种美好生活的实现是脱离不开一定的自然环境的,是与生态系统密切相关的。然而,随着社会的进步,人们对资源的需求日益增长,当代人在努力满足自身物质需求的同时,过快、过量地开采、利用了自然资源,破坏了生态环境,而对其做出的补偿也只是某种程度上的,无法维持到遥远的未来世代,这对于后代人来说是极其不公正的。环境污染、生态恶化、资源短缺等生态环境问题,往往要经历几代甚至更多代人之后才会显现出来。这种单向度的、不可逆转的后果,直接损害了后代人的权益。对此,当代人应当承担起事前责任、事后责任,即在开发、利用自然资源满足自身需求的过程中,在自身的生产、消费活动中树立责任意识,不可挥霍浪费,应避免破坏生态环境等。总之,须不对后代人满足其发展的需求能力构成危害,甚至应为后代人创造更多的生存发展条件。当代人要对自身的行为后果负责。人类改造生存环境的能力不断增强,而这很大程度上是对后代人生存环境的改造,最直接的例子就是煤、石油等燃烧形成二氧化碳,污染大气,影响人们身体健康。与此同时,作为不可再生资源,随着人们的过快、过量消耗,日渐枯竭,后代人因此而丧失了消费这些资源的机会。对此,当代人一方面要在消耗有限资源的基础上,通过财富增长、科技研究等方式对后代做出补偿,为后代积累财富、开发新能源等;另一方面,当代人还必须对自身发展过程中所造成的环境污染、生态失衡等后果承担责任,加大对废弃物回收、处理,对自然环境的维护、修复等领域的投资,为后代人保留一个"花香鸟语的春天"。

三 代际经济公正原则

代际经济公正原则就是对原有的时间偏爱与优先考虑的一种矫正,认为代际关系的确立,必须以人类整体意识为前提,建立在人性的基础上,遵循上一代与下一代、当代与未来需要的"限度性共享"原则,实现当代与后代的共同发展。在这个过程当中,出于资源的有限性与人的需求无限性之间的矛盾,当代人必须努力在满足自身需要和利益的同时,不伤害后代人满足其需要的能力,正确处理代际关系,应当积极建立合理的代际继承—储存原则、代际创造—补偿原则。

1. 代际继承—储存原则

从人类发展的长远角度来看,只注重经济效益而忽视代际继承的发展不应是人类所追求的发展,作为具有反思、创造理性的人类必须慎重对待资源分配问题,努力做到代际社会与生态的平衡,真正实现社会的可持续发展。我们只有一个地球,目前为止,现有条件下,根本无法"克隆"出另一个地球,无法用人工模拟出一个脱离地球自然环境而又能让人类休养生息的生态系统,因此我们要好好保护地球。作为后代人,虽然不能参与和干预当代人的行为,但是后代人与当代人享有同等的生存权利和发展权利,并且享有同等的权利通过发展去满足其自身的需求。如果当代人不负责任地肆意开采、滥用资源,以破坏生态环境为代价来满足自身的发展需要,那么势必会影响后代人生存和发展的基础,损害他们满足自身需求的能力。因此,为了实现人类的可持续发展,代际经济公正要求当代人树立一个牢固的代际继承原则,自觉地约束和限制自身的欲望与需求,给后代留下一个自然生态、社会经济、文化等方面环境良好的生存和发展空间。"关于人类命运共同体的意识可能是这个千年之末最具关键意义的事件:我们与地球息息相关,患难与共。我们必须保护好地球,否则我们只有死亡。"①

那么,作为当代人,如何实现,或者说如何在最大可能上实现自然资源的代际公平分配,实现代际继承,以保证不损害后代人满足其自身生存与发展的需求呢?对此,美国著名学者罗尔斯提出了合理储存的原则。所谓代际储存,其基本内容就是资源,这里的"资源"是广义的,它包括自然资源、社会物质财富、人力资源、文化资源、科技资源以及各种形态的信息资源等,是指对全部资源开发和利用的代际考虑。罗尔斯指出,"每一代不仅必须保存文化和文明的成果,完整地维持自己建立的正义制度,而且也必须在每一代的时间里,储备适当数量的实际资金积累。这种储存可能采取不同的形式,包括从对机器和其他生

---

① [法]莫林、凯恩:《地球 祖国》,马胜利译,三联书店1997年版,第208页。

产资料的纯投资到学习和教育方面的投资。"①他主张在代与代之间建立一种合理的储存率,这个储存率与社会发展水平成正比,他指出,"他们实际上必须选择一个能分派给每一发展水平以一种合适的积累率的正义的储存原则。这种比率可能依赖于社会状况的变化而变化。当人们贫困因而储存比较困难的时候,就应当要求一种较低的储存率;而在一个较富裕的社会里,人们就可以合理地期望一种较高的储蓄率,因为此时真正的负担较少。""正义的储存原则可以被视为是代际之间的一种相互理解,以便各自承担实现和维持正义社会所需负担的公平的一份。"②在人类发展的整体过程中,无论哪一代人,来到这个世界上,在从前代获取的同时,必须要考虑后代人的需要与利益,为后代人保生存与发展的物质基础;当一个合理的储存率保持下去时,每一代(可能除了第一代)都可以获得好处。一旦积累的过程开始并继续下去,它就对所有后继的世代都有好处。每一代都把公平的相等于正义储蓄原则所规定的实际资金的一份东西转留给下一代(这里我们应该记住,资金不仅是工厂、机器等,而且是知识、文化及其技术和工艺,它们使正义制度和自由的公平价值成为可能)。这种等价物是对从前面的世代所得到的东西的回报,它使后代在一个较正义的社会中享受较好的生活。我们可以说,只有第一代人没有获得好处,因为虽然他们开始了这整个过程,但却没有享受他们所提供的果实。然而,既然假设每一代关心自己的直接后代,就像父亲关心自己的儿子一样,那么一个正义的储存原则,或者更准确地说,对储存原则的某些限制就应该得到承认。

　　著名经济学诺贝尔奖获得者莫利迪安尼在研究收入—消费—储蓄关系时,用生命周期理论解释了人类储蓄—消费规律,并发现遗产在消费行为中的作用。③ 从某种意义上讲,作为人类共同财富的自然资源,也是代与代之间传承的遗产,这种特殊形式的遗产,直接影响到后代人的生存环境。因此,在追求经济增长的同时,必须把对自然资源财富的储存问题与之结合起来,而不是传统意义上,单纯地追求经济上的 GDP、GNP;而是将种种对消费资源的补偿也纳入

---

① 罗尔斯:《正义论》,何怀宏等译,中国社会科学出版社 1988 年版,第 286 页。
② 同上书,第 289 页。
③ 邓映翎:《西方储蓄理论》,中国金融出版社 1992 年版。

到衡量社会发展进步的范围内。具体来讲,当代人在资源的开采和利用方面应遵循以下几个基本原则:一是以不损害未来人的利益为前提,在现有的技术水平条件下尽可能多地考虑后代人的利益;二是即使某些资源存在错过最优开采期的机会成本,但从可持续发展理念出发,一旦有可替代资源,就应避免开采那些对后代有潜在价值的资源;三是对于自然资源的开采和利用,尤其是对那些不可再生性的资源的开采和利用时,要有合理的补偿。考虑后代人的利益并不就是放弃当代人的利益,不是停止对这类资源的消费而将其留给后代人以满足他们的需要。对此,布赖恩·巴里(Brain Barry),给出了一个风趣的回答,他的观点是,允许当代人继续使用不可再生性资源,即使这将意味着后代人处于极为不利的地位,但条件是我们要为这种不利对未来后代有所补偿。这里补偿的不是资源的能量本身,而是对后代人利用这种商品的公平机会及需求能源的替代物。

2. 代际创造—补偿原则

在人类社会的发展过程中,各代之间由于时间上的差异性,导致各代无法做到起点的公平,也就是说各代不能获得同等的生存发展机会和自然资源、社会资源、文化资源等等。当代际之间的经济公正有失平衡的时候,应当予以补偿。在可持续发展中,实践代际补偿原则,既对现代的发展起到约束、限制的作用,同时是保障后代人的生存发展的必要条件。在传统的以损害自然环境为代价来换取经济增长的经济发展过程中,其结果在实质上并没有实现各个国家和地区的真正发展和进步,在失去资源的同时,造成了环境污染、生态破坏。20世纪中期以来,世界环境组织屡屡向人们提出警示,再这样无限制地开采和利用资源,人类总有一天会将自身送进坟墓;种种威胁人类生存的生态环境问题的出现,使得理性的人们开始反思自身的行为。可持续发展理论要求当代人尊重后代人的生存发展权利,给后代人保留基本的物质基础;在大量消耗资源的同时,通过创造,对后代给予补偿。在此,强调的是资源的储存、创造和补偿,如前文所述,这里的"资源"指广义的理解,即包括自然资源、社会文化资源、人力资源等各个方面。

(1)自然资源。自然资源的有限性决定了人们在开发利用的同时必须考虑其再生长问题。自然资源的生长本身就是一个以时间为保证的自然过程,因此,自然资源的再生也就具有了一个周期性。对资源的开采利用不能超过它的再生能力限度,否则,将严重威胁人类自身的生存。维护自然资源的再生,本质上是要求维护自然生态的平衡,具体来讲,一是要有节制地开采和使用资源,在人的欲望与满足之间建立一种理性的节制,充分认知资源是给定的、有限的,用一分就少一分。二是再造性地开发与利用资源,应该拓宽视野,以长远的发展眼光,在开发利用原生资源的同时,一方面对已经开发和利用的资源进行再度开发与利用,另一方面加大科研力度,努力开发替代性的新能源。三是在资源的运用过程中坚持节约的原则,不仅指从社会生产、城市建设等大处节省,还可以从日常生活中来节约,假如每人每天节约一滴水,则可以减缓缺水的压力。如果全社会都能从节约的角度考虑,那么我们现实的生活状况以及子孙后代的生活状况都将会更好一些。

(2)人力资源。人力资源的积累是指通过投资于健康、教育、培训等方面而获得的,以具有劳动能力的人为载体的非物质性的资源的总合。人力资源的代际创造与补偿,主要是通过教育培训、医疗卫生保健、社会保障等机制来得以维护和实现的。人力资源的代际平衡首先要求的就是教育在面向现代的同时要面向未来,实现教育的优先发展,将人类的知识"遗产"传承的同时开发人的自身潜能,培养创造、创新意识和能力。同时,没有健康的身体、良好的生活条件,人力资源的代际创造与补偿也将成为一句空话,因此,人力资源的代际创造与补偿在很大程度上,是以教育培训、社会保障、医疗卫生保健共同为基础,在保障当代人生存与发展的同时,为后代生存和发展创造资源基础。

(3)社会资源。社会资源主要强调的是社会的政治资源、经济资源、文化资源的总合。它反映的是一个社会群体的生活状态,是群体的人造环境,包括群体生活中所有的物质和非物质产品。现有的社会资源必然会制约着这个社会中人们的观念和行为。可以说,社会资源积累是生存和发展的物质基础,同时也是民族繁荣和昌盛的精神力量。良好的社会资源可以世代相传,每代人都生活在一定的社会生产方式中,继承和享用着前人所创造遗留的政治、经济、文化资源,这就是资源代际积累与代际创造得以发展的意义所在。

第五章　经济活动公正论

人的经济活动源于人对经济利益的追求,而人类要实现经济利益就需要彼此之间的相互合作和协调。经济活动在本质上是一种人与人之间的关系性的存在方式,其中就必然地需要诸如公平、公正等人类价值原则的规范与约束。历史和现实已经表明,如果离开人的价值因素,纯粹以经济的眼光看待经济活动和研究经济运行是远远不够的,因为这很难把握到经济规律和揭示经济的真理。正是在这个意义上,英国著名经济学家罗宾逊指出:"经济学绝不可能是一门完全'纯粹的'的科学,而不掺杂人的价值标准。"[①]事实上,任何一种经济的背后都有相应的精神动力和价值支持,这些精神原则和价值因素贯穿于经济活动的始终。经济不是自然的产物,就其性质或意义来说乃是人力所决定的东西,是由人类的理智和道德的努力而创造的结果,故而在一切经济背后均有道德的观念和意识的作用在支配它,没有道德背景、非为道德所决定的经济是不存在的,至少不是真正的经济。[②] 同样,马克斯·韦伯在《新教伦理与资本主义精神》一书中,对近代西欧资本主义经济之所以能够迅速蓬勃发展的原因分析时认为,任何经济活动都必须内含经济的价值因素,否则经济必然失败。他认为资本主义经济成功的主要原因在于其背后的资本主义精神的文化动力和价值支持。这些经济理念包括:通过劳动创造价值财富的方式来实现精神的光荣;创造财富时应恪守兢兢业业的敬业精神;通过正当的手段和途径获取财富,经济交往过程中不能损害诸如公正、平等、诚信等经济公正的原则;勤俭节约,

---

① ［英］罗宾逊:《现代经济学导论》,商务印书馆1982年版,第5页。
② 参见贺麟:《道德与人生》,商务印书馆1988年版,第28～29页。

为享乐而从事经济生产是罪恶的等等。马克斯·韦伯从文化、精神、价值的角度来论证经济发展的动力，难免有些偏颇，但在一定程度上揭示了经济发展过程中精神因素和价值因素的作用，无疑具有启示意义。因此，任何经济领域以及经济活动的各个环节都包含和体现着人类基本的价值原则，内在地承载着人类公正的价值理念。[①]

经济公正在经济活动中表现为经济活动公正，经济活动公正是经济公正的精神理念和价值原则在经济过程中的体现和关照，它集中体现在对经济活动的目的、过程和手段诸方面的合理性和合目的性的评价和审视。经济活动公正本质，关注经济活动中人与人、人与社会、人与自然之间的合理性和合目的性的价值审视，其目的在于将经济视为促进人类进步和幸福，以及对人之尊严的提升和人之自由增长的手段，并因此在经济活动中确立主体间的自由、平等和互利的社会经济关系。经济活动是错综复杂的社会现象，贯穿于人类生活的各个领域，因此不能对现实的经济活动本身加以抽象的理解。但是为了便于理论分析和论述的需要，我们把经济活动分为由生产、分配、交换和消费有机联系的四个环节的统一体，相应的，对经济活动公正的分析和论述也从生产公正、交换公正、分配公正和消费公正四个方面来展开。

马克思在《〈政治经济学批判〉导言》中指出，生产、分配、交换、消费构成一个总体，它们是这个总体内有差别的各个环节，其中"生产既支配着与其他要素相对而言的生产自身，也支配着其他要素。过程总是从生产重新开始。交换和消费不能是起支配作用的东西，这是不言而喻的。分配，作为产品的分配，也是这样。而作为生产要素的分配，它本身就是生产的一个要素。因此，一定的生产决定一定的消费、分配、交换和这些不同要素相互间的一定关系"[②]。因此，生产在经济活动中处于主导的地位，同样，生产公正在经济活动具有重要的意义。

---

① 参见毛勒堂：《经济正义：经济生活世界的意义追问》，博士论文，第73页。
② 《马克思恩格斯选集》第2卷，人民出版社1995年版，第17页。

第一节　生产公正

　　生产公正的可能源于生产的本质和人的存在特性。[①] 生产活动是人类首要的实践活动,是人类获取吃、穿、住、行等需要的物质资料的主要方式。生产又称为社会生产,有广狭义之分,广义的生产指人类从事创造社会财富的活动和过程,包括物质财富、精神财富的创造和人自身的生产;狭义的生产指人类创造物质财富的活动和过程,即物质生产。物质生产是人类和自然界之间进行物质能量转换的重要手段,是人类社会得以存在和展开的重要基础。一方面,人们通过对自然物的改造获取能够满足人的需要的物质生活资料;另一方面,人们在改造自然的同时也在不断地改变自身。正是在改造自然和改变自身的同一过程中,人类成就了自身,也创造了自己的历史。所以马克思和恩格斯在《德意志意识形态》中论述关于一切历史的第一个前提时指出:"人们为了能够'创造历史',必须能够生活。但是为了生活,首先就需要衣、食、住以及其他东西。因此第一个历史活动就是生产满足这些需要的资料,即生产物质生活本身。"[②]这说明物质生产在人类的社会生活和人类历史中具有基础性的地位。要进行生产,离不开劳动者和生产资料的因素,两者的结合形成劳动生产力。生产力表示人们在生产过程中对自然的关系,但是人们在生产过程中还要结成一定的人与人之间的社会关系,生产才有可能。因此生产包括生产力和生产关系两方面的内容,两者的统一构成了社会生产方式。生产方式是人类社会赖以存在和发展的基础,决定着社会的面貌和社会制度的性质,并制约着社会的政治生活和精神生活过程,同时生产方式还决定着社会制度的更替。如此可见,生产及生产方式对于人类社会和人类历史具有重要的意义。生产是人之存在的主要方式之一,它本质上是一种人的关系性的存在方式,所以马克思指出:"人是最名副其实的政治动物,不仅是一种合群的动物,而且是只有在社会中

[①]　毛勒堂:《经济正义:经济生活世界的意义追问》,博士论文,第74页。
[②]　马克思、恩格斯:《德意志意识形态》,人民出版社1961年版,第21页。

才能独立的动物。孤立的一个人在社会之外进行生产——这是罕见的事。"①
如此可见,人的物质生产活动必然地关联到人与人、人与自然的存在关系。那
么如何对人与自然、人与人之间的存在关系赋予合规律性和合目的性的公正价
值关怀,使得生产这种人所特有的存在方式符合规律性和合目的性,从而彰显
人的自由自觉的存在本性,就成为人类无法逃避的存在难题并呈现在生活的界
面。正是在这里,生产提出了公正的要求。

一　生产活动的规律性与价值性

生产活动是客观的物质活动,又是在意识指导下能动的活动。一方面,社
会生产是人们在一定的物质的,不受他们任意支配的界限、前提和条件下活动
着的。生产活动的前提、条件、过程、结果都是客观的,不以人的意志为转移的;
另一方面,社会生产又是人们在意识指导下能动地改造自然、社会和人本身的
自觉活动,是能动的创造过程。人的活动总是有目的、有计划的。与在自然界
中全是不自觉的、盲目的动力相反,"在社会历史领域内进行活动的,是具有意
识的、经过思虑或凭激情行动的、追求某种目的的人"②。因而,社会生产活动
是人类在意识指导下的客观的、物质的活动,它既要受到社会历史条件和客观
规律的制约,又受到人们预期的目的、计划和价值观念的影响。③

生产活动首先具有规律性。在社会生产中,人们预期的目的、计划,能否实
现,要受到社会历史条件和客观规律的制约。正如社会生活和自然界的任何其
他领域一样,生产活动的必然性和规律性也是通过外表看来似乎是杂乱无章的
现象和大量的偶然性为自己开辟道路。任何社会的生产过程都受其内在固有
规律即人们生产活动规律所支配。生产规律不是表现每个个别现象,而是表现
为全部现象和过程所显示出的主要趋势,表现典型的、稳固的和不断重复的联
系和依赖关系,决定社会生产发展总的、主要的方向。早在 18 世纪,重农主义
的自然秩序学说第一次确认在人类经济活动中存在着客观规律。亚当·斯密

①　《马克思恩格斯全集》第 46 卷(上册),人民出版社 1979 年版,第 21 页。

②　《马克思恩格斯选集》第 4 卷,人民出版社 1995 年版,第 247 页。

③　参见何建华:《经济正义论》,上海人民出版社 2004 年版,第 194 页。

在其《国富论》中把市场机制的自动调节,同个人的经济行为结合起来,认为自然规律存在于经济过程中,市场机制是一种推动每个人在追求个人利益时也促进了社会繁荣的机制,并认为自然秩序根源于人们的自发的经济活动。但斯密把抽象的"人类本质"作为自己研究的出发点,不是历史地规定经济活动形式的规律,而是永恒的自然规律。

在马克思主义看来,生产规律首先具有客观性;之所以如此,是因为产生生产规律的基本条件是客观存在的,是不以人们的意志为转移的。这里的基本条件是指社会生产力的发展程度,以及和它相适应的一定的社会生产关系。生产规律的客观性表明,生产规律的产生和发生作用是不以人们的主观意志为转移的;人们既不能人为地创造生产规律,也不能任意地取消它,生产规律在一定的生产关系中,都以"铁的必然性"发生作用。同时生产规律又具有历史性。这是因为,生产规律是以一定的经济条件为存在依据,是在一定经济条件的基础上产生并发生作用。因此,在人类物质资料生产的发展史中,社会经济条件改变,生产规律就会历史地发生变化。

生产活动又具有价值性。人们的一切活动都是为了追求价值,都是价值创造活动。生产活动更是如此。人的生产活动作为人与自然的物质变换过程,就是人创造物质财富满足人的需要,实际上就是创造价值和实现价值的过程。人们为了满足自身生存和发展的需要,首先必须进行物质资料的生产。生产活动作为人的生命活动的基本形式是与动物根本不同的,"动物和它的生命活动是直接同一的。动物不把自己同自己的生命活动区别开来。它就是这种生命活动。人则使自己的生命活动本身变成自己的意志和意识的对象。他的生命活动是有意识的"。由此,马克思进一步指出:"动物只是按照它所属的那个种的尺度和需要来建造,而人却懂得按照任何一个种的尺度来进行生产,并且懂得怎样处处都把内在的尺度运用到对象上去;因此,人也按照美的规律来建造。"①也就是说,动物由于不能把自己和自己的生命区别开来,它只是以自己的"种的尺度"来与自然界发生作用。在这一"种的尺度"上,生物的遗传规律

---

① 《马克思恩格斯全集》第42卷,人民出版社1979年版,第96~97页。

起着决定作用。而人则不同,由于人能把自己同自己的生命活动区分开来,并能对自己的生命活动进行反思进而使其对象化,因而人对环境所进行的物质、能量、信息的选择是一种意向性的选择,它不仅受遗传因素的制约,而且也受人的需要、人的自我意识的发展、人的主体性及各种具体关系的制约。人既按照一切"种的尺度"来构造客观事物,同时也按照人自身的需要、人对客观事物的理解来改造客观世界。因而,人的生命活动具有两种尺度:一种是"一切种的尺度",即外在的物的尺度;一种是人自身的尺度,即内在的尺度。人的生产活动正是这内外两种尺度相互影响相互制约的过程。

在生产活动的合规律性与合目的性的统一中,人作为主体应处在目的的地位、支配的地位。客体是否有价值,这就要看它对主体是否有意义,人的活动及其产物只有对人有意义或者为了人才是有价值的。因此,人应当具有最大的价值,人的一切活动及其产物都应以人为目的,社会中的一切都应是人的本质力量的确证。"任何生产都需要投入各种生产资料。它是在人的有意引导之下进行的生产要素组合,为的是制造出一种直接(作为消费品)或间接(作为实际资本的一部分)作用于人的新产品。这种生产是必需的,因为人的需求始终不断在更新(如对食物和衣着的需求),而缺乏人类支持的产品(几乎直接取自大自然)是无法满足整个国家乃至全球人口的需求的";"鉴于许多人在生活必需品,尤其是日常食品方面处于困境之中,增加生产具有道义上的必要性。这既适用于生活必需品得不到满足的国家,同样也适用于高度发达国家,尽管其人民的需求已远远超出了生活必需品的范围。因此,更好地满足需求是完全符合人类利益的"。①

二　生产的道德意蕴

生产活动是人类通过生产工具作用于生产对象的实践活动。它所体现的是按照人的尺度,来改变自然物的原初形态,使自然发生合乎人的目的性变化。

----

① ［德］乔治·恩德勒等主编:《经济伦理学大辞典》,李兆荣等译,上海人民出版社 2001 年版,第387 页。

生产活动既是最直接作用于自然的人类活动,又是最容易造成自然破坏的人类活动。生产活动首先面对人与自然的关系。要从道德角度调整人与自然的关系,必须确立关于环境的基本道德原则,以可持续发展伦理观为准则、为判断生产行为合理与否的依据。生产活动是人的活动,生产的社会性、资源的有限性,决定了人们在生产过程中必须协调彼此之间的利益关系,于是就产生了人与人之间的公平、公正、诚信等伦理智慧。生产活动的直接结果是产品的实现,人类的产品生产、消费观念决定了人与物质的关系确当与否。现代化生产只有处理好人与自然、人与人、人与物质的关系,才能走出传统的生产、发展模式,实现生产的伦理规约,实现环境、经济和社会可持续发展。

物质生产是人类生产活动(物质生产、人的生产、精神生产)的基本内容之一,是人类最基本的实践活动。随着人类社会的发展,物质生产不再是简单的物质改变和人与自然之间的单一物质变换活动,而是人类理性精神的不断发展、完善和实现。在生产实践中,人类不仅利用自然、改变自然,而且把自我的精神气质、道德价值内化于其中。物质生产是物质活动与道德价值的内在统一。离开道德价值、人类理性精神,物质生产就缺乏原动力,我们就不能全面、深刻地理解和把握物质生产活动的实质。

生产实践是整个社会实践的基础,是其他一切价值创造活动的基础。各种精神价值(包括道德价值)产生于物质生产基础之上;离开物质生产,精神价值不能孤立存在。换句话说,物质生产作为人类有目的性的活动,总是体现着这样或那样的价值取向。从生产主体看,生产活动总是依赖于有一定思维方式、价值观念的人的行为去实现。在生产过程中,主体的献身精神、创造精神,艰苦奋斗、勤俭节约、合作互助、公平正义等思想意识和道德风尚表现出来了,并随着生产的发展而不断充实新的内容。从物质生产秩序看,道德评价是人类活动的一个永恒尺度,它为维持人类生产服务,在人类为谋求生存与发展的必需品而展开的竞争中,无不体现着道德判断的灵光。从生产目的看,任何生产目的的确立都离不开人们的伦理道德观念。宏观上,物质生产不再是单纯的物质活动过程,它不仅满足人的物质生活需要,而且还实现着人的伦理道德目的;生产过程既是产品的实现过程,又是人的伦理道德的实现过程。故生产过程总带有伦理道德的色彩,是生产目的和伦理道德目的的统一。微观上,单个生产主体的生产也不是简单的投入、产出过程,而是时时处处体现了生产者的伦理道德观念。生产者的道德观念不仅影响着生产目的的确立,而且影响着生产目的的实现。从生产结果看,产品是物化了的人类精神气质,从产品的设计、规划到产品生产、实现,无不体现着人类的精神素养与需求。从人与物质生产的关系看,生产主体找到利益作为贯穿生产活动的主线,那种采取单极利益的生产行为在生产实践中没有存在的基础。为了实现生产主体的利益,必须以双方互惠互利为前提。若只从经济价值组织生产,不仅生产成本增大,而且利益目的也难以实现,这中间存在一个价值合理的前提,即生产中的道德意义。

依据价值论理论,物质生产是人类的理性实践。亚当·斯密在指出人们的自利心是社会经济活动发展的动力时,又强调自爱、同情、追求自由的欲望、正义感、劳动习惯和交换意识等伦理动机是生产、经济活动的伦理基础。詹姆士·布坎南更明确地指出:自律、公正感、诚实、公平、勇气、谦逊、公共精神、对人类尊严的尊重以及伦理规范等,所有这些都是人们在前往市场竞争之前就必须拥有的。这些理性精神,既是人们从事物质生产时所必须具备的,又是人们物质生产的积淀。物质生产的假设前提是"人都是理性的",若生产主体都是非理性的、捉摸不定和瞬间即变的,那么生产活动就无法正常进行。道德的理性原则促使生产主体放弃不道德欲求,按照生产规则从事生产活动并使之有序化。韦伯理论是说明物质生产蕴涵道德价值的最好例证。在资本主义生产过程中,长期被桎梏的基督教伦理经过进步神学家的重建之后,成为资本主义生产的精神文化和历史动力。宗教改革后,虔诚的新教徒信奉加尔文所宣扬的"预先论"教义,把从事生产活动、创造财富、赚钱当做一种光荣的事业、一种义务、一种荣誉和证明自己是上帝"选民"的依据。他们认为只有通过兢兢业业的劳动、创造财富,才能增加上帝的荣耀;主张不贪图享受、不挥霍纵欲和不损害公正的精神原则。新教伦理精神表明:人类创造财富是光荣的;人应该有敬业精神,兢兢业业从事创造财富的劳动;人要节俭、节制,不贪图享受,挥霍纵欲。新教精神一方面清除了生产经济活动中不合理性道德目标的道德观念,另一方面又引导人们朝正确的道德方向发展,推动社会经济发展。人类的财富创造过程本身是一个道德过程（诺思的观点），伦理价值既内生于生产、经济之中，又为生产、经济发展提供动机基础、意义支撑、价值导向和目标的合理性。

三　生产公正的实质及要素

人是地球上最神奇的物种，他是动物却具有自我意识，"有意识的生命活动把人同动物的生命活动直接区别开来。正是由于这一点，人才是类存在物"①。人的这种有意识的存在特性，使得人远远超越于动物。这种"类意识"使人能够决定他自己的行为模式，即具有自由的创造性。所以赫德尔认为，动物仅是弯腰曲背的奴隶，而人是创造的最初的自由民，人是为自由而长成的；人不再是自然手中一架运转永远正常的机器，人成了他自己的行为的意图和目标。这就是人之伟大的原因。② 人是一种开放性的存在物，他并不像其他存在物一样只是"命定"的存在，而是在不停的生产劳作中敞开自己的无限性。而且人并不简单地存在着，而是力求有意义的生活，他好奇地询问和解释自己。人类正是在对自己的不断解释和讯问中塑造和完善自己，"动物只是按照它所属的那个种的尺度和需要来构造，而人懂得按照任何一个种的尺度来进行生产，并且懂得怎样处处都把内在的尺度运用到对象；因此，人也按照美的规律来构造"③。英国历史学家汤因比认为，人类是动物性存在和精神性存在相结合的统一体，但是，"人类因为在其本性中具有精神性的一面，所以他们知道自己被赋予了其他动物所不具有的尊严性，并感觉到必须维护它"④。人的这种有意识的生命存在特性，使得人不仅关注动物性的需要，更重视对人之生命的形上之思和意义追求，并在对生命的存在追思中反观自己、完善自己。"人已认识到他的最伟大和最美好的任务在于仿效他自己选择的模型，并按照它自己的准则来建设他的生活。"⑤这意味着，人不仅生活，而且是在自己的指导下展开生活，这也意味着人的生产不仅仅只是一种人的谋生手段，不仅仅是人们使用

① 马克思：《1844年经济学哲学手稿》，人民出版社2000年版，第57页。
② 参见马克思：《1844年经济学哲学手稿》，人民出版社2000年版，第58页。
③ ［德］兰德曼：《哲学人类学》，上海译文出版社1988年版，第206页。
④ 参见《展望21世纪——汤因比池田大作对话录》，国际文化出版公司1985年版，第3~4页。
⑤ ［德］兰德曼：《哲学人类学》，上海译文出版社1988年版，第7页。

生产资料改变对象以适合自己需要目的的活动,而且在更深远的意义层次而言,生产活动本质地关涉着人的存在方式和存在意义的维度,所以人类怎样生产,也就怎样生活。这说明生产具有作为人类生存与活动之基本方式的哲学人类学特征。因此,生产公正之所以可能,其秘密存在于人的有意识的、自由自觉的存在本性以及人类对生命意义的追求之中。①

生产公正是指生产活动的正当合理性。② 生产活动是根据人们需要,以人类为主体的经济活动。人类是生产活动的主体,生产无疑是为人类服务。对于一个值得人们欲求的现代社会来说,效率、公正和稳定(秩序)乃是三个既相互关联、又具有同等意义的价值目标。即使是在生产活动中,我们也不可仅仅局限于生产的经济效率方面。在某种意义上,现代社会生产不单是为了减低生产成本,或者是为了促进和保证经济效率增长,它同时也是为了更有效和更合理地协调人与自然、人与人、人与自身等各个方面的关系,减少以至消除生产活动中可能出现或已经出现的各种矛盾和冲突。从而更有效地维护社会生产活动的基本秩序,使之能够真正维持长久的稳定和效率。因而,生产活动的正当合理性不仅需要以其经济效率来证明它自身,而且同样也需要以其伦理的正当合理性来证明它自己,从而使人类的生产活动具有充分正当的理由和普遍有效的社会合法性。如果说,效率是社会生产的经济价值目标,那么,公正则是社会生产的人文价值原则,两者共同构成社会生产方式的价值基础。

在社会生产力高度发展的今天,生产活动的公正价值显得尤其重要和突出。在人口稀少的时代和国家,人们完全可以认为,有些物品,如清洁的水或清新的空气,并不短缺。而近来由于人口的增长、人类需求的增加和环境意识的转变,原先自由取用的物品变成了短缺的物品。因此,生产资料的组合者在制造一种新产品时,有义务按照这种短缺性来安排其生产。在生产过程中,往往不仅形成由生产企业直接负担的成本,而且也会出现由第三者或公众承担的成

---

① 参见毛勒堂:《经济正义:经济生活世界的意义追问》,博士论文,第75~76页。
② 参见何建华:《经济正义论》,上海人民出版社2004年版,第199页。

本。后者一般称之为"外部成本"。企业往往不予负担的成本,主要表现为因生产而造成的环境破坏。绝大部分的环境物品在今天都属于短缺性的,所以造成的损害必须由肇事者来承担责任。但由于种种原因,要在实践中做到谁肇事谁负责这一点非常之难。因为它不仅以肇事者的认识为前提,而且还要求从量上来把握和证明由生产造成的额外损害。特别是对处于发展初期的国家来说,始终还有许多问题尚未得到解决(比如环境污染、土壤侵蚀等)。为此,必须区分三种类型的生产概念。一种是技术的生产,即按所需要的质和量重新制造一种产品,并不管生产出来的价值是否超过投入的生产资料的价值,这被称之为技术上成功的生产。一种是经济的生产,经济上成功的生产,则是指在制造过程中至少没有价值失去,这不仅符合从事生产一方(大多为企业)的利益,而且也符合不浪费生产资料的一般利益。从经济上考察生产,必须考虑到所有投入的生产资料的总和,而不是行为人所意识到的那一部分。与技术上的生产相比,经济上的生产具有优越性,因为后者考虑到了一定条件下出现的浪费现象。还有一种生产概念是人类的生产,即作为人类基本活动的生产。一般说来,判断人类生产活动好坏如何的第一标准是经济效率。因为生产的低效率或无效率无经济合理性,因而是不可接受和持久的。然而,效率并不是评价人类生产活动唯一的价值维度,与效率相辅相成的另一个判断生产活动之正当合法性的伦理价值维度是生产公正。如果说,只有公正没有效率的生产方式不可能真正长久地保持其公正,那么,只有效率没有公正的生产方式同样也不会真正长久地保持其效率。因而,在现时代,生产公正的基本价值目标是有效率的公正和有公正的效率。

因而,生产公正的实质是生产力标准与人的全面发展尺度的统一。生产公正无疑以促进和发展生产力,实现稀缺资源的最佳配置,提高生产效率为基本目标。它不仅追求内部效率,而且要注意外部不经济和环境经济效率;不仅要重视经济的运行效率,而且还要重视制度变迁和制度绩效。同时,生产公正更关注在生产关系中人的自由、机会均等和全面发展。制度安排对人存在的意义以及人"栖居"在自然环境中的可持续发展问题,使经济活动充满着对人类的终极关系。在生产活动中,要反对对经济效率的片面追求,把实现物质与精神、经济与人文、人与人的全面发展作为生产发展的基本信念。要以人的全面发展这一终极性价值判断为导向,重视人与自然、人与人之间的协调发展,重视伦理文化在生产发展中的作用。生产公正的核心是人的全面发展,它以提高人类生产质量和与之相伴的社会不断进步为目的,把满足当代人以及各代际人的均衡、持久的需求作为生产发展的中心任务,强调人的全面发展和人的素质提高。反对以物与物之间的关系遮蔽人的做法,强调以人为中心,人不仅是经济增长、生产发展的目的,而且也是生产发展的主体,必须把人的价值贯穿在生产活动中。离开人的需要和发展,离开人的主体性的发挥,生产发展是毫无意义的。

生产公正是经济活动公正的有机组成部分,它是对生产目的(或动机)、生产手段(或过程)、生产效率等方面进行是否合乎规律性和合目的性的价值评判和哲学审视。① 由此进一步追问生产什么、如何生产以及为谁生产等至关人的存在方式和存在意义的深度问题,从而为人的生产活动提供智慧的指示和意义的向度,并在具体的经济生产过程中展示人的存在本质。生产目的的公正性是实现生产公正的关键,生产手段的公正是确保生产公正的重要环节,生产效率是生产公正得以实现的重要因素。

第二节　分配公正

分配有广义和狭义之分。广义的分配指的是对于社会全部资源的瓜分、安排、配置,包括财富、权利、权力、知识、名誉等各个方面。狭义的分配指的是经济活动中经济权利、财富和收入的分配。本节的分配主要指的是狭义的分配,即作为经济活动基本维度的分配。当然,狭义的经济领域中的分配与广义的社会分配之间是密不可分的。在社会经济发展中,如何对社会资源、政治权力、知识等等进行公正分配,始终是经济权利和财富分配公正的基本前提和制度背景。

---

① 参见毛勒堂:《经济正义:经济生活世界的意义追问》,博士论文,第4页。

一　分配公正思想的发展

什么是分配公正呢？在人类社会发展史上，从来不存在也不可能存在最终的、绝对的、永恒的分配公正。作为一个历史范畴，分配公正在不同的社会制度下具有不同含义和性质。即使是同一社会制度下的不同历史阶段，也有不同的内容和特点。也就是说，分配公正是相对的、有条件的，它受到一定历史时期的经济基础的制约，它"始终只是现存经济关系在其保守方面或在其革命方面的观念化、神圣化的表现"①。

以历史的眼光来审视，分配公正观念起源于人类的经济生活，它是财富分配问题上引申出来的伦理观念。这种平等的原始观念发展到当代分配公正观念已经经历了几千年的历史。在原始社会，人类为了避免洪水猛兽的侵袭，在森林旷野中猎取生活资料，不得不互相聚集，一起行动。这时期所有的人都共同劳作、共同享受，社会上不存在什么平等与不平等。原始社会解体后，人类社会出现了阶级的分化。进入阶级社会以来，不平等的情况越来越严重，财富集中在统治阶级手中，暴力、强权成为获得大量财富的工具。由于出现了不平等现象，由此产生了对于分配公正的追求。

分配公正作为公正理论的一个分支，具有历史性和相对性。人类对于分配公平的探索是一个历史过程，每种观点都有其合理性和局限。在现代社会里，分配公正意味着每个人的所得因条件不同，人与人之间应有合理差距及差异，这样才能使分配所得与各人条件均衡，才能使人们满意。② 分配公正不能简单地等同于平等分配。正如厉以宁所言："无论从伦理学的角度还是从经济学的角度着眼，可以断言：收入分配的均等或财产分配的均等并不意味着公平，或者说，不应当把分配均等当做公平的同意义词。"③"分配公正所主要关注的是在社会成员或群体成员之间进行权利、权力、义务和责任配置的问题。"④如何以

---

① 《马克思恩格斯全集》第18卷，人民出版社1964年版，第310页。

② 参见何建华：《经济正义论》，上海人民出版社2004年版，第319页。

③ 厉以宁：《经济学的伦理问题》，三联书店1995年版，第5页。

④ ［美］E.博登海默：《法理学：法律哲学与法律方法》，邓正来译，中国政法大学出版社1999版，第265页。

社会基本制度(立法)的形式兼顾各方利益,并制止各方为了私利而进行毁灭性的争夺,促进社会共同体的存在与发展,是"分配公正"的主题。可以说,对于分配公平的追求,是人类长期的、全球性的问题。

二　分配公正的制度安排

人类社会可理解为一个互助协作和利益冲突的同构体。对任何个体而言,没有他人的互助和社群的支持,是无法生存的。这种个体对社会的强烈依赖,导致个体与社会关系的不可分割性。即便是一个没有强权存在的原始社会中,社会生活资源也是被直接或间接支配。这便使个体对社会产生了一种依赖和向往,即希望社会给他提供更多的生存机会或分配到足够的生活资源。这种向往既是社会冲突产生的原因,也是分配制度产生的原因。如果不希望暴力成为获得生存机会和资源的唯一或主要手段,那么,就应当有非暴力的方法和规则、制度去维系社会合作体系。① 那么,什么样的分配制度能够实现这样的需求呢? 一般来说,一个分配公正的制度安排必须考虑以下五个方面的问题:"谁进行分配"、"什么被分配"、"分配给谁"、"在经济活动的哪一个阶段进行分配"、"根据什么标准进行分配"。② 也就是说,分配公正的制度安排,必须解决"分配的主体"、"分配的对象"、"分配的客体"、"分配的时间"、"分配的标准"等五个方面的问题。

1. 分配的主体

从理论上讲,分配主体可以是多元的,有经济主体、市场、国家等。在市场经济条件下,经济主体的自愿交换活动,支配着广泛的经济生活各领域。自由市场交换的原则,意味着在市场经济条件下,国家不再承担供应生活必需品的义务,而仅仅是进行有限的管理。它既不组织产品的生产,也不直接分配所生产的产品。生产什么,生产多少,在何处生产,由谁来生产,这些都由经济主体决定。由市场机制所决定的市场分配是一种按贡献、按能力的分配。在这里,

① ［美］罗尔斯:《正义论》,何怀宏等译,中国社会科学出版社 1988 年版,第 2 页。
② 何建华:《经济正义论》,上海人民出版社 2004 年版,第 298 页。

一切都遵循着等价交换原则,人们在市场中公平竞争。谁的投资大、能耗少、成本低、质量高,就得益多。它可以极大地发挥经济主体的积极性,最大地促进生产效率,促进社会财富的极大增长。当然,市场机制不是在一切方面都完美无缺的。市场经济的优点在于有竞争,有优胜劣汰,因而就有利于促使生产者发扬其主体性,创造出高效率。但竞争的结果是:有人成功,也有人失败;有强者,也有弱者。因而,除了经济主体、市场外,国家也是重要的分配主体。国家作为分配主体是一种再分配,其基本职能是维持市场秩序,扶持弱者,实现分配公正。根据社会经济生活的现实情况,一方面,国家通过制定工资法、劳动法、最低工资法等,以法律形式规定最低工资标准和最低劳动条件,以保证竞争中的弱者能够从社会和国家方面获得支持和扶助,不致沦为企业攫取最大利润的牺牲品;另一方面,是建立和健全普遍性的失业救济和社会保障制度。

2. 分配的对象

对于什么被分配或被分配的对象是什么的问题,不同的思想家有不同的看法。拉姆塞和克拉克等认为被分配的对象是财富;斯密则以价值作为被分配的对象,认为"工资、利润和地租,是一切收入的三个原始源泉,也是一切交换价值的三个原始源泉"①;按照罗尔斯的观点,被分配的对象起码包括三个方面:自由,职位,财富;乔治·恩德勒认为,被分配的对象主要是"收益或负担。一方面是收入、财产、消费可能性、生产手段、富足、福利、生活机会、生活状况、生活质量、行为的游戏空间等等;另一方面则是债务、劳动的绩效要求、负载、牺牲等等"②。从直观上讲,人们通常说的被分配的对象主要指的是财富和收入的分配。萨伊认为,财富是人们创造或收集的,能给人带来满足和惬意的所有东西的总称。③ 财富分为物质财富和精神财富。物质财富归国家或个人所有时又称为财产。收入是指经济活动参与者从其参与的经济活动的产出中所瓜分

---

① 《马克思恩格斯全集》第26卷Ⅰ,人民出版社1972年版,第74页。
② [德]乔治·恩德勒等主编:《经济伦理学大辞典》,李兆荣等译,上海人民出版社2001年版,第561页。
③ 参见[法]萨伊:《政治经济学概论》,陈福生、陈振骅译,商务印书馆1963年版,第58~59页。

的所得。通常财富和收入的分配指的就是财产和收入的分配。同时,在现代市场经济——法制经济条件下,财富和收入的分配总是受一定的权利和义务的影响和制约。因此,权利和义务也成为被分配的对象。权利(指经济权利)是指经济活动的主体为实现某种经济利益或为取得一定资源、收入、财富等,依制度或法律而为某种行为或不为某种行为的可能性。从法律角度讲,就是人们受法律保障的从事经济活动的意志和行为自由,以及经济利益的获取。经济权利从不同的角度,按不同的标准可分为不同种类,根据其运用能否直接产生某种经济收益,可以分为形式权利(或称抽象权利)和实质权利。形式权利(抽象权利)是作为公民都具有的、一般的、不直接产生经济利益的权利,如人人都有自由选择职业的权利。实质权利是经济主体具备了必要条件后,依一定程序取得的,可产生一定利益的权利,如采矿权、经营承包权等。据此,我们认为,现代经济生活的被分配对象主要是基本权利和财富收入。每个人都平等地拥有从事各种经济活动的权利及获得各种职位的平等机会,这是保证人的基本潜能得以发挥,保证人能像人一样地生活的基本前提。而法律制度有关基本权利的分配,直接或间接地影响着人们的财富和收入分配。因而,在现代社会里,基本权利的分配是前提,财富和收入的分配则是结果和目的。

3. 分配的客体

分配制度还要对分配的客体作出合理安排。分配的收受者可以是个人、集团、组织和国家等等。以下区别几种分配:人的分配,其收受者是个人、家庭,它不依据收入或财产种类,但可以根据社会统计学的标志(年龄、性别、国籍等等)加以区分;功能的分配,它依据生产要素的绩效、要素的份额(工资、地租、利息、利润)进行分配;行业性的分配,它按照经济部门,包括国家,进行地区的、国际的、时间之间的、世代之间的分配等等。此外,还有初始和再次的分配。在分配过程中,如果收益被分配给某些收受者,就会把负担分配给另一些对象。因而,就对分配的全面理解而言,分配收益者及其基数范围的规定至关重要。

4. 分配的时间

分配是一个动态过程,对分配的考察"应该贯穿在经济活动的整个状态和过程中:在资源的初始配置(这在帕累托标准中是不加以考虑的)、在过程(例如市场经济的价格形成,国家的再分配)和结果中"①。分配无疑首先是在经济领域进行的,我们将此称为初次分配。初次分配既包括生产资料的分配,又包括消费资料的分配。消费资料在各类经济实体内部成员中如何分配,以及在市场经济中如何通过交换以实现分配,既有一个合不合乎经济规律的合理性问题,还存在如何处理经济利益关系的公平问题。在经济领域中所要求的公平主要表现为:经济权利公平、交易规则公平和竞争机会公平。经济领域的公平虽则在理论上赐予广大民众以平等的权利,但因其主旨在于维护效率原则,在效率优先时难免会压制公平甚至牺牲公平。为了弥补这一缺陷,就需要国家通过适当手段进行第二次分配。只有通过国家进行再分配,才有可能将分配公正推向社会领域。当然,国家如何进行再分配是一个十分复杂的问题,但无论什么国家在分配生活资料时,都必须运用税收、财政、预算、价格政策和各类经济法规等刚性强制手段,将分配公正作为首选价值目标。第三次分配是由广大公众主动参与并按各自的伦理公平观念进行的社会性分配,包括赈灾救灾、慈善济贫、人道支援、无偿捐赠、义演义卖(买)等多种形式。因而,在现代社会,完整的分配过程既要经历由经济而政治而社会三个领域或三个阶段,又内在地包含着经济分配、政治分配和社会分配三种彼此区别、相互作用的方式和手段。其中,初次分配是分配过程的起点和分配公正的基础;政府分配是实现分配公正的刚性手段和制度保障;社会分配是对前两类分配必要的补充,对分配不公起到预警、纠偏等多种作用。

5. 分配的标准

对于根据什么标准进行分配,历史上有许多尺度,如利益和赢利的最大化、经济绩效、政治影响、需要、机会、权力,等等。但从总体上讲,分配的基本原则是应得原则,即"给予每个人他该得的"原则。当然,把什么看成是一个人的"该得",是与历史的、社会的、文化的背景分不开的。如在基本权利分配中,等级社会就以人的出身为标准,民主社会则以人本身为标准。在市场经济条件

---

① ［德］乔治·恩德勒等主编:《经济伦理学大辞典》,李兆荣等译,上海人民出版社2001年版,第561页。

下,分配的应得原则表现为按照人的能力、努力程度及拥有的财产(也称资本)量进行分配的原则。这是为现代经济社会中的人们所普遍接受的,也是为各国法律政策所认可的分配原则或标准。我们认为,在机会均等的条件下,以经济活动主体——人的能力和努力为标准进行分配,这是现代社会基本的分配原则或标准。根据这一分配标准,能力强、努力程度高则经济权利、财富、收入的获取就多,反之则少。当然,在现实社会中,由于人们的能力、努力程度及其经济条件存在着差异,根据应得原则进行分配必定会造成人与人之间收入和财富分配量的差距。这就需要政府通过适当的手段干预市场分配而使社会成员的收入差距大致合理,从而为广大民众特别是弱者提供平等地参与竞争的机会,保证人的基本权利和人的尊严。

三　分配公正的社会价值

分配的公正与合理,对社会经济的良性运行至关重要。这不仅在于它的手段性——直接影响人们从事生产的积极性,而且还在于它的目的性——社会财富的公平分配是人类世代向往的理想目标,是人类美好生活的基础。人类社会对于平等和自由的追求是永恒的价值目标。在人类历史上,分配公正问题一直受到思想家们的注意,分配公正是经济正义的基本形式。

政府的分配政策作为公共政策重要组成部分,具有公共政策的基本属性。公正政策是公共权威部门如国家机关、政党以及其他特定政治团体在特定时期为实现一定社会政治、经济和文化目标,所采取的政治行为或者规定的行为准则,它是一系列谋略、法令、措施、办法、条例等的总称,也是政府等公共机构进行公共管理的途径和手段。公共政策与政府决策是同义语。政治科学将公共政策分为实质性与象征性两类,实质性的公共政策决定公共资金——每个国家都稀缺的国家资源的开支;象征性的公共政策是指那些创造情感忠诚的政府行为(爱国主义、忠诚、顺从或民族自豪感)或把社会地位赋予社会上的关键人物。在生活中,公共政策要真正发挥出应有的调节作用,非常重要的一点就是要强调公共政策的公益性,即强调公共政策的公正性。这是因为,公共政策研究的出发点,在于维护和促进公共利益。但在实际上,公共政策成了保护政府界定的公共利益的工具。政策制定者本身、各个政府机构、利益集团等特殊利益的存在,都有可能降低公共政府的公正程度。如果公共政策仅仅是政策制定者为了维护自身的特殊利益而制定的话,那么这种实践中的不公正还有可能导致利益冲突。因此,在制定公共政策时,要坚持公共利益取向,即制定公共政策必须反映、表达和综合绝大多数利益相关人的利益,满足绝大多数人的利益需要。这是制定公共政策的基本原则,丧失了这一原则,就等于丧失了公共政策存在的必要性。因此,评价一项公共政策好坏,首要的标准是看它在实施后,有没有使社会价值的分配更加公正、合理。这种公正不仅体现在个人层面,而且还体现在地区的层面上;不仅要求在物质享受方面是公正的,而且要求在精神、文化的享受方面也是公正的。

分配是政府为调整和控制社会成员的收入分配秩序,也就是常态下的利益分割秩序,是政府职责的重要内容。政府分配政策的重要性,关系到政府存在的根本理由和目的:政府之所以存在、之所以被需要,就是为了调整社会不同成员和群体间的利益格局,规范和调整全社会的收入分配。保证公正、合理的分配秩序是政府的主要职责。因此制定收入分配政策,并执行这些政策就成为任何一个有效、负责、公正的政府的重要工作内容。全面、严密的政府分配政策应当包括:①在初次分配领域的政策。包括初次分配政策及相关的配套政策,如为了保证初次分配领域的公平、合理,必须防范和纠正不正当竞争,必须制止垄断、创造公平的平等竞争的市场秩序,必须保证劳动者的身份自由和择业的自由等必须有的反不当竞争、反垄断、保证劳动力资源和资本正常、自由流动等法律和政策。②在再分配领域的税收政策。税收是政府运用国家力量进行的强制性的"重要的重新分配收入的手段",其目标是公正、合理,以保证社会生活的健康、稳定,基本内容是"损有余而补不足",实现全社会尽可能多的人都能够过上基本生活水平得到保障的生活。以税收政策为主要内容的再分配政策,能够有效地发挥政府对社会成员收入的再调节功能,从全社会共同和长远利益的角度,平抑收入差距,缩小贫富分化,建立和鼓励全社会所有成员依靠自己劳动获得财富的制度,使社会财富在尽可能多的社会成员之间得到尽可能公正、合理的分配。③政府还必须制定一系列社会保障政策,来保障分配领域中无法解决的分配死角,如老年人、病残人的社会保障问题、离退休保障问题等。社会保障政策实际上是政府运用社会成员之间,以及同一社会成员不同时期之内的收入所得,而进行的转移支付方式,即"在不同代的人之间和不同代的人内部进行再分配的计划",来强制性地安排、保障那些无收入或低收入的社会成员,仍然能够获得基本的生活条件,这就要求政府必须建立健全社会保障政策体系,宏观协调所有社会成员之间的利益,以实现社会生活的公平和人道目标。

分配公正是人类世代向往的理想目标,是人类美好生活的基础。分配公正的社会价值主要体现在:

第一,分配公正是建立社会利益协调机制的基础。在当代中国社会利益矛盾充分凸显的情况下,建立利益协调机制,形成一种大体均衡的利益格局,无疑是社会和谐与稳定的基本要求。在现实生活中,只有按照分配公正的原则来设计我们未来改革的方案,才能为未来的发展提供一个和谐的制度环境。只有公正合理的利益分配,才能充分调动利益相关者的积极性和创造性,从而有利于社会财富总量的增加;只有公正合理的利益分配,才能维护社会秩序的稳定,从而有利于实现人们的长远和根本利益。从社会宏观价值角度来考察,经济效率与分配公正实质上是社会利益的生产与分配之间的关系,经济效率代表社会利益的生产创造,分配公正则代表社会利益的合理分配,两者都是衡量社会发展不可或缺的尺度,都是推动社会发展的基本动力。因而,在大力发展生产力的同时,必须重视分配公正,公正合理地调节个人与他人、社会之间的各种利益关系,"必须努力使广大工人、农民、知识分子和其他群众共同享受到经济社会发展的成果,使他们不断得到看得见的物质文化利益,从而使他们愈来愈深刻地认识到实行改革开放和实现社会主义现代化是祖国的富强之道,也是自己的富裕之道,也从而使他们更加自觉地为之共同奋斗"[1]。

第二,分配公正是社会制度文明的基本特征。在社会转型时期,保持社会的和谐与均衡,关键是要通过有效的制度安排,来容纳和规范不同利益主体的利益表达和博弈机制,建立一种"合理"的社会关系。分配公正正是利益主体

---

① 《江泽民论有中国特色社会主义(专题摘编)》,中央文献出版社 2002 年版,第 111 页。

合理关系的制度安排。合理地划分利益是分配公正的深层本质。作为一种制度安排,分配公正是社会中各种利益分化的产物。由于人们"对由他们协力产生的较大利益怎样分配并不是无动于衷的(因为为了追求他们的目的,他们每个人都要更换较大的份额而非较小的份额),这样就产生了一种利益的冲突。就需要一系列原则来指导在各种不同的决定利益分配的社会安排之间进行选择,达到一种有关恰当的分配份额的契约。这些所需要的原则就是社会正义的原则,它们提供了一种在社会的基本制度中分配权利和义务的办法,确定了社会合作的利益和负担的适当分配"①。因而,从制度的视角来解读,公正正义的社会在某种程度上是崇尚分配制度公正的法治社会。公正是制度的首要价值。从一定意义上讲,法律制度也是"一种配给制度",是一种追求公正的分配制度。法律有关权利、义务的分配,对社会财富及收入的分配有重要的影响。作为一种制度性和结构性的公正,分配公正所涉及的广度与深度远远超出收入的分配,它关系到各种社会基本资源在人与人之间、人民与政府之间的分配。这些重要资源的分配,将决定此后的生活方式和收入分配等等,所以,它是一个社会的基本制度或国家大法的主要内容。正因为此,自古以来有不少哲学家、政治家、法学家以"理想立法者"自命,在分配公正的实现上投入了大量精力,设计了各种各样的模式,期望能为社会基本分配制度奠定理想的基础。总之,分配公正是当代制度文明的重要价值,也是和谐社会不可或缺的制度性的文明特质。

第三,分配公正是人民安居乐业、社会有序发展的制度保障。社会经济的运作只有在良好秩序的状态下,才能得到理想的效益,人与人之间只有信守诺言、不尔虞我诈,才能在经济活动中建立和巩固那种协调互助的合作关系,个人和社会才能共同发展。任何一种秩序都要有一定的环境,良好的秩序需要有良好的制度环境。而良好的制度环境的生成与秩序的维系离不开人的努力,离不开公正的信念,也许这种信念是潜意识的,但却是不可或缺的。诚如美国法学家博登海默所说,在一个健全的法律制度中,秩序与公正这两个价值常常是紧

---

① [美]罗尔斯:《正义论》,何怀宏等译,中国社会科学出版社1988年版,第2~3页。

密相连、融洽一致的,"一个法律制度若不能满足正义的要求,那么从长远的角度来看,它就无力为政治实体提供秩序与和平。但在另一方面,如果没有一个有序的司法执行制度来确保相同情况获得相同待遇,那么正义也不可能实现。因此,秩序的维续在某种程度上是以存在着一个合理的健全的法律制度为条件的,而正义则需要秩序的帮助才能发挥它的一些基本作用。为人们所要求的这两个价值的综合体,可以用这句话加以概括,即法律旨在创设一种正义的社会秩序"①。分配公正就是要通过制度安排,在社会成员或群体成员之间对权利、权力、义务和责任进行合理配置,从而维护社会的秩序和稳定,促进经济社会的可持续发展。相反,如果分配不公正,人们就会感到不公平,就会产生不满情绪,社会就不会安定。因而,分配公正是和谐社会有序发展、人们安居乐业的重要保证。

四　效率与公平视野下的收入分配差距

经济伦理学中评价收入分配差距的核心价值标准是效率与公平。收入分配上的效率,主要是指由收入分配所影响的经济效率,即收入分配要具有激励特征,能促进社会财富的增长;收入分配上的公平,是指作为平等的社会主体,每一个社会成员都具有平等占有社会财富的权利。在现实经济生活中,由于人们的劳动能力千差万别,只有尊重差别才有激励,才有经济效率。要尊重差别,就必须在分配中实现彻底的按劳分配与按贡献付报酬,然而这样的分配原则却又可能在一定程度上影响社会公平。反过来要维持分配公平,同样又可能会妨碍经济效率的发挥。正是从该意义上讲,效率与公平是一对矛盾。

按照矛盾论的观点,矛盾双方既相互对立同时又相互依存,效率与公平也是既对立又统一的关系。任何现实的收入分配原则都必须考虑效率与公平,都力图既照顾到效率又不影响公平。然而不同的原则在效率与公平谁先谁后上存在分歧,理论上主要表现为两种不同的观点:一种观点认为,在机会均等的条

---

① 〔美〕E.博登海默:《法理学:法律哲学与法律方法》,邓正来等译,中国政法大学出版社1999年版,第318页。

件下应效率优先,兼顾公平;而另一种观点则认为应以公平促效率,以效率实现公平。显然两种观点分歧的深层原因是以经济的直接目的为第一性还是以经济的人文目的为第一性。如果以经济的直接目的为第一性,在公平与效率的选择上就应在机会均等条件下效率优先,兼顾公平;如果以经济的人文目的为第一性,在公平与效率的选择上就应以公平保效率,以效率实现公平。那么,如何正确看待我国居民收入分配差距? 首先,从经济发展的角度来看,收入分配差距在某种意义上体现了经济公正,促进经济效率的提高,实现社会财富的增长;其次,从社会发展的角度来看,收入分配差距过大造成了社会不公,背离了分配公正;最后,从伦理学的角度来看,合理的收入分配差距能实现效率和公平二者的有机耦合,最终实现社会公正。①

1. 合乎经济效率需要就是分配公平

在经济中效率与公平的选择方面的第一种观点即"在机会均等条件下效率优先,兼顾公平"。持这种观点的人认为:在机会均等的前提下,公平与效率二者之间的选择上没有单一化倾向,不能只重视效率却忽视了公平,也不能只重视公平却忽视了效率,应在以偏重效率的前提下,提倡公平。由于机会均等和收入公平一般是互补的,因而更大的机会均等会带来更高的收入公平。当然这也并不是一种逻辑的必然,人们可以给出某些相反的例子。例如,某一个中下等收入阶层的人,由于获得了一笔遗产,进入到了中上等阶层,这种继承改变了原有的不公平,但是这样的机会不均等而致之公平的例子是少而又少的。更多例子是机会不均等肯定会加大收入分配的不公平。在分配中,效率原则表现为根据投入差别,也有相应的收入差距。这种差距并不考虑公平与否,因此,在公平与效率的比较中,效率是第一性的。这是因为:①收入差距能促进经济效率的增长。分配对效率的影响主要通过两个渠道实现:一个是通过个人行为的影响,即通过劳动实现的;另一个是通过生产要素的影响。个人行为、效率与收入分配之间的公理,即劳动努力程度应与收入多少成正比。正是此公理的作用,使得分配对提供生产要素的劳动者有双重的作用:一方面合理的分配能调

---

① 参见刘元冠:《走向分配公正——对我国收入分配差距的道德思考》,硕士论文,第12页。

动劳动者的劳动积极性;另一方面不合理的分配能降低劳动者的劳动积极性。由于经济当事人的正常行为和工作会带来收入,并且能够通过收入分配使经济活动中的人获得报酬,报酬又会推动经济当事人的进一步努力,这样分配就与经济当事人的工作状况有着密切的联系,且在"努力—报酬,要素—报酬"这个循环内,分配机制起着媒介的作用。如果从分配这方面研究,收入就是直接的结果。如果分配公平,也就是在分配中我们恪守上面所提到的公理,那么,经济当事人会更努力地工作,从而使经济活动当中的低效率得以克服。而当分配不公平时,也就是在分配中我们不遵守上述公理,那么,有的经济当事人就会不努力工作,经济活动从而存在低效率;通过人的行为的社会影响,就会出现经济效率中的人的行为的惰性区域。由此我们可以得出,贡献应与收入之间成正比,即以劳动成果或劳动贡献来作为衡量的标准。②市场决定经济意义上的"合理"收入差距。假定生产要素供给者都是在同一起跑线上参与市场经济活动的,竞争的结果是他们的收入有了一定的差距,这种收入分配差距是由机会均等条件下按效益分配原则决定的。因此,经济学意义上收入分配差距的合理性存在的条件有二:一是生产要素供给者的机会均等,他们参与市场经济活动的出发点是相同的;二是生产要素供给者按效益分配原则取得各自的收入。不言而喻,经济学意义上收入分配的不合理差距,或者来自生产要素供给者之间机会的不均等,即他们在参与市场经济活动并非是站在同一条起跑线上;或者来自生产要素供给者并非都按效益分配原则取得收入;或者两种情况兼而有之。单纯从经济上进行分析,只要收入差距来自上述两个原因(或者其中任何一个原因),即收入分配是机会均等条件下生产要素供给者参与市场经济活动的结果,并且各个生产要素供给者都按照效益分配原则取得了收入,那么不管收入分配差距是大还是小,都属于收入的合理分配,是收入协调的表现。然而,效率原则若导致收入分配的高度不公平,就会引起对立情绪和社会心理障碍,会给生产造成损失,收入不均就不可取了,所以在效率优先的条件下,还必须考虑公平。这也是在效率达到一定程度以后,必须考虑分配的公平。其缘由在于,仅从经济一个方面来考虑收入分配差距,而忽略了社会伦理道德问题,那么不管收入分配差距是大还是小,都是收入分配的不合理差距,都是收入分配不协调的表现,都要求政府进行第二次分配予以协调,缩小收入分配差距,实现分配公正。

2. 贫富悬殊背离了道德公正

在经济领域中,分配的公正不仅要使人们能平等地追求幸福,而且要补偿那些一直受到分配不公歧视的人们,亦即在收入分配过程中须贯彻人道主义公正观。人道主义公正观是以强调人的地位,肯定人的价值,维护人的尊严和幸福,满足人的需要和利益为出发点的一种道德原则。它倡导每个人都有与生俱来的天赋人权,人与人之间是平等的,反对以血缘、出生、性别、权势等等作为利益分配依据的等级主义公正观,也反对单纯以个人才能、智慧等等来决定其利益分配的功利主义公正观。认为,既然人天生是平等的,他们就应该无条件地享有平等的政治权利、经济权利、就业权利、受教育权利、医疗卫生权利等等;倡导在分配过程中须保护弱者如病人、妇女、儿童以及贫困落后地区群众的利益,抑制强者利益的过分扩张。当然如果把人道主义公正观推向极端或加以普遍化,以此作为利益分配的唯一标准,那么这样做极易压制强者的主动性、积极性和创造性,削弱人们的进取精神,最终会重蹈平均主义的覆辙。依此有学者提出了经济中关于效率与公平选择的第二种观点即"以公平促效率,以效率实现公平"。持这种观点的人认为:在公平与效率二者之间的选择上也没有单一化的倾向,如不能只重视效率却忽视了公平,或只重视公平而忽视了效率,而是以公平为主要矛盾,以效率为次要矛盾,因此,在分配中表现为并不根据投入多少的差别进行分配,而是根据人头或家庭个数来进行分配,以公平为主要矛盾即就是以平均为基点。然而,由于平均在正常条件下实质上就是对效率的否定,因此在收入分配平均的前提下,强调提高效率是值得怀疑的。在我国,社会主义市场经济促进了资源的有效配置,提高了全社会的经济效率,打破了传统的计划经济体制由于人为地过分强调公正而导致的"大锅饭"、"平均主义"的旧框架。但是由于经济的和非经济的原因,市场本身并不是真正公平的。近年来,我国居民个人收入分配差距总体上比较悬殊,未解决温饱问题的人数依然可观,高收入者和低收入者的收入差距拉大,并且社会低收入者的实际收入逐年还呈现下降的趋势,其中赤贫者的收入甚至已超出了最普适的、最起码的伦理底线,生活日趋艰难。此种现象与我们社会正义所提倡的扶助弱者、对其予以伦理上的终极关怀背道而驰。此种超出一定限度的过分收入差距是极其有害的,在一定程度上造成了部分社会群体的心理失衡,造成了社会道德滑坡,最终反过来又抑制了经济的发展。

3. 合理的收入差距有利于实现社会公正

伦理学主要探讨的是决定正确行为的基本原则问题,并且追问决定正确行为的基本原则的基础。无论是非规范伦理学,还是规范伦理学;不管是描述伦理学、元伦理学,抑或是应用伦理学,他们不仅关注人们的现实的"行为"以及这些"行为"所导致的结果,他们尤其要探讨这些"行为"背后的基本原则及其理论依据。伦理学对效率特别是公平的应当问题,提出了自己的理论主张。国内从伦理学角度研究效率和公平问题,存在着两种倾向:一种可称之为道德理想主义,持这种观点的人反对收入的不平等分配,并对这种不平等分配表现出一种极大的道德义愤;另一种可称之为道德现实主义,持这种观点的人认为效率是公平的基础,只要有利于效率提高的"行为"就是道德的,因而也是公平的。道德理想主义与道德现实主义争论的实质不在于效率问题,甚至也不在于是否有收入上的不平等,而在于这种不平等的合法性根据是什么,以及什么样的收入差距才是合理的。伦理学试图从价值观和道德观的角度,给出一种效率和公平的理论前提和理论基础,研究在分配领域当中人的活动和人的生存状况,为人们的生活寻求终极依据和意义支撑,以体现伦理意义的终极关怀①。马克思认为,人的需要就是人的本性。马克思对人性的这一规定即是效率和公平问题的理论原点。以往人们对人性和需要的理解存在两种偏向:一是仅驻足于人的具体需要去探寻人性,把需要归结为生存需要或物欲的满足,因而遮蔽了需要中丰富而深刻的内容,如此对人性的规定自然是片面的,"经济人"、"理性人"的假设即是一例;二是脱离现实劳动实践抽象谈论人生的理想建构,这不仅难以说明现实人的物质需要如何满足,也使对人性的探寻流于抽象,"道

———————

① 终极关怀有两层含义,即对人类活动的终极依据(合法性)和社会生活的终极理想、终极意义的探求。

德人"的假设即存在此种局限。上述两种对人性的理解都是非人的,其根本症结在于没能把握需要与人性的内在关系。在马克思看来,需要与人的生存是同一的——在需要的不断满足中,人获得丰富、完善和发展;而这一同一的现实基础是劳动实践。劳动的实质是创造,即在劳动中不仅生产出维持生存必需的产品,而且还创造出摆脱肉体需要支配的各种非生存活动,如艺术、理论、宗教等活动样式。这样人的本性即需要在现实具体的劳动实践中展开,则逐步显现为效率和公平及其关系。如果这一理论前提成立的话,这现实的效率和公平关系的实际处理,必须以是否有利于人性的实现即人的各种需要的满足作为最终判据。据此,我们就找到了效率和公平的合法性依据。

在效率和公平的关系中,效率的提高永无止境,而对效率成果的公平享有,则具有历史性、暂时性,因而公平和效率一样是一个历史范畴,决不能用把一方归结为另一方的方式去处理,例如以上所提到的两种观点:或以效率兼顾公平,或以公平实现效率,这都会在不同程度上损害经济效率,妨碍公平的真正实现。前者追求经济效率,牺牲了部分劳动者利益,导致了我国居民城乡、地区及行业收入差距过大,两极分化严重,造成一部分社会成员的心理失衡,影响社会稳定,最终动摇了效率提高、经济发展的基础;后者导致了经济低效率,造成了社会贫困,更为严重的是,还会消除竞争,泯灭人的创造性,不利于人的需要的满足和人的价值的真正实现。一句话,为了公平牺牲效率,或为了效率牺牲公平,其结果都不理想,必须在现实的社会经济活动中寻求实现效率和公平二者基本平衡的一个个不同结合点,使收入差距趋向合理,最终实现社会公正。

第三节　交换公正

交换是人类社会最基本的实践活动。交换是指经济行为主体,为了实现自己的利益和需要,而在平等基础上彼此之间互通有无、互利互惠的价值交换活动。交换公正是指交换行为主体在进行交换活动时应遵循的合理性标准和公正的价值原则,是对主体的交换行为、交换过程、交换的内容等所进行的公正与否的价值评判和追问。交换公正之所以可能,乃是源于人们在交换中的彼此依赖。正如布坎南在《财产与自由》一书中指出的那样,参加交换的个人必然造成彼此的相互依赖,个人之间即便不存在强制,个人的福利仍然受制于他人行为造成的变化。人们会将他人的行为纳入考量的范围之内,并对他人的行为发生兴趣,而且人们在一开始对交换的分析中就已包含着公正与否的评判。①

从历史上看,交换的行为早在原始的部落生活中就已经存在,并且以不同的方式在人类历史上的不同时期存在着。因此古典经济学家亚当·斯密认为,交换行为是人类区别于动物的基本特征之一。由于交换,人才成为一个不同于动物的类,成为人类。他说:"自然界让同类动物在能力上有差异,动物却不能由此得到丝毫好处。相反,人的各种极不相同的才能则能相互为用。"②

一 交换的发生及其作用

交换活动的发生,源于主体的需要本性和客观的社会分工。通常来说,需要是人的本性。所以追求利益以满足主体的需要,是交换行为得以发生的根本动因。但是交换行为的普遍发生,有赖于社会的分工以及由此产生的人们之间的彼此依赖。正如马克思在《政治经济学批判》中所指出的那样,人们之间的产品交换行为的普遍发生,既要以生产中人的一切固定的依赖关系的解体为前提,又要以生产者互相间的全面依赖为前提。每个人的生产依赖于其他一切人的生产,而他的产品转化为他本人的生活资料同样依赖于其他一切人的消费。③ 因此,社会分工造成的专业化生产和人的生产的单一性,使得人们无法仅靠自己生产出自己所需要的物质产品,以满足自己需要的丰富性,从而使相互交换成为必须和可能。换句话说,人们在需要上和生产上的差别,以及交换带来的彼此互利发生了交换行为。人们在需要和生产上的差别之所以生发交换行为,是因为一个人的需要可以用另一个人的产品来满足。而他又同样能生产出另一个人所需要的物品,这就意味着每一个人在另一个人面前是作为彼此所需要的物品的所有者而出现的,这为交换行为的发生提供了某种可能。而人

---

① 参见[美]布坎南:《财产与自由》,中国社会科学出版社2002年版,第18页。
② 转引自马克思:《1844年经济学哲学手稿》,人民出版社2000年版,第135页。
③ 参见《马克思恩格斯全集》第46卷(上册),人民出版社1979年版,第102页。

们彼此之间的交换行为有利于满足人们的需求目的和互利要求，"财富品的一切自愿交换，意味着交换双方均认为换入的物品优于换出的物品，因而增加幸福，也就增加了生产财富的动机"①。对此，马克思也做了深刻的分析，他指出：每个人只有作为另一个人的手段，才能达到自己的目的；每个人只有作为自己的目的（自为的存在）才能成为另一个人的手段（为他的存在）；每个人既是手段又是目的，而且只有成为手段才能达到自己的目的，只有把自己当做自我目的才能成为手段。这种相互关联的事实，作为交换的自然条件是交换的前提。因此，社会分工引起的专业化生产的客观社会条件，及主体利益需求以至需求多样性，是社会分工得以可能的主客观条件。② 由于交换才产生分工，而分工又使交换进一步成为必要。分工的发展，促进了交换范围的扩大；交换范围的扩大，意味着人的交往的扩展和人类使自己普遍化的条件更加成熟，意味着人实现自己的本质力量的条件的成熟和范围的扩大。交换作为人区别于动物基本特征，表明人必须在社会中存在和发展，在物质交换中进行生产，在以物质交换为基础的交往中提高并展示本质力量。资产阶级学者巴斯夏说，"如果人与人之间不交换劳动成果和思想，如果彼此之间没有交易，那么，可能有许多人群，有许多共存的个人，但不会有社会。"他强调，"如果，没有交换能力，人类即使不从地球上消失，也只能永远苦苦挣扎在贫困、匮乏、和无知之中。"③交换意味着人类以社会的方式存在着，交换能力的提高和交换范围的扩大，表现了人的本质力量的提高。因此马克思说，人与自然发生最初的关系时，人就开始意识到必须和周围的人们进行交往，也就是开始意识到人总是生活在社会中的。可以说，人类最初以最原始的、最自然的、最毫无掩饰的方式展示人类本质活动的基本特征。马克思说："考察分工和交换是很有意思的，因为分工和交换是人的活动和本质力量——作为类的活动和本质力量——的明显外化的表现。"④通过交换，人才成为类，才能表现自己的类本质。可以说，没有交换就没

① 参见［英］威廉·汤普逊：《最能促进人类幸福财富分配原理的研究》，商务印书馆1986年版，第58页。

② 参见毛勒堂：《经济正义：经济生活的意义追问》，博士论文，第79页。

③ ［法］巴斯夏：《和谐经济论》，中国社会科学出版社1995年版，第99页。

④ 马克思：《1844年经济学哲学手稿》，人民出版社2000年版，第138页。

有人类,就没有人的本质力量多样化发展的可能性。布罗代尔也强调:"没有交换,也就没有了社会。"①社会是依靠交换来维系的,依靠交换而存在和发展。否定和限制交换就是遏制人的本质力量,就是扼杀人类自己。从这个意义上说,交换是人类最根本的道德行为。以任何方式否定、限制或扭曲交换是不道德的。② 要使交换活动得以普遍展开和有序进行,还需要对交换活动本身及其过程进行理性的关照和公正的价值担保。

人们常常认为,交换是不道德的,因为人们进行交换的目的都是自私的。然而,这是资产阶级的经济学家和社会学家的基本观点,是"肤浅的表象"。我们有些学者只看到这种肤浅的表象,不加批判地接受了这一基本观点。③ 早在1844年马克思就以批评的口吻说:"斯密等人把利己主义、私人利益称为交换的基础,或者把买卖称为交换的本质的和适合的形式。"④现代资产阶级经济学家和社会学家也是这样来理解交换的。美国社会学家科尔曼说:"一个人对自身利益的追求,必然使他与其他行动者进行某种交易。这种交易包括通常所说的交换,还包括其他行动,如贿赂、威胁、允诺和投资。"⑤换句话说,他们所理解的交换是私有财产为基础的交换,特别是以私有财产为手段控制市场力量的交换,买卖被他们看做是交换的本质和适合的形式。私人利益的最大化被看做是交换的根本目的,而不是人的本质力量的表现。因此马克思批评资产阶级经济学家说,他"无意中说出了他的科学所包含的矛盾,即依靠非社会的特殊利益来论证社会"⑥;他们是从私人利益出发来理解社会关系,说明人类社会最根本地体现人的本质力量的交换关系。人们之间的社会关系特别是交换关系被看做是私人的利益关系,这种狭隘的理解不仅不能说明人类社会自产生以来就发生的原始的交换关系,而且也不能说明社会集团与个人之间的交换关系,例如政府与个人之间的交换关系等。而马克思则不同,他一开始就把交换看做是体

---

① [法]布罗代尔:《资本主义的动力》,三联书店1997年版,第10页。
② 参见王晓升:《从经济伦理的观点看公平交换》,载《人文杂志》2001年第2期。
③ 同上。
④ 马克思:《1844年经济学哲学手稿》,人民出版社2000年版,第138页。
⑤ [美]科尔曼:《社会理论的基础》,社会科学文献出版社1990年版,第28页。
⑥ 马克思:《1844年经济学哲学手稿》,人民出版社2000年版,第138页。

现人的本质力量的关系,看做是一种社会关系。马克思指出:"生产本身又是以个人彼此之间的交往为前提的。这种交往的形式又是由生产决定的。"①在这里,物质的交往即交换是其他一切交往的基础。从广泛的社会生产关系来看,"交换作为形式上的社会运动"介于生产和分配之间。

二　交换过程的伦理关系

伦理关系是人与人之间通过一定道德观念和规范维系的客观关系。在商品交换活动中,交换双方的关系既有人对物的关系,又有人对人的关系。单纯的人与物的关系,一方以自觉意志相对待,另一方只是无意识的存在,还不能构成伦理关系。只有在人与人的关系中,交换双方不仅是作为物的代表,而且是作为有自觉意志的独立人格相互对待,才能构成伦理关系。

市场交换的过程,实质上是人与人相互交往的过程。因为作为交换对象的商品,它不能自己到市场上去自行交换,也不能自己表达自己的"心愿",而必须由它的主人即商品监护人代表它去进行交换。这就是说,要使商品彼此发生关系,实现商品的交换,就必须有商品所有者的意志体现在商品之中,通过人彼此发生这样的关系才能实现交换。因此,交换关系实现的过程中,就是人与人之间形成伦理关系的过程。②

交换过程的伦理关系,可以从两方面来理解。

1. 通过市场交换,可以看到人与人的伦理关系的表现形态

首先,进入市场的商品,形成了以交换形式存在的物物交换关系。进入交换过程中的物是互不相同的,如果是相同的物那就用不着进行交换。从交换的角度来看,每个商品只是它本身的价值表现形式,它随时准备用自己的"肉体"去同别的商品进行交换,但它作为物本身并没有意识,不知道自己的价值和对方的价值,也感受不到它要与之交换的对象是美是丑,是好是坏。因此它要求它的所有者以人的灵魂来补足它的缺陷,替它感受和思考,替它说话,也就是要

---

① 《马克思恩格斯选集》第 1 卷,人民出版社 1995 年版,第 68 页。

② 参见宋希仁:《商品交换中的伦理关系——〈资本论〉经济伦理思想研究》,载《湘潭师范学院学报(社会科学版)》2002 年第 1 期。宋希仁教授对商品交换中的伦理关系进行了较深入的研究。

求变成能够自主的主体。

其次,准备进行交换的商品,是属于不同的人所有的物。每个商品所有者都对自己的商品拥有所有权,这种所有权是交换的前提。交换双方必须承认对方的所有权,才能进行交换。从一方面说,承认这种所有权,就是肯定了对物的占有的法权关系。从另一方面说,通过双方承认的所有权,它的存在形式已不再是单纯的物,而是包含着商品所有者的意志在内的有"灵魂"的存在。不管这种承认形式是否用法律固定下来,它都使这种关系具有了法的意义,即具有了客观性、普遍性意义。因此,公正和信用就成为约束交换双方行为和维系其伦理关系的道德要求。

再次,所有权在意志对物的关系上,表现为直接占有权、使用权、转让权。为了实现交换,商品所有者必须把自己的意志贯穿在这些环节中,通过自觉意志的作用,实现所有权的转化;并且每一方只有通过中介体现的双方共同的意志,才能让渡自己的商品,占有别人的商品,实现商品的全面转手。这种让渡和转手的中介就是契约。契约作为一个中介,它使对立的意志达到同一;契约又是一个过程,它贯彻于交换进行的始终。在这个过程中,原来排除他人意志的独立所有者终止为独立所有者,进入"求同存异"的共同体。商品所有者为了确保自己的所有权和应得的利益,必然要理智地对待契约关系,维护契约关系的公正和信用。这种对立的同一,这种存异求同的关系的形成,就是经济活动中的伦理关系的实现。

此外,从价值关系上来看,商品的使用价值体现的是生产的自然关系,商品的交换价值体现的是生产的社会关系。从自然关系到社会关系,这其中就包含着人的本质的对象化。人的本质的对象化,就是人的活动的一定的社会存在方式,它的客观内容就是体现在价值关系中的伦理关系,它的主观形式就是相应的道德观念和道德规范。就是说,沟通各种具体劳动的价值的共同性,使各种不同的个人劳动相互联系而失去其独自性,使其具有普遍的联系性和社会性,从而就使这种特定的经济活动具有了"不同而一"的伦理性。这就是特殊的个人劳动向一般社会劳动的转化,主观意志向客观伦理的转化。从上述商品交换过程的分析来看,人们在交换关系中所扮演的角色,不过是经济关系的人格化;

反之,这种交换关系也是人格化的经济关系。事实上,经济不能脱离伦理而独立存在,它不仅遵循着一定的经济规律,而且也有相应的伦理关系贯彻其中,有人的意志、愿望和道德理想在起作用。人在这里作为经济关系的承担者和实现者,要代替商品物去感知、思考和交换。这种在经济关系中产生的,由一定的人格主体进行的,以一定自觉意志相对待的关系,就是经济伦理关系。维系和调节这种伦理关系的手段,既有道德的,也有法律的,还可以说有政治政策的。

　　然而,自从私有制产生以来,在商品交换中的利害对立都带有敌对的性质,个人都知道对方的意图是和自己的意图相反的,因此互不信任,各使心计,常常采取不道德的手段达到不正当的目的,因而经常产生破坏契约的不法行为。在这里存在着道德和法律之间的矛盾。正因为这样,市场经济不但要讲道德,而且从根本上说,还要靠法律才能解决利害冲突。"利益是人类的教师"。在商品经济的实践中,商品交换活动主体逐渐意识到不公、失信和违法的行为是愚蠢的,理性的交换者应当是遵法守约,博得对方的满意和信任。交换双方的关系处理得越好,对交换双方就越有利。资本主义商品交换中的理性、人道和信用,正是在这样的利益驱使下不断得到反省和提高,从而逐步走向比较高级的现代商业文明的。

　　2. 通过市场交换,实现了个人利益与他人利益的相互协调

　　生产者和交换者进入市场进行交换,就使双方的利益关系成为现实的关系。这种关系的两方面——使用价值和交换价值,各有其表现。使用价值是可感的、实在的、外观的;交换价值是想象的、潜在的、内涵的。马克思风趣地说:"商品作为使用价值放在仓库里,作为交换价值放在心上。"①

　　马克思所说的"放在心上",就是要人们用理性去思考,用自己的心去把握,去关切,也就是去分析、关心那被物掩盖着的价值关系,计算它所代表的实际利益。这里就体现着理性经济或经济理性的特性。市场交换中的伦理关系正是在这种理性的关系中得到维系的。体现商品价值的劳动,是人类劳动的凝

---

　　① 转引自宋希仁:《商品交换中的伦理关系》,载《湘潭师范学院学报(社会科学版)》2002 年第 1 期。

结,也是交换双方劳动的对象化,是"同一幽灵的对象化"。人的劳动一旦对象化,进入客观的相互关系,就通过交换价值的普遍联系发生了相互的利益关系,同时也就产生了个人利益与他人利益,以及个人利益与共同利益的关系问题。于是,那个使人联系在一起的"幽灵",就钻进了人的心中,搅动着人的心思,形成人的强烈的欲望、意图、谋虑、心术等等。这样,在人的劳动对象化的过程中,不但存在着个人与他人之间的利益关系,而且存在着主观利益与客观利益的关系。这里不但有客观利益关系的相互关联,而且需要对相关人的思想、行为加以规范和协调。

　　商品交换有两个必然的前提:一是一切产品和活动转化为交换价值,必须以生产中的独立个人为前提;二是一切个人的生产必须以与他人的全面依赖关系为前提。这就是说,在这种关系中,每个人的生产依赖于其他一切人的生产;同样,个人的产品转化为本人的生活资料,也必须依赖于其他一切人的消费。这种相互依赖的关系,在经济活动中就表现为互为目的和手段的关系。马克思在分析这种关系时指出:在这里,每个人为另一个人服务,目的是为自己服务;每个人都把另一个人当做自己的手段互相利用。这两种情况在交换双方两个人的意识中是这样的:①每个人只有作为另一个人的手段才能达到自己的目的;②每个人只有作为自我目的才能成为另一个的手段;③每个人是手段,同时又是目的,而且只有成为手段才能达到目的,只有把自己当做自我目的才能成为手段,也就是说,这个人只有为自己而存在,才能把自己变成为那个人而存在,而那个人只有为自己而存在才能把自己变成为这个人而存在。① 这种关系就是所谓"主观为自己,客观为他人"。所谓"客观为他人",可以做两种分析:一是指客观经济关系的结果,其"为"并不是指行为主体的主观动机,有"助"、"造"之意;二是指主体动机中对客观结果的考虑、计算,而不是出于道德的同情。这就是在商品市场上,考虑到他人和社会的需要,计算自己经济活动的结果,使自己的产品或其他商品有更大的销路,以便得到更多的利润。从这个意义上说,"主观为自己,客观为他人"这个命题本身已包含了"主观为他人,客观

① 参见《马克思恩格斯全集》第 46 卷(上册),人民出版社 1979 年版,第 196 页。

为自己"的意义。在这里,独自性与依赖性、目的与手段、利己与利他的对立统一,就是市场经济中的经济伦理关系的具体表现。

在商品交换关系中,交换双方的动机都是为了自己,双方对私人利益的关切是不成问题的,成问题的是"共同利益"。双方行动的那个"共同利益",虽然是双方互利的纽带,但它本身并不是双方自觉地"放到心上"的支配行动的动因,而是放到他们的私人利益的背后,作为利益计算和权衡的条件加以考虑的。双方交换有利于他人和社会的结果,只是在客观上实现的,也就是通过主观上为自己,客观上向有利于他人和社会的结果转化实现的,而不是在他们心中自觉地装着"为他人"和"为社会"的道德动机去实现的。在这里,主观"为自己"的行为成为实现"共同利益"的杠杆。就客观过程来说,每个个别利益的满足正好就是共同利益的实现。正是这一点,使只为自己获利的交换双方才得到一点心理上的安慰和良心上的满足。用黑格尔的思辨语言表达就是:"在劳动和相互依赖的关系中,主观的利己心转化为对其他一切人的需要得到满足是有帮助的东西。"他说"这是一种辩证的运动",对个人来说则是一种"不自觉的必然性"。① 这就是亚当·斯密所谓"主观为自己,客观为别人"命题的抽象意义。18 世纪的英国经济学家们,力图在合理的个人利益中寻求经济活动的动力,正是看到了这一命题所表达的"必然事实"。边沁的利己主义功利论具有公益论的性质,也可以从这里得到解释。所谓"公益",就是指个人在实现自己的私利的同时,也促进了社会公利的实现。社会的公益活动不过是实现这种转化的一种方式和手段。

三　交换公正的核心

交换公正,是指交换行为主体在进行交换活动时,应遵循一定的合理性标准和公正的价值原则,是对主体的交换行为、交换过程、交换内容等所进行的公正与否的价值评判和追问。② 它是社会公正的重要组成部分,更是经济公正的

① ［德］黑格尔:《法哲学原理》,中国政法大学出版社 2003 年版,第 210 页。
② 毛勒堂:《经济正义:经济生活的意义追问》,博士论文,第 80 页。

重要内容。交换公正首先是一个评判交换行为的价值尺度,是关于人们在进行交换活动时所应遵守的行为准则,并以此规范来约束交换行为。同时,交换公正是一种对人们的交换行为和交换活动的绝对价值命令,是对交换行为主体在具体的交换活动中必须无条件地遵守公正价值原则的诉求。

交换公正作为经济公正、经济伦理在交换行为中的体现,成为处理、调节利益主体和利益主体之间关系的应当之理。这一应当之理,来自于在交换中所呈现的利益主体和利益主体之间的关系,并由这一关系的性质所决定。那么,什么是交换公正的实质和标准呢? 只能是先从在交换中所呈现的利益主体和利益主体之间的关系去考察。一方面,从动机上看,交换的当事人双方都有着自身的排他的利益,双方也都知道这一点,而且是为了自身的利益才去从事交换;另一方面,在效果看,当事人双方都得到了利益的满足。这也就是说,在交换之后,用来交换的东西还是交换前的那些东西;但当事人双方却得到了更多的利益,满足了自身的需求。那么,怎么理解这一交换的关系呢? 最早是亚里士多德提出了一种经典的见解:一种关于“交换公正”的学说。首先,亚里士多德认为交换是一种道德行为,“要以德报德,若不然交换就不能出现”①。其次,亚里士多德又认为交换是受道德约束的行为,“凡是在交换中的东西,都应该在某种形式上相比较”,货币就是人们发明出来的比较尺度,“货币作为一种尺度,可将一切事物公约,并加以等价化。倘若不存在等价,也就没有交换”。② 这也就是说,等价交换就是交换的“公正”,是约束交换的“应当”之理。然而,道德行为与受道德约束的行为是完全不同的。看来,亚里士多德把自己给弄糊涂了。而关于前者,我们能说,交换确实是互惠性的,但并不因此就是道德行为,否则就用不着受“等价”和法律等约束;关于后者,我们能说,亚里士多德错误地把交换的媒介理解成了交换本身;而交换,作为利益主体与利益主体的关系,只能从利益主体之“利益”上去说明。③

那么,交换公正的核心是什么呢? 交换公正的核心是两个字:“自由”。自

---

① [古希腊]亚里士多德:《尼可马伦理学》,苗力田译,中国社会科学出版社1990年版,第98页。
② 同上书,第99页。
③ 赵兴伟:《略论交换公正的实质和标准》,载《广西社会科学》2001年第6期。

由作为交换公正的核心和根本标准,从字面意义上来讲,即是自己愿意;从历史的层面讲,即是条件;从社会的层面讲,是关系;从哲学的层面讲,即是主体的自主;从法学的层面讲,即是权利;从经济学的层面讲,即是效用。

1. "自由"意味着一个人只有自己才是自身利益的最佳判断者

公正的交换就是交换的当事人双方都是根据本人的自由意志,出于自己的意愿。这就意味着交换过程中没有欺诈、没有胁迫、没有垄断、没有强权。所以,交换的公正,于交换物品的"客观价值"毫无关系,于交换的媒介更毫无关系。交换的公正,其本质是"自由"。当然,这里的自由并非纯主观意义上的意愿,它还得受市场法制等社会历史条件的制约,是公开、公平条件下的自由。

2. "自由"为市场交换创造了可能,为交换公正创设了前提

欧洲从 15 世纪开始,商品生产有了较大的发展。17 世纪英国工业革命后,商品生产在西欧成为普遍的经济形式。到 18 世纪整个欧洲已进入商业的世纪。资本主义的商品经济以个人独立反对人身依附,以自由贸易反对国家干涉,从而创造了一个前所未有的商品交换的"自由世界"。在这个"自由世界"里,一切都成了商品,一切都必须通过商品交换才能实现自己的价值。在商品交换中,商品生产者以同等劳动的价值关系相互对待。这样,商品生产通过使用价值的生产使人具有了独自性,同时又通过交换价值的可通约性,使个人与他人发生普遍联系。商品经济的发展和商品交换活动的进行,使这种经济关系中产生了超出他们双方个人特殊需要(使用价值)的"人"的关系,并且也要求双方意识到这种以"人"相对待的关系。作为意识到的"人"的关系,就包含着人道和平等的要求。如果说,经济形式上的交换确立了交换主体的客观上的平等,那么同时也就确立了交换过程中的人的意志的自由。马克思说,正是在这里,第一次出现了人的法律因素以及其中包含的自由的因素。

3. 人的平等和自由关系,是交换价值等同关系所体现的伦理关系和相应的
   道德要求

平等和自由是相通的。平等就是自由的平等。思辨地说,平等就是"人在实践中对自身的意识",也就是意识到自己和别人都是一样的人,是人和人的

实际的类行为的本质的同一。人与人相比较是平等的,才会使人觉得自己是人,自己像个人;人与人相比较如果不平等,就使人觉得自己不像人,被人不当做人看待。封建伦理的人身依附关系,就是轻视人,蔑视人,使人不成其为人。它不能使人成为平等的、自由的人,因而也就不能使人成为真正的人。在资本主义商品经济关系中,尽管强化了人对物的依赖关系,但是在摆脱了封建人身依附关系的条件下,个人毕竟有了相对的独立和行动自由。在18世纪,平等的本意就是"个人有权行动"。在商品交换中,不仅产生了平等和自由这种客观的伦理关系,而且在法律上有了"在法律面前人人平等"的规定,在道德上也要求人们必须讲人道,尊重人的平等,把人当做平等的人相对待。按照马克思的分析,商品价值的奥秘在于:它在人们面前,把人的劳动的社会性凝结为劳动产品的价值,反映为物的"天然的社会性",所以,商品是"天生的平等派"。这种经济形式的规定性正好构成这些个人借以相互交往(相互对立)的规定性。由此可见,通过商品交换所揭示的价值,就是揭示不同商品之间的共同性、可通约性,揭示人类劳动和人的价值的同等意义。在这里,价值就是人的活动(劳动)的一定的社会存在方式。这个命题的意义只有在商品经济充分发展了的时代才能揭示出来。人的平等、自由的关系,就是商品价值等同关系所体现的伦理关系和相应的道德要求。

4. 自由是实现交换双方意志自主的手段

在市场经济的商品交换中,被交换商品的自然特性和交换者的特殊的自然需要等,这些自然差别产生了商品交换行为。商品交换这一经济行为的特性,决定了谁都不能用暴力去占有、掠夺他人的产品,交换者都是自愿进行交易等等。这些,决定了交换者的主体地位,也决定了主体的交换自由。马克思写道:"从交换行为本身出发,个人,每一个人,都自身反映为排他的并占有支配地位的(具有决定作用的)交换主体。因而这就确立了个人的完全自由。"①如果交换者的交换行为实现,就可以看做是个人自由的实现,因为按照交换者的意愿达到了他预期的目的。交换主体按照自己的自由意志去自主选择、自我决定他

---

① 《马克思恩格斯全集》第46卷(上册),人民出版社1979年版,第196页。

所需要的产品,在市场经济的一般的交换价值规律支配下,他实现了自己的目的,主体获得了意志自由。因此,从哲学层面上来讲,自由应成为交换公正的核心要求,这也就是说,交换是否公正就要看在交换行为中交换主体是否自我选择、自主决定,其思想自由和行为自由是否得到实现。自由而公正的交换,既体现了主体的思想自由,又体现了主体的行为自由。

5. 自由是实现交换双方个人主体性和个人权利的保证

从法理学的角度看,主体性原则是指个人在与自然、社会、国家和他人的关系中,具有独立自主决定自己命运的权利。更进一步地说,人在客观的、外在的必然性力量面前,具有自主、主动、自由和有目的地活动的地位和特征。个人主体首先意味着人的自爱和自利,但这种自爱和自利并非狭义的自私,个人主体原则认为应该让个人去追求他们自己认为值得追求的东西。市场经济制度通过规定每个社会成员的经济权利和义务,而确立了每一个人在整体社会面前的自由,亦即确立了个人在与国家、组织和他人关系中的自主地位,个人成为自存的目的而不是他存的工具。个人存在的本质、价值与意义由它自身去创造和把握。这意味着,个体自由是一切价值的最终源泉。此种主体性精神体现在法哲学上,就是法的个人权利本位,而这种个人主体原则的产权哲学的深层意蕴就是对利益与自由的追求。同样,权利首先体现为人的自由意志。这就是说,说一个人是有权利的,就意味着他的意志是自由的。从这个意义上说,权利来自于人的自由意志的中介和规定。然而,一种基于自由意志的权利和主张要成为一种现实的权利,它还需要得到社会和国家的认可与承认。在这里,交换权利只有符合市场经济体制要求的权利才能成为人们的法定权利。利益追求就是权利的一个重要因素,因为它是人的自由意志发挥作用的真正动力。任何个体都必然追求和实现一定的个人利益才能生成和发展。一种权利对利益主体的承认只能通过行为自由的确认来实现,因此,行为自由构成了权利的又一个要素。交换作为利益主体的行为,既是交换主体的权利,也是交换主体对利益和行为自由的追求,只要主体的这种权利得到了实现,交换行为也就公正了。

6. 自由的交换才能实现交换双方的更多利益

现代经济学诞生的标志,是边际效用价值论的提出。19 世纪 70 年代,以英国著名的经济学家杰文斯为代表的边际主义经济学家以不同的方式,甚至使用不同的术语来系统地阐述了边际效用价值论。边际主义经济学家用主观的效用来描述和界定人们的经济行为,解释在交换中所呈现的利益主体与利益主体之间的关系——利益,是由利益主体来说明的,取决于利益主体的需求差异;而对于不同的需求差异,同一物品的"效用"是不同的,即"利益"是不同的。他们都把物品的价值看做是人们的主观评价,看做是人们对物品效用的感觉和评估,看做是物品在满足人们的需要上对人们所具有的意义。效用是商品或劳务所具有的、满足消费者欲望的能力,他表示商品或劳务与消费者的快乐或痛苦之间的关系。换言之,效用是消费者在消费商品或劳务时所感受到的满足程度。一种商品或劳务对消费者是否有效用,取决于消费者对这种商品或劳务是否有欲望,以及这种商品或劳务是否具有满足消费者既定欲望的能力。简言之,效用就是有用或有使用价值。马克思主义认为效用是主客观的统一,我们最多能够比较不同商品对同一个人的效用,而不能比较同一种商品对不同人的不同效用。只有利益主体,根据自己的利益和需求才能断定这种商品对自己是否有用或有使用价值,即是否有效用。因此,交换主体是效用的最佳判断者,交换是否公正也就只有利益主体自己才能判断。所以,自由就成为了交换行为是否公正的标准。只要交换主体根据对商品的效用做出判断然后在自由的原则下进行交换,这一行为就是公正的。如杰文斯说:"效用虽是物的一种性质,但不是物的内在性质。他最好被看做是物的一种情况,即物同人的需求关系引起的情况。"故而,"效用不与商品成比例:同一物品,其效用随我们所已有的量的多少而变化"。[①] 所谓"边际革命",就在于揭示出"利益"的"主观性",从而较好地解释了微妙的"交换"——通过交换,用来交换的物品毫无增减,交换双方却得到了更多的利益。这一经济学理论的革命,印证了西方近代以来的一句著名的格言——一个人是他自己利益的最佳判断者。到了 20 世纪后期,既是经

---

① 参见晏智杰:《经济学中的边际主义》,北京大学出版社 1987 年版,第 153 页。

济学家又是哲学家的哈耶克就把这一格言谨慎地修正为：赋予具有理性的人以自由，并要求他为这一自由承担相应的责任，"这并不意味着我们认为一个人永远是其自身利益的最佳判断者：这只意味着我们永远不可能确知谁比行动者本人能更好地知道他的利益"。① 随着交换关系，在交换中所呈现的利益主体和利益主体之间的关系被正确地揭示，交换的公正，才能得到正确的理解。美国学者诺齐克曾说："不管什么分配，只要它来自当事人双方的自愿交换，就都是可以接受的。"②

四　交换公正的价值规范

交换公正是指人与人之间进行交换时，所应遵循的合理的原则和对交换行为进行评价的正确的标准。结合当前我国市场交换中存在的问题，我认为实现交换公正，需要遵循下列价值规范③：

1. 交换主体的正当性

在以物物交换为特征的直接交换中，交换的主体是明确的，他就是所交换物品的所有者。但是当以货币为媒介的间接交换广泛出现，特别是全社会的普遍的交换关系形成之后，交换的主体便显现出其复杂性。例如，一个国有企业领导人可能同时处于多种不同的交换关系之中，包括他与国家的交换关系、他与企业的交换关系、他与客户的交换关系等等。又如一个国家机关的工作人员在其职业活动中往往面临着三种不同的交换关系：他与单位交换是第一个层次的交换关系；单位与国家之间的交换是第二个层次的交换关系，即国家机关作为国家的一个职能部门执行国家的政策法令，并由国家提供活动经费；他在履行自己的职责时，与各种当事人形成第三个层次的交换关系。在这第三个层次的交换关系中，他并不是这一交换关系的主体，而只是代表单位并因而代表国家与当事人发生联系，即当事人作为公民向国家纳税，而国家则通过所属部门

---

① ［美］哈耶克：《自由秩序理论》，三联书店1997年版，第90页。

② ［美］诺齐克：《无政府、国家与乌托邦》，中国社会科学出版社1991年版，第192页。

③ 价值规范问题，沈晓阳、周中之、高惠珠等进行了研究，本书主要参考了他们的成果：沈晓阳：《论交换公正》，载《社会科学辑刊》1997年第4期；周中之、高惠珠：《经济伦理学》，华东师范大学出版社2002年版，第136页。

中的工作人员为当事人提供服务。在这种复杂的交换关系中,就有可能出现交换主体的不正当性。如果国有企业的领导人在与客户交往时谋取个人私利,如果国家机关工作人员在为当事人服务时收受贿赂,这便是混淆了不同层次交换关系的真实主体。混淆了交换关系的真实主体之所以是不公正的,首先在于这种交换不能创造效率,它不是鼓励人们通过诚实劳动、多创效益来实现自己的利益,而是鼓励人们通过盗用他人或集体的资源来实现自己的利益;其次表现在它违反了自由的交换公正核心,它允许某些人无偿地利用他人或集体的资源,再用这些资源与其他人进行竞争。所以,要实现交换的公正,必须分清交换的不同层次,明确交换的不同主体。如果是代表自己进行交换,就不能利用他人或单位的资源;如果是代表他人或单位进行交换,就不能为自己获取额外好处。

2. 交换内容的合理性

经济学意义上的交换,是指以获取经济利益为直接目的的交换。社会学意义上的交换,是指以获取包括经济利益在内的各种利益为目的的交换。在只存在经济交换的情况下,交换内容是比较单一的。而在同时存在非经济交换的情况下,交换的内容就变得复杂起来,这就需要严格区分两种不同的交换,不能用非经济利益换取经济利益或用经济利益来换取非经济利益。人的基本权利,作为一种政治资源,是不可与经济资源相交换的。一个人伤害了他人的生命,侵犯了他人的财产或人身自由,就必须受到法律的制裁。如果因为他能够支付较多的钱财而可以免于或减轻制裁,或者执法者因为受害者无力支付较高的费用而不能为他提供必要的法律服务,这就是把人的生命权、人身自由权和财产权等基本权利当做与经济利益相交换的对象了。人的选举权和被选举权等政治权利也是任何人都无权转让、无权收买的。人的精神生活领域里的某些东西也是不可交换的。有些人为了获取钱财而不惜放弃自己的人格和尊严,又有一些人则因为自己有钱就任意侵犯别人的人格和尊严,这些都是不合理的交换。同样,我们也不能以放弃道德准则为代价来获取经济利益。

只有分清两种不同的交换才能保证交换公正的核心。因为如果允许人们用经济利益换取非经济利益,或者相反,以非经济利益换取经济利益,那就必然因人们收入上财富上的差异而引起人格上权利上的不平等,并使人们丧失基本的自由权利。当然,区分两种不同的交换是一个十分复杂的问题,需要划清以下两个界限:①划清政治资源和精神资源对经济的正当促进作用与不合理交换之间的界限。两者的根本区别在于,前者不以损害政治资源和精神资源为代价,而后者则必然造成政治资源和精神资源的损失。在一个公正的社会中,道德高尚的人会因诚实可信而获得较大的经济利益,严守法律的人也会因此而获得较大的经济利益,在这种情况下他们并没有为获得这些经济利益而损害道德或法律。反过来,如果为了获取经济利益而损害了道德或法律,那就是以出卖道德或法律这些政治资源和精神资源来换取经济利益。②划清职业活动的正当报酬与不合理交换之间的界限。从事政治领域和精神生产领域的工作,也需要获得与其他职业相应的报酬。这种报酬一般应由国家支付,但为此也要求接受服务的当事人支付一定的费用。然而这种费用必须由国家制定合理的标准,并按规定的程序收取和使用。

3. 交换比例的等价性

坚持交换比例的等价性是交换公正的必然要求。既然普遍的交换关系决定人与人在人格上、权利上的平等,那么他们在交换中也就应该以等量的商品相交换。否则,人们在人格上权利上的平等就会因缺乏经济上的基础而丧失殆尽。

坚持交换比例的等价性,必须做到以下几个方面:①合理定价。在市场经济条件下,由于供求关系的影响,商品价格会在一定程度上偏离其价值;但在价值规律的作用下,商品价格的上下波动又总是围绕着价值这个轴心的,从而使商品价格与价值在总体上大致相等。因此,交换比例的等价性,在具体表现形式上应该是尊重市场价格。相反,利用某种垄断地位哄抬物价,就违反了交换比例的等价性原则。②货真价实。一种商品的市场价格,总是就达到某种质量标准的商品而言的。正因为如此,交换比例的等价性就表现为:用与商品价格相适应的合理商品进行交换;以次充好,以劣冒优,以假乱真,就是把并不等价的东西当成了等价的东西来进行交换,就是违反了交换比例的等价性原则。③分量足额。某种商品的价值总是指一定数量单位的商品的价格,由此决定了等价交换既要保证交换中商品的质量(货真价实),也要保证交换中商品的数量(分量足额)。因此,交换比例的等价性也就表现为必须用足额的合格商品进行交换。克斤扣两,缺尺少寸,以少充多,以小冒大,实际上就是不正当地提高了单位商品的价格,从而也就是违反了交换比例的等价性原则。

在不以获取经济利益作为直接目的的交换中,虽然不能直接套用交换比例的等价性,但也应保证各种利益在比例上基本相应。马克思说:"我们现在假定人就是人,而人对世界的关系是一种人的关系,那么,你就只能用爱来交换爱,只能用信任来交换信任,等等。"①这一论述既从质上指明了精神资源不能用金钱来换取,又从量上指明了这种交换的相应性。如果有人只要求享受权利而不愿承担相应的义务,只要求别人尊重自己而自己不尊重别人,只希望获得别人的爱和信任而不能为别人提供相应的爱和信任,便是违反了交换比例的等价性。

4. 交换程序的规范性

法哲学把法律公正规定为两个方面:实体公正与程序公正。实体公正是指法律本身体现社会公正的要求,程序公正是指法律机器应当遵循一套程序上的标准。借用这种区分,我们也可以把交换的公正区分为交换的实体公正与交换的程序公正。前者指交换主体的正当性、交换内容的合理性和交换比例的等价性。而后者是指:上述要求必须由法律来规定,即交换必须遵循一定的法律规范和程序。

交换程序的规范性,首先是指立法者对于交换要有明确的普遍的法律规范。马克思指出:"法律是肯定的、明确的、普遍的规定,在这些规范中自由的存在具有普遍的、理论的、不取决于个别人的任性的性质。"②为了使人的交换自由不受任性的侵犯,就要有关于交换的明确的、普遍的法律规范。只有这种法律规范是明确的,人们才有可能得到关于交换程序规范的同样的信息;只有这种法律规范是普遍的,人们才能在这种法律规范下享受同等的交换的自由和

---

① 马克思:《1844年经济学哲学手稿》,人民出版社2000年版,第146页。
② 《马克思恩格斯全集》第1卷,人民出版社1956年版,第71页。

权利。

　　交换程序的规范性,其次是指交换的当事者要自觉遵守这种明确的、普遍的法律规范。这些规范一方面体现了经济活动的规律性:人们的交换活动如果合乎法律规范,也就是合乎经济规律,就能既促进社会经济的发展,又有利于交换者自己的经济利益的发展;这些规范另一方面也体现了维护正常社会生活的需要:只有遵守这些法律规范,人们在交换活动中才能严守信誉,货真价实,童叟无欺,互相合作等,从而使社会生产和日常生活得以正常进行。

　　交换程序的规范性,再次是指执法者要严格执行这种明确的普遍的法律规范。法律的基本精神是平等。这种平等精神体现在实体公正上,就是肯定每个人的同等权利;这种平等精神体现在程序公正上,就是要求"同样的案件同样处理"。而只有法律得到严格的执行,才能实现"同样的案件同样处理"的要求。为了达到严格执法的要求,执法者必须超脱于交换者之外,对交换活动进行监督、公证、调解、仲裁。

第四节　消费公正

　　所谓"消费",它最原始的含义为消耗、耗费、消磨、浪费。在《牛津英语辞典》中,消费的定义是:"通过燃烧、蒸发、分解或疾病等花掉或毁掉;消耗、死亡;用完,特别是吃完;喝完;占去;花费、浪费(时间);变得憔悴、烧尽。"这是在词源意义上对"消费"的一种界定。其次,对"消费"做历史的考察发现,消费在语义上经历了一个变迁的过程。从14世纪它开始在英语中出现,很长一段时期都具有鲜明的贬义,带有"用尽"、"耗费"乃至"暴殄天物"的意思,其意义即为超过了恰到好处或恰如其分地占有和使用。从18世纪中期以后,它的贬义开始消退,取而代之的是以分工为基础的生产和普遍交换的市场的"经济学"上的消费概念。此时的消费不仅是单纯的耗费,更具有了一种与社会化大生产紧密相连的社会属性,与整个社会的经济发展联系了起来。

　　在马克思主义政治经济学看来,消费是社会再生产过程的一个基本环节。在社会再生产四个环节中,消费是社会再生产过程的终点。作为社会再生产的基本环节,消费与再生产过程的其他三个环节即生产、交换、分配存在着相互作用的内在联系。①消费与生产相互影响、相互作用。一方面,生产决定消费,这主要表现在:生产为消费创造材料,提供对象,从而决定消费水平、消费结构和消费方式;生产通过生产出来的产品,在消费者身上引起需要,从而创造出消费的动力;生产还生产出消费者,提高消费者的素质和消费能力。另一方面,消费对生产也有重要作用,这主要表现在:消费为生产创造出观念上的内在动机,决定生产的前提条件;消费生产出生产的主体,是劳动力再生产的一个条件;消费既是社会再生产过程的终点,又是下一轮社会生产过程的起点、出发点,决定生产方向,重新引起整个再生产过程;消费是生产的唯一目的,消费制约着生产的规模、结构和速度;消费作为再生产的一个内在环节,使生产得以最终实现,没有消费,产品就不能实现,再生产就会中断;消费又创造出新的需要,为生产提供不竭的动力。正是在这个意义,马克思指出,"没有需要,就没有生产,而消费则把需要再生产出来",消费的需要决定着生产。① ②消费与交换相互影响、相互作用。交换是生产和消费之间不可少的中介,消费对生产的作用首先表现在它对交换的作用上,并由流通传递给生产;通过流通领域,才能满足多方面的消费需要。一方面,交换的规模、速度,市场上货币的数量,消费品的供应结构和市场价格都制约着消费水平、消费结构和消费方式,对消费起重要的作用。另一方面,消费是交换的目的和动机,使交换得以最后完成,并不断地对交换以新的推动和促进。消费的规模、速度和结构是决定交换的规模、速度和流通领域中商品结构的一个重要因素,对交换起重要的制约作用。③消费与分配也相互影响、相互作用。分配也是生产与消费之间的中间环节,一方面,消费以分配为基础并表现其结果。消费资料的分配是造成人们在消费水平、消费结构、消费方式等方面的差异的决定性因素。它反映人们在社会消费生活中的地位,是决定消费是否合理的重要条件。另一方面,消费是分配的最终实现,是对一定的分配制度和分配体制的检验。② 消费是经济活动的一个重要环节。一方面,

---

① 《马克思恩格斯选集》第 2 卷,人民出版社 1995 年版,第 9 页。
② 张卓元主编:《政治经济学大辞典》,经济科学出版社 1998 年版,第 408 页。

从消费的收入条件和物质保证上看,消费决定于以增殖价值为核心的经济活动,是经济活动的结果;另一方面,从经济活动的动力条件和市场保证上看,以市场为导向的经济活动又依赖于消费,这里,消费又是经济活动的前提。

一　消费公正的实质

消费是人们在一定的社会经济关系中并借助这种关系所进行的,用物品或劳务满足自己生产和生活需要的行为和过程,它是人类社会经济活动的重要组成部分,也是人类得以存在和发展不可或缺的前提。[①] 马克思指出,"人从出现在地球舞台上的第一天起,每天都要消费,不管在他开始生产以前和在生产期间都是一样。"[②]由此而言,为了维持生命和生活,人必须进行必要的消费,它是每一个人生命存在和生活展开的始源性组成部分。人类的消费是在一个消耗自然资源和社会物品的过程中实现的,这决定了消费的生态依赖性和资源限定性。但必须强调的是,人的消费行为与动物的消费行为具有根本不同。动物的消费活动没有社会性,仅仅是为了维持自己的自然生命而进行的本能活动。而人的消费则不仅仅是个人的事,同时也是在一定的社会经济关系中展开的。更重要的是,人的消费目的和意义不仅仅限于感官的满足和维持生命的需要,而是与人性的丰富和完善,与人的自由和发展紧密相连。因此,人的消费是具有意义和价值维度的"属人"行为。正因为人的消费活动与人的生命存在、生态的依赖性以及人的意义追求本性具有紧密相关性,从而涉及到消费的生态和经济合理性追问,关联到消费的社会道德相关性审视,也关涉到对消费的合目的性哲学反思。而公正作为一个哲学范畴,正是对人的存在方式和存在目的的哲学审视和价值评判,从而与人类生活的价值维度和人的自由存在本质紧密相连,与人的生命终极关怀密切相关。而消费作为人类生存方式的重要内容,作为社会经济生活的有机组成部分,作为社会生产关系的重要环节,逻辑地包含着公正观的价值考问的义务。正是消费的这种社会关系属性以及人之公正追

[①]　杨冬梅:《消费伦理问题的思考》,硕士论文,第3页。
[②]　《马克思恩格斯全集》第23卷,人民出版社1972年版,第191页。

求的存在本性,为消费公正提供了存在论根据。

所谓消费公正,是立足公正观价值视野,对作为人的存在方式的消费行为,所进行的合理性和合目的性的哲学理性审视和道德正当性评价。其中包括旨在建立合乎人性的消费价值理念和消费模式,而对人们的消费动机、消费方式、消费对象、消费后果等,所进行的理性追问和价值评判。① 这意味着,消费公正是基于对人的生命的价值提升与人之自由存在本质的充分拓展而提出的。通过对消费主体的消费行为进行合理性与合目的性的哲学考问,引导人们确立科学、健康、文明的消费价值观和规约人们的消费行为,从而使人类的消费尺度与自然生态的价值尺度,消费尺度与社会的伦理道德尺度,消费尺度与人之自由存在本质的哲学尺度,有机地统一起来,以丰富的生命内涵促进人的自由发展。消费能否适应人的全面发展的需要、能否促进人的自由增长、能否有利于社会的幸福、能否包含绿色的生态情怀等,构成了评判消费公正与否的根本尺度。也就是说,消费公正要求:消费活动的真义在于消费是一个具体的人的活动,人的感觉、身体的需要和人的美学欣赏能力应该参与这一活动;消费的过程应该是一种有意义的、有人性的、有创造性的体验;消费的意义在于其对人之自由本质的促进和人性的丰富拓展。因此,消费公正包含着这样的价值主张和哲学诉求,即人类的消费行为必须具有绿色的生态视野、良好的社会道德自觉和追求生命自由存在本质的哲学情怀。

二 消费公正的要求

公正的消费,是人们在关注社会现实及在考虑自己真实需要、实际生活水平的基础上,妥善地处理人与自然、人与人、人与自身关系所表现出来的理性消费。它包含如下要求:

1. 可持续性

人为了发展自己,就必须不断地与自然界进行能量、信息的交换活动。自

---

① 参见毛勒堂:《消费正义——建设节约型社会的伦理之维》,载《毛泽东邓小平理论研究》2006年第4期。

然界资源的有限性,束缚着人的无限需要,决定了人的消费的合理性,必须由自然界生态系统的平衡来确证。工业革命以前,人与自然基本上维持着一种和谐的关系,人的消费基本上未造成生态系统的失衡。但随着工业文明的发展,商品经济以不惜一切代价追求利润,最大限度地实现资本增殖为其内在驱动力,致使人对自然资源的需要具有了无限性。为了自身利益的最大满足,人类在实用主义、功利主义价值观的影响下,过分注重与追求生活质量的提高,把发展经济、提高效率视为人与社会发展的最高目标,把人类幸福简单等同于物质实利的满足,夸大了对物质财富追求的价值,因而对自然资源进行了贪婪、掠夺的开发。这样,在科学技术与理性主义的辅助下,在征服自然的激情豪言下,人类对大自然的破坏达到了前所未有的程度,人与自然的关系处于日益严重的对立状态。但是,当人类自命为地球的主人、大自然的主宰,颂扬着“人类中心主义”,把大自然视为可以任人摆布的客体的同时,已经不止一次地打开了“潘多拉的盒子”。全球气候变暖、臭氧层受损、沙漠化加剧、物种灭绝等等都在相当程度上说明人类随心所欲破坏地球生态、非理性消费自然资源的种种后果。良好的生态环境既是人类生存繁衍和社会发展的基础,也是社会文明发达程度的标志。面对当前日益严重的生态问题,人们必须重新考虑自己在地球中的地位和必须承担的责任,树立可持续的消费(如绿色消费、环保消费)。可持续的消费要求人的消费必须实现生态—经济—社会的协调发展,使人在人与自然的协调基础上,自身得到更好的发展,既要满足人类的基本要求,提高生活质量,又要尽量减少对环境的破坏,不危及后代的需求。

2. 适度性

适度的消费包含两个方面的内容:节制人的欲望,使人的身心合理发展;根据自身的收入水平量入而出。消费是对人的需要、欲望的满足与实现。欲望是人性的重要内容,其本身无所谓善恶,但放纵欲望与压抑人的正当合理的欲望却是恶的,都是对人性的扼杀与扭曲。前者一味迎合人的感性需要,将人等同于动物;后者则压抑与遏制人欲,要求人们放弃现实生活的种种欲望,也将人降到受礼教、宗教任意摆布的动物性水平。其实,人欲在合理限度内的满足不仅是社会繁荣不可缺少的原动力,而且是人维护自身尊严、保持人性的重要条件。

因此,人必须节制自己的欲望,既不可放纵,亦不可消极压抑。节制欲望并不是消灭人的欲望,而是强调人在消费时应考虑自己的真实需要,具有高尚的目标,并以合理手段来满足欲望,使人的身心发展得到有效契合。消费需要人的金钱、财力与信用的投入,没有足够的金钱,人就不可能称心如意地生活。因而,合理的消费就应是一种量入而出的消费,消费者必须根据自己的实际收入水平进行消费,切不可盲目地追求时尚、追求高消费,使自己陷入负债累累的窘境。当然,伴随着社会消费方式的改革,先消费、后付款的借贷消费(如住房、汽车等大宗商品消费)逐渐成为人们重要的消费方式。但是即便是这种消费也必须要考虑自己的实际偿还能力、个人信用及日后的生活质量。消费是否适度可以从两个方面来衡量。①从人类总体角度上说,适度原则要求人类把消费需求的水平控制在地球承载能力范围之内。人类对地球的影响既取决于人口的多少,也取决于人均使用或消费能源及其他资源的多少。地球或任何一个生态系统与居民消费系统所能承受的最大限度的影响就是其承载能力。人类对这种承载能力可以借助于技术而增大(往往是以减少生物多样性繁殖或生态功能为代价的),然而在任何情况下,也不可能将其无限地增大。除非人口对资源需求的水平能降到地球的承载能力以内,否则,人类生存持续性是不可持续的。②从人类个体角度上说,适度消费原则要坚持以人的健康需要作为出发点,以人的健康生存作为目标,逐步减少无意义消费和有害消费——对人类健康生存没有有益作用甚至有害的消费。比如香烟消费,以及在发达国家出现的过度营养和在发展中国家广泛存在的愚昧消费等。

3. 公平性

公平性包括代内公平消费与代际公平消费两方面。①代内公平消费,要求任何国家和地区的发展与消费不能以损害别的国家和地区为代价。在一个国家范围内,地区利益必须服从国家利益;在国际范围内,国家利益必须服从全球利益。任何国家和地区都有发展和消费的自由,但在"只有一个"的地球上,任何国家和地区都没有无限的自由,都必须以不给其他国家和地区带来危害作为保证。代内公平消费的关键是要在地区、国家和全球范围内防止和消灭贫富两极分化。②代际公平消费,要求当代人自觉担当起在不同代际之间对资源的合理分配与消费的责任。因为在资源的代际分配与消费中,本代人同后代人相比,处于一种唯一的和无竞争的地位,后代人只能接受其前辈遗留下来的既成的资源环境。对于不可再生的资源来说,本代人利用了,下代人就无法利用;如果本代人在利用消费资源的时候,只考虑到自己的利益,而对后代人造成遗患,或者由于过量使用消费,而剥夺了后代人使用消费资源的权利,对后代人的生存就会造成不应有的消极影响。对于可再生资源来说,如果由于本代人在消费时采用不适当的方式,破坏了可再生资源持续繁衍和成长的条件,也会对后代人生活产生消极影响。后代人只好先吞下前人留下的"苦果"。这些"苦果"可能会在后来的治理中得到消除(付出沉重的代价),而有些却无法加以解决。无论上述哪一种情况,都存在一个代际消费不公问题。

4. 和谐性

消费的和谐性有三个方面的要求:①人与自然、社会的和谐。从消费角度来建立一种人—自然—社会相互协调的关系。人类的发展,并不是单纯的经济发展或社会发展,也不是单纯的生态发展,而是要达到自然—社会—经济复合系统的可持续发展。因此,可持续发展实际上是对人与自然、社会三者相互关系的重新定位,人类社会与自然绝不是单纯的征服与被征服、改造与被改造的关系,它们之间是统一的、平等的。从人类消费活动的角度来看,可持续消费就是将消费主体、消费客体、消费环境看成是相互依赖、相互影响、互相作用的系统。它要求消费主体在其消费活动过程中,应从保护人类共同的消费环境出发,合理消费、科学消费,以达到资源的永续利用。为此,我们必须改变过去那种在使用消费品或享受服务过程中,只顾满足消费者的物质需要而忽略对消费环境的影响、对生态系统的影响,最终使得消费主体、消费客体和消费环境三者之间的关系失调,而恶劣的消费环境反过来又阻碍人们消费水平的提高和消费质量改善。②合理消费与理性消费的和谐。人总是在不断地追求完美、追求幸福。荣誉是幸福的表征,是社会、他人及自我对行为主体价值的与目标实现时的满足感。然而,荣誉的赢得总是要以某些外部条件来确证,如德性、容貌、才智等。消费也是赢得荣誉的重要手段,尤其是在人际接触面最广、人口流动性最大的市场经济中,消费的数量、质量在相当大程度上指示着个体的成就、能力与趣味,是博取荣誉的手段之一。追求荣誉的消费本是人的正常消费心理,但若过分追求这种荣誉就会导致虚荣。虚荣消费的心理基础是虚假的需要,它并不是以人的真实需要来选取消费品,而是以虚荣心、好胜心来评判消费行为的合宜性,其内在逻辑是消费品的数量、档次与消费者的价值、地位呈正比例关系。人不是从自身寻找消费行为的原因,而是把外在事物作为尺度,将别人的评判作为自己行为是否正当的标准,其必然会带来奢侈、挥霍及攀比消费的行为。"为了有效地增进消费者的荣誉,就必须从事于奢侈的、非必要的事物的消费。要博取好名声,就不能免于浪费。"①健康的消费不是虚荣的消费,不是奢侈、浪费,更不是炫耀、攀比、斗富,而是人们自觉地、理性地选择适合自身实际需要及与自己的实际收入水平相结合的一种消费,并且是不危害社会风气的消费。③物质消费与精神消费的和谐。在物质消费与精神消费关系上,尽管物质消费是基础,但只是精神才体现人的本质。实践证明,过分增加物质消费,只会有害于生命体——患上各类富贵病。而精神消费对于提高人思想觉悟、道德修养、心理素质、审美观等起着关键作用。一旦基本物质生活需要得到满足后,精神消费决定了人的生活质量。而且,现代人体科学、生命科学、医学和心理学都发现,人类的精神潜能是非常巨大的,目前一般人只不过用了人整个潜能的百分之几。其他处于休眠状态的各种潜能,如超常的感知能力、思维能力、学习能力、创造能力、同情心、奉献精神等,是可以进一步扩大的宝贵资源。增加精神消费,开发这些巨大的精神潜能,将会日益丰富人类对生命意义的体验,深化人类对生存价值的认识,并且为克服全球性生态危机形成非凡的智慧、强大的道德支柱和良好的社会心理氛围。

三　消费公正的价值

　　公正的消费行为,应该是有利于社会生产力发展的,有利于社会主义国家综合国力增强的,有利于人民生活水平提高的行为,这种消费行为是善的和道德的。具体来说,消费公正有下列价值:

---

① 　[美]凡勃伦:《有闲阶级论》,商务印书馆 1981 年版,第 73 页。

1. 消费公正有利于社会经济的发展

"因为消费创造出新的生产的需要,也就是创造出生产的观念上的内在动机,后者是生产的前提。消费创造出生产的动力;它也创造出在生产中作为决定目的的东西而发生作用的对象。"①生产取决于需求,而需求的形成和发展又很大程度上取决于消费的发展,所以从这个意义上讲,消费是生产的起点和动力。一切消费行为都应以公正消费为基础和前提,既不能吝啬性消费,也不能搞超前消费。正确引导和鼓励居民的合理消费,要通过住房制度改革、医疗费用改革等为突破点,鼓励更多的人把储蓄资金转化为消费资金,进而推动社会生产的发展。

2. 消费公正有利于自然资源的合理利用

消费公正要求尽可能地利用本国和本地区的优势资源,少用甚至不用短缺资源,合理而谨慎地利用不可再生资源,多渠道开辟短缺资源和不可再生资源的替代消费品,以保持社会经济与生态环境的可持续发展。无论从经济伦理的角度还是从生态伦理的角度分析,合理地消费自然资源,保持社会发展与经济发展,保持人类与生态环境的和谐发展,保持我们现代人与子孙后代人的发展的可持续性,是非常重要的,也是全人类共同面临的道德问题。

3. 消费公正有利于节约社会劳动,珍惜别人的劳动成果,提高消费行为的
   社会效益

人的消费行为比动物的觅食行为更高级、更复杂,就在于这是一种社会行为,是属于一定社会历史条件的经济行为。消费本身的特点决定了它的实施过程,就是一种劳动消费的过程,这是人的消费行为与动物的"消费"行为的根本区别所在。因此人们消费劳动时,就不能无视别人的劳动成果和智慧结晶。人们的劳动成果总是有一定的社会合目的性:要么满足人的生理需求,要么满足人的社会交往需求,或是满足人的精神发展需求。如果他的劳动成果不讲究社会的合目的性,那就无异于蜜蜂采蜜"劳动"——不讲目的性的动物性劳动了,人消费劳动成果时也就无异于动物觅食生存的"消费"行为了。因此,公正的

---

① 《马克思恩格斯选集》第2卷,人民出版社1995年版,第9页。

消费行为,必须是讲究消费效益的消费行为。在现阶段,就是使人们对劳动的消费要有利于人的生存和发展,有利于劳动者身心健康,有利于社会和谐文明和经济发展,这才是合理的健康的消费行为的道德基础。

4. 消费公正不仅有利于满足人的生理需求,而且有利于人的个性的全面发展

消费是人类维持生存、发展自己以及延续后代的根本途径。只有满足人的基本生理需求,才能维持人类的基本生存和发展。但是,人的生理需求又是有限度和节制的,如果违背了即会使人的生存和发展走向反面,产生负面效应。因此,那种暴食暴饮、酗酒吸毒之类的生活方式和消费行为,显然是违背人的生理规律,为生理科学和道德科学所不齿。此外,人的本质决定了人的发展需求是多方面的。人不但要为自身的生存支付必要的体力和脑力,而且要从事一定的享乐活动和发展活动,去发展自我、塑造自我、表现自我和完善自我。合理的消费行为,应有利于人的个性的全面、协调发展。如果只发展个性的某一方面而忽视或压抑个性的另一方面,人就会变得畸形而古怪,社会也将由此而蒙受损失和灾难。前面所述的畸形消费行为和变态消费心理就是个性发展畸形的结果。因此,公正的消费行为应是在满足人的生存和发展需要的基础上,有益于人的个性的全面而协调的发展,这正是经济公正所追求的最终价值目标。

5. 消费公正有利于社会主义精神文明的建设

消费公正,就是必须在满足消费者正当生理需求的同时,也尽可能地满足消费者的精神和文化等各方面需求,使人们心情愉快,有足够的安全感、舒适感和满足感。而且还让消费者崇尚真理、崇尚文明、崇尚社会责任和义务,培育健康的情操,树立富于时代感的道德观念和价值取向,促进社会主义精神文明建设。如果一种消费行为不能使人们精神舒畅,反倒使人处于一种烦躁、空虚、无聊、嫉恨、痛苦的精神状态,就会导致个体心理的扭曲和变态,进而引发社会心理的变异和不良倾向。而这显然是与我们社会主义道德建设和精神文明建设不相符的,一定要坚决而彻底地予以清除。

6. 消费公正有利于促进生活方式和消费方式的文明发展,培育和构建中国特色的社会主义消费模式

随着社会主义市场经济体制的建立,我国社会的经济制度和思想观念都发

生了深刻的变化,计划经济时代的高积累、低消费模式已被新的消费模式——在发展生产、增加积累的同时鼓励人们的合理消费所取代。一系列新的消费观念也随之产生:对"新三年、旧三年、缝缝补补又三年"的消费观念进行彻底的否定,取而代之的是在满足基本需求后追求发展享受和自我价值的合理消费。在这一消费观念的支撑下,我国的消费模式处在过渡性时期,即从过去的以基本生活必需消费(吃、穿)为主,转向更高层以满足多种需求的消费阶段。这个消费阶段的特征,是以个人发展和自我价值实现为消费目的,以手段多样化、目标多元化的消费方式出现。从消费实践来看,人们在吃、穿、用方面的支出在逐渐减少,而在教育支出、文化消费、健康消费、信息消费、旅游消费等方面的支出正逐渐增加。当然由于我国的基本国情,决定了这种消费的势态来得比较缓慢而谨慎。因此我们应突破消费误区,矫正畸形消费,培育起健康向上、积极合理的消费意识,重新认识和审视我们的消费行为,为中国特色的社会主义消费模式营造必要的道德文化氛围,从而为其形成提供强有力的伦理支撑。

四　必须超越消费主义

消费主义,就是把超过基本需求的欲望满足作为消费动机,并视其为人生的根本目的和体现人生价值的核心尺度,以消费更多的社会商品和占有更多的社会财富作为人生成功的标签和幸福的象征,进而在实际的生产生活中无所顾忌、毫无节制地消耗物质财富和自然资源,并通过追求奇特和怪诞、奢侈和糜烂的消费方式来炫耀自己与众不同的身份和社会地位,持有生存即消费、消费即目的的人生哲学和生存方式。[①]　由此可见,消费主义是一种消费理念,也是一种消费方式,更是一种人生哲学和生存态度。就根本而言,资本原则的强劲支撑,辅之以商业文化的矫揉粉饰,致使消费主义泛滥并成为现代资本社会的一种意识形态。

法国学者让·波德里亚在其著作《消费社会》中深刻指出:"今天,在我们

---

① 参见毛勒堂:《消费正义——建设节约型社会的伦理之维》,载《毛泽东邓小平理论研究》2006年第4期。

的周围,存在着一种由不断增长的物、服务和物质财富所构成的惊人的消费和丰盛现象,它构成了人类自然环境中的一种根本变化。恰当地说,富裕的人们不再像过去那样受到人的包围,而是受到物的包围。"而且可悲的是,在这种消费社会中,"正如狼孩因为跟狼生活在一起而变成了狼一样,我们自己也慢慢地变成了官能性的人了"①。消费,就其根本目的而言,乃是通过对人的需求的满足而不断促进人的自由存在本质和人类发展的要求,因而它不过是人类达到幸福的手段,而非人类生活的根本目的。但是在今天,消费成为合理经济乃至人生的唯一目的,所有那些使我们区别于其他动物的特性都被忽略了,而我们与其他动物类似的地方却被抬高为唯一合理的个人和社会目标,于是消费成了目的本身,消费的数量成为衡量一个人成功的标志,也成为一个社会进步的标准。结果人的象征乃是贪婪的、被动的消费动物。将消费作为生活目的的消费主义,必然造成消费领域的挥霍无度和空虚厌倦,因为消费无度和空虚厌倦往往由"虚假的"需要所引发,而且很多时候这种虚假的需要导致了非正义消费的泛滥。② 对此,马尔库塞有力地指出,这种"虚假的"需要,是为了特定的社会利益而从外部强加在个人身上的那些需要,它使艰辛、侵略、痛苦和非正义长期存在下去。满足这种需要或许使个人感到十分高兴,但它会妨碍自己和他人,使社会处于病态,因而是必须加以批判和反对的。③ 对此,马克思在《1844年经济学哲学手稿》中也曾做了形象的描述:"工业的宦官顺从他人的最下流的念头,充当他和他的需要之间的牵线人,激起他的病态的欲望,默默盯着它的每一个弱点,然后要求对这种殷勤服务付酬金",结果竟是,人不仅没有了人的需要,甚至连动物的需要也不存在了。④

消费主义突出了消费在经济发展中的作用和生产的消费目的,这无疑是合理的。但消费主义是市场经济中异化生产所导致的异化消费的理念。追逐利润最大化的动力导致过度生产,过度生产使生产规模、技术规格越来越大,能源

---

① [法]让·波德里亚:《消费社会》,刘成富、全志钢译,南京大学出版社2001年版,第2页。
② 参见毛勒堂:《超载消费主义》,载《思想战线》2006年第2期。
③ 参见[美]马尔库塞:《单向度的人》,张峰、吕世平译,上海译文出版社1989年版,第6页。
④ 马克思:《1844年经济学哲学手稿》,人民出版社2000年版,第121页。

需求越来越多;而过度消费只不过是作为补偿过度生产(异化生产)的异化消费,异化消费使人们把消费的多少作为衡量自己幸福程度的标准,从而有助于刺激异化生产。①铺天盖地、无孔不入的广告和西方消费文化的全球化,在不断地强化着这个过程,人在市场机制的驱使下成为"拼命花钱"的机器而已。异化消费也许就是另一种形式的"市场失灵",这需要人类的伦理观念和价值取向的变革。人类必须走出单一价值取向的泥潭,寻找别的幸福来源(价值),例如对消费主义的替代价值:稳定而关怀的家庭,安全而充满活力的社会,有意义的工作,身心的健康,生物多样性的奇妙和自然风光的美丽,开明的众人参与的民主政治等等生存价值。② 21世纪末西方出现了逆消费主义的 Down – Shift 趋势,即少工作、少消费、多寻找充实生命意义的活动,正是这方面的实践。但由此出现经济发展的衰退,穷人无法改善生活怎么办?这一矛盾的出现说明可持续发展是综合的系统的工程,不仅需要可持续发展的文化作为其意识和价值基础,不仅需要绿色生产、绿色营销和绿色消费,还必须有人类社会的政治结构、经济结构的改善特别是分配结构的改善做保证,在严格控制人口增长的前提下,保障人类基本需求战略的完全实施。否则仅"贫困污染"(Poorpollutions)加上"富裕污染"(Richpollutions)就足以使可持续发展成为现代人新的妄想或虚构。

消费主义还会导致消费活动的异化。消费是一种具体的人的行为,人的感觉、需要和审美趣味参与其间。人在消费中是实在的、有感觉的、有感情的、有判断力的行为者,人的消费行为因此具有意义、人情味并富于创造性的体验,且使人们获得一种享受性的满足。但在现代物质主义支配下的消费原则远远背离了这种理想。现代人追求最大化消费原则,主张"奢侈型"消费;追求物质享受的刺激,以实现"满足欲求的消费"为时尚,把追求物质享受作为自己的第一需要,甚至把一切还原为物质需要,忽视自身精神的陶冶和完善。

现代物质主义引导下的消费活动在三个方面呈现变异。①人们只满足于

---

① 参见陈剑旎:《消费行为合理性的伦理学分析》,载《株洲工学院学报》2003年第4期。

② Paul Ekins, "Can Humanity Go Beyond Consumerism?", *Development*, 1998, (41).

占有物质消费品,而失去任何使用的借口。消费成了某些人激发幻想的满足,成了一种与人的具体的、实在的自我相离异的幻想行为。消费者与消费物是离异的,人们生产、消费似乎与"物"没什么联系,人们生活在物的世界中,与物的唯一关系只是如何操纵物、消费物。②人们的消费欲望过度膨胀。现代人对能满足自身不断增加的需要的人与机构的依赖程度加强了,购物的欲求使人成为了消费物的奴隶。因此,弗洛姆说:"人感到他的消费欲望永远得不到满足,购买及消费的行为已成了一种强制性的非理性目的,因为这种行为本身成了目的,而与所购、所消费的东西的使用及享用没什么联系。"①③消费方式物化,丧失精神消费。现代人追求物质消费刺激,忽视甚至抛弃精神塑造和完美。按照马斯洛的人的需要类型观,就是追求人的低级需要,"物质主义动机",即生理需要,也就是物质需要;放弃人的高级需要,"超越性动机",精神需要,即包括认识和理解的欲望、审美需要和自我实现需要。其实早在几千年前,古希腊哲学家德谟克利特就告诫人们,不应该沉溺于感官的、物质的快乐之中,而应注重精神的、灵魂的快乐,"精神的快乐高于物质的快乐"。

消费主义产生的浪费,如过度包装,连同经济主义产生的过度生产以及人自身的过度生产,给地球环境造成了巨大的压力和破坏。市场制度可以实现生产的高效率,却带来消费的无效率。一方面是消费不公,世界上 20% 的富人消费 80% 的物质和能源,按照消费边际收益递减规律,这是最大的消费无效率。另一方面是市场实现消费的过程无效率,如大量的广告、过度包装等。由于地球环境容量有限和资源的稀缺性,不可再生资源的稀缺性自不待言,可再生性资源由于分布不均衡,或污染对其再生性能的破坏和阻滞,或相对于人口的增长仍然是短缺的,因此消费主义的高消费不可能长期存在下去。

改革开放 30 年来,我国经济取得了长足进步和发展,从短缺经济过渡到过剩经济,出现了市场供给的过剩(实质是相对过剩),消费不足已成为严重阻碍我国经济发展的因素,相应的国内理论界和经济生活中出现了主张和宣传消费

---

① [美]弗洛姆:《健全的社会》,贵州人民出版社 1995 年版,第 106 页。

主义,提出"消费有理,消费光荣"[①],"消费是美德,节俭不是美德"[②],猛烈抨击传统消费观,认为奢侈是一种社会善举,主张和急盼中国进入西方式的"消费社会"。中国的消费主义者通过分析东南亚金融危机和美国经济成功之处,大量引用历史上经济学家反禁欲、提倡消费甚至浪费有理的议论,就信心十足地得出结论:我们今天的经济困境,是"有效需求不足,根源还是由于我们的花费不足造成的";"只要节俭等仍被视为是一种美德,一种值得学习和仿效的行为,那么,我们内需经济消费的发展模式就很难走得更远"。[③] 甚至提倡普通人多消费、富人多奢侈,甚至多浪费也是促进经济繁荣,也是一种爱国主义,是社会美德。这明显是一种唯经济主义的结论,如果人类只有经济主义的价值取向,我们就只好投入消费主义的怀抱中了。

从以上分析可以看出,中国的消费主义者把传统节俭观当做消费不足的祸首进行批判不仅是论据贫乏的,而且在一个人均国民生产总值仅 1000 多美元,尚有成百万上千万人未摆脱绝对贫困的国度,来宣扬消费主义,本身就是不道德的,任何一个有良知的经济学学者不会开出这样的药方。此外,中国的消费主义论者至少无法回答以下两个问题。一是中国人口是美国的 6 倍,假使中国人的消费水平达到美国人现有的一半,相当于当今世界上有四个美国的物质和能源消费,恐怕我们早已需要另一个地球了。二是假如鼓励高消费、提倡奢侈的凯恩斯教义是对的,那么我们也应对中国每年上千亿的公款吃、喝、玩的消费歌功颂德了,因为这也促进了经济繁荣,增加了就业。

[①]　杨钢、蓝定香:《摈弃传统消费意识　促进我国经济发展》,载《经济问题》2000 年第 3 期。
[②]　苏洪涛:《走出节俭的误区》,中国城市出版社 1999 年版,第 320 页。
[③]　同上书,第 253 页。

第六章　经济公正现状论

经济公正是指社会经济生活领域或社会经济活动中的公正,是社会公正的一个重要内容和形式。现阶段我们所进行的改革和现代化建设是一场艰巨的社会变革运动,它必然带来社会生活秩序的巨大调整,其实质是社会资源的重新配置,是社会经济利益的重新配置,是整个社会权利和义务的重新安排。只有以经济公正为价值基础来建立公正合理的社会经济生活秩序,才能对社会的有限资源进行有效而合理的配置。经济公正的本质规定性存在于经济的内容之中。作为一个复杂的社会系统,经济的基本内容由"实体"、"观念"和"活动"三方面构成。"实体"指经济制度和体制,"观念"指经济思想,"活动"指经济行为主体的经济活动。这三个方面从不同的层面反映出社会文明的发展程度,所具有的伦理意义,并可据此做出评价。

第一节　经济制度公正状况

在社会主义初级阶段,必须坚持公有制为主体、多种所有制形式共同发展的基本经济制度。实践证明,这一基本经济制度有利于自由、平等、效率、秩序原则实现,有利于人的全面发展,因而是公正的经济制度。但这一制度在具体操作层次上,特别在制度的运行方面仍存在一些不公正之处,需要在经济发展的过程中逐步完善。下面从产权制度公正和市场经济体制公正两个方面略加论述,之所以选择这两方面,是因为在现阶段这两方面的问题显得更为尖锐。

一　产权制度公正状况

产权制度作为所有制的法律形式,是所有制在经济操作层次上的表现。产权制度确定了处理生产要素的权、责、利关系的规则。产权制度公正是产权制度对公正性的考虑,是对财产所有权、占有权、使用权、处置权和收益权的安排是否公正,是否被赋予了公正属性的根据。中国现阶段产权制度公正问题主要表现在产权界定、产权经营、产权转让三方面。

1. 产权界定方面

产权界定是产权清晰的基础和前提。清晰的产权有利于提高企业经营的效率。产权一经清晰界定,产权主体就可以在合法的范围内根据自己的偏好进行产权动作,谋求自身利益的最大化;可以免受他人对自己经营活动的非法干扰,捍卫作为产权主体的合法权益。在现代市场经济中,产权关系越来越表现出复杂性和多样性,因此,只有对产权主体、产权客体及其关系进行明晰的界定,才能从广度和深度上保证现代市场经济有序地运行。

在我国现阶段,产权的界定仍是一个尚未解决的问题。首先是私人产权的界定问题,尤其是近几十年来的私人投资所形成的资产的产权的界定。比如说,私人租赁公有企业进行经营,在经营过程中,私人对企业进行了固定资产投资,使固定资产的规模比过去扩大了,但由于某些固定资产是不可分的,这就涉及到私人产权的界定问题。此外,诸如房产(特别是房产继承)和证券投资方面,也可能发生私人产权不清晰或私人产权难以确定的情况。因此,在我国现阶段,仍需要对私人产权进行界定。

和私人产权的界定相比较,公有经济领域的产权界定更为困难。全民所有制企业的所有权通常是明确的,即国家是所有者。然而,投资主体究竟是谁,有时却很不清楚,或者说,有时竟找不到具体的投资主体。例如,某一个国有企业在创办时,是依靠财政的拨款,但多年以来,主管机构不断更换、变化,今天的主管机构早已不是当初的主管机构了,而投入企业的追加资金也不是只有一个来源,这就造成了投资主体难以确定。既然投资主体难以确定,产权也就模糊不清了。正由于产权没有确定,所以谁对这些国有资产的保值增值负责,谁具体承担这个国有企业的亏损责任,也就不明确了。

　　集体所有制企业的问题可能更加突出。这具体表现在以下四点。①同全民所有制企业相比,集体所有制企业的最初资金来源更不清晰。照理说,集体所有制企业的投资主体应当是"集体",但这个"集体"究竟是些什么人,却异常模糊。其中,有些企业是乡或镇政府投资的,但另一些企业是靠多年来群众的义务工或由群众集资办起来的,当初并没有账目可查,所以后来形成的资产找不到真正的主人。②在集体所有制这顶大帽子之下,有各种各样的非公有经济成分,如个人投资、个人的合伙投资等。这主要是因为当时个人投资者思想上有顾虑,宁肯用集体所有制的名义作为掩护。③集体所有制企业与全民所有制企业一样,也有纯粹靠银行贷款办起来的,在还清贷款之后,积累的资产的投资主体未能落实,所以产权界定遇到了困难。④与全民所有制不同,集体所有制企业的最初投资不仅仅是货币资金的投入,而且包括了较多的劳动投入、实物投入及其他投入,这也给产权界定带来了困难。

　　产权不能界定和投资主体不能确定,造成的明显恶果是国有产权严重被侵害,国有资产大量流失。一些国企的领导人和政府官员疯狂侵吞国有资产,他们所造成国有资产流失少则数百万元、数千万元,多则数亿元。而这些暴露出来的腐败分子也只是侵吞国有资产蛀虫的一部分。除了腐败分子的侵吞外,还有大量存在的以各种不同方式对国有资产的侵占,如国有企业经营者挥霍性的职务消费,使用公款恣意吃喝玩乐,亏损企业滥发奖金,员工随意地拿走工厂材料为自己所用等。

　　在农村,土地归集体所有,农民只有使用权,这是导致农民在征地中遭受不公平对待的重要原因。近年来,全国有近亿亩耕地被征用,其直接后果是造成了近5000万徘徊在城市边缘的"失地大军"。[①] 在土地征用过程中,失地农民对土地补偿和安置费的金额、分配、利用几乎没有正常的参与、协商、监督的权力。一项调查表明,如果以成本价(征地价加上地方各级政府收取的各类费用)为100,则拥有集体土地使用权的农民只得 5% ~ 10% ,拥有集体土地所有

---

① 孙利等:《双重二元经济条件下失地农民补偿问题研究》,载《当代经济》2008 年第 12 期。

权的村级集体经济组织得 25%～30%,60%～70% 为政府各级部门所得,①而
从成本价到出让价之间所生成的土地资本巨额增值收益,则大部分被中间商或
地方政府获取。农村土地产权若不清晰界定,农民的利益就不可能从根本上得
到切实保障。

2. 产权经营方面

产权经营实际上是企业的资本经营。在市场经济条件下,企业通过市场交
换重新进行资源配置,使自己的资本结构达到最佳组合;通过企业产权的重新
组合,提高企业资本的经营效率。产权经营的目的是为了提高效率,而其依据
是经济主体对经营资产的合法拥有或占有。正是因为法律上明确了产权归属,
使产权主体可以按照自己的利益和意志,独立自主地进行资产经营和运作。从
社会经济过程来看,产权经营是企业资产运动及其发展的必然产物:在商品经
济发展初期,所有权与经营权往往合二为一。随着生产社会化和企业经营规模
的扩大,企业资本的经营职能与资产所有权逐步分离,资本经营职能实际上转
移到企业的经理阶层手中。所有权和经营权的分离实际上也就是资本和资本
职能的分离,企业拥有了对资产的经营权,作为资产经营的主体也就理所当然
地承担起资产的增值保值任务。但是,由于产权问题模糊,造成所有者缺位,经
营者的行为几乎没有任何硬性的约束。一方面,改制后原有的行政主管部门不
再直接监管企业经营者,国有企业内部原有的监控机制也失效了;另一方面,作
为所有制的股东不能真正到位,不能有效约束经营者。因此,一些国有企业经
营者几乎是在没有约束的条件下来使用和经营国有资产。在这种约束软化的
条件下,一些不良的国企领导人,经营着国有资产却不为国家谋取利益,而是利
用国有资产来牟取自己的利益,或以极不负责任的态度来经营国有资产,造成
国有资产变相的流失和贬值。

3. 产权转让方面

产权转让是指两个或两个以上的企业,依据买卖关系或契约合同,对其所
拥有的财产所有权和支配权的变更行为。对卖方来说,通过这种买卖或签约过

---

① 陶勇:《二元经济结构下的中国农民社会保障制度透视》,载《财经研究》2001 年第 3 期。

程,产权所有者收回的是财产的货币形式,对买方来说,是用货币换取对实物资产的所有权和支配权。产权转让对于盘活资产存量、提高资本运营效率,具有十分重要的作用。但在实际的产权转让过程中,特别是在公有产权转让过程中,往往出现一些不公正的现象。一是公有投资主体让出实物形态的资产,取得相应数额的货币后,不把由此取得的货币按规定归入该公有投资主体的账户,而是全部或部分地挪做他用,甚至落入私人的腰包,或作为职工资金与福利支出等等。二是借改制和产权交易之机,侵吞国有资产。这主要表现在任意压低国有资产价格,以大大低于价值的价格出售国有资产,或在合资企业中任意抬高合资方的资产价格,造成国有资产事实上的贬值和流失。三是上市公司的欺诈行为,以虚构投资、虚构产值和利润等方式,编造企业业绩,骗取股民投资。还有就是在股市中,庄家、上市公司和证券公司合谋兴风作浪,通过抬高股价,或压抑股价,发表虚假信息,引诱中小股民进圈套,侵吞中小股民资金。

二　市场经济体制公正状况

我国已确定了市场取向的经济体制改革,从经济伦理的角度看,这种改革取向是正义的,因为它比较充分、完全地体现了经济公正的效率原则、平等原则、自由原则、秩序原则。首先,市场经济最大的特点在于能够实现资源的优化配置,而这也就意味着经济效率的提高。其次,市场经济体制又是以机会平等和等价交换为基础的经济,而机会平等和等价交换正是分配公正和交换公正的内在要求。再次,市场经济是一种自主的经济,它以自由贸易、自由竞争、自由择业、自主经营为重要特征,它把人们对自己利益的追求汇合成为一种推动社会发展的力量,也在保障社会整体利益的前提下尊重人们的自由和利益,因而它也为启迪人们的自由意识,尊重人们的自由权利提供了基础。此外,市场经济也是法制经济、规范经济、秩序经济,它使法制意识深入人心,使社会秩序获得了市场的调节和支撑。

在现阶段,市场经济体制得到进一步的改革。国家深化了粮食流通体制改革,全面放开粮食收购市场。国有企业改革取得新进展,国有资产监管体制框架初步建立。国有商业银行股份制改革顺利推进。农村信用社改革扩大到29个省、自治区、直辖市。制定并实施投资体制改革方案。全面落实出口退税改革措施，做到了老账全部还清、新账不欠。深入整顿和规范市场秩序，加强食品、药品安全监管，加大知识产权保护力度。坚决打击制售假冒伪劣商品、偷逃骗税和走私等违法犯罪活动。市场经济体制的进一步改革，为实现和维护经济公正创造了良好的制度环境。

市场经济体制虽然得到进一步的改革，但还不完善，市场经济的最重要的功能——由市场来配置资源还远未实现，中国现阶段的经济体制只能说是准市场经济，或者是模拟市场经济状态。这种不完善性具体表现在以下几方面：

第一，行政干预表面上减少，但实际上并未消除。我国不少企业的经济决策从形式上看是由市场决定的（无形的手），但实际上，这些经济决策的背后都有一只"看得见的手"在操纵。现在我国市场化改革中有一种"逆市场化"现象，即有些行业或部门政府干预过多，促使企业或经营者不是把精力用在市场上寻利，而是用在与政府有关部门的交易中，实际上是寻租。我国过去的资源配置是计划加行政命令，而进行市场化改革以后，资源配置是市场加行政干预。从表面上看，我国在不少领域是用市场代替了计划，但是行政干预的问题并没有真正从经济生活中消除，由于市场调节的灵活性，使行政干预变得更加隐蔽化、复杂化。

第二，市场得到培育和发展，但还存在不少问题。一是市场分割。有的地方、部门从局部利益出发，搞地区封锁、部门封锁，把统一的市场肢解为相互分割的地区市场、部门市场。二是要素市场化程度低。市场化程度高，权力渗透的空间就小；市场化程度低，权力渗透的空间就大。所以现阶段，在土地、资金、证券领域中的腐败现象比其他市场化高的领域更为严重。

第三，各项制度相继建立，但缺乏有效的制度实施机制。这些年来，我国建立与市场经济相关的法规、规则不少，但是有法不依、形同虚设的现象比较严重。我国存在着有令不行、有禁不止的现象。在市场经济的国家，法律是最高权威。但是在我国现阶段，有时红头文件比法律有效，而领导的批示有时比红头文件又有效。在我国,有不少法律、制度没有领导的批示就难以实施。

　　市场体制的不完善,使政府和一些企业有可能利用手中的权力或资源优势,对经济资源,尤其是稀缺资源进行配置和使用。实际上,这些资源配置和使用的过程就是一个利益分配的过程。有些人就利用这个过程,或者把资源变为自己所有,或者把资源出让所得据为己有。如在股份制改革、土地批租、房地产热的过程中,有一大批人神话般地发了财。对某些企业而言,由于在政府部门"寻租"中可以用比较低的代价获得稀缺的资源,故有人乐此不疲。只要市场经济还未能担负起配置资源的任务,以上诸种现象是不会自动消失的。这时人们获得利益的途径不是按照市场经济自愿和等价的原则,而是按照权力大小的原则和社会关系疏密的原则。这种现象除了造成恶劣的后果、扰乱正常经济运行的规则和经济秩序之外,还降低了人们的道德意识,破坏了正常经济活动所必需的公正、公平、诚信原则。这与市场经济的基本原则格格不入,甚至是导致中国社会不稳定的重要因素。如不进一步完善市场经济体制,真正发挥市场优化配置资源的作用,把经济公正贯穿于整个经济运行过程中,改革将举步维艰。

第二节　经济机会平等状况

　　随着中国现代化进程和市场经济进程的启动和深入,虽然在机会平等方面取得了很大的进展,但可以说成就与问题并存。

一　社会流动机会平等状况

　　社会流动是指人们在社会生活中变更自己的居住地点、职业、社会地位等。它通常包括两种流动:一是水平的社会流动,这是指在人们的社会地位不改变的情况下变更了自己的居住地点或职业;二是垂直流动,这是指人们的社会地位发生了变化,在社会上存在等级差别的条件下,人们从较低的社会等级上升到较高的社会等级,或从较高的社会等级下降到较低的社会等级,就被称为向上的社会流动或向下的社会流动,如果社会上已经不存在等级的差别,但人们在职务上仍有高低上下的不同,在这种情况下,人们从较低的职务改换为较高的职务或从较高的职务改换为较低的职务,也被看成是一种垂直的社会流动。

假定人们的社会流动受到极其严格的限制,即无论怎样努力也很难使自己的居住地点、职业、社会地位等发生变动,这样的社会通常被称为封闭的社会。反之,如果人们的社会流动不受什么限制,即只要经过一定的努力就可以改变自己的居住地点、职业、社会地位等,这样的社会通常被称为开放的社会。从现阶段看,中国社会正日益由封闭的社会趋向开放的社会。随着改革的逐步深化,影响人们社会地位的社会流动机制变得更加公平合理,社会流动渠道更加畅通,个人业绩等后致因素,正在成为影响地位获得的主要因素。总体上说,中国的社会流动出现了一种向上的趋势,这从代际和代内流动率与总体流动率的显著变化可见一斑。从代际流动率看,1980 年以前的代际流动率只有 41.4%,其中上升流动率是 32.4%,不流动率是 58.6%,也就是说,父亲是什么职业,近60% 的子女还是这个职业地位,只有三成多的子女能实现向上流动。1980 年以后,代际流动率达到 54%,比 1980 年以前提高 13 个百分点,其中上升流动率40.9%,亦即有四成的子女实现了比父辈上升的社会流动。从代内流动看,1979 年以前,从前职业到现职业的流动率只有 13.3%,1980 ~ 1989 年为30.3%,1990 ~ 2001 年为 54.2%。这就是说,在改革开放前,有 86.7% 的社会人员往往是在一个职位上长期工作,很少流动;改革开放以后,流动就大幅增加了。1949 ~ 1979 年从前职到现职实现向上升迁的流动率只有 7.4%;到 1980 ~1989 年阶段,向上升迁的流动率提高到 18.2%;1990 ~ 2001 年,代内向上升迁的流动率进一步提高到 30.5%。①

但是,在中国社会趋向开放的同时,也出现了一些不利的倾向。从对各种职业群体和社会阶层代际代内流动的分析来看,1980 年以来,在处于较为优势地位的国家与社会管理者、经理人员、专业技术人员等阶层中,代际继承性明显增强,代内流动明显减少,表现出多进少出的趋势;而处于社会位置较低阶层的

① 参见《当代中国社会流动的特点和障碍》,载《改革内参》2004 年第 24 期。

子女,要进入较高阶层,其门槛明显增高,两者间的社会流通障碍正在强化。再有,20世纪90年代中期以来,经济资源、组织资源和文化资源有向上层聚集的趋势,大量原本只拥有其中一类或两类资源的人,到近些年来则基本同时拥有这三种资源。造成这些倾向的因素很复杂,但历史上遗留的一些制度性障碍是个主要因素,如计划经济体制下留下来的户籍制度、一部分人事制度、劳动就业制度等。这些制度有的正在被改革,有的还基本没有得到改革,至今仍在阻隔社会流动。要在中国社会建构一种公正合理、开放和现代社会流动模式,还尚需一个较长的过程。

二　个人竞争机会平等状况

个人在机会竞争方面,主要受到两方面因素——先赋性因素和自致性因素的影响。一方面,自致性因素的作用日益明显,社会成员在社会经济中的地位,在很大程度上取决于自身的努力程度。目前,进城务工经商的农民工,按最低的估计总数也有大约7000万~9000万人。[①] 他们中的一些优秀分子经过自己在市场中打拼,成为乡镇企业家,有的甚至是百万富翁、千万富翁。在白领阶层,文凭、学历、技术证书等作为社会筛选的功能越来越突出。自1977年我国恢复高考以来,文凭、学历就在社会地位的区分中起到愈来愈重要的作用。20世纪80年代以来,中央在制定干部提升的标准上也强调学历的重要性,没有高等学历的一般都得不到提升。20世纪80年代中期以后,我国正式恢复了学位制度,建立了学士、硕士、博士等一系列学位体制,20世纪90年代以来又逐步建立了一系列的技术证书制度,如会计证书、律师证书、资产评估员证书等等。中国加入WTO以后,与国际接轨的技术证书愈来愈成为社会地位区分的基本依据。

另一方面,先赋性因素对于机会平等的进程仍起着不可忽视的阻碍作用。所谓先赋性因素是指一个人与生俱来的、不经后天努力就具有的因素,比如,一个人的年龄、性别、家庭出身。出生地、户口类别就是典型的先赋性因素。现就

---

① 陶勇:《二元经济结构下的中国农民社会保障制度透视》,载《财经研究》2001年第3期。

以残存的户籍制为例来说明先赋性因素对于机会平等所起的阻碍作用。

中国在 20 世纪 50 年代中期,在城市和农村普遍实行社会主义制度以后,从法律上说,财产、资源属于全民所有或集体所有了。然而,全民所有与集体所有究竟应该怎样实现,却是一个难题。因为,财产、资源的分配需要一定的规则或秩序,如果全体人民中或集体成员中,任何一个人都要求行使财产所有权的话,经济秩序就无法维持。为此,国家建立起一种包括户籍制在内的身份制度作为社会屏蔽的机制。这种户籍制度对于机会平等起的阻碍作用在就业、教育等方面表现得尤为明显。在就业方面,由于进城的农村人口在我国社会身份体系中仍是农民,没有被国家认可为城市化人口,与仍然滞留在农村的农民没有什么区别,因此享受不到国家给予市民的各种福利待遇。[1] 农民工往往只能从事一些低级的工种,劳动强度大,工资偏低,10 多年来基本停留在 400～500 元的水平上。[2] 有些行业和工种限制使用外地人员,例如,1996 年北京市劳动局颁布第 2 号通告,规定了限制使用外地人的行业和工种,包括:金融与保险业的各类管理员、业务员、会计、出纳员、调度员,星级宾馆前厅服务员、收银员、话务员、核价员、出租车司机、各类售票员、检票员、计算机录入人员、办公室文秘。而且,自 1996 年起,北京市劳动局每年都会发布新的限制使用外来劳动力的行业和工种,这些行业和工种从 1996 年的 15 个,增加到 1997 年的 34 个,1998 年的 36 个,直至 2000 年的 103 个。[3] 在教育方面,最为突出的是各地区不一致的高考分数线和录取比率。2001 年春季的全国人大、政协两会期间,高考分数的户籍差异问题已经作为两会议案和提案正式登场。不少代表、委员指出,高考录取分数线在各地区之间存在严重的不平等,一些省份比另一些省份分数线高出 200 分以上。一些代表抨击高考录取中的"户籍优越"、"户籍特权",认为中国教育最大的不公平就是高考分数线的户籍特权和户籍歧视。

三 企业竞争机会平等状况

在企业竞争机会方面,主要表现为非公有制企业尤其小企业与国有大中型企业竞争机会的不平等,本地企业与外地企业竞争机会的不平等。

一方面表现为非公有制企业尤其小企业与国有大中型企业竞争机会的不平等。改革开放以来,由于国家出台了一系列鼓励、扶持政策措施,创造了一个相对公平的竞争环境,我国非公企业得到很大发展。但是,由于受市场垄断和原来意识形态与计划经济体制的影响,非公有制企业尤其是小企业在市场竞争中难以真正享受与国有企业相对平等的机会。①投资的不公平。每年中央和地方政府的直接投资基本都面向国有大中型企业,非公有制企业尤其是小企业几乎没有机会争取到,形成了与国有大中型企业在面对政府投资上的不平等待遇。小企业在市场上打拼,大企业靠政府投资滋养。②市场准入标准不平等。"据调查,在我国国有企业准入的80多个领域中,外企可以进入的60多个,占75%,民企却只可进入40个,不到50%,这显然是不合理的,也是不符合国民待遇的"①,一些原来同政府联系密切同时又有很大赢利空间的经济部门和行业如民航、电力、电信等,往往直接垄断着相关的市场,直接操纵着产品及服务的价格,而不允许民企进入,进行平等的竞争。③信息使用不公平。在政府还是信息最为集中的拥有者的背景下,作为与政府联系较少的独立经济主体——非公有制中小企业在信息获取渠道上存在着"先天性"的欠缺。政府许多项目信息、采购信息、政策信息等发布渠道相对狭窄,许多信息发布不够及时,存在信息发布不公开、不公平的现象。④政府关注程度不公平。解决大企业的问题对政府职能部门的政绩影响大,所以政府各部门的关注程度高,遇到问题解决起来态度相对比较积极,部分道德水平低的政府官员也轻易不敢到这类企业"打秋风"。但是小企业则无法享受同等的待遇,小企业遇到问题时,往往遇到门难进、脸难看、事难办的情况。这反映出政府机构在对待企业的态度上,存在规模、隶属、知名度歧视现象。

---

① 田纪云:《放手发展民营经济 走富国强民之路》,载《理论动态》第1564期。

另一方面表现为本地企业与外地企业竞争机会的不平等。这种竞争机会的不平等主要是由地方保护主义造成的。地方保护的主要手段有：①禁止或限制入境和销售；②需办理不同于本地企业的审批手续；③额外收费或实行不同的税费标准；④实行不同的质检、技术标准；⑤不同于本地企业的价格限制。

第一方面的分析似乎给人们一个印象：只有非公企业才会遭遇竞争机会的不平等。但是，在地方保护仍然存在的情况下，受影响最大的恰恰是国有企业特别是国有独资企业。这是由许多因素造成的。例如国有企业的规模比较大，其产品和服务的销售的范围比较广，比较容易受到地方保护的影响；外商投资企业所受影响与国有企业相比比较小，因为外商投资企业的外销比较大，而国有企业的内销比较大。又如国有企业自身更倾向于将地方保护作为影响其经营业绩的因素等。所以，国有企业比外商投资企业对地方保护的反映程度更加强烈。

对集体企业、股份合作企业和其他内资企业而言，因为这些企业的规模一般比较小，市场范围不大，所以地方保护对他们的影响比较小，在一定程度上还有一定的保护作用；相比之下，规模较大的股份公司和有限责任公司，由于市场不限于一个地区，碰到的地方保护的现象更多，对他们的影响也就更大。国有企业认为，地方保护对他们的影响要大于其他类型的企业。其中本质问题在于，当政府的地方保护政策是保护本地国有企业的，非本地企业则是受害者，在这些非本地企业中，主要是非本地国有企业受到限制。任何一个地方政府所属的国有企业都希望本地政府能够用地方保护的政策保护自己的发展，同时却希望外地政府不要实行地方保护政策。在各地政府不考虑长期发展而专注短期利益的情况下，各地政府博弈的最后结果就是"以牙还牙"，使得地方保护难以消除。在地方保护仍然存在的市场环境中，本地企业和外地企业参与竞争的机会不可能平等。

第三节 经济活动中的公正状况

经过 30 年的改革开放,市场经济正在中国施展强劲的魔力,使生产力得到了巨大释放,人们的生活水平大幅度提高,社会地位也日益平等。但是,由于市场机制的不成熟和自发作用,在生产、交换、分配、消费等方面出现了许多不公正的现象。

一 生产公正状况

生产方面的状况是,片面追求效率,忽视甚至牺牲公正。生产公正是指生产活动的正当合理性,包括生产目的的合理性与生产手段的合理性。社会主义生产的目的应是满足人民大众的物质和精神需要,促进人的全面发展。社会主义生产应采用适当的手段,不危及工人的健康,不污染环境,有利于经济社会的全面协调和可持续发展,有利于实现人与自然的和谐。但在中国现阶段,生产不公正现象还较普遍。

1. 假冒伪劣产品泛滥成灾

在当代中国人中,几乎无人能够避免假货的袭击。从假广播、假信息、假商标、假金牌、假烟、假酒、假药、假化肥、假饲料、假种子、假食品、假钞票到"黑心棉被"、"瘦肉精猪肉"、"三鹿毒奶粉事件"……铺天盖地,包罗万象,几乎每一种有利可图的商品必有附身吸血的赝品。2005 年,全国药监部门共查处药品案件 25.87 万件,涉案总值达 4.3 亿元。[1] 2006 年,全国农业、工商、质检等部门共立案查处假劣农资案件 12.13 万件,为农民挽回直接经济损失 22.8 亿元。[2] 2002 年以来,全国工商机关共查处制售假冒伪劣商品案件 73 万余件,价值 90.8 亿元。[3] 假冒伪劣,就像一个令人恐惧的魔鬼,时刻跟随着我们,充斥

---

[1] 《2005 年全国共查处总价值 4.3 亿元药品案件》,载北青网 2006 年 1 月 21 日。

[2] 《2007 年全国农资打假专项治理行动全面启动》,载嘉兴在线新闻网(www.cnjxol.com)2007 年 2 月 28 日。

[3] 《全国工商机关五年为消费者挽回经济损失 32.7 亿元》,载新华网 2006 年 3 月 15 日。

于我们的生存空间。有调查结果显示,全国这两年来有 1/4 的家庭受到过假冒伪劣商品的侵害,涉及 5000 万城市消费者,98.5% 的消费者受到经济损失。

2. 生态环境遭毁灭性破坏

人类实践行为的无度性和破坏性,瓦解了人与自然之间原初的"天人合一"的和谐状态,人与自然的关系经历了最初的天然统一到相互对立,从而导致了现代的生态环境问题出现,也使得人自身的存在面临着生存危机的胁迫。当代生态环境问题可分为环境污染和生态破坏两类。前者是指有害物质对人类生产环境的污染,如大气污染、水污染、土壤污染、噪声污染等;后者是指人类活动直接作用于自然界而引起的生态环境的破坏,如乱砍滥伐引起的森林植被破坏、过度放牧引起的草原退化、不合理开垦引起的土地沙漠化,植被破坏引起的水土流失、沙尘暴、地球温室效应以及厄尔尼诺现象出现,臭氧层遭到破坏,生物多样性锐减等等。如此种种人类对自然界的否定,超过自然界的承受能力必然造成自然对人类进行"报复"。这种报复分为两类:①否定人类生存的自然条件。人类的实践活动都是以自然界为前提的,人不可能从"无"中创造出"有",既在的、现实的自然界是人的实践活动得以展开的物质前提;没有自然界提供的物质基础,人类的生存与发展就是一纸空文。人类彻底否定自然,自然对人的肯定就会发生逆向性变化,自然就会彻底否定人类。恩格斯早已告诫我们"不要过分陶醉于我们人类对自然界的胜利。……起初确实取得了我们预期的结果,但是往后和再往后却发生完全不同的、出乎预料的影响,常常把最初的结果又消除了"①。②否定人发挥主体能动性的可能。在改变自然的生产活动中,人类淋漓尽致地展示了自己的主体能动性,一旦人们狂妄地征服自然,盲目地抬升自己的占有欲和攻击欲,自然就会否定人的生产、生存方式。自然的否定性致使人类很难,甚至不可能发挥主体能动性,在强大的自然恶化力量面前,人们只能发出"有心杀贼,无力回天"的感叹。

3. 生产发展成本过高使可持续发展难以为继

改革开放以来,我国发展的显性成果引人注目,但由于对发展的成本与代

---

① 《马克思恩格斯选集》第 4 卷,人民出版社 1995 年版,第 383 页。

价估计不足,资源环境的制约使得持续发展难以为继。我们这些年来发展的成果是有目共睹的,是看得见、摸得着的,这一点谁也不能否认,谁也否认不了。但我们也必须看到,这些年来我国经济的快速增长在很大程度上是依靠资金、劳动力和自然资源等生产要素的粗放投入来实现的。①新中国成立以来,我国GDP 增长了 10 多倍,但矿产资源消耗了 40 多倍。我国 GDP 仅占世界总量的4.1%,但所消耗的原油、原煤、铁矿石、钢材、氧化铝、水泥分别约为世界总消费量的 7.4%、31%、30%、27%、25% 和 40%。"六五"、"七五"、"八五"、"九五"和"十五"期间,每增加 1 亿元 GDP 需要的固定资产投资分别是 1.8 亿元、2.15亿元、1.64 亿元、4.49 亿元和 4.99 亿元。我国单位产值能耗比世界平均水平高 2.4 倍,是德国的 4.97 倍,日本的 4.43 倍,美国的 2.1 倍,印度的 1.65 倍;每万美元消耗的铜、铝、铅、锌、锡、镍合计 70.47 公斤,是日本的 7.1 倍,美国的5.7 倍,印度的 2.8 倍;工业万元产值用水量为 100 立方米,是国外先进水平的10 倍。事实上,我国人均资源占有量综合比较只相当于世界平均水平的 1/3。②我国人多地少的矛盾十分突出。目前,我国人均耕地仅有 1.43 亩,不到世界人均水平的 40%。北京、天津、上海、浙江、福建、广东 6 省市的人均耕地已经不足 0.8 亩。近 8 年来,全国净减少耕地上亿亩。可另一方面,土地低效利用问题也十分突出。一些地方缺乏规划,不顾实际,盲目兴办各类开发区,省级以下开发区征地后的土地闲置率高达 40% 以上。③我国生态环境为经济发展支付了巨大的成本。这些年来,工业废水,废气排放量都呈几何级数增加,超过环境承载能力 70% 以上,其中,受工业"三废"污染的耕地面积 9000 万亩,占全国耕地 1/20 强。据 2001 年西部生态状况调查报告,西部 9 省区生态破坏造成的直接经济损失占当地 13%。国际经验表明,事实上存在着"没有发展的增长",甚至"负增长",即经济总量扩大了,但经济结构没有优化,经济增长的质量没有改善,国家的综合实力和人民生活的综合质量没有实质性提高,甚至在经济总量扩大的同时,结构恶化了,环境被破坏了,人类生存和发展的条件下降了。近年以来,国际油价的飙升对我国经济的明显影响就可看出在资源约束条件下,我们这种粗放式的发展方式已经到了非改不可的时候了。

4. 安全生产事故让人触目惊心

2008 年全国重大事故发生 86 起,死亡和失踪 1315 人,同比增加 8 起、148 人。其中:工矿商贸事故发生 42 起,死亡和失踪 689 人,同比增加 5 起、117 人,其中煤矿事故发生 31 起,死亡和失踪 503 人;特别重大事故全国发生 10 起,死亡 662 人。[①] 同 2007 年相比,虽然事故发生起数和死亡人数分别有所下降,全国安全生产保持了总体稳定,但形势依然严峻,一些行业和领域伤亡事故多发状况尚未根本扭转,重特大事故时有发生,给人民群众生命财产安全造成严重损失。如果说偶发几次事故是天灾的话,那么这频频发生的事故就只能说是人祸了。几乎在每个事故调查结果的背后,都可以看到一些企业负责人和地方政府领导干部,为了片面追求经济效益,增加地方的"财政收入",体现自己的所谓政绩而无视国家律令法规,不顾工人们的生命安全,忽视存在的大量安全隐患所带来的恶果。如果生产不回到公正的轨道,不坚持以人为本,就不可能从根本上减少直至杜绝此类事故的发生。

为实现和维护生产公正,政府加强了对安全生产的监管,加大了对安全生产事故的处罚力度,建立了安全生产事故责任追究制度。提出了建设资源节约型社会、发展循环经济的任务和政策措施,启动了 178 项节能、节水和资源综合利用等重大项目。加强了矿产开发、土地利用和城乡规划管理。2005 年投入国债资金 152 亿元,主要用于淮河、太湖等重点流域污染防治和天然林保护、退耕还林还草、防沙治沙等重点生态工程。深入开展环保专项治理,解决了一些危害群众健康的环境问题。这些政策和措施有力地遏制了生产领域的不公正现象频发的势头。

二　分配公正状况

改革开放 30 年来,由于转型期的复杂性、艰巨性,使得我国在群体之间、城乡之间、地区之间、行业(企业)之间对基本权利、参与机会、公共产品实际分配(而非形式上)的严重失衡,多方面的失衡交织在一起,最终导致个人收入分配

---

① 来自 http://www.safehoo.com/Case/Stat/200901/23910.shtml。

的惊人差距。

1. 群体间的分配失衡

《土地管理法》规定:"国家为了共同利益的需要,可以依法对土地实行征用"(第二条第4款)。然而,法律没有对"共同利益"做出明确的界定,也没有确立合理的补偿原则,于是,大量的营利性项目通过各种幕后交易,便得以堂而皇之地披上法律赐予的"共同利益"的外衣,"合法地"借助政府的强制力(极少数甚至借助黑社会的暴力),在未经实际使用者(城市和农村居民)同意并给予其合理补偿的情况下,强行拆迁和征用。

在国企改革中,有人利用产权模糊和投资主体不确定,在改制和产权交易中,任意压低国有资产价格,以大大低于价值的价格出售国有资产,或在合资企业中任意抬高合资方的资产价格,造成国有资产事实上的贬值和流失。造成的明显恶果是国有产权严重被侵害,国有资产大量流失。

被媒体炒得沸沸扬扬的官煤勾结现象,他们配合之紧密,简直让人难以置信。他们是官中有煤,煤中有官,权力与资本合谋共生。2005年11月1日,中纪委、监察部、国资委、安监总局联合召开新闻发布会称,截至10月20日,全国有4578名国家机关工作人员和国有企业领导人,共在煤矿入股6.53亿元(近期已撤资4.73亿元),粗粗算来,平均每人入股14万元。[1] 在山西省,焦煤领域的官煤勾结案件数量更加惊人。2008年7月~2009年7月中,单位主动申报问题999个,涉及资金39亿多元;个人主动申报问题3881个,涉及资金2599万多元;全省共追缴探矿权、采矿权使用费和价款、煤炭可持续发展基金、煤炭能源基金等各类资金达100亿元。另悉,山西各级煤焦领域反腐败办公室在此期间共排查煤焦领域案件线索985件,初核煤焦及非煤矿山领域违纪线索627件,立案查处案件600件。[2] 上至省城下至乡镇,许多官员是煤炭系统出身,或与煤炭有着千丝万缕的关系,利益错综复杂,官煤铁板一块,都是官煤勾结利益链条上的一环。

---

① 《"官煤勾结"何时止》,载中经 BP 社 2005 年 11 月 7 日。

② 载中国新闻网 2009 年 10 月 19 日。

在土地征用过程中,失地农民对土地补偿和安置费的金额、分配、利用几乎没有正常的参与、协商、监督的权力。土地补偿和安置补助费最高标准,按目前农村居民人均生活消费支出计算,只能维持 7 年左右的生活;按目前城镇居民人均消费支出计算,仅维持两年多的生活。① 为了牟取暴利,甚至不惜以牺牲人民的生命为代价。全国历年发生的各类安全生产事故中有很大一部分由于"三非",即非法生产、非法建设和非法经营造成的,②是由于老板为了节约生产成本,不愿配备基本的安全生产防护设备造成的。

2. 城乡间的分配失衡

城乡之间分配失衡主要是由以户籍制度为基础建构起来的一系列制度性障碍造成的。这种户籍制度人为地将公民分为"农村"和"城市"两个部分,导致了城乡对公共产品分配的失衡。这种失衡在就业、教育、公共设施、社会保障等方面尤其明显。

在就业方面。①在就业安置上厚城薄乡。对于下岗工人的就业安置问题,政府予以高度重视,专门召开了若干次全国性的会议,再就业工作也已纳入地方政府考核的范围;而对于失业农民的就业安置,政府显然考虑过少。②就业机会不能共享,主要表现在三个方面。一是直接对农民工就业进行行政总量控制、职业和工种限制。如政府允许和限制使用外来劳动力的行业、工种和职业清单。在这种职业保留和劳动用工限定的制度下,广大农民工只能进入收入低、福利差、工作环境差以及安全、待遇、劳保等都无法得到保障的次属劳动力市场,而收入高、劳动环境好的首属劳动力市场却为城市居民所独有。二是对农民工就业的歧视性收费。农民工离开农村时要交费办理身份证、未婚证、计生证、毕业证、待业证等,还要交计划生育季度妇检保证金、公粮水费和三提五统保证金。此外他们在城市还要交费办理暂住证、健康证等。这些歧视性收费提升了农民工的就业门槛。三是对城市居民就业和再就业的特殊优惠政策与措施,造成了竞争环境的行政干预和事实上的不平等就业,是一种变相的和更

① 孙云钢:《双重二元经济条件下失地农民经济补偿问题研究》,载《特区经济》2009 年 9 月。
② 《李毅中就贯彻国办通知遏制安全生产重大事故答问》,载中国网 2007 年 9 月 5 日。

为隐蔽的保护本地居民就业,排斥外来劳动力的间接性雇佣歧视。这种就业歧视政策,剥夺了农民工的许多就业机会。①

　　在教育和公共设施的投入方面。①城市中的教育和基础设施,几乎完全是由国家财政投入的。而农村中的教育和基础设施,国家的投入则相当有限,有相当一部分要由农民自己来负担。②在改革前,农村中小学的相当一部分开支要由人民公社或生产大队来负担。民办教师的报酬,也要由农民来承担。改革以来,这种情况不仅没有好转,而且进一步地恶化了。③国家每年几百亿元的教育经费几乎全部用在城市,城市学校的一切开支经费是由国家财政拨款的。公共设施就更是如此。国家每年上千亿元的财政开支用于城市基础设施建设,而农村享受到的极少,农村的基础设施建设、公益设施建设不得不从农村企业和农民头上摊派、集资、收费甚至罚款来解决。

　　在社会保障方面。①城乡社会保障投入失衡,并且有加剧趋势。据统计,1990 年全国社会保障支出 1103 亿元,其中城市社会保障支出 977 亿元,占支出总数的 88.6%,农村仅支出 126 亿元。城市人均 413 元,农村人均 14 元,相差近 30 倍。国家财政在卫生事业费中用于农村合作医疗的补助费 1979 年为 1 亿元,1992 年下降到了 3500 万元,仅占卫生事业费的 0.36%,农民人均不足 4 分钱。城乡社会保障投入的不公,已愈来愈成为城乡差距进一步扩大的重要因素。② ②城乡社保共享失衡。目前国家每年为城镇居民提供上千亿元的各类社会保障(养老、医疗、失业、救济、补助等)。而农民几乎没有任何保障,还要上交乡村统筹为五保户、烈军属提供补助救济。农民没有社会保障,土地就成了农民唯一可做生存保障的资源,但是,在征地热潮中,不少农民已丧失了这一宝贵的生存保障资源,据 2002 年的调查数据显示,现阶段我国失地农民约有3000 万~4000 万人;失地农民获得的补偿款仅够维持两年半的基本生活,即便如此,还有部分补偿款难以到位。③ ③城乡共享失衡最终导致城乡居民收入失衡,并有进一步扩大的趋势。1997 年以来,农民收入连续 7 年低速增长,不及

———————————

　① 谭雅静:《我国农民工就业歧视问题探讨》,载《经济与法》2008 年第 11 期。
　② 陶勇:《二元经济结构下的中国农民社会保障制度透视》,载《财经研究》2001 年第 3 期。
　③ 转引自中央党校孟曙初博士论文《统筹城乡社会保障制度建设研究》,第 94 页。

城镇居民收入增量的 1/5。1997 年农民、城镇居民的人均纯收入分别为 2090 元、5160 元,收入差距为 1∶2.47;2003 年分别为 2622 元、8500 元,差距扩大到 1∶3.24;2007 年,农村居民人均纯收入实际增长 9.5%,为 1985 年以来增幅最高的一年,而城乡居民收入比却扩大到3.33∶1,绝对差距达到 9646 元;2008 年城乡居民收入比又扩大为3.36∶1,绝对差距首次超过 1 万元,是改革开放以来差距最大的一年。①

3. 地区间的分配失衡

由于地理、气候和自然条件等差异形成地区差距是很普遍、很正常的,但我国的地区差距并不完全是由此造成的,各地区基本权利、参与机会、公共产品共享的失衡也在一定程度上起到了加速的作用。我国人口的社会流动还存在一些体制性障碍,偏重的发展战略、有待进一步完善的财政转移支付体系,这些因素在一定程度上成为地区差距缩小的体制性障碍。使我国存在非常明显的地区差距,有所谓"一个中国,四个世界"之说:第一世界,上海,北京,占全国人口总数的 2.17%,达到高收入国家水平;第二世界,天津,浙江,广东,福建,江苏,辽宁,占全国人口总数的 21.8%,基本达到中等收入国家水平;第三世界,山东等地区,占全国人口总数的 21.8%,达到世界平均收入;第四世界,中西部地区,占全国人口总数的 50.57%,远低于世界平均收入水平。并且,这种差距有进一步扩大的趋势。

——从经济总量看,东部地区占全国经济总量的比重不断提高,从 1980 年的 50% 提高到了 2003 年的 59%,中、西部地区分别由 30% 和 20% 下降为 24.5% 和 16.5%。

——从人均 GDP 看,东部地区人均 GDP 水平高出全国平均水平的幅度进一步加大,由 1980 年的高 34%,提高到 2002 年的 53% 左右,而中西部地区人均 GDP 与全国平均水平的差距也进一步扩大,由 1980 年相当于全国平均水平的 88% 和 70%,下降为 2002 年的 70% 和 59%。

——东部地区与中、西部地区人均 GDP 的相对差距进一步扩大,分别由

---

① 转引自《城乡居民收入差距首次过万元　中央拟再提粮价》,载《环球时报》2009 年 1 月 16 日。

1980 年的 1.51 和 1.91 扩大为 2002 年的 21 和 2.61；人均 GDP 最高的省不包括直辖市和人均 GDP 最低的省之间的相对差距由 1980 年的 3.52 倍扩大为 2002 年的 5.43 倍。①

此外，由于东部地区城市化水平高，中西部地区城市化水平低，中国区域差距扩大和城乡差距扩大还具有相互交错的特点。②

4. 行业间的分配失衡

这主要表现在垄断性行业和非垄断性行业竞争机会分配失衡与收入方面的巨大差距。

竞争机会分配失衡。由于受市场垄断和计划经济体制的影响，非垄断性行业难以和垄断性行业共享市场竞争机会。①投资不能共享。每年中央和地方政府的直接投资基本都面向垄断性行业，非垄断性行业根本不可能和垄断性行业共享政府投资。②市场准入标准没有同一性。据调查，"在我国国有企业准入的 80 多个领域中，外企可以进入的 60 多个，占 75%，民企却只可进入 40 个，不到 50%，这显然是不合理的，也是不符合国民待遇的"③。一些原来同政府联系密切同时又有很大赢利空间的垄断性行业如民航、电力、电信等，往往直接垄断着相关的市场，直接操纵着产品及服务的价格，而不允许民企进入，进行平等的竞争。③信息不能共享。在政府是信息最为集中的拥有者的背景下，作为与政府联系较少的非垄断性行业在信息获取渠道上存在着"先天性"的欠缺。

收入分配的巨大差距。20 世纪 90 年代，各行业收入水平都有大的提高，但提高的程度不同，导致各行业收入差距进一步扩大，收入高低的位次发生明显变化。如金融、保险、邮电等垄断性经营行业随着市场经济的发展，业务量突飞猛进，获取了高额利润，并把其中的一部分以不同形式分配给职工，职工收入增幅很大；一些全面进入市场竞争的行业，如社会服务业、商业餐饮业和建筑业利润下降。据调查，1999 年和 1990 年相比，房地产和金融保险业的收入增幅

---

① 《中国地区差距正在扩大》，载中国宏观经济信息网 2004 年 5 月 10 日。
② 《地区发展差距呈逐年扩大的趋势》，载中国宏观经济信息网 2004 年 5 月 10 日。
③ 田纪云：《放手发展民营经济　走富国强民之路》，载《理论动态》第 1564 期（2002 年 5 月 30 日）。

最高,达到 385% 和 335%,商业餐饮和采掘业增幅最低,仅为 94% 和 108%。其他各行业增幅在 200% 至 300% 之间。1990 年行业最高与最低收入比为 1.3∶1,1999 年上升为 2.6∶1。1990 年收入最高的三个行业是:制造业、农林牧渔和商业餐饮业;1999 年收入最高的三个行业变为:房地产、金融保险、科研技术,最低的三个行业变为:商业餐饮、社会服务和采掘业。[①] 各方面的失衡交织在一起,最终导致我国居民总体性收入差距的扩大。1981 年,中国居民收入基尼系数为 0.29,不仅总体上差距不大,在城市及农村内部也极为均等。2000 年就冲破基尼系数 0.4 的国际警戒线,到 2006 年就达到了 0.47[②],大大超过国际公认的 0.4 的警戒线,高于中国的国家只有 29 个,其中 27 个是拉丁美洲和非洲国家,亚洲只有马来西亚和菲律宾两个国家高于中国。根据 2004 年全国 5 万户城镇住户抽样调查结果,上半年最高 10% 收入组人均可支配收入 13322 元,比上年同期增长 16.7%,是全国平均水平的 2.8 倍,而最低 10% 收入组人均可支配收入 1397 元,比上年同期增长 11.6%,是全国平均水平的 29%。2003 年,中国贫困人口首次出现反弹。如果以人均年收入 637 元作为标准,2003 年中国的贫困人口增加了 80 万人。[③] 这在改革开放之后还是第一次,这不得不引起高度警觉。

三　交换公正状况

在交换方面,不公正现象主要存在两方面的问题:一是广泛失信,一是外贸失衡。

1. 广泛失信问题

虽然市场秩序得到深入整顿和规范,但不讲诚信,不守信用的现象仍很严重。讲诚信,守信用是人们在经济活动中的基本行为准则,也是任何社会中经济主体生存与发展必不可少的一项道德资本。关于讲诚信、守信用在经济生活

---

① 《不同行业职工收入差距在扩大》,载东方网(www. eastday. com. cn)。

② 《中国基尼系数与拉美化之辩,市场经济放大贫富》,载新浪财经网(http://finance. sina. com. cn)2006 年 6 月 26 日。

③ 孙立平:《和谐就是克服失衡》,载中新网 2005 年 3 月 14 日。

中的意义,马克斯·韦伯有句名言:"信用就是金钱。"讲诚信,守信用一直被视为市场经济运行的基石,是市场有序化的基本保证。但是在我们的现实经济活动中却存在着严重的信用危机。

一是诚信意识薄弱。在市场经济初期,人们的信用意识普遍薄弱,一般有两种表现形式:①在市场经济发展初期的交易活动中,人们的交易理念是一种"零博弈"原则,把交易等同于竞技场的不赢即输的比赛,以为在交易中的获利,必须利用信息的不对称或使用某种欺骗手段才能达到,只有对方损利,自己才能得利。对此,恩格斯有过非常深刻的分析:"私有制产生的最初结果就是商业,即彼此交换生活必需品,亦即买和卖。在私有制的统治下,这种商业和其他一切活动一样,必然是商人收入的直接源泉;这就是说,每个人必须要尽量设法贱买贵卖。所以在任何一种买卖中,两个人在利害关系上总是绝对彼此对立的;这种冲突带有完全敌对的性质,因为各人都知道对方的意图,知道对方的意图是和自己的意图相反的。因此,商业所产生的第一个后果就是互不信任,以及为这种互不信任辩护,采取不道德的手段达到不道德的目的。"[①]可见,在商业社会中,由于买卖双方利益和意图的矛盾性、差异性,在客观上必会存在相互猜疑和不信任的心理。②在市场经济发展初期,不仅市场体系不完备、与之相应的法律制度跟进滞后,而且市场经济主体尤其是商品生产者和经营者,由于未经过市场经济的全面洗礼与锤炼,"非理性"行为较多,信用意识淡化。表现为经济行为选择上的急功近利和缺乏长远的获利观,在乎一时一地的利益得失,抱着捞一把是一把的投机心理,紧盯市场缝隙。如利用消费者对产品知识的缺乏和质量鉴别力的低下,采用以次充好、以假乱真等蒙骗伎俩巧取暴利,算计具体交易的亏赢,不管信誉的好坏。再加上"信用"未能成为交易的"通行证",人们缺乏对信用交易的感性经验及教训的警诫,致使许多人在交易的搜索和行进过程中,常常忽视自身信誉和他人信誉作为风险判断及规避风险的核心因素作用。就是说,由于社会没有形成对失信严厉惩罚的强有力的机制,失信者感受不到信用的奖励与处罚的功能,其他人见不到失信者遭受的市场、法

---

① 《马克思恩格斯全集》第 1 卷,人民出版社 1956 年版,第 600 页。

律的惩戒,反而经常所见失信者的获利,结果信用观念淡化。还有,我国信用观念的淡漠在现实中的表现,就是信用投保比例低下。据有关统计数字显示,目前中国企业93%出口没有投保出口信用保险,远低于全球的12%的平均投保率。①

二是诚信的社会心理支撑虚弱。由于违约失信的投机获利的几率较大,致使交易契约不能如期履行的问题成为一种"非正常"的一种"常态",乃至一定时期或地区出现"三角债"或"多角债"普存现象。而这种违约、毁约现象在社会中的泛滥,加之中国社会长期积淀的随大流的文化传统和人们的从众社会心理的跟随和仿效,在很大程度上便使人们产生了"法不责众"的失信心理。表现为人们不是尽力避免失信的发生或努力树立自己的信用形象和珍爱自己的信用名誉,而是时常抱着侥幸的心理冒险失信或放纵对自己的信用要求,出现有履约能力也不践行的恶意逃费现象,甚至当事人没有失信的窘迫感和羞惭感。社会成员这种对失信行为的普遍默示心理、侥幸心理和麻木心理,在一定程度上强化了人们的失信牟利的心理预期,消融了人们守信的心理防线,怂恿了失信的机会主义行径。

三是信用风险机制缺位。市场经济初期信息的严重不对称性和市场经济主体理性的欠成熟性,无疑会诱发失信的投机性。而市场经济体系的不完备性对失信行为过滤和淘汰能力的微弱,及信用方面法律制度不健全致使失信的法律风险降低,成为加剧人们失信的诱惑力和催化剂。信用风险机制供给的严重不足,就会出现信用与利益的背离,即守信者亏利、失信者获利的悖论现象。这种现象不但违背以义得利的道德准则,而且也违背成本与收益的经济学准则及犯法受罚的法律风险理论。另外,作为社会运行的秩序要求,需要社会成员具有一定的底线利益割舍性原则,就像股票投资的止损原则一样。股票投资的止损理论,是投资者为避免判断的失误和亏本而为自己的股票买进和放出设定的一种保护自己收益的底线准则。人们在其他经济行为中,为避免自己利益的较大伤害,也应该根据社会的利益满足系统的情状而设置止损原则。但反观现实

① 来源:《中国青年报》2006年12月19日。

则看到,由于信用风险机制的缺位,对失信惩罚的力度不够,降低了失信的风险系数乃至出现零风险的怪事,导致许多人胆敢藐视法律,视契约、承诺为儿戏,不把失信当回事,更别说为自己设置止损的警戒线了;因为"高压线缺压",不能一触即死,电不死人或伤损不到人的"高压线",对社会成员就会失去威慑作用。市场经济初期的信用风险机制,就是常处在一种"缺压"状态,以致未能引起人们对失信的警觉和重视。

四是诚信评价机制的迟钝。分析市场经济初期失信的泛滥成因,可归之制衡失信机制、法规的欠缺及社会信用评价机制的疲软。从大的社会背景来看,市场经济初期正处在社会经济转型阶段,其特征不仅是变革原有的计划经济运行形式,建立市场机制的资源配制方式,而且在社会的价值层面,也正在经历着新旧价值体系的更替。一方面,原有的价值体系、原则被打破,并逐渐退出社会的舞台而失去对社会成员行为的指导和约束。另一方面,市场经济的价值体系正在萌生和初建期,新旧价值体系的交替使评价标准多元且模糊,以致社会评价弱化;整个社会评价的弱化无疑也会影响对信用评价的灵敏与效力。信用评价结果的信用信息原本具有扩散性、广播性、传递性,而社会评价系统对人们的守信和失信一旦不能做出及时判断并公开其信誉信息,就会阻抑信用的恶誉和美誉的传播。一般而言,对守信与失信的有效奖惩,一是体现为对其当下发生的失信或守信行为进行价值判断而直接产生的赞誉与谴责、奖励与处罚,这种直显性的评价后果会对当事人产生一种重要的刺激,使其改正失信恶行或坚持守信善行。二是体现在失信与守信的传递或播散方面,而使当下的一次的失信与守信的行为成为影响其将来经济交往的资源或无形资本。如若信用的评价机制有问题,不能及时、准确地对社会成员的信用状况做出及时的反应,无疑就是对失信的纵容,乃至扩大其生存空间,在社会心理上就会引致人们对信用防线守护的疏忽,在行为选择上就会导致信用在利益的权衡中失重的现象。

2. 外贸失衡问题

这些年来,我国满足于运用较低的劳动力成本和较丰富的自然资源以及广阔的国内市场参与低水平、低层面的国际分工,结果资源浪费了不少,环境被破坏了很多,换来的却是微薄的劳动力血汗收益。前两年珠三角地区的"民工荒"现象其实就开始对这种发展思路敲起警钟。珠三角地区经济发展如此之快,但是多年来农民的工资一直徘徊在每月五六百元左右。劳动者收入低下可能暂时有利于个别企业的竞争,但从长远来看,各种保障的不到位必将给政府和社会带来重大隐患。而且更进一步看,劳动者权益保护的相对不足与我们社会主义社会的宗旨要求也是不相符合的。而反过来,发达国家的跨国公司通过其技术优势,轻而易举地赚走了几近全部的利润。我国的 VCD、DVD 产业发展就是教训,由于没有自己的专利技术,我们耗费资源、耗费人力生产出来,每卖一台自己赚的钱还不到给外国专利使用费的一半。我国一位颇具世界眼光的企业家曾经讲过一段话:一流企业卖标准,二流企业卖服务,三流企业卖产品,不入流企业卖劳动力。标准赚取的超额利润,服务赚取的是高额利润,产品只能获得平均甚至低于平均的利润,而廉价劳动力更是没有利润可言的。这段话说出了我们的觉醒,但也道出了我们的苦衷。近两年来,由于我国的许多技术标准达不到发达国家的技术标准,扩大出口受到越来越多的限制;由于我国的技术标准不够完善和统一,技术手段落后,在合理、有效保护民族产业方面又力不从心。据测算,加入世界贸易组织以来,技术壁垒对我国出口直接与潜在的影响每年超过几百亿美元,接近年出口总额的 1/3。如果我们不能通过原始自主创新形成自己的技术专利,如果一味地在模仿技术基础上发展产业,就会在专利问题上,与跨国公司产生诸多的法律纠纷。在这种条件下,即使有再多再好的成果,再接近国际水平,也很难形成新的产业,很难平等地参与国际竞争。

　　就根本意义上讲,原始性创新孕育着科学技术质的变化和发展,是当今世界科技竞争的制高点。能否顺应当前国际科技经济发展的趋势,增强国家的原始创新能力,直接关系到国家的国际竞争地位,以及在国际产业分工中的地位。提高自主创新能力,是保持经济长期平稳较快发展的重要支撑,是调整经济结构、转变经济增长方式的重要支撑,是建设资源节约型、环境友好型社会的重要支撑,也是提高我国经济的国际竞争力和抗风险能力的重要支撑。我们在"十一五"的发展过程中,一定要坚持自主创新、综合创新,大力加强原始创新能力和集成创新能力,把增强自主创新能力作为科学技术发展的战略基点和调整经济结构、转变经济增长方式的中心环节,为我国在新一轮的世界产业发展和经济竞争中抢占有利位置奠定坚实的技术基础,努力走出一条中国特色的科技创新之路。

四　消费公正状况

我国的消费状况,从总体情况看,是适应改革开放和建设的时代潮流的,然而,在消费水平不断提高的过程中,一部分人不顾我国现有的经济发展水平和个人的实际收入水平,一味追求生活的享受和自身的发展,出现了一些畸形消费,步入了消费的误区,这是值得人们关注的。

1. 赤字消费

一部分人不顾自己个人的实际收入水平而一味追求"享受、发展型"消费的高档次,在一些城市和农村,出现了一批入不敷出,靠向单位和亲友借债来满足个人的消费需求的青年超支户,滑入了"赤字消费"的误区。他们中有的一味追求消费品的档次高,产品新,价钱贵,是名牌;有的青年认为穿用越贵的东西越能体现个人的价值,越能标榜自己的身份地位。消费欲望的膨胀速度越来越超前于经济发展速度和收入增长速度。当自己的经济实力支撑不了急速膨胀的消费时,就走向了赤字消费。社会的消费水平必须与社会经济发展水平相适应,个人的消费支出必须同个人实际收入相适应,这是科学消费的基本要求。据广东省的抽样调查,500 户中等以上收入的青年家庭中,超支的有 84 户,其中不顾自己的经济实力购买高档消费品和吃喝挥霍的有 41 户。湖北省对 40名花费 4 万元建房的农村青年进行调查,发现有 34 名资金来源靠借债,占85%;其中借债超过 3 万元的有 11 人之多,有些借债无门者,甚至因此而走上犯罪道路。我国城乡涌动的这股消费潮,使一些海外来客也为之惊讶。有人纳闷,收入并不很高的中国青年为何有此强烈的高消费欲望。有人评论,年人均收入不足 400 美元的中国大陆,消费水平已超过年人均收入 1000 美元以上的国家和地区。有人忧虑,这样热的高消费会把人们引入享乐主义的境地,尽管在人们中并非多数,但他们的消费行为是有"传染"性的,其消极影响不能低估。

2. 炫耀消费

在不同的社会群体中,铺张浪费有限资源的现象屡见不鲜,团体浪费的现象司空见惯。一些富裕起来的人,物欲放纵,大讲排场,奢靡浪费,往往要"吃出个天方夜谭,穿它个惊世骇俗,住出个史无前例,玩它个心惊肉跳"。凡此种种,不管消费主体在收入或财力上是否具有承担能力的消费行为,从消耗有限资源、暴殄天物的角度来看都是不正义的消费。有一些人的消费,已不只是为了自我需要的满足,还想以与众不同的消费档次炫耀于人:他们穿着入时,名牌裹身,进出酒店歌厅,居室装饰豪华,喝洋酒,抽洋烟,无不怀有显示自己富有的心理,借此以博取他人尤其是同龄人的倾慕,满足自己的虚荣心。青年的炫耀性消费有两种情况:一种是本人收入较高,或者家庭殷实富有,他们一掷千金,比阔斗富,以显示自己的身份和气派;另有一种是有炫耀之心而缺乏炫耀之力,"打肿脸充胖子",这一类炫耀消费,完全失去了消费原本的价值和意义,而虚荣心的膨胀,实在是一种扭曲的社会行为,如不加改变,必将冲击社会的正常发展。

3. 愚昧消费

愚昧是科学的对立面,消费中不讲求科学,后果必将是繁衍愚昧。愚昧消费行为,在城市也有,而大量的是在农村。一些农村青年口袋里钱多起来以后,不是用于农业投资和教育投入,却投向了封建迷信活动,每年用于烧香拜佛,建庙供神,请巫婆大神,请风水先生等迷信活动,费用惊人。中央电视台一则报道曾震动了亿万听众,每年上衡山求神拜佛者用掉的香火费,达一亿多元,相当于我国每年的自然科学基金。湖南省岳阳县的一个农村青年贩运茶叶发了财以后,竟听信"风水先生"的指点,为他的父母,本人及他的妻子和年幼的儿子修筑了三代坟墓,耗资12000元。有些农村青年尽管生活还不算富裕,但为了显示对过世长辈的"孝心"而不惜出巨款厚殓厚葬,一场丧事,少者五六千元,多者可达数万,有的青年家庭为此而耗尽积蓄,有的青年家庭为此而负债累累。

4. 崇洋消费

同海外洋货进入中国市场一同兴起的,是在城市青年中出现了一个崇尚洋货的消费群,在这个消费群里,买洋货、用洋货,成了一种时尚:彩电等家用电器要用进口原装,皮货要意大利原件,服装讲究"皮尔·卡丹"、"鳄鱼",运动鞋讲究"耐克"、"阿迪达斯",喝酒要"人头马",抽烟要"万宝路",手表要"欧米茄"、"劳力士"等等。"人头马"在中国青年中的流行程度,使驰骋世界的法国酒商们都大出意外,出自法国科涅克的人头马白兰地,在欧洲的销量占 23.3% ,在美国的销量占 11% ,而在亚洲的销量达到 64% ,其中大部分在中国(含香港)。他们惊奇地说:"人均消费水平在世界上还排不上号的中国,已成为法国科涅克高档白兰地的头号市场。"在一个开放的社会,世界各国商品的交流,购用一些质高价实的进口商品本无非议,然而,认为只要带洋字就好,值得认真思考。

5. 婚事奢办

结婚办喜事,本是人生一项必不可少的正常消费,然而部分青年中出现了婚事奢办的势头,进入 20 世纪 90 年代,奢办之风更为迅猛。①费用上升。《解放日报》1995 年一项"结婚知多少"的调查表明,这个增加过程大致分为三个阶段:第一阶段是在 1985 年之前,青年人的结婚费用普遍在几千元甚至几百元之内;第二阶段为 1986 年至 1993 年,青年人的结婚费先后突破 2 万,3 万,4 万,个别的开始突破 5 万元;第三阶段即 1994 年以后,结婚费用猛冲 8 万,9 万,10万,个别的甚至已高达 15 万元。1995 年,结婚费用在 2 万 ~3 万元的仅占结婚总对数的 2.3% ,5 万 ~8 万元的占 35% ,8 万 ~10 万元的占 28.5% ,10 万元以上的占 19% 。据有关部门统计,各大城市结婚的费用都不低:上海 140 万元,北京 106 万元,苏州 85 万元,杭州 115 万元,武汉 45 万元,南京 70 万元。① 其他城市青年结婚费用的具体数量虽然略有高低,但上升之势绝无两样。②彩礼升级。在农村青年的婚事中,女方索要的彩礼不断攀升,即使在西部较贫苦困的地区。彩礼的名目繁多,价值攀升。据调查,目前人均收入比 8 年前提高了1 ~2 倍,而农村的彩礼费用额上升了 10 倍。③是婚礼排场。迎亲要以轿车组成车队,环城游行,并且以有多少豪华车论档次。面对相互攀比、节节上升的婚事消费,城乡青年多有不堪重负之苦。上海的调查表明,73% 的结婚男女的月

---

① 来源:《中国青年报》2008 年 1 月 25 日。

收入在1000～3000元之间,除去必要的生活费并无多少积蓄,结婚男女的婚事费用中自己筹集的资金所占的比重为31%～48%左右,因此不得不依靠外援甚至借债,调查还显示,有20%的青年结婚是借了债的。山东莒县的调查表明,农村青年"喜婚忧礼"者约占37%,"忧婚愁礼"者约占50%,还有5%的男青年往往因备不足彩礼而使婚事告吹。[①]

6."刮老"消费

高消费的倾向,造成一部分青年人不顾自己的经济力量,盲目追求生活的高标准,又要高消费,自己的收入难以支撑,于是向父母伸手,这就是现在一些已经有经济收入的青年中出现的"刮老消费"。一些青年自己已经有了经济收入,但仍以各种方式继续要求父母"抚育",这样的畸形消费,其实既苦了长辈,又使青年推迟了社会化的进程,陷入了精神上要求独立与物质上继续依赖父母的两极并存的困惑。

7.公款消费

"公款消费"是生活消费领域不公正的典型活动,是导致道德劣变的隐性因子。公款消费名目繁多:出国旅游、吃喝宴请、歌舞娱乐、购物送礼……就其实质来说,反映着资金个人占有化倾向,是对生产性投资和社会事业性投资的蚕食。另外,从消费主体来看,都是各种权利的掌握者,因而是导致社会腐败的痼疾。

不公正的消费使人的动物性膨胀,人性减弱,财富出现浪费,秩序走向混乱。此类畸形的物质消费,无形中助长了虚热型的泡沫经济,并由这种虚热型的泡沫经济导致头脑过热,引发一系列的市场决策失误。与此同时,一些暴富者不公正的消费,诱发了越来越多的人试图通过违法乱纪乃至犯罪的手段以使自己能尽快富起来的现象的发生。

产生消费不公正的主要原因是消费主义泛滥,并成为现代资本社会的一种意识形态。法国学者让·波德里亚在其著作《消费社会》中深刻指出:"今天,在我们的周围,存在着一种由不断增长的物、服务和物质财富所构成的惊人的

---

① 参见金燕:《试论当代青年消费道德教育》,硕士论文,第7页。

消费和丰盛现象,它构成了人类自然环境中的一种根本变化。恰当地说,富裕的人们不再像过去那样受到人的包围,而是受到物的包围。"而且可悲的是,在这种消费社会中,"正如狼孩因为跟狼生活在一起而变成了狼一样,我们自己也慢慢地变成了官能性的人了"。① 消费,就其根本目的而言,乃是通过对人的需求的满足而不断促进人的自由存在本质和人类发展的要求,因而它不过是人类达到幸福的手段,而非人类生活的根本目的。但是在今天,消费成为合理经济乃至人生的唯一目的,所有那些使我们区别于其他动物的特性都被忽略了,而我们与其他动物类似的地方却被抬高为唯一合理的个人和社会目标,于是消费成了目的本身,消费的数量成为衡量一个人成功的标志,也成为一个社会进步的标准;结果人的象征乃成贪婪的、被动的消费动物。将消费作为生活目的的消费主义,必然造成消费领域的挥霍无度和空虚厌倦,因为消费无度和空虚厌倦往往由"虚假的"需要所引发,而且很多时候这种虚假的需要导致了非正义消费的泛滥。② 对此,马尔库塞有力地指出,这种"虚假的"需要,是为了特定的社会利益而从外部强加在个人身上的那些需要,它使艰辛、侵略、痛苦和非正义长期存在下去。满足这种需要或许使个人感到十分高兴,但它会妨碍自己和他人,使社会处于病态,因而是必须加以批判和反对的。③ 对此,马克思在《1844 年经济学哲学手稿》中也曾做了形象的描述:"工业的宦官顺从他人的最下流的念头,充当他和他的需要之间的牵线人,激起他的病态的欲望,默默盯着它的每一个弱点,然后要求对这种殷勤服务付酬金",结果竟是人不仅没有了人的需要,甚至连动物的需要也不存在了。④

　　消费主义诱导现代人追求最大化消费原则,主张"奢侈型"消费;追求物质享受的刺激,以实现"满足欲求的消费"为时尚,把追求物质享受作为自己的第一需要,甚至把一切还原为物质需要,忽视自身精神的陶冶和完善。消费主义引导下的消费活动在三个方面呈现变异。①人们只满足于占有物质消费品,而

---

① ［法］让·波德里亚:《消费社会》,刘成富、全志钢译,南京大学出版社 2001 年版,第 2 页。
② 毛勒堂:《超载消费主义》,载《思想战线》2006 年第 2 期。
③ ［美］马尔库塞:《单向度的人》,张峰、吕世平译,上海译文出版社 1989 年版,第 6 页。
④ 马克思:《1844 年经济学哲学手稿》,人民出版社 2000 年版,第 121 页。

失去任何使用的借口。消费成了某些人激发幻想的满足,成了一种与人的具体的、实在的自我相离异的幻想行为。消费者与消费物是离异的,人们生产、消费似乎与"物"没什么联系,人们生活在物的世界中,与物的唯一关系只是如何操纵物、消费物。②人们的消费欲望过度膨胀。现代人对能满足自身不断增加的需要的人与机构的依赖程度加强了,购物的欲求使人成为了消费物的奴隶。因此,弗洛姆说:"人感到他的消费欲望永远得不到满足,购买及消费的行为已成了一种强制性的非理性目的,因为这种行为本身成了目的,而与所购、所消费的东西的使用及享用没什么联系。"①③消费方式物化,丧失精神消费。现代人追求物质消费刺激,忽视甚至抛弃精神塑造和完美。按照马斯洛的人的需要类型观,就是追求人的低级需要,即生理需要;放弃人的高级需要,即精神需要,包括认识和理解的欲望、审美需要和自我实现需要。其实早在几千年前,古希腊哲学家德谟克利特就告诫人们,不应该沉溺于感官的、物质的快乐之中,而应注重精神的、灵魂的快乐。"精神的快乐高于物质的快乐。"

　　消费主义产生的浪费,如过度包装,连同经济主义产生的过度生产以及人自身的过度生产,给地球环境造成了巨大的压力和破坏。市场制度可以实现生产的高效率,却带来消费的无效率。一方面是消费不公,世界上20%的富人消费80%的物质和能源,按照消费边际收益递减规律,这是最大的消费无效率。另一方面是市场实现消费的过程无效率,如大量的广告、过度包装等。由于地球环境容量有限和资源的稀缺性,不可再生资源的稀缺性自不待言,可再生性资源由于分布不均衡,或由于污染对其再生性能的破坏和阻滞,其相对于人口的增长仍然是短缺的;消费主义的高消费是不可能长期存在下去的。

第四节　社会调剂中的公正状况

　　社会调剂的具体内容在于实现充分就业,实现合理的税收,实施行之有效的社会保障政策,大力发展教育事业,营造公平的社会环境等等。关于教育和

---

① ［美］弗洛姆:《健全的社会》,贵州人民出版社1995年版,第106页。

社会环境的公正问题,前文已有所涉及,因此,对于我国现阶段社会调剂中的经济公正状况,这里着重就充分就业、税收和社会保障等方面进行论述,这也是我国现阶段迫切需要解决的问题。

一 就业公正状况

实现充分就业的目标任重而道远。①就业形势严峻。和以往相比,现阶段劳动力就业的矛盾将更加突出。"十五"期间正是劳动力增长的高峰期,每年平均新增劳动力800多万人,而"九五"期间,年均新增劳动力仅为600多万人,五年间需要就业的劳动力比"九五"期间多出近1000万人。2000年,我国适龄劳动人口约为8.6亿,2005年进一步增加到9.1亿人左右。每年城镇需要安排的劳动力是2400万。实际上能够安排的,包括自然减员在内,也就是1200万。每年都有一部分农民工,也就是农村富余劳动力需要转移就业,大约农村现有1亿多富余劳动力,每年需要转移大约800万到900万。城镇新增劳动力,加上农村富余劳动力转移就业,就业的形势就更加严峻。①特别是随着产业资本技术密集度的提高,单位投资提供的就业机会将会相对减少;而加快国有企业的改革,推进产业结构和企业组织结构调整,又会把一部分富余的劳动力从现有企业中分流出来。就业形势不容乐观。②城乡就业安置显失公平。对于下岗工人的就业安置问题,政府予以高度重视,专门召开了若干次全国性的会议,再就业工作也已纳入地方政府考核的范围;比较而言,对于失业农民的就业安置,政府显然考虑过少。直到现在,农村的失业者甚至不能和城市下岗工人一样被称之为失业人口,而是被赋予另一个名称,叫做农村剩余劳动力或农村富余人口。其实,失业农民的就业安置问题的重要性决不会次于下岗工人的就业安置问题。据有关方面统计,在全国征地热潮中失地农民已达3000万~4000万,他们的就业安置问题更为严重。在全国被调查的农户中,仅有2.7%的劳动力得到政府安置,20%的劳动力赋闲在家,处于失业状态。在广西调查的101户农户拥有339个劳动力,没有一个人得到政府就业安置,60

---

① 尹蔚民:《当前严峻就业形势表现在三方面》,载人民网2009年3月10日。

个劳动力赋闲在家,占劳动力人数的 17.7%,有 92 个劳动力外出打工,占劳动力人数的 27.13%。在宁夏调查的 100 户农户中,通过政府安置就业的劳动力仅有 1 人,43% 的失地农民没有再就业的机会。在云南,仅有 2.5% 的征地劳动力得到政府安置,24.6% 的劳动力赋闲在家。农村过多失业人口的存在,不仅会加大已有的贫富差距,阻碍农村经济的发展,而且给农村的社会稳定带来极大的隐患,理应得到政府的高度重视。[①] ③就业歧视问题较为严重。许多中国城市在劳动就业方面仍存在"职业保留"现象——将相对较好的职业留给本地人,外来务工人员被明确地排除在这部分职业的范围之外。如一些城市对招用外来劳动力的行业、工种实行分类控制,分成可以使用、限制使用和禁止使用外来劳动力三大类。其中 10 多种工种被列为禁止使用外来劳动力的行列。这实际上是一种就业歧视制度,使得无城市户口的城市流动人口处于一种不公平的地位,被剥夺了许多就业机会。诸如此类的还有身高、疾患等方面的显性或隐形的就业歧视,让人付出了沉重的代价。因怀疑招录工作的公正性而刺杀公务员被判死刑的周一超,在"中国乙肝歧视第一案"胜诉、当选 2004 年度中国十大法治人物的张先著就是其中的典型。

二　税收公正状况

税收的功能还没有得到有效而充分的发挥。一是由于现阶段我国的税收制度不健全,如没有开征遗产税;二是现有的税收制度也没有得到有效的执行,造成国家税收的严重流失。根据学者的研究,近年来全国平均每年流失的各类税收为 5700 亿～6800 亿元,占国民生产总值 7.6%～9.1%。其中,每年少征收的关税为 1500 亿～2000 亿元,少征收的增值税为 1500 亿～2000 亿元,少征收的营业税为 1000 亿元左右,少征收的资源税(如土地、能源、资源等紧缺资源税收)在 1000 亿元左右。2009 年 7 月 17 日,审计署发布了对广东、湖北、内蒙古等 16 个省份国税部门 2007～2008 年税收征管情况的审计调查,发现在税收征管工作中存在一些执法不严的问题,有些税收制度不够科学合理,导致税收

---

① 转引自孟曙初:《统筹城乡社会保障制度建设研究》,博士论文,第 95 页。

"黑洞"多重出现,国家税款大量流失。调查发现,酒和化妆品类生产企业通过关联交易等手段明显压低产品出厂价从而少缴消费税的情况比较突出,主管税务机关也普遍未对企业做纳税调整;卷烟生产企业消费税计税价格虽然由国家税务总局核定,但有些产品的计税价格远低于销售企业的批发价格,消费税流失现象仍然存在。抽查的 52 户应税企业中有 44 户存在此类问题,2007～2008年共少缴消费税 116.15 亿元。另外,中国的地下经济十分严重,地下经济偷漏税流失额 700 亿～800 亿元。[①] 国家税收的严重流失,使国家缺乏社会调剂所必需的资金,从而难以有效地援助弱势群体,实现社会调剂的功能。

三　社保公正状况

我国现阶段的社会保障体系虽然不断完善,覆盖面进一步扩大,至 2005 年已有 17 个省、自治区和直辖市完成国有企业下岗职工基本生活保障向失业保险并轨,城市低保对象基本实现应保尽保,但由于历史和现实原因,社会保障仍存在一些急需解决的问题。

1. 城乡社会保障投入不公,并且有加剧趋势

据统计,1990 年全国社会保障支出 1103 亿元,其中城市社会保障支出 977亿元,占支出总数的 88.6%,农村仅支出 126 亿元;城市人均 413 元,农村人均14 元,相差近 30 倍。国家财政在卫生事业费中用于农村合作医疗的补助费1979 年为 1 亿元,1992 年下降到了 3500 万元,仅占卫生事业费的 0.36%,农民人均不足 4 分钱。最近几年,政府把农村最低生活保障当成最重要的农村工作之一,农村最低生活保障的覆盖率在 2002～2007 年之间年均提高了 8.46 倍;截至 2007 年底享受最低生活保障的人数,城市为 2270.9 万,农村为 3451.9万。但城乡保障水平不同。2007 年,农村最低生活保障平均实际支出水平(补差额)为人均每月 37 元,而城镇为城市最低生活保障平均支出水平(补差额)人均每月 102 元,城镇是农村的 2.76 倍;即使把城镇生活成本比农村高的因素

---

① 胡鞍钢:《腐败与社会不公——中国 90 年代后半期腐败经济损失的初步估计与分析》,载《江苏社会科学》2001 年第 3 期。

考虑在内,这个差距仍显过大。[①] 城乡社会保障投入的不公,已愈来愈成为城乡差距进一步扩大的重要因素。

2. 农民因户籍身份而遭遇不公,失地农民和农民工不能和城里工人一样
　　享受国家提供的社会保障

现阶段我国失地农民约有 3000 万~4000 万,2002 年的调查数据显示,失地农民获得的补偿款仅够维持基本生活两年半,即便如此,还有部分补偿款难以到位。农民失去了土地,就失去了工作,失去了稳定的收入来源,失去了土地提供的生活保障,失地农民急切盼望能够纳入城镇社会保障体系。在江西,67% 的失地农民希望从土地升值收益中拿出部分资金建立社会保障,13% 的失地农民希望政府用补偿费建立社会保障体系,二者合计达 80%。在宁夏、广西、辽宁等地的调查中,失地农民迫切希望能够进行"开发式安置",除了付给补偿金外,还能够采取"土地换取养老和医疗保障"的方法解决后顾之忧。据江西调查,每 100 个农民中就有 7 个 60 岁以上的老人,老龄化的趋势明显。大多数老年家庭现在都是靠征地款来维持生计,用完征地款后生活没有着落。把失地农民纳入社会保障体系已迫在眉睫。[②]

农民工是我国制度变迁与社会转型期所出现的特殊群体,特指具有农村户口身份却在城镇务工的劳动者。[③] 据统计,现在全国常年在外务工经商的农民工人数达 8600 万,全国处于流动状态的农业人口已近 1.3 亿,农民进城务工经商,加快了城镇服务业的发展,方便了城市居民的生活,为当地创造了财富和税收,促进了城市经济和社会的繁荣。但是,农民工为中国公民的一员,在城乡二元结构中,在社会保障方面却与城市居民有着天壤之别。①从失业保险方面看,城市居民在失业期间有失业补助,但农民工却没有。在失业期间,他们多数是靠自己过去的积蓄生活,或靠向亲友、老乡借钱生活,也有一小部分人不得不离开城市返回家乡。据学者调查,前者占 77.2%,后者仅占 14.6%,并且无一例得到劳动单位或地方组织的帮助。②从医疗保障看,大多数农民工没有参加

①　资料来源:民政部 2008 年 1 月 24 日发布的《2007 年民政事业发展统计公报》。
②　孟曙初:《统筹城乡社会保障制度建设研究》,博士论文,第 95 页。
③　郑功成:《农民的权益与社会保障》,载《中国党政干部论坛》2002 年第 8 期。

医疗保险,遭到疾病的侵扰不能及时就医。据劳动和社会保障部课题组 2005 年的调查显示,农民工参加医疗保险的平均参保率仅为 10% 左右,已参保的农民工尽管可以享受医疗费用报销,但是由于只报销超出起付线部分的一定比例,农民工仍然要自付一部分,对于难以承受自付部分的农民工来讲,实际上他也享受不到相应的待遇。此外,虽然已有相当数量的农民工参加了工伤保险,但是这样一个关系到人的生命权的保险在实际中也常常得不到有效实施。发生工伤事故时,赔付主要由雇主决定。③从劳动时间看,农民根本谈不上什么劳动保障,他们的劳动往往是大大超时的。据调查,符合劳动法一天工作 8 小时的仅占 1/4,有 3/4 的农民工都超时劳动。另外,像养老保险、工伤保险等就更不要说了。①

3. 企业因所有制性质而有很大差异

国家对国有企业职工一般都会提供全方位的社会保障,而对于在改革中涌现出的个体、私营企业中的职工却没有真正纳入国家社会保障体系。对个体、对私营企业的社会保障工作,国家也缺乏切实可行的、透明度大的执行监督机构,致使个体、私营企业的社会保障的建立存在很大的随意性:领导说保就保,说不保就不保。多数个体、私营或股份制企业都把股东的利益放在首位,为了提高利润,降低成本,除非有强大的外部压力,都不愿为职工缴纳保险费。这些企业中的职工,主要目的是想趁年轻多赚一点钱,对于参加社会保险的意识很淡薄,很少有人自觉缴纳保险费。这样,个体、私营和一些股份制企业几乎成了社会保障的盲区。

对于社会调剂中的经济公正问题,中央极为重视,采取了有力的政策和措施,并取得了显著成就。①在税收方面,至 2005 年,28 个省(区、市)全部免征了农业税,全国取消了牧业税。增加对种粮农民的补贴和对产粮大县及财政困难县的转移支付,对部分粮食主产区的重点粮食品种实行最低收购价政策,多渠道增加农民收入。全年中央财政用于"三农"的支出达到 2975 亿元,比上年增加 349 亿元。②在教育方面,重点加强了义务教育特别是农村义务教育。中

---

① 陈奎球:《农民工社保时机成熟了吗》,载《中国改革》2002 年第 7 期。

央和地方财政安排专项资金70多亿元,对592个重点贫困县1700万名贫困家庭学生免除学杂费、免费提供教科书和补助寄宿生生活费,还为中西部地区1700多万名贫困家庭学生免费提供教科书,许多辍学儿童重新回到学校。两年来新建、改建、扩建农村寄宿制学校2400多所,为16万个农村中小学校和教学点配备了远程教育设施。③在卫生方面,着力加强公共卫生体系建设和农村卫生工作。2004年至2006年,中央和地方投入105亿元,基本建成了覆盖省市县三级的疾病预防控制体系;总投资为164亿元的突发公共卫生事件医疗救治体系建设进展顺利。中央安排30亿元国债资金支持中西部乡镇卫生院建设,改善农村医疗卫生条件。新型农村合作医疗制度试点已扩大到671个县,惠及1.77亿农民。④在就业方面,加大对就业再就业的政策支持和资金投入。2005年中央财政安排国有企业下岗职工基本生活保障专项补助、再就业补助209亿元,比上年增加29亿元。统筹做好城镇新增劳动力、高校毕业生、复员退伍军人等就业工作。中央财政还安排专项资金支持农村劳动力转移培训和城镇退役士兵自谋职业。⑤在社会保障方面,社会保障体系不断完善,覆盖面进一步扩大。已有17个省、自治区、直辖市完成国有企业下岗职工基本生活保障向失业保险并轨。城市低保对象基本实现应保尽保。重点优抚对象抚恤补助标准明显提高,2005年中央财政安排优抚事业费74.6亿元,比上年增长90%。28个省、自治区、直辖市的2300个县(市)已初步建立社会救助体系的基本框架。救灾和扶贫工作力度加大。全年中央财政用于抗灾救灾的资金89亿元,救助受灾群众9000多万人次。中央和地方财政安排扶贫资金162亿元,农村贫困人口比上年减少245万人。①

第五节 经济不公正状况的成因

从以上论述不难看出,造成中国现阶段经济公正状况的原因主要有两个:制度和道德。既有制度方面的缺陷,也有道德建设方面的不足。

---

① 转引温家宝2006年3月5日十届全国人民代表大会第四次会议《政府工作报告》。

一 具体制度的缺陷

1. 制度空场和制度冲突，为经济公正问题的产生预留了空间

在社会转型期，由于新旧制度交替，必然会出现制度空场和制度冲突。"所谓制度空场，就是制度的供给滞后、不到位，人们有了新的活动却无相应的活动规则；所谓制度冲突，就是旧制度，或不同层级的权力机构所制定的制度都对同一类活动有约束效力，但这些制度相互之间却是矛盾的，使相关行为按此制度衡量是正义的，而按彼制度衡量则是非正义的。"①制度空场和制度冲突，造成控制失衡、管理真空、监督漏洞，给不公正的牟利行为留下许多可以逃避惩罚的空隙与机会。

2. 新制度安排的缺陷，导致对人们的行为缺乏应有的约束力

经过多年新制度供给，我国已经建构起了一系列制度规范。在这种情况下，如果我们仍然用社会转型来解释经济不公正状况就说不过去了。因为，许多为法律、政纪党纪等制度所不允许行为，人们仍然敢公然冒犯，例如贪污受贿、偷逃税金、权钱交易等。何以至此？只能是新制度供给的效率不高或无效之故。从道德建设的角度说，制度供给的无效或效率不高，是指社会显然制定有对某类损人利己行为的禁止、防范规则，但实际上却不起任何约束作用或只起很少的约束作用。即使有法律规范也由于不配套而在实际中很难显示其作用。有统计表明，改革开放以来，"我国已颁布的法律真正在社会中发挥实效的只有近50%"②。如果制度不能对损人利己的不道德者予以有效的制约和惩罚，也就不能替被损害的人讨还公道。因此，现阶段经济公正问题大量存在的原因，不是我们没有新制度而是新制度的供给尚存在较严重的缺陷。

二 道德建设的不足

1. 传统道德中公正因素贫乏的状况没有得到根本改变

我国传统伦理道德依附的经济基础是自给自足的自然经济，产生并建立的

---

① 韩东屏：《论道德建设的制度安排》，载《浙江社会科学》2002年第2期。
② 中国社会科学院"社会发展综合研究"课题组：《我国转型期社会发展状况的综合分析》，总报告第二部分。

原生社会体制条件是封建宗法制度。中国传统伦理学说大多流于论证封建等级制的"天然合理"、"合乎天道",不容人们探求公正的社会秩序。在传统社会里,人们多忽略了公正的形式意义而希望在一个行"仁政"的大家长之下实现"不患寡而患不均"的结果平等,致使形式公正长期缺失。受传统观念的影响,如今人们在探求公正问题时,更多地注重对个人存在及行为方式的价值评价,而忽视对社会所确立的各种社会制度及基本结构的价值评价,而且对公正的核心要求不甚了了,甚至会产生严重的曲解。在这种封建文化的阴影下,我国伦理学界曾经长期地拒绝道德权利概念,回避社会公正问题,这使得伦理学理论滞后于改革开放以来的社会经济生活和道德实践。从根本上讲,中国这个有着浓厚历史积淀的伦理(政治)社会,历史的惯性作用是巨大的,这就决定了我国追求公正的历史进程不可能是一帆风顺的。

2. 道德的奖善惩恶机制实行乏力

道德的奖善惩恶机制要求善恶与奖罚对应。尽管道德主体的行善不以享有某种权利为动机,但社会要给予他们应得的道德荣誉和奖励,使他们受人尊敬并得到幸福,反之,作恶就应受到谴责和制裁。然而我们目前的社会道德舆论环境,在一些范围内对那些损人利己的不公正行为没有形成"众矢之的"强有力的舆论压力,没有造成一种奖善罚恶的氛围。

第七章　经济公正对策论

经济公正是一个世界性的现实课题。从世界各国的实际情况来看，无论是发达国家还是发展中国家，无论是资本主义国家还是社会主义国家，都面临经济公正的问题。尤其是对于发展中国家来讲，这一问题更加明显。随着中国社会转型和社会主义市场经济的全面发展，经济公正正日益成为当前中国经济社会生活中的重大课题。由于中国正处于经济发展的转折时期，既面临全球普遍性的社会问题与矛盾，又有自身发展的特殊问题，这些特殊性决定了解决当代中国经济公正问题的艰巨性和迫切性。

第一节　实现经济公正的基本思路

社会转型是当前中国社会经济公正问题凸显的主要原因，而当代中国社会转型的过程，实质是由传统社会走向现代社会的过程，是社会有机体不断进行分化和融合的持续过程。对于走向现代化的中国，对于一个具有市场经济和民主政治的基本制度、呈现多元社会特征的中国，这样一个现代化的过程并不是一帆风顺的，有时会出现分化不规则或过快而融合不及时的情况。这种不断地分化和融合及其带来的混乱，既打破了原有的社会公正，也导致群体利益和个人利益的重新分配，又迫切需要公正，呼唤公正。

一　实现经济公正的逻辑起点

由于人类社会发展是一个动态的过程，在不同的经济发展时期，经济公正的内涵是有所区别的，所要解决的问题也是不同的。因此，我们在思考我国经济公正问题时,首先必须弄清当前我国社会的现实背景,以明确我国经济公正的逻辑起点。

1. 经济全球化的国际背景

20世纪70年代以后,西方发展经济学将消除贫困、失业和不平等,定义为经济发展的基本内涵。让更多的人能分享到经济增长和经济发展的成果,已成为衡量经济发展是否合乎公正的一个重要标准。在经济全球化背景下,如何解决经济一体化与社会公正价值尺度的差异性之间的矛盾? 如何看待劳动、资本、知识的价值及由此带来的经济收入和经济地位的差距? 如何处理市场经济个体价值本位与经济全球化背景下经济活动整体价值取向之间的矛盾? 所有这些,都是我们思考经济公正问题所面临的新课题。同时,与发达国家相比,我国在维护经济公正时面临着许多困难,比如:信息上的不对称性;讨价还价能力的不平衡性;解释或修改国际经济组织所制定的各种条约和规则的权力的不平等性等。我们必须积极、主动参与全球的经济竞争,增强在国际事务中的发言权,自觉维护自身合法权益;必须在经济全球化背景下来解决和研究国内的经济公正问题。

2. 市场经济的国内环境

现代市场经济是建立在以社会分工为前提的社会化大生产基础上的。市场经济体制作为资源配置体制,是在市场的动态运行过程中实现的。市场健康有序的运行,必须遵循相应的公正的市场规则:①起点平等,即给市场主体以平等的市场条件。任何靠特权的参与使自己取得市场竞争的优势,都有损于市场经济的"自然"秩序。任何进入市场经济活动的主体,在参与市场竞争时,条件都应当是平等的,并且都应通过竞争机制发挥优胜劣汰的作用,激励先进,鞭策落后,刺激效率。②机会均等,即市场机遇对任何进入市场活动的主体而言,都是平等的。换言之,市场经济活动所需的公正原则,是一种旨在使经济活动有效率的规则公正(公平)。然而,按照市场经济活动的内在逻辑,随着现代大生产和市场经济的发展,财富占有的不平等现象不仅不会随着市场经济的发展而日趋缓和,它反而将在竞争起点和竞争结果两个方向扩大这种不平等,形成社会财富占有上的两极分化。如果社会成员承受不了收入差距太大的心理压力,如果社会成员在巨大差距面前感受不到实际利益的改善,就有可能危及社会的稳定和发展。尤其是面对着机会不均或不公的前提下造成的巨大收入差距,人们的不公平感会更加强烈。因此,在市场经济条件下,始终面临效率与公平的两难选择。中国发展社会主义市场经济的实践以及以此为基础的社会生活,已经出现并将会继续遇到诸如先富与共富、竞争与协作、经济发展与社会发展等矛盾和问题。

3. 社会主义初级阶段的现实基础

社会主义初级阶段,是我们的基本国情。自 1978 年把工作重点转到经济建设上来,我国经济社会发展取得了举世瞩目的成就。但由于底子薄、基础弱,我国的生产力发展水平仍然处于落后状态。据国家扶贫办统计数据,2003 年我国未解决温饱的贫困人口(人均年收入 637 元以下)不但没有减少,反而增加了 80 万人。[1] 改革开放 30 年,中国贫困人口出现反弹,这是非常值得注意的现象。因此,在社会主义初级阶段,在消除绝对贫困和缩小贫富差距方面,我们所面临的任务还十分艰巨。因为我们是社会主义国家,追求"解放生产力,发展生产力,消灭剥削,消除两极分化,最终达到共同富裕"的目标不会变;但又由于我们处在初级阶段,我们对经济公正的要求也只能是基本的,即同现阶段我国生产力和社会发展水平相适应的。比如,在现阶段,每个社会成员应平等地享有:基本的政治权利,包括选举权、迁徙权、言论权等;基本的生存权,包括维持生存和人类再生产的基本物质条件、基本的卫生保健、基本的安全保障等;基本的发展权利,包括接受基础教育,平等地进入市场等。

二　社会主义经济公正的本质属性

社会主义的本质,是解放生产力,发展生产力,消灭剥削,消除两极分化,最终达到共同富裕。这一本质决定了当代中国社会主义经济公正包含以下四个方面的本质属性。[2]

---

① 何建华:《经济正义论》,上海人民出版社 2004 年版,第 477 页。
② 赵昆:《关于社会转型期公正问题的思考》,硕士论文。

1. 以发展生产力为历史使命

当代有西方学者认为公正问题主要是个人权利和分配公正问题。这种观点实际上否定了发展生产力的正义性，否定了发展生产力是经济公正的内容。在当代中国社会里，发展生产力本身是具有正义性的，是善的。当代中国的经济公正不能不以发展生产力为历史使命。

①发展生产力是推动历史前进的动力。生产力是构成社会的根本因素，生产力方面的革命是最根本的革命。各种社会形态、各个社会历史阶段之间的区别，就是由生产力的不同发展水平所决定的，社会历史是否前进、社会文明是否进步，也是由生产力的发展所决定的。社会主义要最终战胜资本主义，要体现自己在道德上的优越性，关键在于社会主义是否具有比资本主义更快的生产力发展速度。并且，共产主义的实现，离开了生产力的发展是根本不可能的。按照马克思主义伦理学观点，凡是推动社会历史前进的一切都是善的，发展生产力就是实实在在的、根本的善。中国社会经济公正就是对这种善的维护，贯彻经济公正原则就是发展生产力。

②发展生产力是社会关系公正和谐的物质保证。社会关系的和谐与完美，是经济公正所要实现的良好道德状态，是人们所追求的道德价值目标，是社会主义制度所内涵的具体的善。在关于如何达成这一善的认识上，我国以往强调的是不断变革生产关系。这种做法，由于是不顾甚至离开生产力发展的客观规律的，不但没有带来公正和谐的、完善的社会关系，反而使某些封建主义的东西死灰复燃。这从反面证明了，公正和谐的、完善的社会主义社会关系，只有在发展生产力的基础上才能建立。

③发展生产力有利于改善人民生活。一种社会制度是不是善的、公正的，一个重要的评判尺度，就在于它能不能满足人民的物质文化需要、改善人民的生活。我们说资本主义制度不是善的、公正的，就是因为它不是为了改善人民的生活，而是为了剥削、为了追求剩余价值。我们之所以说社会主义制度是善的、公正的，是因为它致力于发展生产力，千方百计地增加社会物质财富，从而使人民群众摆脱贫穷，远离贫穷，过上富足的幸福生活。既然发展生产力本身是具有正义性的，那么，社会主义社会就应该致力于生产力的发展，每个社会成

员也应该将发展生产力视为自己的义务。这是社会历史发展向人们提出的历史任务,是历史赋予当代中国人的一项道德使命。

2. 以生产资料公有制为制度基础

谈论经济公正问题,决不能将关注的视线从决定社会根本性质的因素上移开,只关注社会根本制度背景下的枝节问题(与每个人的付出直接相关的利益应得问题),而不去考虑社会根本制度本身的正当合理性。生产资料公有制在我国的建立,表明当代中国有着不同于任何阶段社会的经济公正本质属性。社会主义经济公正必须以生产资料公有制为制度基础。

①生产资料公有制提供了所有社会成员生存发展的相同条件。我国实行生产资料公有制,就是说,生产资料不再由私人占有,而是由国家"以社会的名义"来占有生产资料。一旦社会占有了生产资料,人们的地位就发生了根本的改变,生产者不再被其他人所支配、所奴役,也不再受产品的统治,人们成为社会的真正主人。人人实际上成为了生产资料的主人,生产资料就成为了人人得以生存发展的共同条件。

②生产资料公有制保证了人与人之间的真正平等。生产资料公有制的建立,消除了生产资料私有制所造成的人与人之间的分裂和对立,否定了由私有制所决定的政治特权、经济特权等,消灭了彼此对立的阶级赖以存在的物质基础。生产资料公有制所要达到的平等,最根本的就是消灭阶级差别产生的社会政治经济的不平等。社会主义生产资料公有制,从根本上保证了所有劳动者成为了生产资料的占有者,保证了每个人都能够平等地占有生产资料,从而享有事实上的平等权利。

③生产资料公有制确保了分配的公正。分配的公正性取决于两个方面的因素:一是分配是否依据和坚持了同一正当的尺度和标准;二是分配制度本身是否合理。其中,后者是主要的、根本的方面,它是前者的前提和保证,规定着前者的性质。我国实行生产资料公有制,实际上否定和取消了特殊个人和集团占有生产资料的特权及由此而来的特殊收入,从而保证了分配制度的合理性。在此前提下,我国坚持统一的、正当的分配标准,实行按劳分配的原则,贯彻公正的贡献原则和平等原则。这既肯定了每个公民享有平等的权利,又肯定了从

事劳动的必要性及因参加劳动而得到相应报酬的合理性,并且也强调劳动贡献的差异在分配结果方面的差异,以提高劳动者积极性,发展生产力。

需要说明的是,经济公正以生产资料公有制为制度基础,并非排斥多种所有制经济共存为社会主义初级阶段的基本经济制度,并非排斥公有制经济的发展。非公有制经济的发展有利于社会主义经济的发展,但这并不否定社会主义经济公正的本质属性。

3. 以人民利益为根本出发点

为什么人服务的问题,是一事关经济公正根本性质的问题。所有以往阶段社会,都是一个阶级的统治代替另一个阶级的统治、一种剥削制度代替另一种剥削制度,损害或牺牲被统治阶级、劳动人民的利益,即少部分人的发展以大部分人的牺牲为代价。社会主义国家不再是压迫人民的工具,而是他们获得自由的手段。这就是说,社会主义制度具有人民性和正义性,社会主义事业是人民的事业,社会主义制度所做的一切都是为了人民的利益。维护人民根本利益,这是社会主义经济公正的重要内容。

①社会主义的一切都要求从人民的利益出发。社会主义事业是人民的事业,而不是特殊的个人或者特权集团的事业。这就要求社会主义的一切从人民的利益出发,而不是从个人或小集团的利益出发。社会主义经济公正也要从人民利益出发,不能与人民对立,要维护人民的根本利益;要坚决抵制国内外敌对势力对社会主义制度的破坏,打击违法犯罪,反对腐败,消除社会不公,维持良好的社会秩序。

②社会主义的一切都要求以人民利益为判断标准。社会主义建设是一项长期而又艰巨的任务,它会不断地面临着变化了的新情况。这些情况要求社会主义国家对其某些方面或者环节予以改革。这种改革是在维护社会主义根本制度的前提下,对不适应生产力发展的我国生产关系和上层建筑的某些方面,对经济领域的体制上、组织上、管理上和技术上的弊端和不足之处进行改革、调整和完善,满足人民日益增长的物质文化需要。社会主义国家所采取的一切行动,不能只以取得了多好的经济效益、达到了多高的产值为判断尺度,也不能以符合某些人的意愿和要求为衡量标准,必须以合乎最广大人民群众的最大利

益,为最广大人民群众所拥护为最高标准。社会主义经济公正也须以合乎最广大人民群众的最大利益,为最广大人民群众所拥护为最高标准。

③社会主义的一切都要求以人民利益的实现为归宿。社会主义事业只有依靠人民群众才能建设好。如果没有广大人民群众的自愿的、积极的参加,社会主义事业就必然会失败。社会主义事业要想得到人民群众的支持和参加,社会主义国家就必须致力于实现人民的利益,大力发展生产力,让人民共享社会主义建设的成果,不断满足人民群众日益增长的物质和精神文化需要。社会主义经济公正如果不能实现人民的利益,也就失去了正当合理性,就是不公正;社会主义经济公正也须以人民利益的实现为其最终归宿。

4. 以共同富裕为根本目标

与资本主义制度必然造成贫富两极分化根本不同,我们强调以共同富裕作为社会主义实践的根本目标和原则。社会主义制度首先要保证的,是"使所有人的都得益","日子普遍好过"。① 不能做到这一点,社会主义制度就没有道德合理性、正义性,就不能得到人民群众的拥护。社会主义制度的道德合理性、正义性就在于保证全民共同富裕,社会主义经济公正决不允许富的越富、贫的越贫,决不允许贫富两极分化。

社会主义经济公正所要保证的共同富裕,具体包括"共同"与"富裕"两个方面。"共同"指的是社会主义制度应保证所有社会成员都享有社会物质财富,强调的是公平;"富裕"指的则是社会主义制度应该通过采取各种有效措施来不断地提高社会生产力,增加社会物质财富,强调的是效率。可见,共同富裕是公平与效率的有机统一,只强调平等而否定效率,同只强调效率而否定平等一样,都是与社会主义所应遵循的公正原则相背离的。社会主义经济公正要真正实现共同富裕,就要防止和反对只强调平等或者只强调效率的观念和做法;既防止和反对"共同贫穷"的观念和做法,又防止和反对"两极分化"的观念和做法。

①要防止和反对"共同贫穷"的观念和做法。我国传统计划经济过分强调

---

① 《邓小平文选》第三卷,人民出版社1993年版,第161~162页。

了"共同"或者说生产关系的非剥削性质,忽视了发展生产力,忽视了社会主义如何使人民"富裕"这一面,造成了社会主义社会的"穷",造成了全民的共同贫穷。虽然生产力和历史的原因决定了我国不可能在短期内从根本上摆脱贫穷落后状态,但是如果过分强调平等(实为平均)而不去致富,就违背了社会主义的公正原则。"穷"不但不是社会主义优越性的体现,反而与社会主义优越性及其制度的善、公正相对立。治"贫"是社会主义制度的义务。

②要防止和反对"两极分化"的观念和做法。贫富两极分化是与社会主义公正原则根本对立的,社会主义公正应避免两极分化。一是因为社会主义制度具有人民性,它不是为了剥削,而是为了不断地满足人民日益增长的物质文化需要,实现人民的利益追求;二是因为两极分化会导致各种矛盾激化、冲突,社会和谐稳定就不可能维持,人民的生活水平就要下降,甚至连最起码、正当的需要都难以满足。

值得指出的是,我们强调共同富裕,是在个人勤劳致富出现贫富差距的基础上的共同富裕,并不否定个人之间因利用自己的优越而正当的条件所带来富裕程度上的差别,相反,我们鼓励人们充分地发挥自己的主动性、创造性,以贡献分配权利和财富,并以此作为实现共同富裕的条件。

三 制度建设与道德建设的统一

中国现阶段经济公正问题的存在,既有制度方面的缺陷,也有道德建设方面的不足,因此,要实现经济公正,就需要根据中国现阶段的国情,把制度建设和道德建设统一起来。

1. 制度对实现经济公正的价值

随着社会分工的发展,社会各项制度的日益完善,道德规范从有关领域制度中分离出来,成为一门独立的学科。虽然道德规范也是调整人们的社会行为的,它也有一系列的规范和准则,但是它却是超越于社会现实之上,是一种"应当",是引导人们向崇高的人生价值目标努力的道德命令。对于社会制度,人们必须遵循,否则,就会受到社会惩罚,如肉体上、经济上以及其他方面的制裁。而对于道德规范则不然,对于道德规范,人们全凭自己的"良心"来决定是否遵循它。对于不遵循道德规范，社会也没有什么强制措施。这二者之间的区别是显而易见的。但是这二者之间也存在着十分密切的联系。这种联系表现在，道德规范作为制度的补充，能够协助社会制度来协调人们的社会行为。这就是，制度借助于道德的力量使人们遵循社会的规章制度和约定俗成的规范。同时，社会制度也不可能广泛地涉及社会生活中的一切领域，只是给人们提供了社会活动的框架，至于人们在这个框架中如何活动则完全是个人自主选择的结果。道德规范的作用在于，它调整个人在这种自主选择中的活动，使人们选择文明的、道德的、有意义的社会行为。制度对促进经济公正的价值主要体现在以下六方面：

第一，制度构筑了经济公正赖以发挥作用的社会环境。

马克思主义哲学认为，社会存在决定社会意识。人们的经济公正观念和经济公正准则是与一定社会存在相适应的，是在一定的社会环境中发挥作用的。制度通过社会组织的强制作用，建立并形成一定的社会行为模式，构成一种规范化、秩序化的社会组织系统。这个社会系统就是我们生存的社会环境。这个社会环境的状况如何，将直接或间接地制约经济公正原则的作用。经济公正在这种社会环境中，完善和补充社会行为规范，强化人们遵纪守法的意识。经济公正是在制度构筑的框架中发生作用，而且这种作用是辅助性的。它把人们的遵纪守法的作为，提高到自觉自愿的经济行为。经济公正原则是在这种社会环境中发生作用的。它不能取代制度因素的作用。恰恰相反，它必须依赖于制度因素。市场经济是一种制度经济，它通过各种成文法和不成文法来规范人们的交换行为。经济公正也能调节人们的交换行为，但是这种调节作用是辅助性的。它主要促使人们在市场交易中讲信誉、讲公平、讲秩序。当市场制度出现问题时，市场交易的秩序和环境就受到破坏，社会行为的规范化、秩序化的体系就受到破坏。人们无法对他人的行为做出理性的预期。在存在着良好市场秩序的情况下，我们可以根据惯例对他人的行为的可能性做出判断，从而使市场机制得以持续地良好地运行下去，例如，我们会地习惯地期待他人讲信誉。但是当这种固定化、秩序化的行为方式受到破坏的时候，当制度因素不能发生作用的时候，人与人之间的交往关系的秩序不复存在了。这时正常的交换关系难以维系，而坑蒙拐骗、欺诈、黑市交易、权钱交易等非正常的交易却到处可见。在这时，我们常常听到人们在诅咒参与市场交易的人"良心"何在？我们期望经济公正的"良心"在这里发挥作用，但却产生了过高期望，希望"良心"完成它所不能完成的任务。因为在这里受到严重破坏的主要是制度，是社会秩序。经济公正赖以发挥作用的环境——制度框架不存在了，它也就无法发挥正常的作用。实际上，这主要是因为，在计划经济体制下，制度因素在良好地发挥作用。而在建设社会主义市场经济体制的条件下，旧的制度受到破坏，而新的制度因素尚未整合。经济公正价值观发挥作用的环境不存在了，经济公正价值观也就难以发挥作用。因此，产生所谓"道德滑坡"的根源是因为我们的制度因素没有发挥应有的作用。当然，这不是要责备市场经济体制，而是说，市场经济的制度体系亟待完善。当前，我们看到少数干部权钱交易，藐视党和国家的各种法律、法规、规章制度。某些人有法不依、执法不严。社会交换的正常模式受到了破坏。在这里最缺少的不仅是高尚的经济公正价值观，而且更重要的是制度的约束，即建立完备的市场交易体系，并严格地执行有关制度，形成良好的市场交换的氛围。而只有在良好的社会氛围中，讲文明、讲道德的社会风尚才能受到人们的关注，并被人们所广泛地追求。人们的自发的经济行为是在个人适应环境的情况下发生的，我们应当致力于创造一个良好的社会环境。

值得注意的是，在长期的封建社会里，我国社会用以约束人们的社会交往活动，控制人们的社会行为，使社会秩序化的主要手段不是制度体系，而是道德价值观。如果说在市场经济不够发达，人们的交往范围狭窄，社会流动性小，个人的利己主义的利益冲动尚没有调动起来的情况下，这种道德训条能够发挥一定的作用的话，那么在今天，这种道德训条发挥作用的条件已不具备，我们需要新的环境来切实地发挥道德的功能。这种新的环境就是制度环境：完备的制度体系和执行、监督制度的体系。

第二，制度具有强化某种经济行为倾向的能力，它使人们把遵循制度的强制经济行为转化为一种习惯经济行为。

当遵循制度成为惯例，而违背制度成为少有的例外时，外在的制度约束就转化为个人的自我约束。据学者的分析，英国1983年强制实行汽车安全带的法规,出现了"在此法律生效以前大批司机不系安全带,但是后来就只有少数司机不系安全带了"的现象,引起这种变化的原因是因为"不系安全带"会受到惩罚。事实上,被警察发现并被处罚的毕竟是少数。一种更令人信服的解释是:"法律本身对驾驶者一种强有力的合法化影响,结果他们的目标和偏好就偏向于一种更安全的行为过程,法律的权威的影响力不仅在于施加惩罚,或者使人们了解代价与收益从而改变人们的行为。此外,它改变了那些人本身及其目标,'系带'的实践变成了一种习惯,并且由于人们普遍相信它对于减少伤亡的作用而被广泛接受。"[1]法律的强制作用,使人们逐步形成一种行为习惯,人们乐于自我约束。而这种自我约束正是我们的经济公正理论教育所企望达到的目标。实际上,任何一种经济行为都必须是一种自觉自愿的、自由选择的行为,而这种自觉的经济行为是一定的经济公正观念内化的结果。经济公正教育的目的,也在于使遵循经济公正准则的行为成为人们的习惯性行为。在这里,制度的作用和经济公正教育的作用殊途同归。道德行为是自律的行为,而自律的经济行为是经济公正原则内化的结果。在许多情况下,自律行为是通过舆论、说服、惩罚等强制性作用而逐步形成的。在这里制度和经济公正规范在某种程度上是相互融合的。再以"勿偷窃"为例。人们常常说"勿偷窃"是一种道德规范,实际上它也是一种制度。自从私有制产生以来,"盗窃"就成一种违法行为,应当受到惩罚。如今,人们大多都不"盗窃"他人财物,这恐怕不仅仅是因为"盗窃"会受到惩罚,而且更重要的是,"盗窃"会受到社会舆论和"良心"的谴责。如此一来,社会强制性的制度,就会内化为生活中的习惯,成为自觉的道德行为,法律的规范转化为一种经济公正规范,制度的伦理作用是十分明显的。这又进一步说明,在社会主义市场经济体制的建设中,我们要努力营造一种制度环境,使制度、规则转化为经济公正规范,反过来又通过经济公正规范来强化制度的作用,从而形成一种良性互动的机制。

第三,制度和制度环境的建设使人们能够对某种经济行为进行预测。

制度化、秩序化的行为是习惯性的行为,而习惯性的行为也是可预测的行

---

[1]　转引自[英]霍奇逊:《现代制度主义经济宣告》,北京大学出版社1993年版,第163页。

为。霍奇逊指出："惯例与正式制度，通过建立或多或少是固定化的人类行为的范式，或者设置人类行为的界限，或者订立人们行为的规则，或者约束人类行为，实际上都提供给当事者以信息。"①可见制度、制度环境建设可以给人们提供他人行为的预期信息。那么，在市场经济条件下，厂商如果充分应用习惯、制度给人们带来的信息，将有助于减少市场的不确定性，从而最大可能地满足消费者的需要，降低市场交易的费用。这可以促进市场主体积极从事制度建设，培养人的良好的消费习惯和其他习惯，倡导文明的社会行为方式。

第四，制度创新能产生新的伦理效应。

如前所述，任何人的行为都是在一定的制度环境上产生的，是个人自主选择的结果。人们如何选择，选择什么，都是在不同程度上受制度因素影响的。因此，建立完备的制度体系也是道德建设所须要。这就要求我们进行制度创新，使人们在社会活动中选择文明的、道德的社会行为，避免对他人和社会利益造成损害。制度建设不仅可以强化人们的法制意识，遵循社会规范的意识，还会引导人们追求高尚的人生境界。

我们可以通过西方学者所说的"囚徒困境"的分析，来说明制度创新对人们的选择所产生的影响。所谓"囚徒困境"是指两个囚犯有一项轻罪而被捕和囚禁起来，但警察怀疑他们犯有更加严重的罪行，他们被隔离审查。警察告诉他们，如果他们供认自己犯了重罪，那么，他们理应被重判20年，但是由于他们自己坦白了，所以他们可以被减刑10年。如果他们都不供认，他们就因轻罪只判2年。如果一个人坦白，而另一个不坦白，那么坦白的人就可以获得自由，而不坦白的人会被判刑20年。如果是二人都坦白的话，那么他们都可以减刑。显然，对于囚徒来说，不管另一个做怎样的选择，坦白对于自己都是有利的，也即通过制度上的这种安排，囚徒选择了坦白。相反，如果囚徒所面临的是另一种不同的制度安排：警察既不能拷打囚徒，也无权对重罪减刑，就是说如果他们犯重罪就被判10年；在这种情况下，对于囚徒来说，最好的选择就是不坦白。在隔离审查的情况下，囚徒的选择也是最有利于自己的情况。从上述情况中我

---

①　转引自［英］霍奇逊：《现代制度主义经济宣告》，北京大学出版社1993年版，第158页。

们可以看出,人们选择什么,如何选择,在很大程度上是由制度因素决定的。一种制度安排会诱导人们选择社会所企望的社会行为,而另一种制度安排会使人的选择为社会所不企望。因此,我们在制度建设上,要不断地进行制度建设和制度创新,通过制度安排,使人们在社会交往中选择那些道德的、文明的社会行为,而避免不道德和不文明的行为。在这里,我们可以看出,制度的改革和创新会引导人们追求高尚的人生境界。反之,由于制度上的缺陷,人们却有可能选择不利于社会的东西。这就是我们常说的,一种制度会使好人变成恶棍,而在另一种制度下,恶棍也会变成好人。制度创新的这种伦理意义,应该得到我们的充分关注。

第五,制度可以为个体经济行为提供必要的外部约束和价值导向。

由于人的机会主义倾向,个体的道德觉悟和道德意志往往是有限的,这在各种新旧伦理观念冲突的社会体制转型时期尤其如此。而制度确立起一系列明确的经济伦理规范,给个体经济行为以必要的外部约束,告诉人们什么是应当做的和不应当做的,什么是可以做的和不可以做的,并提供充分的说明,这能提高个体的道德觉悟,强化个体的道德意志,帮助个体确立正确的价值观。[①]

第六,制度伦理的弘扬有助于制度的健全和完善,促进社会公平。

当前我国正处于社会体制转型时期,有两大现象已引起人们的高度关注:腐败现象在社会生活中的滋生和蔓延,社会公平遭到破坏。腐败和社会公平显失的原因固然是多方面的,但制度缺陷则是一个至关重要的因素。正是由于制度不健全,权力缺乏有效约束,公民正当权益缺乏有效保障,腐败者才有机可乘,社会公平才遭受破坏。而制度伦理的弘扬则有助于制度本身的健全和完善,健全的制度恰是治理腐败、促进社会公平的关键之一。党的十六大报告中指出:"坚持效率优先、兼顾公平,既要提倡奉献精神,又要落实分配政策,既要反对平均主义,又要防止收入悬殊。初次分配注重效率,发挥市场的作用,鼓励一部分人通过诚实劳动、合法经营先富起来。再次分配注重公平,加强政府对

① 叶敦平:《经济伦理的嬗变与适应》,上海教育出版社 1998 年版。

收入分配的调节职能,调节差距过大的收入,规范分配秩序,合理调节少数垄断性行业的过高收入,取缔非法收入。以共同富裕为目标,扩大中等收入者比重,提高低收入者收入水平。"①这些措施既是制度,也是制度伦理,它们对于稳定社会秩序,实现社会公平,具有极大的促进作用。

2. 道德对实现经济公正的作用

实现和维护经济公正,道德的作用不可低估。道德对实现经济公正的作用,主要体现在规范市场主体的行为,对不公正进行匡正和矫治,为经济公正的实现提供道义上的支持和价值上的援助,把经济导向公正的轨道。道德的这种作用主要是通过以下三大功能来实现的:

第一,通过道德的塑造功能,维护经济公正。

道德的塑造功能是指它对主体人格和智能的影响。先进的道德可以促使人的心理、情操、气质、价值观等人格因素发生积极变化,从而使其整体人格得以健康发展和日趋完善。同时,先进的道德可以有效地激发人的创造动机和进取精神,增强其修身成才、竞争取胜的压力和动力,从而促使其智能水平不断提高。当人们具备相对完善的人格和较强的辨别能力时,就能够正确处理理义利关系,规范自身行为,自觉维护经济公正。

第二,通过道德的调节功能,匡扶经济公正。

道德的调节功能主要用于指导和纠正个人和企业的行为,它的特征在于它是作为人们行为的指南,调节的重点在于对从事经济活动的个人和企业进行指导,以善恶为标准,依靠内心信念、社会价值观念等特殊力量来维持。当发生个人利益与国家整体利益矛盾时,要求节制个人利益,从长远的总体上维持和发展整体的利益。在经济活动中,道德的调节功能能够匡正和矫治不公正的经济行为,有利于经济公正的实现。

第三,通过道德的保证功能,导向经济公正。

道德的保证功能主要体现在三方面:一是规范作用,为市场经济发展保驾

① 《全面建设小康社会 开创中国特色社会主义事业新局面——在中国共产党第十六次全国代表大会上的报告》,人民出版社 2002 年版,第 28 页。

护航,抑制其负面效应;二是支撑作用,在市场经济中引导经济活动主体重视社会整体利益,把经济效益与社会效益有机统一起来,抑制个人主义、享乐主义和拜金主义,是建立和巩固市场经济稳定秩序,促使市场经济健康发展的重要支撑点;三是推动作用,作为内心信念的道德为发展市场经济提供内在的动力。因此,道德的保证功能可以为经济公正的实现提供道义上的支持和价值上的援助,把经济导向公正的轨道。

　　3. 制度建设与道德建设的统一

　　一个经济公正的社会是制度与精神、社会与个人的现实统一。经济制度公正是制度善。制度善为个体善提供一个现实的环境与基础,制度善又有赖于个体善,二者是相辅相成的。处于社会转型的中国社会,必须在制度与精神、个人与社会的现实统一中实现经济公正,逐步构建新的、充满希望的生活方式和交往秩序。制度和道德对实现和维护经济公正具有各自不同的作用。制度为道德提供一个现实的环境基础,但制度总是有缺陷的,它不可能广泛地涉及社会生活中的一切领域,只是给人们提供了社会活动的框架,至于人们在这个框架中如何活动则完全是个人自主选择的结果。道德的作用就在于弥补制度的不足,它可以调整个人在这种自主选择中的活动,使人们选择文明的、道德的、有意义的行为。但道德的作用并不是可靠的,总是存在着道德风险,因为它缺乏强制性的措施。道德风险应当通过制度来规避。制度与道德这种相辅相成的关系表明,中国现阶段要实现和维护经济公正,应当从制度建设与道德建设两方面入手。

第二节　加强经济公正的制度建设

　　"制度公正"是指社会正式规范体系及其社会活动模式的公正性。既指制度的公正,强调制度本身应当是公正的,又是指公正的制度化,强调公正本身的理念与要求应当具体化为制度。马克思曾明确表述了这样一个思想:"必须使环境成为合乎人性的环境",只有在一个合乎人性的环境中,人性才能得以健康发展。① 马克思的这个思想极其深刻。马克思事实上揭示出：在重要性上制度公正优于个体行为善。人总是他所生活于其中的社会的产物。环境中的极为重要的因素就是制度。罗尔斯通过无知之幕的契约论方法得出了同样的结论：社会基本结构、基本经济制度决定分配社会成员基本权利与义务的方式，决定由社会合作产生的利益之划分方式；经济制度的公正状况直接制约乃至决定了社会成员个人的职责。所以，社会制度公正较之个人行为正当有更重要的意义。

公正的社会结构体系，制度化了的行为规则，是守护经济公正秩序的最重要的武器。社会繁荣昌盛、安详稳定、民风纯正在根本上有赖于社会所供给的公正制度。公正的社会结构体系、制度化了的行为规则，会使社会成员形成一种社会责任感。外部客观存在的社会的结构及其规则体系，代表了社会对其成员的责任要求。如果其成员认为这个制度规则体系不是基本公正、善的，认为其缺少存在的合法性，他就会情感上与其抵触，表现在行为上或者是公开违背，或者是阳奉阴违。如果他认为这个制度规则体系是基本公正、善的，有其存在的合法性，那么，他会在情感上敬重，从而具有一种自觉遵从的内有冲动。因而，波普说："我们需要的与其说是好的人，还不如说是好的制度。我们渴望得到好的统治者，但历史的经验向我们表明，我们不可能找到这样的人。正因为这样，设计使甚至坏的统治者也不会造成太大损害的制度是十分重要的。"②经济公正必须变为具体的制度、体制、程序，化为一种可操作性规则，否则，经济公正本身就有可能成为华丽的词藻，在空洞之下被虚幻化，徒有虚名。例如社会主义经济制度的根本优越性是不容置疑的，但在新中国成立后的很长时间内，我们更多是强调社会主义经济制度在道义上的公正性与优越性，无论是作为整体的人还是作为单个的人，都会自然地成为自由的存在，而忽视了对具体经济制度、经济体制的建设。

制度对于实现和维护经济公正具有重大的价值。中国现阶段诸多不公正

---

① 《马克思恩格斯全集》第 2 卷，人民出版社 1957 年版，第 167 页。
② ［英］波普：《猜想与反驳——科学知识的增长》，上海译文出版社 1986 年版，第 495 页。

现象的存在,一个主要原因就是制度的不健全、不完善。因此,要实现和维护经济公正,必须加强适合中国国情的制度建设。

一　加强市场体系建设

由市场经济所决定的市场分配原则是一种按贡献、按能力分配的原则,从理论上讲,应当是公正合理的:在这里,一切都遵循着等价交换原则,人们在市场中公平竞争,谁的投资大、能耗少、成本低、质量高,就得益多。它可以极大地发挥人们的主动性、积极性,最大地促进生产效率,促进社会财富的增长。从这个意义上讲,公正、合理的市场秩序与提高效率是一致的;倘若有矛盾,那只能是由于竞争机会的不平等、条件的不平等、竞争手段的不正当、不公道而影响效率。所以,在我国现代化进程中,要实现经济公正,首要的任务就是完善市场经济体制。对于所有转型国家来说,都存在某些“前资本主义”的特点,产生大量社会不公平的原因不是市场体制本身,而是市场体制的不健全,如市场发育不全,缺乏法规管制,一些人利用信息不对称或所处特殊地位和特殊关系牟取利益等等。从经济公平来讲,加快市场经济体制的建设具有重要的意义。市场化的推进有利于提高效率,也有利于创设自由。这是我国的改革实践已经证明了的真理。市场机制通过高效配置生产要素和劳动力资源,能够使生产要素配置的效率最大化,最大限度地增加整个社会的收入分配量,使市场主体能够获得最大的经济利益,并利用效率最大化造成的利益差距,进一步激励市场主体更合理、更高效地配置资源;要通过市场体系建设,建立平等竞争、自由流动、统一开放的劳动力市场,特别是消除城乡间的就业歧视和择业差别,使劳动者能够根据自身的利益追求和特长自主择业,形成劳动力要素的合理配置;要完善市场规则,构造竞争机制,整顿流通秩序,强化市场管理,取缔非法经营活动,打击非法手段牟取暴利。在现实生活中之所以存在着影响人的自由和权利的种种因素,根本原因在于改革还没有完全到位,传统计划体制与市场体制还处于退出和进入的交叉状态。因此,要解决这些问题,最基本和基础性的工作就是深化改革,推进市场化过程,在市场化过程中逐渐收缩行政主导的领域,同时扩大社会主导(如社会保障体系)的领域。唯有如此,市场体制的运作才能走向规范化、理性化，才能使人们相互间的权利和义务关系获得充分的体制性保障，并促使社会道德伦理关系格局趋向有序化，进而建立一个主体之间相互平等、自由竞争、公平竞争的经济、社会伦理秩序。

二　加强产权制度建设

产权是指人们对某种经济物品所拥有的一定的权利，如所有权、使用权、处置权和受益权等。而这些权利需要社会的认可与保护来维系社会的稳定与发展。一方面，因为财物可以在人与人之间随意转移而不稳定的情况的存在，是社会上的主要乱源，所以，划定财产，稳定财物占有的协议，是人类社会的一切条件中最必要的条件；另一方面，社会制度对产权的认可与保护是由市场经济的性质决定的。市场经济的自由、利己、竞争的性质，毫无疑问要求社会首先要解决产权的归属问题。没有产权独立占有者，何来市场经济，何来经济主体的自由决策；何以会使利己成为人们从事经济活动的根本动力；何能有经济主体之间的逐利竞争。因为产权代表着利益归属，代表着价值占有，只有当社会制度允许个人拥有对财产的占有权，人们才有了自主决策的可能性；人们才有了追求利益、追求价值、增添自己的个人财富的可能性，利己才能成为推动经济效率提高的力量。

产权与人的自由权、生命权一样，都是人的基本权利，是神圣不可侵犯的。在西方，尊重和维护产权的传统由来已久。洛克的天赋人权说认为，产权来自于个人的劳动，所以它与人有着密切的联系，而国家对产权的保护也是对人格的保护的一部分。亚当·斯密也是基于这一观念来思考问题的。这种观念直至今日仍在西方国家占据着统治地位。在中国传统社会产权制度的演进中，古代中国的君主及其代理人未能发展出一套权利法律，来保护私人财产权。相反，依托官僚行政体系的直接抽税制度为国家任意干涉和侵犯私人财产创造了条件。在拥有暴力潜能的国家面前，任何孤立的产权都是不堪一击的。随着我国市场经济的发展，人们越来越感觉到保护私人产权对于建立市场制度的重要性。市场经济是契约经济。财产权对于市场制度之所以重要，在于它可以保证契约的可执行性。个人有了财产权，就可以交易，就可以签约，就可以通过契约设定规则,设定权利和义务,就可以排斥政府的直接干预。因而,在强调产权获得的正当性的同时,必须尊重和维护产权。从一定意义上讲,对产权的尊重和维护实质上体现了经济公正的应得原则。

与尊重和维护个人产权相一致,我们必须健全法制,切实保障个人的自由和平等权利。众所周知,市场制度是建立在个人拥有平等的自由权利得以确立和切实保障的基础之上的。个人拥有平等的自由权利,既是市场经济运行的基本前提,又是人作为社会主体在社会中从事各种活动以及发展自己的基础。与西方国家不同,中国传统社会长期忽视个人的权利、个人的自由,在这种背景下,我们必须健全法制,切实保障个人的权利和自由,必须明确一个人的基本自由空间。这个空间以不得损害他人或社会的利益为边界,其衡量的标准就是一个人的自由能够与其他人的相同自由共存。这对于保证人的主体性,对于促进社会的发展,都有着重要的意义。

三　加强经济法制建设

健全的社会主义法制和完备的法律体系的建设,不仅是当前我国的一项重要任务,是经济建设的重要保证,同时也是实现经济公正的重要条件。正如美国法学家庞德所指,法律制度的作用,在于"尽其可能保护所有社会利益,并维持这些利益之间的,与保护所有利益相一致的某种平衡或协调"[①]。法与经济公正有着天然的理论渊源,法律本身是在维护公正、彰显正义的过程中产生的,"法律来自正义就像来自它的母亲"[②]。法律又内涵着经济公正,一些法律条文,如经济法、民商法等都规定了必须保证经济公正的实现。1993 年通过的《中华人民共和国反不正当竞争法》中明确规定:"经营者在市场交易中,应当遵守自愿、平等、公平、诚信的原则,遵守公认的商业道德。"法律的公正与否是经济公正实现的基础,所有的法律条文都在一定程度上体现着公正原则,公正的法律才能从正反两方面维护经济公正。正面表现为通过法律形式,把基本的

---

① ［美］博登海默:《法理学——法哲学及其方法》,中国政法大学出版社 1999 年版。
② 沈宗灵:《现代西方法理学》,北京大学出版社 1992 年版,第 43 页。

经济公正原则具体化、制度化和法制化;反面则表现为使用法律来打击不符合经济公正原则的违规、违法行为。

当前加强经济法制建设,应着力从下列三个方面进行:

1. 完善法律,实现立法公正

市场经济是法制经济,维护市场经济秩序、促进市场经济秩序的形成,都需要加强法制建设。现代经济关系是一种法律、契约关系,而市场主体的自由就是"在法律范围内活动的自由"。在现代法治社会中,体现权利平等配置和平等保护的立法公正,总是同经济公正密切联系在一起。市场经济条件下的自由、平等、公平的理性原则,既是经济活动的基本原则和经济公正的内在要求,同时也是法律运作的基本原则。这突出表现在许多基本而必要的经济公正原则和特定的权利义务,往往通过立法活动转化为法律规范,并依靠国家强制力来维护。市场经济的道德秩序的形成也要依靠法制。只有努力创造适当的社会氛围和制度条件,大力建立和健全法制,并有效地运用法律武器,对个人正当的自利行为加以支持和保护,对不正当的逐利行为给以彻底否定和严厉打击,才能在全社会形成合作博弈比不合作博弈更有利的普遍预期;人们才会对那些不道德和不正当的赢利行为形成自律,诚实、信任、公正合理的社会道德秩序和经济秩序才能最后形成。

2. 严格执法,实现司法公正

真正实现有法可依、有法必依、执法必严、违法必究,旨在维护法律的权威和尊严。但在现实社会生活中,法制虚置的现象不少,在社会生活的许多方面存在有法不依、执法不严问题。依法管理市场经济和社会生活秩序,维护公平竞争和社会稳定,对那些违反法规的商品生产经营行为,如生产和销售假冒伪劣商品,破坏市场秩序者,坚决依法进行处理。各种经济纠纷由法院进行调解和裁决。国家机关工作人员和企业管理人员的贪污腐败和渎职行为,要坚决依法处理。我们通常讲的市场经济实际上就内在地包含着规范人们经济活动的法律、法规和规章等。搞市场经济,毫无疑问要讲以尽可能少的投入获得更多的收益,要讲相互竞争;但同样毫无疑问的是,所有这一切都必须纳入市场的规则之内,人们的行为也都必须遵守一切法律规范。只有靠法律规范的强制性,才有可能从根本上有力地遏制不法行为,确保经济公正原则的实现,确保社会主义市场经济的健康发展。

3. 提高素质,实现执法公正

建立具有良好职业道德和法律专业素养的新型的法律职业队伍,包括立法工作者、司法工作者和律师工作者等队伍建设,使法律职业队伍成为具有相对独立性、高度专业性、唯一服从性、管理科学性、人员稳定性、地位崇高性等特点的职业,切实提高法律工作的思想素质、政治素质和业务素质,确保执法的公正。

四　加强信用制度建设

市场"无形的手"是配置资源的基础,它会带来很大的生机和效率。但是市场配置是有缺陷的,它的盲目性也会造成很大的浪费,带来低效率。从世界经济的历史看,还没有一个国家搞过绝对自由化的市场,从一开始就总是配之以或大或小的"有形的手"的调控功能。综观世界上市场经济发达的国家,莫不是信用体系良好的"诚信国家"。欧美等国比较完善的社会信用制度表明,一个富有效率的社会信用体系,应当包括以下几个方面的内容:信用数据的开放和信用管理行业的发展;信用管理系列的立法与执法,即信用规范和失信处罚机制的建立和完善;政府对信用交易和信用管理行业的监督,以及信用民间管理机构的建立;信用管理教育和研究发展等。特别是"新经济"时代已经到来,越来越多的经济活动将在不见面的"虚拟"状态下进行,这就对交易者的资信状况提出了更迫切、更严格的要求。因此,我国市场诚信的建设必须以完善的法律做后盾,以政府为支撑,以市场为抓手,实行市场、政府和法律三管齐下的方式推动。

1. 国家应加强信用法制建设,出台高层次、高水平的信用规范性文件和专门的法律法规

要根据我国国情,借鉴信用制度发达国家的经验,制定净化消费信贷环境方面的《信贷机会平等法》、《诚实借贷法》、《公平信贷报告法》,授信方面的《诚实贷款法》、《信用卡发行法》、《公平贷款记录法》、《公正贷款对账法》,还

贷方面的《破产法》等。同时,在法律的层面上加大对失信者惩处的力度,因为在市场经济中,任何企业或者个人,都是"经济人",在做出某种行为时,都要进行成本和收益的比较,对失信者不实施重罚,而让失信者获得的收益大于失信的成本,即失信有利可图,那么企业或者个人当然会有一种失信倾向。

2. 加强政府信用建设,建设"诚信政府"

政府诚信对市场诚信具有引导和示范作用,信用制度建设需要政府的推进和支撑。一方面,政府负责制定市场规则,维护游戏规则的实施和规范;另一方面,要制止政府的"打白条"行为,转变并建立与市场经济相适应的政府职能,克服官僚主义,惩治腐败,杜绝行政不作为行为,通过政府诚信和行动来维护中国共产党"为人民服务"的宗旨和几十年奋斗所建立起来的整体政府信用,取信于民,从而促使民众自觉守信。同时,政府在诚信建设上,要着眼于全国"一盘棋"的整体规划,统一布局,通过组建重点核心企业,建立全国范围内统一的信息系统,建立跨地区、跨行业的网络化信用数据库,使不守信者在全国寸步难行。

3. 要以个人诚信为突破口

市场经济是法制经济,还是诚信经济。除了法律的外在约束之外,每个参与经济的行为者的自我约束和相互约束,即完备的信用观念和信用体系的建立,是维持经济顺畅运行、减少成本的最重要方面。如我国在近几年逐步推广的以房产抵押为担保手段的住房信贷方式,使贷款摆脱了对单位担保的依赖,在启动并激活住房市场方面也已经显示出了巨大的能量。而个人信用贷款的发展无疑将进一步使我国的信贷消费朝着多元、活跃的方向发展,进一步激活市场、促进经济发展。

第三节　注重经济公正的社会调控

社会是一个有机的整体,每个社会成员对于社会整体不仅具有一定的权利,同时也必须承担一定的责任,尽一定的义务。因此,为了实现有效的社会合作,有必要加强实现经济公正的社会调控,使社会成员普遍不断地得到由发展所带来的收益,进而促使社会的质量不断提高,并推动社会整体化发展。通过社会调控,使众多的社会成员进一步改善自身的生活环境,增强自身的发展能力,并使社会公共生活领域的范围和质量不断扩大、提高。通过社会调控,群体与群体之间、阶层与阶层之间许多由物质利益而引发的抵触和冲突,也可以程度不同地得到缓解,有些潜在的抵触和冲突甚至可以被消除,从而使整个社会最大限度地降低摩擦和事故率,实现一种相对稳定的正常运转。

一　完善政府调控功能

经济公正作为道德范畴,它的实现所依据的最直接的力量是政府。在任何时代、任何国家,都是直接通过政府来维护和实现社会公平正义的。特别是在一个社会变动和急速发展的时期,政府更是不可缺少的社会整合力量。因为此时,社会中各种因素会出现发展的不平衡,社会处于新旧交替的暂时失衡期,社会整合力量大大减弱。正如法国社会学家杜尔凯姆所指出:"只要这种失控的社会动力没有达到新的平衡,这段时期各种价值观相互冲突,规则标准也无从谈起,可能与不可能之间的界限模糊不清。由此人们很难区分什么是公正的,什么是不公正的;什么是合情合理的要求,什么是非分之想。由此人们的欲望便失去了约束。"[①]当社会处于这种情况时,人们会普遍感受到自己处于一个极不确定的环境中,他对自己行为的预期效益以及他按照传统的观念而应当获得的利益都失去了保障,因而他会表现出强烈的急功近利的心态,会通过短期化行为来追逐短期利益的实现,在公共领域中甚至表现为贪污腐败;在政治领域中存在着把权力作为个人利益实现的工具,认为有权不用则过期作废;在经济领域,则主张一切向钱看,认为金钱高于一切,竞争要不择手段,不顾道德、法律,不计后果;在文化领域,主张什么有利可图,就生产什么,不计社会效果;在道德领域,主张个人至上,认为人的本性是自私的,人不为己,天诛地灭;在生活领域,主张享受人生,认为醉生梦死、吸毒、嫖娼、赌博是个人生活,容不得他人干预;在人际关系领域,认为没有关系办不成事,主张广结关系网,相互利用,把

①　[法]杜尔凯姆:《自杀论》,浙江人民出版社1988年版,第212页。

请客、送礼、行贿作为有效交换手段等等。而这样一来,又进一步加剧了社会的失衡,导致社会动荡不安。这个时候,非常需要政府来充当公平正义的维护者。而政府之所以能够承担这种角色,是因为它是以社会公共利益的代表者的身份而存在的。如果政府成为市场经济中的一个直接的参与者、一个积极的活动者,成为一个与企业没有什么两样的利益主体,既是运动员,又做裁判员的时候,就毫无公正可言了。所以,政府在实现经济公正的过程中,起着不可替代的作用。

在社会管理中,国家的权力是最强大和最具普遍性的,它一旦得到正确运用,就将有效地和普遍地造福于社会成员;而一旦不能得到正确的运用,则将有力地和大面积地损害社会成员利益。在这一方面,任何社会个人的善举或恶行都不能和它相比。正因为国家权力的这一特殊性,所以,法律对于国家以保护个人自由为由而干预个人自由的授权,应附有严格的限制性条件或原则。国家干预和限制个人自由的授权,以及对于这种干预权的运用,应当有严格的程序要求及伴有有效的监督。诚如布坎南所认为的那样,任何政府机构都是由人组成的,政府行为也由人去完成,而组成政府的这些人不可避免地具有经济人性质,因此,政府同样也有缺陷,也会犯错误,也常常会不顾公共利益而追求其官僚集团自身的私利。人们在追求个人目标时所受到的制度约束,在政府部门中比在私人企业中松弛得多,其结果是,在其他条件一定时,在政府部门中的人最有可能恣意追求最大的个人私利,而不顾是否违反了公共利益,这已为无数政府部门的腐败和滥用权力的事实所充分证明。只有加强法制建设,建立严格、科学、有效的法律程序和监督机制,才能保证政府授权的正当性和权力不被滥用,保证政府依法行政。

因此要充分发挥政府的主导作用,建立社会主义公共利益机制的运行系统。①政府要以身作则,通过改革,逐步建立公正廉明、办事公道、勤政为民、公正民主、高效运作的政府机构,以便在全社会树立起政府的更高威信和更佳形象。②要切实转变政府职能。当前在市场主体多元化,市场机制形成的过程中,许多官员试图通过自己"管理者"的地位在社会贫富分化的过程中获得较大利益的现象,已经相当严重,这就要求政府将职能定位于宏观调控和服务,而不是直接领导甚至参与。③要求我们的各级政府在扩展社会公共利益过程中，必须形成一套科学、民主、有序、高效的决策体系；政府提供的公共产品尽可能多地惠及广大民众，尽可能少地损害民众的利益，特别是大多数人的利益。④要求政府的各个职能部门，包括公检法、税务、工商、城管、环保等，在具体工作中，必须坚持依法行政、秉公执法、扶正祛邪，严厉打击各种妨碍经济公正的行为。⑤要求政府在全社会积极开展社会公告教育、公共生活伦理教育和遵纪守法教育，所有公务员必须真正代表人民掌好权、用好权，而绝不允许以权谋私，绝不允许形成既得利益集团。

二 发挥舆论监督作用

法制的健全、执法的公正和政府行为的正当，在一定程度上有利于建立健全社会舆论监督机制，充分发挥舆论的导向和监督作用，以维护和发展社会公共利益。因为只有在明白与无可怀疑地被注视下实现的公正，才可称为真正的公正。舆论监督正是要起到将一切暴露到阳光下的作用。

"所谓舆论监督，就是社会公众依据宪法和法律赋予的民主权利，通过舆论机构或借助舆论工具，从善治的角度对社会公共事务管理中的权力组织和决策人物的言行予以道义上的审视、评价和督促，当然也包括对官僚主义、缺德行为等社会不良现象的批评指责。"①舆论监督可以通过不同的形式来推进经济公正的实现，加快良序社会的形成。①新闻公正地反映舆论，做大众的喉舌，把民众对政府及其公务员的行政行为的看法和评价等及时准确地反映出来。②正确的舆论导向，使舆论沿着社会规范、公众利益的方向发展；始终不渝地坚持社会主义方向，积极宣传党的路线、方针和政策，颂扬在社会主义现代化建设中涌现出来的具有高尚品德、为社会公共利益建设而努力奋斗的典型；倡导全心全意为人民服务的品格，在全社会塑造一种积极向上的、具有凝聚力和共同信仰的中华民族精神。③舆论以批评的形式，在全社会引起反响，伸张正义，揭露丑恶，敲响警钟，促进变革，从而有利于化解各种矛盾和冲突，维护社会主义

---

① 尤光付：《中外监督制度比较》，商务印书馆 2003 年版，第 410 页。

公共利益机制的正常运行,维持社会稳定。

近年来,我国的新闻媒体因对社会经济中不公正现象的揭露,已经成为各级管理部门改进工作的好帮手,受到广大民众的欢迎。但随着信息网络化时代的到来,政务公开范围的扩大和民众参与社会政治、经济生活的水平的提高,舆论监督工作需要在范围、力度上有进一步的加强。

1. 舆论监督到位,建立具有相对独立性的监督体制

作为舆论监督的主体——媒体,应本着真实、客观和具时效性的原则,来形成公众舆论、舆论压力和威慑力,对事实的把握,监督热点和监督对象的选择,监督信息的有效传递等要准确、及时;对政府工作的建议、意见和批评,不能因为怕打击报复,而局限于某个层面、某个部门,对事实要"穷追不舍";在社会转轨期间,不能总是"报喜不报忧",对社会上出现的各种不良现象要彻底揭露,引起全社会的关注,从而集中群众的力量解决问题。这些都需要有一套相对独立的体制与之相配。

2. 健全舆论监督法规

中国目前缺乏比较完备的新闻法律和法规体系,没有从法律的角度对新闻媒体的地位、性质、权力予以确定,对新闻采访、报道、监督方面的权利和义务予以界定,对新闻自由、新闻调控、新闻自律、新闻侵权、新闻记者的权利义务、公民隐私权的保护、国家信息的安全以及新闻诉讼等做出详细规定。我国目前尚无完整的新闻法和监督法,这使得新闻舆论监督的法制保障不够,也就使新闻舆论监督权力不明确,监督义务不确定,容易受到政治氛围的影响和领导层的左右,不利于经济公正的实现。

3. 提高新闻从业者的素质

新闻从业者是舆论监督具体实施者。而我国目前一些从业者不讲原则,不讲调查研究,人云亦云,不能自觉地坚持职业操守,受"权"、"钱"所左右。在高度社会化、信息化的时代里,要求新闻从业者要用最敏锐的眼光、最快捷的方式,多角度全方位地捕捉新闻。而现实中,一些记者,不是把大量的时间用于调研、思考和发现,而是"泡会议"、转"摘要",照抄、照传、照发宣传稿,这些作为,又怎么能够反映现实呢? 因此,提高新闻从业者的素质,加强新闻媒体的队伍

建设,是舆论监督切实发挥作用的刻不容缓的任务。

三　完善社会保障制度

我国贫富差距的扩大,弱势群体的凸现,已经成为中国现阶段所面临的一个严峻的挑战。如果任其发展,将会导致社会不稳定,阻碍社会进步,最终使人的全面发展的目标难以实现。因此,必须建立健全社会保障体系,切实保障弱势群体的生存权和发展权,这是经济公正的根本要求。

经济公正的实现有赖于建立完善的法律规范、舆论监督、政府调控下的社会保障制度。社会保障制度是国家、社会和个人为保证社会成员的经济安全和福利方面的需要,而设置的若干内容和项目的总和,是社会团体和个人必须遵守的工作规程和行为规则,是经济公正实现的重要保障。它一般包括社会保障、社会救助、社会补贴(福利)、优抚安置、社会互助和个人储蓄积累保证等六个方面。就社会保障制度本身来说,完善的社会保障制度能为社会成员提供基本生活保障并通过其补偿功能,在一定程度上促进起点公平和过程公平;社会保障的"非歧视性原则",使社会任何成员只要符合法律规定的条件都可以享受相应的社会保障,每一个社会保障项目对于适用范围内的社会成员而言机会是均等的,因而它又可以在一定程度上促进结果公平。同时,社会保障制度可以有效地提高社会效率。这主要体现在:社会保障通过为社会成员提供基本生活保障,消除各种社会风险的侵害,从而调动社会成员的劳动积极性和创造力,为提升社会效率提供了较有利的主观前提;社会保障可以缓解贫困,调节收入差距,缓和各种利益群体之间的矛盾,解决一定的社会问题,从而为提升社会效率创造了较为安定的客观环境。

过去我国在社会主义计划经济体制下的传统社会保障制度,仅仅是"就业式保障",城镇户口的劳动者一旦就业,就算获得了社会保障的权利,而广大农民则无法享受社会保障,只能依靠"家庭式自我保障"。这种保障以低效率为基础,追求的是低层次的所谓公平,自然会不避免地导致更低的效率。改革开放以后,我国逐渐认识到了效率的重要性,逐步打破传统体制的平均主义和"大锅饭",提出并实践"效率优先,兼顾公平"的政策取向,逐步引入市场机制,鼓励竞争,优化资源配置,激发了社会活力,提高了效率。这就使新时期的社会保障制度在保证公平的同时,为提升社会效率服务。但是它仍然存在很多问题,主要表现在:社会保障的实施范围小,覆盖面狭窄;在已享受社会保障的人群中,由于保障基金来源不一,其享受的待遇还存在很大差异;我国目前除养老保险和失业保险外,其他保险项目还在试点阶段,没有实行真正的社会统筹,同时,社会保险的社会化管理和服务进展也很慢,导致统筹层次低,社会化管理和服务水平低,保障功能弱等。

随着我国社会生产力发展水平的不断提高,现行的主要以"国家社会保障"为特征的制度模式,要尽快向以"国民保障"为特征的制度模式转变,从而迅速提高我国的社会保障水平,在更高层次上实现公平与效率的统一。为了尽可能地减少收入不平等和社会地位不平等,加快经济公正的实现,促进社会稳定和社会全面进步,应采取以下具体措施:①转变传统的单位福利主义观念和体制,剥离单位的社会保障功能,强化个人自我保障意识,按照社会主义市场经济的要求,建立由国家、单位、个人共担风险的社会保障机制;②建立中央政府宏观统一指导和调控,地方政府为直接责任主体,各部门分工协作,运作高效的行政管理体制,并使社会保障改革与其他各项改革措施协调配套,促进经济和社会的协调、健康和稳定发展;③通过提高征缴率,调整财政支出结构,发行社保长期债券,开征新税种,发挥补充性保险、商业保险的作用等措施,建立稳定、可靠的社会保障资金筹措机制,提高保障覆盖面;④建立收、支、管、投四个环节相分离的管理和运营机制,向市场化技术化方向迈进,更好地提高社会效率;⑤加快社会保障立法步伐,着力于建设统一、规范和完善的社会保障体系,促进权利与义务的统一,使我国的社会保障制度向规范、有序和健康的方向不断迈进。

四 健全税收调节机制

随着市场经济的发展,产生收入分配差距是必然的,市场机制本身对此是无能为力的,这就是市场经济必然会产生"穷者愈穷,富者愈富"的马太效应;可以说是市场经济的内在缺陷之一。为了缓和贫富差距,实现分配正义的目标,保持社会的长治久安,市场经济国家往往需借助个人所得税、财产税及社会保障、社会救济性质的转移支出来解决这个问题,其中个人所得税又被称为"自动稳定器",由此可见个人所得税在调节收入分配差距方面有至关重要的作用。我国目前的收税体系还存在着许多不合理的地方。如落后的分类,所得税制的课税模式不科学,难以体现"多得多征,公平税负"的原则;现行分类制下对每项收入在计税时实行定额扣除或比例扣除的方式不合理;税率设置的偏高和两双轨制不利于刺激人们的工作积极性;征管手段落后等等。以上问题使现行税法在调节收入分配方面的作用受到了较大限制,为加强税收的调节作用,有必要对现行税法予以完善。

1. 科学地设计个人所得税制,实现税收的公平性

①改革个人所得税计征模式,由分类征收改为综合征收,尽量将全部所得按年综合申报及纳税。同时强调源泉扣缴制,从立法上强调扣缴义务人的法律责任,既节约征收成本,又可以减少税收流失。②确定合理的费用扣除标准。个人所得税的必要扣除费用是维持劳动力简单再生产的"生计费",这部分费用应根据纳税人赡养人口的多少、婚姻状况、健康状况、年龄大小等进行扣除,有关教育、养老和医疗上的基本支出,都应该允许从费用中扣除。③扩大个人所得税的征收范围。在证券投资收益方面,将各种形式的证券投资红利都纳入征税范围,对于证券转让所得也应纳入个人所得税的征收范围。

2. 加强税收制度和税收的征管,并提高违反税法的成本

由于个人所得税的税基隐蔽,征管不容易到位,一方面要不断强化代扣代缴,建立和健全纳税人、扣缴义务人双向申报制度,不断提高纳税人的自觉纳税意识,增强法制观念;另一方面要加大执法力度,对偷漏个人所得税的典型案件要坚决予以曝光,一抓到底,且从严从重处罚,以增强税法的威慑力,增加违法成本。

3. 完善消费税

与个人所得税相比,消费税在流通环节征收,征管相对容易。因此应加强消费税在调节收入分配中的作用。同时适当扩大税基,对现行消费税税目进行调整,将普通消费品从税目中删除,将高档消费品及一些消费行为也纳入消费

税的征税范围,既增加财政收入,又加强了分配调节。

4. 完善其他配套措施

由于个人所得税的税基具有非常强的隐蔽性,因此如果单靠加强某一方面的措施是很难取得预期效果的,为此需要相关配套措施加以综合解决。①开征遗产和赠与税。借鉴国际经验并考虑我国实际情况,遗产税的征税模式宜采用总遗产税制,即以财产所有人死后的全部遗产为课税对象,以遗产继承人或遗产管理人为纳税义务人。在遗产处理时采用"先税后分"的模式,即先征遗产税,然后再将税后遗产进行分配。②加大对低收入人群的补贴力度,但在补贴过程中不能只是输血,应该把重点放在帮助其培养再造血功能上。③建立私人财产登记制度,不管是个人所得税还是遗产税和赠与税,如果没有透明的财产登记制度,要征收起来都是很难的,因此必须建立起私人财产登记制度;同时为了保证财产登记制度的实施,还必须通过立法程序来严格保护私有财产神圣不可侵犯。

五　统筹区域城乡发展

改革开放以来,东部地区由于有较好的经济基础和有利的地理环境,加上国家政策上的支持,发展比中西部地区更快一些。对于中国的东部地区与中西部地区经济发展中出现的差距扩大问题,必须理性对待,正确处理。

正确认识和处理区域之间的差距问题,一是要看到各个地区发展不平衡是一个长期的历史现象,而并非改革开放才造成的不平等;二是要高度重视地区差距问题,采取有效措施逐步予以解决,使整个社会公平、公正地向前发展;三是解决区域差距需要一个过程,社会的公平、公开、公正也不是一蹴而就,缩小区域差距、推进经济社会向前发展是国家宏观政策必须坚持的长期方针。解决区域发展差距,坚持区域经济协调发展,是今后改革和发展的一项战略任务。国家要更加重视对中西部地区经济的发展支持,积极朝着缩小差距的方向努力。中西部地区要适应市场经济的要求,加快改革开放步伐,充分发挥资源优势,积极发展优势产业和产品,使资源优势逐步变为经济优势;要加大中央财政转移支付力度,优先安排资源开发和基础设施建设项目,鼓励到中西部地区投资,理顺资源性产品价格体系。东部地区要继续充分利用有利条件,进一步增强经济活力,在深化改革、转变经济增长方式,提高经济素质和效益方面迈出更大的步伐。要继续推进西部大开发、东北大振兴、中部大崛起战略,对因自然的、历史条件的不平等而形成的结果不平等,需要也应该通过国家干预来争取机会均等并实现结果平等。通过促进这些地区的发展,对于维护和巩固国家的统一和稳定,缓解民族之间的利益矛盾具有十分重要的意义。

我国的基本国情决定了农村、农业和农民问题是我国经济社会发展中最重要的问题之一,城乡之间的差距也是当前我国经济社会中经济不公正现象的一个突出的问题。解决好这一问题,对于全面建设小康社会,确立经济公正的新秩序具有重大意义。①转变观念,充分认识"三农"问题在当前我国经济社会发展中的战略地位和重要性,从根本上改变过去那种以牺牲"三农"利益为代价发展经济的片面做法,保持国民经济的协调发展。要采取一系列切实有效的措施,从根本上减轻农民负担,增加农民收入,逐步缩小他们与非农业劳动者之间的收入差距。要实现这一目标,一要大力推进社会主义新农村建设步伐,使农村经济社会得到全面发展。②进行体制创新,加快推进城乡管理体制改革,打破城乡壁垒,推进城乡一体化进程,使农业劳动者和非农业劳动者之间的差别只具有分工不同的意义,而不能再成为人们身份、地位的象征。③改革目前的土地管理和地权制度,实行农业适度规模经营,特别是在有条件的地区,应大胆进行这种改革,实现农业的产业化、市场化和现代化经营。④加强领导,推进和完善农村的税费改革,把能减和应该减的农民负担全部减下来,让农民休养生息,增加收入。⑤完善政策,加大国家对"三农"财政转移支付力度,在资金、技术和人力等方面对农村、农民和农业实行政策倾斜,特别应大力推动农业的技术改革,提高农业的技术现代化水平。

尤其需要指出的是,必须切实保障广大农民的生存权和发展权。①国家应加大对农村基础设施建设的投入力度,以改善农民的生存居住环境、交通运输和信息传输以及公共卫生条件。在此基础上,鼓励工商企业投资发展农产品加工和营销,积极推进农业产业化经营,形成社会力量广泛参与的农业社会化服务体系。②国家应加大对农村人力资本开发的投入力度,以提高农民的人力资本素质。目前,我国农民绝大多数只有中小学文化程度,而义务教育并不给学生传授在农村环境中所需的知识和技能。非学历的职业技术教育又完全市场化,不仅学费昂贵,而且远离农村集中在大中城市。对于从事田间生产的农民来说,要他们脱产接受全日制职业技术教育是极其困难的。因此,农民在接受新的生产技术上存在障碍,就是在掌握新的信息、在观念和机遇上也处于相当的劣势。为此,国家和各级地方政府应增加对农民职业技术教育投入的力度,采取民办公助等多种形式,使农民能根据需要接受继续教育和培训。通过上述两方面的补偿和投入,我们就能为农村经济发展创造出更好的人力资本条件,这是从根本上解决西部落后省区经济发展,让更多农民受益的有效措施和途径。③应加大对农民合法权益的保护力度,让农民真正享有与城市居民同等的待遇。各级政府除应加大立法和执法力度以切实保障农民的合法权益外,更应当认识到消除绝对贫困、失业和不平等的重大意义。一方面要保障已转移出农业的农民工的合法权益,另一方面要制定相应的产业政策鼓励农民向非农领域转移。这样做,不仅有利于更多的农民分享到我国经济发展的成果,而且也是经济公正的客观需要。

第四节　强化经济活动的公正制约

经济公正在经济活动中表现为经济活动公正。经济活动公正是经济公正的精神理念和价值原则在经济活动过程中的体现和关照。它集中体现在对经济活动的目的、过程和手段诸方面的合理性和合目的性的评价和审视。经济活动公正的本质,就是关注经济活动中人与人、人与社会、人与自然之间的合理性和合目的性的价值审视,其目的在于将经济视为促进人类进步和幸福,以及对人之尊严的提升和人之自由增长的手段,并因此在经济活动中确立主体间的自由、平等和互利的社会经济关系。因此,经济活动的各个环节,都包含和体现了人类基本价值原则,内在地承载着人类公正的价值理念。

一　生产领域:大力发展绿色产业

随着现代化生产的发展,人们日益关注资源消费、生态平衡和环境污染等社会问题,环境保护、可持续发展观念和生态文明观念深入人心。世界各国在环保上的投资不断增长,全球产业结构调整随之出现新趋势,即是向资源利用合理化、废物产生减量化、对环境无污染或减少污染方向发展。在绿色浪潮的趋势下,一个旨在防治环境污染、保护自然资源和改善生态环境的新兴产业——"绿色产业"发展起来了。

"绿色产业"也称环保产业,是经济结构中以防治环境污染、改善生态环境、保护自然资源为目的所进行的技术开发、产品生产、商品流通、资源利用、信息服务、工程承包和自然生态保护等一系列活动的总称。发展绿色产业是现代化生产发展的必然选择,是可持续发展战略的具体化,它使产品的设计、生产、营销和消费过程发生着深刻的变化。要突破传统生产模式的困惑,必须转变生产观念,积极推进绿色产业发展。绿色产业不仅是一个有前途、有实物价值的新兴产业,而且是个具有深刻伦理价值、生态价值的新兴产业。

绿色产业的生产和发展是按照自然规律进行的,不能超过自然资源和自然环境的承载力,这有利于生态环境平衡的完整和完美。绿色产业在生态系统的良性循环中具有可持续性和生态效益。绿色产业发展中所反映的人与自然的关系具有深刻的伦理价值。发展绿色产业要求人与自然共生共荣,由此决定人作为地球的看护者和其他生产的伦理代理人应尽职尽责,实现生态圈范围内珍惜、关爱生命的真实完整性。发展绿色产业,不仅满足了人的最基本生态需求,而且实现了人类在更高生态需求上生活质量的提高。比如,人类更容易获得清洁的饮用水,呼吸新鲜干净的空气,享受宁静的生活空间等基本生态需求;人类惊羡欣赏和热爱各种自然美,惊奇、敬畏生物多样性和壮观的自然景观等,这是人的高级生态需求。人对高级生态需要的追求与满足,具有培养人之美德的功能价值。发展绿色产业能够更科学地实现人最基本和最重要的生物性(人类的延续和发展),人类的生物性是通过自然这一中介(人—自然—后代人)发生作用的,实现人的生物性连接,应当执行当代人的生存发展不损害后代人的生存发展的基本的道德要求。

发展绿色产业关键在于开发绿色产品。开发绿色产品既是发展绿色产业的手段,是发展绿色产业的目的,也是生产主体履行环保责任与义务的关键。

发展绿色产业,主体应转变传统的生产观念,以生态需要为导向,遵守绿色产品的技术、安全、卫生、环境标准及生产经营管理方面的规定,实现绿色生产。开发绿色产品应落实四个基本环节:①重视产品绿色设计。生产主体应注重设计易于回收、节能、耐用、低污染和不影响健康的产品,采用易回收、低污染的材料。设计时要综合考虑环境、费用、功能和美学四大设计标准,并将产品的环境影响作为产品质量的量度。②实行绿色生产。按照生态生产模式实现清洁生产,尽量避免使用有害原料,减少生产过程中的材料和能源浪费,提高资源利用率,减少废弃物排放量,并加强废弃物处理,引进先进的科学技术,改进工艺设备,使产品在使用过程中及使用后不会对人体健康及环境造成危害。③利用绿色标志,创立绿色品牌,培育生态绿色文化。树立产品的绿色形象、突出产品鲜明的特色和个性,有利于扩大产品的知名度。同时把生产文化上升到绿色生态文化,从而使生产主体内部气氛融洽,实现人与自然和谐共存。④产品实行绿色包装。按照国际绿色包装制度要求,积极改进包装技术和包装材料,使用利于回收再利用或易于自然分解的包装,减少使用一次性包装废弃物对环境的污染与破坏。

二　分配领域:合理调节收入差距

分配不公不但是个经济问题,而且是一个社会问题和政治问题。结合当前我国社会主义市场经济的实际,要在合理调节居民收入差距,促进分配公正方面,做好以下几项工作:

1. 完善按劳分配为主体、多种分配方式并存的分配制度

充分调动劳动者的积极性,大力发展社会主义社会生产力;坚持以经济建设为中心,通过大力发展经济的办法促进分配公正的实现,因为分配公正的实现有赖于社会产品的丰富,而这必须依靠强大的社会生产力。但是同样必须指出的是,蛋糕做大了并不意味着人人都有蛋糕吃,要实现蛋糕的合理分配还有赖于一套合理的分配方法。与此同时,既要继续反对平均主义,又要防止收入悬殊;既要落实分配政策,又要提倡奉献精神;从物质文明和精神文明相统一的角度促进社会主义的分配公正。

2. 制定合理分配政策,努力消除贫困并提高贫困人群分享能力

我国收入分配政策的选择,要积极吸取国际上有关国家反贫困的成功经验,提高我国广大民众分享经济社会发展的程度。要按照"调高、扩中、保低"的思路调整收入分配政策。所谓"调高",就是对高收入者进行适当调节,如征收所得税,通过有效的税收政策促使高收入者的收入转向投资,或实行再投资款抵免所得税以扩大就业,或鼓励他们转向捐赠公益事业等;所谓"扩中",就是通过提高教育素质和扩大就业政策,保证合法的多种收入途径,扩大中等收入阶层的比重;所谓"保低",就是国家要注重反贫困和区域平衡发展,千方百计削弱城乡贫困极化的趋势,增加贫困人群就业机会,使更多的人分享经济发展的成果。具体措施应包括:制定扶贫济困区域经济政策;实行城乡平衡发展战略;建立统筹区域经济发展政策;健全税收制度;完善收入分配的法律、法规等。

3. 严格规范政府行为,大力惩治腐败现象

结合中国的实情来看,我们看到自改革开放以后,一部分人凭自己的勤劳和智慧创造了大量的社会财富,同时自己也获得了不少财富,这部分人步入了中国的富人阶层,人们无可厚非,在心理上也是接受的。与此同时,我们也不得不承认,有部分人特别是政府的高级官员,利用人民赋予的权力,大肆侵吞国有财产和人民财富,从而成为贪婪的"暴发户"。这部分人的所作所为,严重违背了社会主义分配的公正原则。政府失灵和市场失灵交织在一起,引起分配失公,严重削弱了社会主义市场经济的生机与活力,严重伤害了民众的感情。因此,严格规范政府和官员的行为,加强对权力的监督与制约,为社会主义市场经济的健康发展提供良好的政治环境,是实现社会主义分配公正的重要措施。

三 交换领域:努力降低交易成本

交换公正在经济生活中具有重要的意义,尤其是在商品经济日趋发达的市场社会,其重要性日益突出。具体来说,交换公正有利于促进良好经济交往秩序的建立,有助于建立经济交往主体之间的平等互利关系,从而可以降低交易

成本,提高经济效率和社会效益。因此,在建设中国特色社会主义市场经济中,我们呼吁交换公正,并努力实现交换公正。

1. 确保交换主体自由平等的人格权利

交换是主体之间互通有无、互利互惠的交易活动,公正的交换行为是一种主体间自由平等的自愿交换行为,是以主体的权利平等和人格独立为前提。所以马克思曾把"商品交换领域"比喻为"天赋人权的真正乐园",在这里占统治的地位的是"自由、平等和所有权"。① 自由,就是说交换主体具有是否买卖自己物品的意志自由,他们是作为自由的、在法律上平等的人而缔结契约的。平等,意味着交换行为主体之间仅仅只是作为商品所有者发生关系,用等价物交换等价物;意味着交换主体之间彼此对权利和人格的尊重,是公正交换得以实现的前提条件,因而是交换公正的重要价值。只有确立并保证在交换中主体的自由和平等,交换主体才能充分体现自己的意志,以独立自由的身份平等地参与市场交换。因此,实现交换公正就要确保交换主体的自由和平等人格,坚决维护自由平等的价值在市场交换中的基础性地位。当前的重要任务之一就是要呼唤经济行为主体的自由、平等的独立人格,同时创建有利于培育行为主体独立人格的外部社会环境。

2. 呼唤诚信意识,进行互利等价交换

在交换过程中主体之间彼此诚信,进行互利互惠的等价交换,对于实现交换公正具有重要的意义,是实现交换公正的必要条件。在经济交换过程中,人们通常认为全面竞争和无条件地履行合同是交换的理想条件,这在理论上无疑是正确的。但是这种条件在市场经济的现实中还不能完全得到满足,因为市场不是理论所描述的那种理想机制。因此,所有的经济交换行为,生产方与供货方、雇主与雇员之间的所有交易,均包含着对合同作用的不确定性和不安全性的因素,而且这些因素作为无法监督的副作用而出现,大大增加了交易成本。而交换行为主体之间相互信赖、彼此诚信可以使双方很快达成一致意见并很少要求监督,从而可以减少交易支出费用。因此交易双方建立相互信赖、彼此诚

---

① 《马克思恩格斯全集》第23卷,人民出版社1972年版,第199页。

信的交换关系,可以起到降低经济交换成本、减少经济失灵的作用,有利于交换公正的实现和经济效益的提高。①

3. 实现交换内容的合理合法和公平

交换虽然是主体之间互通有无的行为活动,但是交换并非仅仅是交换物的简单互换,而是涉及到诸多的非经济因素,交换的过程因此而变得错综复杂,这就要求交换活动必须合理,如不能把经济生活中的交换原则无条件地应用到非经济交易领域,也不能用非经济利益(如权力)换取经济利益,不能用经济权力换取非经济权利(如生命)。当今人们普遍深恶痛绝的"权钱交易"、"权色交易"和"钱色交易"就是属于违背交换公正的肮脏行为,对诸如此类的交换行为我们要给予坚决打击和严厉谴责。同时,实现交换公正还要求我们必须做到等价交换,确保交换物的事实公平,也就是说在交换中不得进行虚假货物的交换,不能通过假冒伪劣、短斤缺两或乘人之危来获得不正当的收入。可见,要使交换公正变成现实,还需要我们明确交换内容的界限和范围,恪守公平的交换原则。这不仅有利于经济的健康发展,而且有助于人之价值和生命意义的提升。

四　消费领域:不断超越消费主义

我们讨论消费主义的危机,并不是要废止消费,回到蛮荒的远古时代,而是要矫正我们现有文明中的一些错误发展趋势,引导人类文明走上健康、持续的发展轨道。为了克服消费社会的意义危机,为了缓解消费社会的生态破坏,我们应倡导公正的消费。②

1. 要转换消费主义的经济模式,推动循环经济的发展

这包括尽快进行循环经济立法,明确把生态环境作为资源,纳入政府的公共管理范畴;加强政府宏观调控,建立有利于循环经济发展的政策体系;充分发

---

① [德]彼得·科斯洛夫斯基:《伦理经济学》,中国社会科学出版社1997年版,第24页。

② 从20世纪90年代开始,欧美的管理学界对消费者的环境、社会、道德意识和购买行为的动态变化等进行了大量的研究,开辟了"道德消费主义"这一崭新的研究领域。伦理学界也对消费伦理学开展了积极而有意义的探讨。

挥市场机制在推进循环经济中的作用,以经济利益为纽带,使循环经济具体模式中的各个主体形成互补互动、共生共利的关系,实现环境资源的有效配置;建立新的经济核算制度,将传统的 GDP 改变为绿色 GDP 等。① 在消费主义成为一种主导意识形态的今天,仅凭个体或是少数团体的力量来扭转这个大趋势是十分困难的。在制度建设上,还要注意限制资本的作用,防止资本侵入人类生活的所有领域,反对金钱至上成为一切社会领域的准则。只有限制资本活动的领域,才能防止把所有东西商品化的倾向,才能把消费控制在市场领域,从而鼓励人们以不同的方式——而不仅仅是消费的方式——去追求各个领域不同的善。可以说,制度的转变是能否克服消费主义的关键所在。

2. 加强文化建设,积极倡导消费公正的意识和观念

把人们的注意力引向对家庭和社群活动的支持,对艺术和创造的追求,对教育和学习的热爱,对于自然和环境的欣赏,因为这种文化是能够持续于无数代人的生活方式。能否建立一种可持续的生活方式,关键在于人们观念的转变。观念的转变固然不能一蹴而就,但也不是不可能完成的任务。须有越来越多的人摈弃物质主义的价值观和人生观。这并不要求人们变得大公无私,他们仍然可以合理地追求自我利益,但如果他们的偏好不再是物质主义的,那么物质需求将会大大减少。如果他们不再注重用物的形式来标识自我价值,地球的生态压力便会大大减轻。相信只要让越来越多的人意识到过度消费对于环境、对于幸福的无益,他们就能够并愿意转变他们的生活方式。生活上导向物质的简朴并不必然导致社会的退步,或是大幅度的失业,我们可以让更多的人从事精神活动的生产。

3. 改变个人生活方式,实现私人生活领域多元化

现代人的道德思维仍然受还原主义影响。伦理学家和经济学家总想把人们多样化的、不可简约的价值追求归结为一种价值追求,如古典功利主义试图把人的价值追求归结为对快乐的追求,经济学家则试图把人们的价值追求归结

---

① 余晓敏:《"道德消费主义":欧美管理学界的理论与实证研究以及对我国的启示》,载《甘肃社会科学》2005 年第 4 期。

为对经济增长的追求,这种思维方式是错误的。"善"或"幸福"这两个概念固然可以总括人类的价值追求,但这两个概念如果得不到具体的说明,便是空洞的概念。人们对这两个概念的理解必定是多样化的,彼此不可还原的。我们不能把善或幸福等同于快乐,也不能把善或幸福等同于经济增长。在保证公共道德和法律普遍权威的前提下,应鼓励人们多样化的价值追求。从某种程度而言,只有走出精神危机,人们普遍建立起属于自己的多样化的价值信念和理想追求,才能摒除消费主义对人类精神的侵蚀。

　　4. 加强经济伦理建设,增强消费者和企业的社会责任

　　受非伦理化倾向的影响,人们大都认为,绝大多数消费活动都是非伦理性的,忘记了公众消费行为的整体效应。以中国正兴起的汽车消费热为例,绝大多数汽车购买者都认为,购买汽车是一种与道德无关的事情,其实不然。我国现阶段对停车、行车的管理仍很不规范。许多买车的人没有自己的停车场,于是他们停车占用了公共空间,这显然侵犯了没有买车的人的利益。更不用说,汽车多了,城市的交通堵塞、空气污染会更加严重。但因为汽车消费是消费社会的时尚,不买车的环境主义者只能忍受汽车激增所带来的危害。事实上,购买消费品大都涉及伦理问题。尽管多数商品可以通过购买而细分产权,但是环境却是一件"公共物品",你有权购买某件商品,却无权在使用这件商品时危害社会,破坏环境。当然,这也不仅仅是消费者单方面的责任,生产厂家对此负有更大的责任。由于公共物品的使用问题在传统经济学的视野中很少讨论,所以人们大都忽略了这种社会责任。因此,从政府到企业到消费者都应对商品流通的整个流程——生产、销售、消费、废品处理等一系列活动,负起应有的伦理责任。

第五节　夯实经济公正的道德基础

　　市场经济的一切活动归根到底都是人的活动。因此,发达文明的市场经济需要道德的支持和保证,需要高素质的人创造高度的市场文明。同样,这种道德文明,不能也不可能靠市场的自发作用构建。对此,德国前总理赫尔穆特·

施密特曾说过："市场不是主管道德的机构。"①分配调节、社会公正、经济秩序等,靠市场是无法自发调节的,必须靠政府和社会通过加强法治和德治来维护。

经济公正道德建设,包括经济公正道德理论建设、经济公正道德教育和经济公正道德调控体系的建设。经济公正道德理论建设是道德建设的理论形态,它所要解决的是经济公正道德理论的科学性问题;经济公正道德教育是经济公正道德建设的实践形态,它所要解决的是经济公正道德教育方法的科学性问题;经济公正道德调控体系是道德的监控器,它所要解决的是经济公正道德的外在约束和导向问题。经济公正道德教育得"理"(道理,道德的理论)得"法"(方法),又有外在的约束和导向,就能切实提高经济公正道德教育的实效性,更好地发挥经济公正道德实现和维护经济公正的作用。

一　强化经济公正道德理论建设

理论是很重要的。列宁说得好:"没有革命的理论,就不会有革命的运动。"我们同样可以说,没有科学的道德理论,就不会有有效的道德教育。道德教育的实效性是同理论教育的强度、道德理论的科学性成正比的。多年来,我们的道德宣传和教育之所以效果不佳,投入和产出之所以不成比例,就在于没有科学的道德理论为依托,说不清道德规范的"为什么"。这样的道德宣教,在不会也不愿盲从的受教育者那里,自然收效甚微,或者至多只有一时之效。

我们的道德理论之所以还不够科学,就在于它不符合现实的要求。时至今日,我国各校采用的首选理论教材,基本上没有跳出 20 世纪 50 年代苏联的框框;其论述的原理、原则,大多为高度集中的计划经济体制的产物,显然已大不适应我国社会主义市场经济体制的发展要求。马克思主义的经济基础决定论,邓小平理论的实事求是原则,都不允许我们照搬苏联 50 年代的道德理论来指摘或企图匡扶当代中国的现实。时代要求我们顺应社会主义市场经济的发展潮流,建立与社会主义市场经济相适应的道德体系。

---

① 〔德〕赫尔穆特·施密特:《全球化与道德重建》,柴方国译,社会科学文献出版社 2001 年版,第 153 页。

　　要建立与社会主义市场经济相适应的道德体系,首先要正确理解"相适应"的科学含义。"相适应"不是"相一致",相适应指相互适应。相适应不是被动的更不是服从式的,道德体系不是被动地服从市场经济的根本要求,而是包含着应当如何发展的要求和理想,要为社会主义市场经济的发展提供精神和舆论支持,同时市场经济也要接受社会主义道德所提供的价值导向。我们要建立的是与社会主义市场经济互动的相适应的道德体系,而不是与市场经济相一致的道德体系。因此在进行社会主义道德体系建设时要处理好三个关系:一是理顺传统道德与现实道德的必然联系;二是理顺经济与道德之间的逻辑关系;三是理顺中国道德文化与外国道德文化的关系。我们必须坚持继承和发扬中华民族传统优良道德与积极吸收外来优秀道德文化成果相结合,在此基础上创建新的道德观念体系。社会主义市场经济的建立和发展,使人们的道德观念发生了积极的变化,传统道德中与经济发展不相适应的内容受到挑战,需要确立新的与市场经济相适应的道德。然而市场经济的发展对道德具有双重性,既有积极作用,可以高扬人的主体精神,促使新道德的生长;也有负面作用,可能诱发、激活"人性的弱点",侵蚀人的精神,败坏人的品质。因此,社会主义道德对市场经济不仅仅是一种适应关系,还应发挥一种价值导向作用,只有这样的与社会主义市场经济相适应的道德理论,才能有效规范市场主体的行为,对不公正行为进行匡正和矫治,为经济公正的实现提供道义上的支持和价值上的援助,把经济导向正义的轨道。

　　在当前,尤其要加强经济公正理论的建设。经济公正的道德境界不高,但就道德的社会效用,即道德对其目的的效用来说,公正是最重要的道德。道德的目的是为了保障社会存在和发展,而社会又不过是每个人为实现其利益而进行合作的一种形式,就社会合作的效用来说,公正远远重要于无偿给予,远远重要于其他一切道德。所以,亚里士多德说:"在各种德性中,人们认为公正是最重要的。"①斯密则进而把公正和另一个在他看来极其重要的道德原则"仁慈"相比较:"与其说仁慈是社会存在的基础,还不如说正义是这种基础。虽然没

---

　　① [古希腊]亚里士多德:《亚里士多德全集》第 8 卷,中国人民大学出版社 1992 年版,第 940 页。

有仁慈之心,社会也可能存在于一种不很令人愉快的状态之中,但是不义行为的盛行,却肯定会彻底毁掉它。"①罗尔斯则一言以蔽之曰:"我们可以设想一种公开的正义观,正是它构成了一个组织良好的人类联合体的基本条件。"②马克思本人十分重视公正问题,他曾明确指出:"没有无义务的权利,也没有无权利的义务。"主张通过大力弘扬权利与义务相统一的社会公正来铲除资本主义的和前资本主义的不公正,实现理想的公正社会。但是,在我国过去流行的道德理论中,把道德义务单向化、绝对化,明显背离了马克思的公正观,难以阐明个人与集体、国家、社会等方面的道德关系,无法解释人的道德主体性,常常陷入贬抑个体价值和尊严的道德片面性。这种状况如不改变,我们的道德理论就难免被讥讽为"伪道学";我们宣讲的道德规范就难免有理论说服力。因此,要实现和维护经济公正,必须加强经济公正理论建设,进一步研究经济公正的内涵和本质,以形成经济公正的观念和意识,进一步探讨和贯彻社会主义的经济公正原则。

二　强化公民道德教育

孔子说:"道之以政,齐之以刑,民免而无耻;道之以德,齐之以礼,有耻且格。"(《论语·为政》)法律制度可以规范人们的行为却不能规范人的内心信念,不能触及人们内心深处的感知耻辱问题。伦理道德的教化和引导,不但能够规范人们的行为,而且还能培养提高人们的感知耻辱的能力,使之树立经济公正的道德信念,自觉地走上公正之道。在社会主义的中国,阶级已经消灭,社会主义的道德伦理观已经成为社会的主流,但对经济公正的评价仍是一种观念性的活动。它与评价主体的认知紧密联系,因此,只要评价主体在认知上存在差异,那么对经济公正的认识就必然存在个体差异。社会主义社会存在分工,分工的不同使得社会成员分属于不同的群体、阶层和社会集团。处于不同阶层中的人们,对于经济公正的认知不可避免地带有本阶层的利益色彩,比如说对

---

① 〔英〕亚当·斯密:《道德情操论》,商务印书馆1998年版,第106页。
② 〔美〕罗尔斯:《正义论》,何怀宏等译,中国社会科学出版社1988年版,第3页。

于增加个人所得税是否公平这个问题,高收入阶层可能会认为侵害到他们的利益,因此觉得不公平,而低收入阶层则会认为是公平的。即使在同一阶层内部,由于评价主体在思想道德水平、受教育程度上有差别,个体对于经济公正的感知也可能存在差异,而我们的当务之急就是尽量消除这些差异,尽快提升人们的道德认知能力和评价水准。

人的道德观念不是天生的,而是后天习得的。每个人的道德观念和意识的形成与发展,同他周围的环境密切相关。道德观念的形成和巩固是这样完成的:只有当外在他律转变为人的内心信念并转化为一种行为习惯,才能在其日常的活动中更自觉地执行或践履有关的法规和制度。若只强调他律性而忽视主体的自律性,只能使有关的法律和制度成为一种消极防范,而缺乏一种内在的制约。因此,如果各种教育、文化艺术、大众传媒等部门都呼唤经济公正,在全社会形成高扬经济公正的道德氛围,创建经济公正的良好的道德环境,那么,经济公正的道德观念就会逐渐深入人心,成为支配人们思想和行为的力量,人们期盼的公正社会也就不能实现。

道德教育,是指一定的社会或阶级为使人们接受并遵循其道德体系的要求,而有目的、有计划、有组织地对人们施加影响的教育活动。道德究竟能够在多大范围内、在何种程度上为人们所信奉和遵行,归根到底取决于道德教育的成效如何。没有良好的道德教育,任何美好的道德原则和规范体系都不可能影响社会生活,从而也不可能发挥其实现和维护经济公正的作用。道德教育通过培育全体社会成员的公民意识来实现和维护经济公正。

公民意识就是公民的现代社会意识,主要包括现代社会公民必须具备的平等观念、权利义务观念、民主与法制观念、自由与纪律观念。公民意识在道德领域的体现是现代道德意识,在我国现阶段,其核心内容是基于权利平等原则的社会公正观和义利统一的道德观,而这正是公正原则的要求。因此可以说,公民意识就是现代公民对公正诸原则(特别是权利义务的一致性原则)的认知和把握。公民意识的培育和公正的实现两者相辅相成:公民意识是实现公正的必要条件,只有大力培育社会主义公民意识,才能从观念上改变滋生腐败和不公正的道德环境,为全面贯彻公正原则创造健康的社会条件;而公正观的宣传教育,又直接关系到公民意识的培育与塑造。

培育公民意识对于实现和维护经济公正具有重大现实意义,它有助于社会不公正问题的解决。一是对维护社会稳定能起到重要的作用,很多社会矛盾也可以迎刃而解;二是对纠正不正之风有着重要作用,不正之风的存在很大程度上是公民不懂得自己的社会地位和社会责任造成的;三是对于反腐倡廉、树立领导干部的公仆意识有重要的作用,让他们意识到自己肩负的社会责任。因此,要大力培育全体社会成员的公民意识。

如何培育全体社会成员的公民意识? 我认为应以公正原则的教育为突破口,以干部道德教育为龙头,大力提高全民道德素质,促进全民思想观念的现代化。

道德教育应以公正原则的教育为突破口,主要基于以下考虑。第一,就个体道德而言,公正是道德的起码要求。一个具有公正品性的人必能会尊重他人的权利,恪尽自己的义务;敢于追求公正的人,才能成为为真理和正义而奋斗、牺牲的高尚的人。第二,就社会道德而言,公正原则的教育最容易得到人们的心理认同,一旦见效又能促进其他品性的养成,全面提高人的道德水准。公正原则强调权利和义务的一致性,尊重个人权利,同那些滥用职权、以权谋私等腐败现象,同损公肥私、损人利己等不道德行为势不两立,这正是公民意识的体现。因此,培育公民意识,应以公正原则的教育为突破口。

道德教育应以干部教育为龙头。干部特别是领导干部在社会生活中担任着领导者和组织者的角色,他们的道德素质对于公民意识的培养具有很强的示范效应和重大的推动作用。对于干部的甘当公仆、公正无私教育,可以培养干部这样一种公民意识:公仆的服务不是无偿的,而是公民花了钱购买的。公仆服务得好,等于商家出售合格产品,消费者无须感恩戴德;而公仆任何形式的劣质服务,都无异于商家对消费者权益的侵犯,不但是不道德的,而且是违法行为,必须受到谴责和惩治。干部的这种公民意识将鼓舞起普通公民的道德勇气,调动起他们追求正义的道德舆论,理直气壮地去揭露和打击腐败分子,从而高扬社会正气。

总之,以公正教育为突破口,以干部教育为龙头,培育现代公民意识,是消除腐败和不公正的必不可少的思想道德条件。

三　强化道德调控机制

市场经济的发展对道德具有双重性,既有积极作用,可以高扬人的主体精神,促使新道德的生长;也有负面作用,可能诱发、激活"人性的弱点",侵蚀人的精神,败坏人的品质。因此,单靠道德自觉来使经济主体的行为趋向公正是远远不够的,还必须强化道德调控,健全监督机制,约束、引导经济主体的行为。

所谓道德调控,是指借助伦理关系的力量,来调节个体与社会的非对抗性利益矛盾的一种社会管理。它通过各种传播、舆论形式把社会的目标、规范和准则转化为个体的道德认识、情感、信念和意志,从而经由个体的道德实践,达到对社会整体利益的认同和维护。道德调控对实现经济公正的重大作用,首先,通过道德调控的教育、评价、激励的功能使市场经济的规范内化为人们的内在需要;其次,通过道德调控,教育人们树立正确的义利统一观,摆正国家、集体、个人三者的利益关系,在发生矛盾时,能够做到个人利益服从整体利益,正确使用和对待手中的权力;再次,通过道德调控可以正确处理公平与效率的关系。政府对收入结果进行的二次分配,既注意效率又注意公平,本身就包含着道德调控的性质。可见,加强道德调控有助于经济公正的实现。

加强道德调控,必须建立法律强制机制。运用法律的强制力来维护道德的尊严,这已是越来越多的人所关注的话题。法律强制就是将社会主义道德的基本原则规范纳入法律义务,以法律意识保障和促进道德观念的确立,以法律武器来惩恶扬善,并教育启迪全体公民。建立法律强制机制在当前是非常必要的,因为市场经济条件下的利益主体是多元化和多层次的,这就决定了人们的价值追求也随之出现多元化的倾向。要维护社会正常运行,市场经济健康有序发展,就不允许社会成员各行其是,随心所欲,这就需要对社会主义道德赋予权威性、约束性,其中一个重要措施就是施以法律强制,运用法律的力量扶正祛邪,把人们的行为导向公正的轨道。

加强道德调控,必须健全社会道德监督机制。道德监督主要通过道德评价对人的行为做出善恶价值判断,并把这种价值判断反馈给行为者本人,借助社会舆论的赞许或谴责,并有可操作性机构实施,用以调动人的荣辱感和道德良心,使人为自己符合道德的行为而自豪并发扬光大这种善行为,而对自己不道德的行为知耻、愧疚,并及时改正,从而培养人们知善知恶的能力和从善去恶的观念态度。健全社会道德监督机制,一要充分发挥舆论的监督作用。对于某些人来讲,他们之所以不愿或不敢做不道德的事,往往是惧怕社会舆论的谴责;要以正确的舆论监督人、引导人,让人们随时随地感受到社会舆论特殊权威的存在。健全社会道德监督机制,二要建立覆盖社会各个领域的诚实信用体系,对发生经济交往的经济主体之间的关系进行道德调控;充分利用现代传媒技术,把那些不讲诚信的人的行为记录在案并公之以众,让他们无处藏身,在社会上无以立足。我们相信,随着社会道德监督机制的逐步完善,不公正的行为将会得到进一步的遏制。

参 考 文 献

［1］《马克思恩格斯选集》，人民出版社 1995 年版。

［2］《马克思恩格斯全集》，人民出版社第 1 版。

［3］《列宁选集》，人民出版社 1995 年版。

［4］《列宁全集》，人民出版社第 1 版。

［5］《斯大林选集》，人民出版社 1979 年版。

［6］《毛泽东选集》，人民出版社 1991 年版。

［7］《邓小平文选》第二卷，人民出版社 1994 年版。

［8］《邓小平文选》第三卷，人民出版社 1993 年版。

［9］《孙中山全集》，中华书局 1981 年版。

［10］马克思：《1884 年经济学哲学手稿》，人民出版社 2000 年版。

［11］马克思：《资本论》第一卷，人民出版社 2004 年版。

［12］马克思、恩格斯：《德意志意识形态》，人民出版社 1961 年版。

［13］《江泽民论有中国特色社会主义》，中央文献出版社 2002 年版。

［14］胡锦涛：《在"三个代表"重要思想理论研讨会上的讲话》，《求是》 2003 年第 9 期。

［15］北京大学哲学系：《古希腊罗马哲学》，商务印书馆 1961 年版。

［16］程立显：《社会公平论》，北京大学出版社 1998 年版。

［17］程立显：《伦理学与社会公正》，北京大学出版社 2002 年版。

［18］邓伟志：《和谐社会笔记》，三联书店 2005 年版。

［19］冯契：《哲学大辞典》，上海辞书出版社 2001 年版。

［20］傅治平：《和谐社会导论》，人民出版社 2005 年版。

［21］何建华:《经济正义论》,上海人民出版社 2004 年版。

［22］李强:《社会分层与贫富差别》,鹭江出版社 2000 年版。

［23］李连仲:《构建社会主义和谐社会问题研究》,广东经济出版社 2004 年版。

［24］李君如:《社会主义和谐社会论》,人民出版社 2005 年版。

［25］刘敬鲁:《经济哲学导论》,中国人民大学出版社 2003 年版。

［26］厉以宁:《超越市场与超越政府》,经济科学出版社 1999 年版。

［27］厉以宁:《经济学的伦理问题》,三联书店 1995 年版。

［28］卢风:《启蒙之后》,南京大学出版社 2003 年版。

［29］牟宗三:《生命的学问》,广西师范大学出版社 2005 年版。

［30］乔法容、朱金瑞:《经济伦理学》,人民出版社 2004 年版。

［31］沈宗灵:《现代西方法理学》,北京大学出版社 1992 年版。

［32］苏洪涛:《走出节俭的误区》,中国城市出版社 1999 年版。

［33］唐永泽、朱冬英:《中国市场体制伦理》,社会科学文献出版社 2005 年版。

［34］万俊人:《道德之维:现代经济伦理导论》,广东人民出版社 2000 年版。

［35］吴忠民:《社会公正论》,山东人民出版社 2004 年版。

［36］王伟光:《提高构建社会主义和谐社会能力学习读本》,中共中央党校出版社 2005 年版。

［37］王淑芹:《信用伦理研究》,中央编译出版社 2005 年版。

［38］王俊秀:《环境社会学的出发点——让故乡的风水有面子》,桂冠图书股份有限公司 1994 年版。

［39］汪荣有:《当代中国经济伦理论》,人民出版社 2004 年版。

［40］晏智杰:《经济学中的边际主义》,北京大学出版社 1987 年版。

［41］肖景华、江向华:《社会主义和谐社会的 25 个理论热点》,中国方正出版社 2005 年版。

［42］叶敦平:《经济伦理的嬗变与适应》,上海教育出版社 1998 年版。

[43] 尤光付:《中外监督制度比较》,商务印书馆 2003 年版。

[44] 张卓元:《政治经济学大辞典》,经济科学出版社 1998 年版。

[45] 张帆:《环境与自然资源经济学》,上海人民出版社 1998 年版。

[46] 周辅城:《西方伦理学名著选辑》,商务印书馆 1987 年版。

[47] 周中之、高惠珠:《经济伦理学》,华东师范大学出版社 2002 年版。

[48] 郑永奎:《经济正义论》,吉林教育出版社 2002 年版。

[49] 中共中央宣传部理论局组编:《科学发展观学习读本》,学习出版社 2006 年版。

[50] 白雪秋:《按贡献分配的经济学解释》,《中国特色社会主义研究》 2003 年第 5 期。

[51] 白辰艳、邓丽春:《我国收入分配制度的经济学分析》,《企业家天地》 2006 年第 5 期。

[52] 陈春萍:《以人为本的发展观与社会公正》,《道德与文明》2005 年第 4 期。

[53] 陈剑旄:《消费行为合理性的伦理学分析》,《株洲工学院学报》2003 年第 4 期。

[54] 程立显:《论社会公正、平等与效率》,《北京大学学报》1999 年第 3 期。

[55] 杜承铭:《论公正的评价本质》,《江汉论坛》1998 年第 11 期。

[56] 傅晓华:《从可持续发展的视角透析消费》,《林业经济问题》2005 年第 5 期。

[57] 高玉泉:《论生产目的与经济社会发展的关系》,《怀化学院学报》2006 年第 10 期。

[58] 高处明:《均衡分配的基本原理及理论模型》,《生产力研究》2005 年第 9 期。

[59] 胡万钟:《也谈公平》,《学术论坛》2000 年第 2 期。

[60] 胡海波、宋禾:《公正、公正观与公正理论》,《求是学刊》1998 年第 3 期。

［61］郝耀武:《论司法公正与德治》,《大连大学学报》2003 年第 5 期。

［62］何健华:《论经济正义》,《中共浙江省委党校学报》2004 年第 4 期。

［63］姜保志:《以人为本的哲学内涵和意义》,《长春工业大学学报(社会科学版)》2004 年第 1 期。

［64］李凡:《二元公平决定社会生产效率》,《新华文摘》1999 年第 1 期。

［65］李颖:《制度变迁过程中的消费者行为分析》,《华东经济管理》2000年第 4 期。

［66］李兰芬:《等价交换的伦理意义》,《苏州大学学报(社会科学版)》1999 年第 3 期。

［67］刘琳:《科学发展观的经济伦理解读》,《徐州师范大学学报》2006 年第 1 期。

［68］刘可风:《略论经济正义》,《马克思主义与现实》2002 年第 4 期。

［69］刘国光:《论"效率优先,兼顾公平"》,《北京日报》2005 年 4 月 25 日。

［70］赖传祥:《经济正义与法律效益》,《中南财经大学学报》1997 年第 3 期。

［71］吕耀、王兆阳:《农村居民收入水平及其分配差距的实证分析》,《中国农村经济》2001 年第 6 期。

［72］苏敏:《关于公平与效率关系的哲学思考》,《中国人民大学学报》1997 年第 5 期。

［73］秦晖:《公正论》,载《天平集》,新华出版社 1998 年版。

［74］毛勒堂:《消费正义——建设节约型社会的伦理之维》,《毛泽东邓小平理论研究》2006 年第 4 期。

［75］毛勒堂:《超载消费主义》,《思想战线》2006 年第 2 期。

［76］毛勒堂:《试论经济正义及其存在论基础》,《云南大学学报(社会科学版)》2004 年第 1 期。

［77］孟宪忠:《论社会主义市场经济的文化精神》,《中国社会科学》1994年第 6 期。

［78］孟宪忠、包霄林:《市场经济是正义经济》,《新长征》1994 年第 7 期。

［79］倪勇:《公正观概说》,《淄博师专学报》1996 年第 4 期。

［80］倪勇:《论公正标准》,《文史哲》2000 年第 1 期。

［81］科斯:《社会成本问题》,《财产权利与制度变迁》,三联书店 1991 年版。

［82］朴明根、雷安定、唐敏:《论外部性的复杂性》,《甘肃社会科学》2002 年第 2 期。

［83］沈晓阳:《论交换公正》,《社会科学辑刊》1997 年第 4 期。

［84］孙雪梅:《论"以人为本"的哲学意义》,《湖南行政学院学报》2006 年第 3 期。

［85］孙钰:《城市环境外部性的经济分析与对策研究》,《财经问题研究》2003 年第 3 期。

［86］吴忠民:《公正新论》,《中国社会科学》2000 年第 4 期。

［87］吴忠民:《社会发展呼唤着公正研究》,《山东大学学报(哲社版)》1999 年第 3 期。

［88］吴晓俊、胡伯项:《社会公正与社会和谐》,《前沿》2006 年第 4 期。

［89］蒋正明、冯继康:《论市场经济条件下的社会经济公正》,《文史哲》1998 年第 5 期。

［90］王德龙:《市场经济体制下居民消费行为的影响及特征》,《长春大学学报》2006 年第 2 期。

［91］王海明:《公正论》,《中国人民大学学报》1999 年第 5 期。

［92］王海明、孙英:《社会公正论》,《中国人民大学学报》2000 年第 1 期。

［93］王丰年、季通:《从生态学的角度考察过度消费》,《自然辩证法通讯》2002 年第 4 期。

［94］王孔雀:《以人为本理论和实践问题述介》,《中共银川市委党校学报》2005 年第 3 期。

［95］王绍光、胡鞍钢、丁元竹:《经济繁荣背后的社会不稳定》,《战略与管理》2002 年第 3 期。

［96］王伟光:《在效率优先兼顾公平前提下构建和谐社会》,南方网www. southen. com。

［97］王晓升:《从经济伦理的观点看公平交换》,《人文杂志》2001 年第 2 期。

［98］王学先:《论社会主义市场经济条件下的公正与效率的关系》,《求索》2000 年第 1 期。

［99］汪荣有:《道德:经济发展的内驱力》,《道德与文明》2005 年第 1 期。

［100］汪行福:《经济正义概念及其演变》,《江苏社会科学》2000 年第 6 期。

［101］宋希仁:《商品交换中的伦理关系》,《湘潭师范学院学报》2002 年第 1 期。

［102］杨钢、蓝定香:《摈弃传统消费意识促进我国经济发展》,《经济问题》2000 年第 3 期。

［103］肖振远:《论按生产要素分配的合理性》,《长春市委党校学报》1999 年第 1 期。

［104］徐祥生:《社会公平问题的理论定位》,《人文杂志》2000 年第 1 期。

［105］余晓敏:《"道德消费主义":欧美管理学界的理论与实证研究以及对我国的启示》,《甘肃社会科学》2005 年第 4 期。

［106］谢洪恩:《论公正及其实现》,《道德与文明》1999 年第 6 期。

［107］周中之、高惠珠:《经济伦理学》,华东师范大学出版社 2002 年版。

［108］周墩耀:《试论代际公正》,《广西大学学报(哲社版)》1997 年第 3 期。

［109］张正霖:《公平与分配的三个领域》,《中南财经大学学报》1997 年第 4 期。

［110］张雄:《经济正义——被定义了的话语》,《河北学刊》2002 年第 5 期。

［111］张容南、卢风:《消费主义与消费伦理》,《思想战线》2006 年第 2 期。

［112］郑杭生:《警惕"类发展困境"》,《中国特色社会主义研究》2002 年

第 3 期。

[113] 朱土兴:《按劳分配的博弈分析与政策调整》,《经济研究》2001 年第 9 期。

[114] 朱奎:《等价交换中的不平等问题研究》,《学习与探索》2006 年第 5 期。

[115] 朱中彬:《外部性的三种不同涵义》,《经济学消息报》1997 年 7 月 23 日第 3 版。

[116] 赵兴伟:《略论交换公正的实质和标准》,《广西社会科学》2001 年第 6 期。

[117] 陈泽亚:《"经济人"与经济制度正义探析》,湖南师范大学博士论文,2002 年。

[118] 毛勒堂:《经济正义:经济生活世界的意义追问》,复旦大学博士论文,2004 年。

[119] 俞海山:《消费外部性的经济学、人口学分析》,华东师范大学博士论文,2005 年。

[120] 曹燕:《论收入分配政策的价值基础:公正》,上海师范大学硕士论文,2004 年。

[121] 曹建文:《公平的分配与分配的公平》,湘潭大学硕士论文,2001 年。

[122] 郭宏升:《收入分配问题对构建和谐社会的影响》,内蒙古大学硕士论文,2006 年。

[123] 郭佩惠:《论社会主义市场经济条件下的经济公正》,华中师范大学硕士论文,2005 年。

[124] 李静:《社会主义市场经济条件下的经济公正》,河北师范大学硕士论文,2004 年。

[125] 李丽红:《生产伦理:可持续发展的道德支撑》,中南大学硕士论文,2002 年。

[126] 李蓉丽:《论分配正义》,湖南师范大学硕士论文,2003 年。

[127] 林志雄:《西方公正思想研究》,西南师范大学硕士论文,2003 年。

[128] 刘明栋:《经济伦理视野中的等价交换》,湘潭大学硕士论文,2002 年。

[129] 刘元冠:《走向分配正义——对我国收入差距问题的道德思考》,中南大学硕士论文,2003 年。

[130] 陆丽琼:《试论当代中国社会正义的缺失与建构》,广西师范大学硕士论文,2003 年。

[131] 孟全军:《中国现阶段经济公正状况及伦理思考》,江西师范大学硕士论文,2006 年。

[132] 舒年春:《论市场经济条件下分配正义的实现》,华中师范大学硕士论文,2002 年。

[133] 唐代盛:《可持续消费初探》,西南财经大学硕士论文,2002 年。

[134] 邹丽花:《我国收入分配公平理念的变迁》,河海大学硕士论文,2006 年。

[135] 王京:《论我国转型期的分配正义》,南京师范大学硕士论文,2006 年

[136] 薛芳:《庇古福利经济伦理思想探析》,江西师范大学硕士论文,2005 年。

[137] 杨冬梅:《消费伦理问题的思考》,华中师范大学硕士论文,2003 年。

[138] 赵昆:《关于社会转型期公正问题的思考》,曲阜师范大学硕士论文,2003 年。

[139] 郑根成:《普遍经济伦理初探》,湖南师范大学硕士论文,2001 年。

[140] [美]A. E. 门罗:《早期经济思想》,商务印书馆 1985 年版。

[141] [荷]E. 舒尔曼:《技术文明与人类未来》,东方出版社 1995 年版。

[142] [美]E. 博登海默:《法理学:法律哲学与法律方法》,中国政法大学出版社 1999 年版。

[143] [美]R. T. 诺兰:《伦理与现实生活》,华夏出版社 1988 年版。

[144] [德]P. 科斯洛夫斯:《资本主义的伦理学》,王彤译,中国社会科学出版社 1996 年版。

［145］［美］艾伦·杜宁:《多少算够——消费社会与地球的未来》,毕聿译,吉林人民出版社 1997 年版。

［146］［美］艾伦希·弗罗姆:《占有还是生存》,关山译,三联书店 1988 年版。

［147］［法］巴斯夏:《和谐经济论》,中国社会科学出版社 1995 年版。

［148］［法］鲍德里亚:《消费社会》,刘成富、全志刚译,南京大学出版社 2000 年版。

［149］［俄］别尔加耶夫:《论人的使命》,学林出版社 2000 年版。

［150］［苏］别尔纳狄涅尔:《卢梭的社会政治哲学》,中国社会科学出版社 1981 年版。

［151］［美］贝尔:《资本主义文化矛盾》,三联书店 1989 年版。

［152］［法］布罗代尔:《资本主义的动力》,三联书店 1997 年版。

［153］［美］布坎南:《财产与自由》,中国社会科学出版社 2002 年版。

［154］［古希腊］柏拉图:《理想国》,商务印书馆 1996 年版。

［155］［美］波斯纳:《法律之经济分析(中译本)》,台湾商务印书馆 1987 年版。

［156］［法］杜尔凯姆:《自杀论》,浙江人民出版社 1988 年版。

［157］［美］凡勃伦:《有闲阶级论》,商务印书馆 1981 年版。

［158］［美］弗洛姆:《健全的社会》,贵州人民出版社 1995 年版。

［159］［英］葛德文:《政治公正论》(第 2 卷),商务印书馆 1980 年版。

［160］［美］加里·S. 贝克尔:《人类行为的经济分析》,三联书店 1995 年版。

［161］［德］卡西尔:《人论》,上海译文出版社 1985 年版。

［162］［德］卡尔·雅斯贝斯:《时代精神状况》,上海译文出版社 1999 年版。

［163］［美］哈耶克:《通往奴役之路》,王明毅、冯兴元译,中国社会科学出版社 1997 年版。

［164］［美］哈耶克:《自由秩序理论》,三联书店 1997 年版。

[165] [美]亨廷顿:《现代化:理论与历史经验的再探讨》,上海译文出版社 1993 年版。

[166] [德]赫舍尔:《人是谁》,贵州人民出版社 1994 年版。

[167] [英]霍奇逊:《现代制度主义经济宣告》,北京大学出版社 1993 年版。

[168] [德]黑格尔:《法哲学原理》,中国政法大学出版社 2003 年版。

[169] [德]赫尔穆特·施密特:《全球化与道德重建》,柴方国译,社会科学文献出版社 2001 年版。

[170] [美]科斯:《生产的制度结构》,三联书店 1994 年版。

[171] [美]科斯、诺思:《制度、契约与组织》,经济科学出版社 2003 年版。

[172] [美]科斯:《财产权利与制度变迁:产权学派与新制度学派文集》,三联书店 1991 年版。

[173] [美]科尔曼:《社会理论的基础》,社会科学文献出版社 1990 年版。

[174] [美]凯恩斯:《就业、利息和货币通论》,商务印书馆 1983 年版。

[175] [法]让·波德里亚:《消费社会》,刘成富、全志钢译,南京大学出版社 2001 年版。

[176] [美]罗尔斯:《正义论》,何怀宏译,中国社会科学出版社 1988 年版。

[177] [英]罗宾逊:《现代经济学导论》,商务印书馆 1982 年版。

[178] [美]兰德尔:《资源经济学》,商务印书馆 1990 年版。

[179] [德]兰德曼:《哲学人类学》,上海译文出版社 1988 年版。

[180] [法]卢梭:《政治经济学》,商务印书馆 1964 年版。

[181] [美]诺齐克:《无政府、国家与乌托邦》,中国社会科学出版社 1991 年版。

[182] [德]路德维希·艾哈德:《来自竞争的繁荣》,商务印书馆 1983 年版。

［183］联合国教科文组织:《发展的新战略》,中国对外翻译出版公司 1995
年版。

［184］［英］马歇尔:《经济学原理(上、下卷)》,商务印书馆 1965 年版。

［185］［美］马尔库塞:《单向度的人》,张峰、吕世平译,上海译文出版社
1989 年版。

［186］［英］迈克·费瑟斯通:《消费文化与后现代主义》,刘精明译,译林
出版社 2000 年版。

［187］［俄］普列汉诺夫:《普列汉诺夫哲学著作选集(第 2 卷)》,三联书店
1992 年版。

［188］［德］乔治·恩德勒:《经济伦理学大辞典》,李兆荣译,上海人民出
版社 2001 年版。

［189］［英］舒马赫:《小的是美好的》,虞鸿钧、郑关林译,商务印书馆
1984 年版。

［190］［美］萨缪尔森、诺德豪斯:《经济学》(第 16 版),华夏出版社 1999
年版。

［191］［法］萨伊:《政治经济学概论》,陈福生、陈振骅译,商务印书馆 1963
年版。

［192］［英］威廉·汤普逊:《最能促进人类幸福财富分配原理研究》,商务
印书馆 1986 年版。

［193］［英］休谟:《人性论》,商务印书馆 1981 年版。

［194］［古希腊］亚里士多德:《尼各马科伦理学》,中国人民大学出版社
2003 年版。

［195］［古希腊］亚里士多德:《亚里士多德全集》(第 8 卷),中国人民大学
出版社 1992 年版。

［196］［英］亚当·斯密:《道德情操论》,商务印书馆 1999 年版。

［197］［英］亚当·斯密:《国民财富的性质和原因的研究》,商务印书馆
1972 年版。

［198］［美］约瑟夫·熊彼特:《经济发展理论》,商务印书馆 1990 年版。

［199］［德］于尔根·哈贝马斯:《现代性的哲学话语》,曹卫东译,译林出版社 2004 年版。

后　记

本书系我主持的国家社科基金项目——"社会主义市场经济条件下经济公正研究"（项目批准号:05BZX053）的研究成果之一。说到本课题的选题,真有些机缘,又可以说有些巧合。2004年,在做完我主持的第一个国家社科基金项目——当代中国经济伦理嬗变及经济伦理建设研究——之后,我就在思考怎样把经济伦理的研究进一步深入下去。是年10月,我陪同江西师范大学党委书记、校长游海教授,到中国社会科学院拜访我国著名学者汝信先生、张椿年先生、陈筠泉先生,邀请中国社会科学院学术委员会的全体委员来我校访问、讲学。当时中国社科院学术委员会办公室主任董文柱先生送给我们不少书,其中有一本介绍了中国21世纪的重要研究课题。读罢此书,我深受启发,遂以"社会主义市场经济条件下经济公正研究"为题,于2005年申报国家社会科学基金项目。承蒙国家社科基金评审委员会各位专家的关爱,又幸获批准立项。该课题的立项,给了我无穷的动力,给了我极大的鼓舞。

1964年诺贝尔和平奖得主、美国著名民权领袖马丁·路德·金在1963年8月28日发表了一篇题为《我有一个梦》的著名演讲。我想,在我们每个人心中,都有一个或者N个梦。我的梦是什么呢?我经常在朋友中聊到,人到中年万事休,现在对我来说职称到头了、职务到头了,唯一遗憾的是学位还没到头。因而能圆一个"博士梦",可以说是我多年的夙愿。所以,在2004年9月,我义无反顾地来到这里,投身到美丽的华工校园。非常感谢武汉大学经济学院程承坪教授和华中科技大学公共管理学院杜兰英教授,是他(她)们,带我来到了华中科技大学;非常感谢华中科技大学经济学院和华中科技大学研究生院,是她们,给我提供了这个圆梦的机会。

非常感谢我的导师张卫东先生。全面系统地研究经济公正问题,是一项复杂的工作。经济公正的研究,涉及到经济学、伦理学、哲学、政治学、社会学等多学科,尤其是对经济学基础较为薄弱的我来说,要在不太长的时间内交一份令人满意的答卷,不论是研究能力,还是学术水平,都是远所难及的。好在张先生不仅向我传授研究经验、指点写作思路,而且从选题到提纲,从观点到文字,无不渗透了先生的心血。先生丰富的学识、严谨的治学和崇高的品德令我十分敬仰。如果说本书有一些可取之处的话,首先归功于先生的教诲和扶持。如果有不妥之处,则完全是我力所不逮,由本人负全责。

非常感谢经济学院的各位老师。张卫东教授、宋德勇教授、徐长生教授、方齐云教授、张建华教授、刘海云教授、唐齐鸣教授、汪小勤教授、彭代彦教授等,是他们以博古通今的气概,登峰造极的境界进行深入浅出的讲授,把我们带入了经济学的殿堂,使我领略了名校名师的风采。非常感谢郑朝阳老师,是他科学的管理和周到的服务,为我们完成学业,奠定了扎实的组织基础。

非常感谢学界前贤和同人。在本课题的研究和本书的撰稿过程中,我参考、借鉴了学界前贤和同人们的研究成果。有的已在注释或参考文献中列出,在此一并致以诚挚的谢意;也有的可能挂一漏万,未能注明,在深表歉意的同时,致以深切的感谢。

非常感谢江西师大的领导和同事。本课题的研究得到了江西师大校领导的关心和关爱;得到了江西师大科研处的指导和支持;得到江西师大学科建设处、政法学院各位同事的谅解和帮助。没有他们的关心、支持和帮助,要完成本文的写作是难以想象的,在此表示真诚的感谢。

非常感谢我的家人。在我写作期间,妻子在承担全部家务的同时,还为我打印文稿、校对文字、整理资料,为我完成写作任务,提供了有力的保障。我儿今年高中毕业,面临高考的艰巨考验。他不知疲倦、刻苦钻研的精神默默地感染了我,为我完成学业提供了无形的激励。

最后,需要顺便说明一下的是,由于本人功力所限,我只好笨鸟先飞。尤其最近半年来,每天几乎都工作到深夜两三点才能休息。在狗年大年三十,也工

作到晚上两点；在猪年正月初一，也工作到次日凌晨五点。即便如此，也才勉为
其难，总算完成了初稿。文中如有不足、欠缺甚至谬误之处，恳请各位专家、学
者不吝赐教。

汪荣有

初记于 2007 年 2 月 23 日·江西师大·物外斋

再记于 2007 年 5 月 25 日·华中科大·友谊公寓

又 记

我自 1998 年在西南师范大学政治系(现西南大学政法学院)硕士毕业后,一直从事经济伦理学的研究。为了更好地适应经济伦理研究的需要,夯实我的经济学的理论功底,我于 2004 年 9 月进入华中科技大学经济学院在职攻读西方经济学博士学位。2005 年 5 月,我以"社会主义市场经济条件下经济公正研究"为题申报的国家社会科学基金项目获得批准。攻读博士学位期间,在导师张卫东教授的指导下,我把博士论文的选题与国家社科基金项目结合起来,把博士论文的撰写与国家课题的研究结合起来。经过两年多的努力,完成了博士论文的写作任务,并于 2007 年 5 月 28 日顺利通过了博士论文答辩。在博士论文的基础上,又经过进一步的修改、补充,形成了国家社科基金项目的最终成果,送江西省社科规划办、全国哲学社会科学规划办结项,被鉴定为"优秀"等级。在此基础上,又做了部分调整,删减了部分内容,增写部分章节,形成了本书稿。

非常感谢我指导的硕士研究生孟全军、管小凤、任茵、周俊、欧阳凌、段建斌、冯涛、徐淑英、郭君、彭国昌、王仲平、丁宁、李晓燕、曹硕鹏、李晓春、张华、由元元等。他们的毕业论文多是从此课题中选题,他们的研究成果为我提供了重要的参考,有的被直接引用到本书中。

非常感谢江西师大政法学院的邵晓秋、邓文平、雷涛、谢中和等青年教师。他们有的收集资料、校对书稿,有的核对数据出处和修改文稿,他们的辛勤劳动,为我完成研究任务提供了无私的帮助。

　　非常感谢江西省社会科学规划办公室和全国哲学社会科学规划办公室的各位同志,他们在课题申报、经费支持、中期检查、结项等各个环节都提供了热情的服务和严格的管理,为我们完成课题研究任务创造了良好的环境和氛围。

汪荣有

2009 年 11 月 5 日